COMMENTS ON THE SOCIAL STRUCTURE
OF ACCUMULATION SCHOOL

积累的社会结构学派
经济思想研究纲要

张开 著

人民出版社

目 录

导　论

　　近年来国内政治经济学理论界掀起了积累的社会结构学派（Social Structure of Accumulation，简称"SSA 学派"）研究热潮，该学派理论框架相比传统马克思主义抽象原理分析要具体，容易接受实证检验；相比日常经济现象描绘要抽象，更具"理论气质"，这是一种中间层次的马克思主义政治经济学分析框架。但是，国内研究大多数凭借大卫·戈登之后的学派领袖大卫·科茨等人的相关解读[①]为根据来理解 SSA 学派的经济思想，对于 SSA 学派最初创建过程的理论萌发似乎没有太多关注，呈现出"去戈登化"现象。本书是以戈登本人的经济思想，戈登与爱德华兹、里奇在 20 世纪 70 年代的"三人组合"，以及戈登与鲍尔斯、韦斯考普夫在 80 年代的"新三人组合"为文献选取标准，试图整理并刻画戈登等人最初创建 SSA 学派的理论构想，以及该学派演变过程存在的种种问题。例如，戈登本人对美国资本主义发展中的第三个 SSA 的解释，由最初以劳动市场为中心的"分割化 SSA"提法，转向了以公司盈利能力为中心的"战后 SSA"提法。

---

　　① 科茨等人的相关解读集中在两本论文集：David M. Kotz, Terrence McDonough, Michael Reich（eds.）, *Social Structures of Accumulation: the Political Economy of Growth and Crisis*, New York: Cambridge University Press, 1994; Terrence McDonough, Michael Reich, David M. Kotz（eds.）, *Contemporary Capitalism and Its Crises: Social Structure of Accumulation Theory for the 21st Century*, Cambridge, UK: Cambridge University Press, 2010。中文译本参见：特伦斯·麦克唐纳、迈克尔·里奇、大卫·科茨主编：《当代资本主义及其危机——21 世纪积累的社会结构理论》，童珊译，中国社会科学出版社 2014 年版。

大卫·戈登（David M. Gordon，1944—1996）是美国激进政治经济学的开拓者和左翼社会活动家，在 1971 年以《阶级、生产率和贫民区》为题获得哈佛大学经济学博士学位，他于 1973 年加入社会研究新学院，直到 1996 年因心脏衰竭病逝。戈登去世之前，任新学院经济学教授，也是经济政策分析中心主任。戈登出生于经济学世家：他的父亲，罗伯特·亚伦·S.戈登（Robert Aaron Gordon）是杰出的凯恩斯主义宏观经济学家，美国凯恩斯主义革命的关键人物，1975 年任美国经济学会主席；他的母亲，玛格丽特·戈登（Margaret S. Gordon）因其对就业和社会福利政策的经济学研究而闻名，两人长期执教于加利福尼亚大学伯克利分校，并任经济学教授；他的哥哥，罗伯特·J.戈登（Robert J. Gordon）是美国西北大学著名的宏观经济学家。他的妻子，戴安娜·戈登（Diana Gordon）是纽约城市大学的政治学教授。纵观戈登代表性学术著作，有四大特点：（1）自始至终都把资本主义劳动关系的研究作为核心命题；（2）构建和贯彻具有历史性、制度性的分析框架，来解释资本主义的长期发展；（3）大规模使用定量分析，娴熟运用计量经济学来证明自己的观点；（4）戈登的学术研究和创作过程充分体现了他饱含人文关怀的学术品格，这和他与美国工人运动的紧密联系，以及他对工人工作生活的细致考察密切相关，也与他在批判新古典经济学并努力寻求更具民主特点的经济学中有充分体现。

这里需要指出，有一种观点认为，在大卫·戈登去世之后，以大卫·科茨为代表人物的 SSA 学派后续发展偏离了该学派早期的理论构想，最初 SSA 概念界定包含两个基本"制度构件"——"劳动组织"（即"劳动过程"）和"劳动市场"，劳动过程理论是 SSA 理论的重要前提和基础；但是，科茨等人主编的两本 SSA 论文集（1994 年版和 2010 年版），已经很少涉及劳动过程理论相关内容，这已经招致"空间化学派"（Spatialization School）的批评。[①] 我们认为，这种批评值得商榷，问题不在科茨那里，问题在戈登那里就已经存在了，戈登早年的研究并不是布雷弗曼意义上的劳动过程理论，而是劳动市场理论，这可以在鲍尔斯和韦斯考普夫悼念戈登的文章对其生平学术贡献评价中归纳出来，他们认为戈登最突出的贡献在于"劳动市场的分析"（analysis of labor markets），[②] 这是一个重要线索。然而，理论界在研究戈登思想或 SSA 学派最初构建的时候，往往凭借其 1982 年著作《劳动分割》[③] 中的第 2 章，这部分内容后来收录进科茨主编的 1994 年论文集。《劳动分割》中的第 2 章凸显了布雷弗曼劳动过程理论对 SSA 分析框架的影响，这就给人造成一种印象或错觉：布雷弗曼《劳动与垄断资本——二十世纪中劳动的退化》（简称《劳动与垄断资本》）是 SSA 学派理论构建的极其重要的

[①] Michael Wallace and David Brady, "The Next Long Swing: Spatialization, Technocratic Control and the Restructuring of Work at the Turn of Century", in *Sourcebook of Labor Markets: Evolving Structures and Processes*, Ivar Berg and Arne L. Kalleberg （eds.）, New York: Plenum Press, 2001. 中文译稿参见，迈克尔·华莱士，大卫·布雷迪：《下一个长期波动——世纪之交的空间化、技术官僚控制和工作重构》，顾梦佳译，张开校，《政治经济学季刊》2019 年第 2 期。顾梦佳、张开：《空间化学派经济思想研究》，《经济纵横》2020 年第 1 期。

[②] Sam Bowles and Tom Weisskopf, "David M. Gordon: Radical Political Economist and Activist（1944–1996）", *Review of Radical Political Economics*, Vol. 31, No. 1（1999）, pp. 1–15.

[③] 戈登等人指出："这里需要强调的是，本书中的历史分析应该被理解成是对资本主义生产过程中的劳动（labor in capitalist production）进行分析，而不是对经济中活动着的所有劳动或工作（not of all labor or work）进行分析。例如，我们很少关注家庭劳动（household labor），尽管我们承认其历史重要性。我们聚焦于资本主义雇佣劳动制度中的劳动（work within the capitalist wage-labor system），是为了精确聚焦并凸显我们的研究中心。" David M. Gordon, Michael Reich, Richard Edwards, *Segmented Work, Divided Workers: The Historical Transformation of Labor in the United States*, New York: Cambridge University Press, 1982, p. 13. 可见，戈登是把"work"和"labor"统统视作资本主义雇佣劳动制度中的"劳动"、资本主义生产过程中的"劳动"。笔者之前的文章《工资挤压与官僚负担——大卫·戈登经济思想研究系列》，是把 1982 年书名译成了《工作分割、工人分化》，现进行调整，统一译成《劳动分割、工人分化——美国劳动的历史转型》，以下简称《劳动分割》。

理论前提，这是一种"影响放大"。

布雷弗曼著作中已经把"劳动市场、就业结构、职业演变"等问题视作"劳动过程"本身演变的结果或表现，布雷弗曼对劳动市场的研究远没有对劳动过程本身的研究广泛深入，然而劳动过程和劳动市场是紧密联系的。如果说，爱德华兹 1979 年的《竞争地带——20 世纪工作场所的转型》（简称《竞争地带》）①继承了布雷弗曼关于劳动过程的研究传统，但是并没有和美国经济增长变迁取得联系，只是聚焦工作场所控制系统的兴衰起落。但是，戈登、爱德华兹和里奇在 1982 年《劳动分割》中的理论构建和阐述，主要聚焦劳动市场、工会运动、经济增长变迁，而对于劳动过程本身的"微观研究"相对薄弱。所以，不是科茨"遗漏或偏离"了劳动过程理论，而是在戈登自己著作中就没有大规模、实质意义上吸纳布雷弗曼的劳动过程理论。福斯特（John Bellamy Foster）在给《劳动与垄断资本》25 周年纪念版撰写序言中指出，布雷弗曼（Harry Braverman，1920—1976），出生于美国纽约工人阶级家庭（他的父亲是制鞋工人），在布鲁克林学院上学一年碍于生计被迫辍学，1937 年前往布鲁克林海军造船厂当学徒，后被分配到管件方面工作当铜匠，后来在船坞负责监督 18—20 人的管工队伍；1945 年年底，他被美军派往怀俄明州夏延，在那里作为中士负责讲授指导机车管工；1947 年，他与妻子前往俄亥俄州扬斯敦一家钢铁公司负责设计和改装工作，但该钢铁公司很快在 FBI 教唆下将其解雇。布雷弗曼在布鲁克林学生时代，就参与了青年"托派组织"；1953 年，布雷弗曼离开其钢铁行业方面的工作，转而创办《美国社会主义者》（*The American Socialist*）杂志，后成为格罗夫出版社（Grove Press）经理，这给他提供了新职业和编辑

---

① Richard Edwards, *Contested Terrain: The Transformation of the Workplace in the Twentieth Century*, New York: Basic Books, 1979.

经验；1967 年，成为每月评论出版社（Monthly Review Press）负责人，一直到其去世。^① 也就是说，布雷弗曼的职业生涯、人生阅历和戈登等人是完全不同的；这种不同经历，或许在某种程度上影响了 SSA 学派和布雷弗曼对劳动过程的理解差异。值得一提的是，国内 1979 年中文版《劳动与垄断资本》是根据 1974 年英文版翻译，1998 年 25 周年纪念版不仅增添了福斯特的序言，而且增补了布雷弗曼本人的两篇文献，这些内容对于正确理解布雷弗曼劳动过程理论是非常重要的，如果忽略英文旧版以及英文新版增补资料，就会导致诸多问题。例如，国内很多学者在使用"deskilling"来谈及布雷弗曼劳动过程理论，但这并非布雷弗曼原义，布雷弗曼在书中正面阐述自己思想的时候，从来没有使用过"deskilling"；此外，中文版把"Babbage"翻译成了"巴贝奇"，这在中文版《资本论》中是大人物"拜比吉"。^② 如此种种，不一而足。

　　除了工人是否具有能动性或主体性的解释存在本质差异之外，我们对比 SSA 学派和布雷弗曼关于工人技能方面的解释，存在以下差别：（1）布雷弗曼反对"半熟练操作工"或"半技能论调"提法，而 SSA 学派则认可"半熟练操作工"提法；（2）布雷弗曼笔下的工人技能"持续不断地退化"或"一退到底"，对资本主义社会中的各种学校教育等制度持有批判态度，而 SSA 学派则认可培训机构给工人带来的"再技能化"或"技能升级"；（3）布雷弗曼笔下人数规模较小的"工程师"

---

　　① Harry Braverman, *Labor and Monopoly Capital: The Degradation of Work in the Twentieth Century*, New York: Monthly Review Press, 1998, pp. 10–11.

　　② 马克思《资本论》中引用了巴贝奇的著作，而 1975 年中文版《资本论》也早已经将其翻译成"拜比吉"（Charles Babbage，1792—1871）。遗憾的是，布雷弗曼《劳动与垄断资本》1979 年的中文版翻译过程中，显然没有和中文版《资本论》进行核对并统一译名，这造成了诸多困难。笔者在研读布雷弗曼著作时就非常困惑，布雷弗曼笔下如此重要、且在马克思时代就已经出名的"大人物"，马克思《资本论》怎会视而不见呢？参见《马克思恩格斯全集》第 44 卷，人民出版社 2001 年版，第 958、1011 页。

应该是有技能的，但他并没有对这些人技能的由来给出任何解释，而SSA学派则谈及了管理或设计方面的技术技能的再造问题；（4）布雷弗曼著作中其本人从没有使用"deskilling"（去技能化）概念，而SSA学派使用了"deskilling"和"reskilling"（再培训或技能恢复升级）。一句话，布雷弗曼是"表现主义方法论"，SSA学派是"结构主义方法论"。① 恰恰是这种黑格尔式的"表现主义方法论""表现总体性"或"表现因果观"，使布雷弗曼在著作中把"办公室劳动过程"直接理解成"工厂劳动过程"的逻辑的必然。

　　基于此，本书追踪SSA学派经济思想发展史，分为三个部分：第一部分是第一章和第二章，聚焦布雷弗曼《劳动与垄断资本》中英文版本比对研读，清理出布雷弗曼的"工厂劳动过程理论"和"办公室劳动过程理论"；第二部分是第三至六章"扎根于"1982年经典著作《劳动分割》，概括出戈登等人最初"三人组合"对积累的社会结构的构建，最初的无产阶级化SSA、同质化SSA、分割化SSA；第三部分是第七章，包括了戈登等人"新的三人组合"对美国资本主义历史上第三个SSA的"重新解读"，爱德华兹和鲍尔斯的解释，戈登本人去世前的研究兴趣，以及空间化学派和科茨的解释比较等内容。

　　最后给出笔者最近几年对SSA学派研究的相关论文和翻译：（1）《工资挤压与官僚负担——大卫·戈登经济思想研究系列》，《经济学家》2015年第11期；（2）《空间化学派经济思想研究》，《经济纵横》2020年第1期；（3）《长周期的上升与下降》，《教学与研究》2016年第1期；（4）

---

　　① 关于两种方法论的评价，可以参见 Michael Burawoy, *The Politics of Production: Factory Regimes under Capitalism and Socialism*, London: Verso, 1985, pp. 54—63；路易·阿尔都塞：《保卫马克思》，顾良译，商务印书馆2006年版，第104—107页；卢卡奇《关于社会存在的本体论》下卷，白锡堃等译，重庆出版社1993年版，第149—151页；张一兵：《问题式、症候阅读与意识形态：关于阿尔都塞的一种文本学解读》，中央编译出版社2003年版，第290—297页。

《积累的阶段和长经济周期》,《当代经济研究》2019 年第 8 期;(5)《长波和积累的社会结构:一个评论和再解释》,《政治经济学评论》2018 年第 2 期;(6)《下一个长期波动——世纪之交的空间化、技术官僚控制和工作重构》,《政治经济学季刊》2019 年第 2 期。

第 一 章
布雷弗曼的工厂劳动过程理论

　　布雷弗曼《劳动与垄断资本》1974 年出版，1979 年翻译成中文。相比 1974 年旧版，1998 年《劳动与垄断资本》25 周年纪念版多了一个福斯特序言，以及布雷弗曼本人的两篇文献。马克思《资本论》第 1 卷第 1 版 1867 年问世，直至布雷弗曼《劳动与垄断资本》1974 年出版，相隔一个多世纪；如果从马克思 1883 去世算起，也相隔了半个多世纪之久。布雷弗曼认为，自己的著作是在马克思精神影响下撰写而成；然而，马克思之后的马克思主义学者的研究，都没有涉足劳动过程领域。在布雷弗曼看来，马克思不是"技术决定论者"。《资本论》中对于劳动过程的界定，实际上存在两种解释："一重性质的劳动过程"和"二重性质的劳动过程"。《劳动与垄断资本》中文版中的"巴贝奇"，就是《资本论》中文版中的"拜比吉"，译名没有统一；"巴贝奇(拜比吉)原理"，是布雷弗曼立论的重要理论根据。布雷弗曼总结归纳泰罗科学管理中的"三条原则"，并结合"巴贝奇(拜比吉)原理"，阐述了资本主义劳动过程分裂成"概念"和"执行"两个环节，进而厘清科技革命和"作为社会制品的机器"对工人技能退化的影响，劳动过程从以技能为基础逐渐转变成以科学为基础。综合来讲，我们可以将这些内容概括总结成"布雷弗曼的工厂劳动过程理论"。

第一节　资本主义劳动过程研究的"缺失"与"重建"

保罗·斯威齐给布雷弗曼的《劳动与垄断资本》所撰《前言》，明确指出，他和巴兰在 1966 年出版的《垄断资本》并没有涉及马克思关于资本主义劳动过程的研究传统，"我们尤其意识到，我们使用的这种方法结果几乎完全忽视了在马克思关于资本主义的研究中占有主要地位的问题——劳动过程。我们强调技术变化在垄断资本主义发展中的决定性作用，然而没有系统地探讨垄断资本主义时期所特有的各种技术变化对以下几个方面的影响，即：工作性质、工人阶级的组成（与分化）、工人心理、工人阶级的组织形式和斗争形式，等等。对垄断资本主义作全面研究时，这些显然都是必需加以论述的重要问题"[①]。在斯威齐看来，马克思《资本论》第 1 卷，特别是第四篇关于相对剩余价值生产的内容，把资本主义劳动过程的分析置于科学基础之上。随着资本主义的新发展变化，资本积累已经采取了新的组织形式，侵入一些旧的经济部门、涌进许多新的经济部门；把马克思的理论应用到由于资本扩张而造成的新方法和新职业的研究中，来系统探讨垄断资本主义时期所特有的各种技术变化对工作性质、工人阶级的组成和分化所造成的影响，这就是布雷弗曼著作的研究目的。

我们知道马克思《资本论》第 1 卷第 1 版 1867 年问世，至布雷弗曼《劳动与垄断资本》1974 年出版，相隔一个多世纪；如果从 1883 年马克思去世算起，也相隔了半个多世纪之久。布雷弗曼指出，自己的著

[①]　哈里·布雷弗曼：《劳动与垄断资本——二十世纪中劳动的退化》，方生等译，商务印书馆 1979 年版，第 1 页。同时参见保罗·巴兰、保罗·斯威齐：《垄断资本——论美国的经济和社会秩序》，南开大学政治经济学系译，商务印书馆 1977 年版，第 14 页。两个版本的中文翻译略有差异。

作是在马克思精神影响下撰写的；然而，遗憾的是，马克思之后的马克思主义学者的研究，都没有涉足劳动过程领域；在《资本论》第1卷占中心位置的，是研究"在资本控制下进行的劳动过程"，"在资本主义社会中，生产的诸过程是怎样在那个社会的主要动力，即资本积累的推动之下，不断地转变的。对劳动人民来说，这种转变首先表现为各工业部门的劳动过程的不断变化，其次表现为劳动在各种职业和各个工业部门之间的再分配"①。资本主义生产方式的"动力表现形式"，已经远比马克思那个时代要显著，实际上本应更容易为研究者所掌握。

然而使人惊奇的是，马克思主义者们在这方面并没有对马克思的著作增加什么新东西。无论是这整个资本主义和垄断资本主义的世纪中生产过程的变化，或是劳动人民的职业结构和工业结构的变化，自从马克思去世以来，都没有得到任何全面的马克思主义的分析。正是由于这个原因，象我已说过的那样，我不能把对本书的有力的精神影响归诸马克思本人以外的任何一个马克思主义者：根本没有一本根据马克思主义的传统、按照马克思《资本论》第一卷中论述资本主义生产方式的方法来论述这个问题的后继著作。②

在布雷弗曼看来，马克思本人已经充分运用了自身所处那个时代可资利用的所有资料，马克思对全面的生产运动、对劳动过程及其在工厂制度中的发展，对所处时代尚不充分发展的一些事例做出了十分精确的概括，这已经被后续的资本主义发展所证实。这似乎表明，在已经"深入耕作"的领域再研究是得不偿失的。这是原因之一。原因之二，

---

① 哈里·布雷弗曼：《劳动与垄断资本——二十世纪中劳动的退化》，方生等译，商务印书馆1979年版，第11页。

② 哈里·布雷弗曼：《劳动与垄断资本——二十世纪中劳动的退化》，方生等译，商务印书馆1979年版，第12页。

20 世纪的科学技术、劳动生产率，以及工人阶级消费水平的快速发展，已经对工人运动产生深刻影响；工人们得益于劳动生产力提高带来的好处，这消磨了最初的革命斗志，"他们越来越丧失从资本家手中夺取对生产的控制权的意志和抱负，越来越把注意力转到对劳动在产品中应占的份额的讨价还价上去了"①。这必将导致，"对生产方式的批判已让位于对作为一种分配方式的资本主义的批判。"② 脱离生产过程，单纯从分配领域"进行努力"，这种思路，早在《1857—1858 年经济学手稿》的《导言》中被马克思所批判。

由于发生了广泛的职业变化，逐渐包含了各种各样的职业阶层，原有的"工人阶级"这个名词在布雷弗曼看来，已经丧失了它的大部分解释力。所以，他希望在资本主义劳动过程研究中勾画出"一幅关于工人阶级结构的合理而有用的图画"。③ 关于职业问题的各种文献中存在着相互矛盾的两种观点：一种观点认为，现代工作，由于科技革命和自动化，需要越来越高的教育水平和训练水平，要求更多的知识和智力；另一种观点认为，工业生产（甚至包括办公室的工作场所）的工作，越来越细地拆分成一些细小、微小的操作环节，这些细微操作本身并不需要过高的技能和训练，也会使得具有较高教育水平的工作人员丧失对细微操作工作本身的兴趣，使人感到厌倦。也就是说，第一种观点主张"技能提高"，第二种观点主张"技能退化"，两种观点构成矛盾。

布雷弗曼坚持认为"劳动过程之从以传统为根据转变到以科学为根据，这对人类的进步和使人类免于饥饿和其他穷困来说，不但是不可避

---

① 哈里·布雷弗曼：《劳动与垄断资本——二十世纪中劳动的退化》，方生等译，商务印书馆 1979 年版，第 13 页。

② 哈里·布雷弗曼：《劳动与垄断资本——二十世纪中劳动的退化》，方生等译，商务印书馆 1979 年版，第 13 页。

③ 哈里·布雷弗曼：《劳动与垄断资本——二十世纪中劳动的退化》，方生等译，商务印书馆 1979 年版，第 27 页。

免的，而且也是必需的"①。进一步来讲，他所反对的并不是科学和技术本身，"而只是把科学和技术用作造成社会各阶级之间的鸿沟并使其永存和深化的武器的那种做法"②。实际上，马克思早在《资本论》中就做出了这种区分：机器本身和机器的资本主义应用。马克思指出："工人要学会把机器和机器的资本主义应用区别开来，从而学会把自己的攻击从物质生产资料本身转向物质生产资料的社会使用形式，是需要时间和经验的。"③

20世纪70年代，工人对工作的不满情绪，不仅集中在汽车工厂的装配线，也体现在办公室这样的工作场所中。当时《美国的工作》报告指出：

> 汽车工业是常常被用来说明令人不满的工作情况的一种工业；而装配线则是这种令人不满的情况的典型体现。但是令人吃惊的是，装配线工人和蓝领工人的不满情绪也反映在白领甚至管理人员的身上。在现在的办公室里，工作也被分割开来，而且也是权力主义的；今天的办公室实际上就是一个工厂。就越来越多的工作来说，除了工人衣领颜色不同之外，它们之间简直没有什么区别：计算机键控操作和文书处理系统跟汽车装配线差不多是完全一样的。
>
> 秘书、办事员和官僚们曾经由于不必过工厂里使人失去人性的枯燥生活而感到高兴。白领工作很少，它们的社会地位比蓝领工作高。但是今天，典型的美国工人是办事员而不是装配线工人，

① 哈里·布雷弗曼：《劳动与垄断资本——二十世纪中劳动的退化》，方生等译，商务印书馆1979年版，第9页。

② 哈里·布雷弗曼：《劳动与垄断资本——二十世纪中劳动的退化》，方生等译，商务印书馆1979年版，第9页。

③ 《马克思恩格斯全集》第44卷，人民出版社2001年版，第493页。

而这种职位也不提供什么声望。

在传统上，政府和工业中的低级白领工作都是由中学毕业生担任。今天，越来越多的这种工作属于高等院校毕业生。例如，1969 年办公室工作员的平均工资是每周一百零五美元，而蓝领生产工人是每周一百三十美元。①

上述这些不满情绪的产生，其本质源自资本主义劳动过程的转变，为了降低劳动成本，提高生产效率，各种工作被拆分得零零碎碎；然而，"资本主义的结构和运行方式都成千倍更加迅速、更加大规模、更加广泛地再造成目前的劳动过程"②。

第二节　马克思不是"技术决定论者"

布雷弗曼探讨了"技术与社会"（technology and society）（可视作两环节图示），并批判了那种把马克思理解成"技术决定论者"的观点，认为"技术决定论者"是把现代社会的各种特征都视作直接从大烟囱、机器工具和计算机产生出来的，马克思没有秉持这样的教条主义解释。在布雷弗曼看来，尽管马克思确实认为"生产资料"在社会形态演变中居于首要地位；但是，马克思从没有主张某种生产方式可以自动地从某种技术中产生出来的这种简单而片面的决定论。马克思 1847 年在《哲学的贫困》中指出：

经济学家蒲鲁东先生非常明白，人们是在一定的生产关系中制造呢绒、麻布和丝织品的。但是他不明白，这些一定的社会关

---

① 转引自哈里·布雷弗曼：《劳动与垄断资本——二十世纪中劳动的退化》，方生等译，商务印书馆 1979 年版，第 36—37 页。

② 哈里·布雷弗曼：《劳动与垄断资本——二十世纪中劳动的退化》，方生等译，商务印书馆 1979 年版，第 40 页。

系同麻布、亚麻等一样，也是人们生产出来的。社会关系和生产力密切相联。随着新生产力的获得，人们改变自己的生产方式，随着生产方式即谋生的方式的改变，人们也就会改变自己的一切社会关系。手推磨产生的是封建主的社会，蒸汽磨产生的是工业资本家的社会。①

很多人认为，马克思在这里体现了某种单向的"技术决定论"：生产力—生产方式—社会关系，似乎是一种单维度、单向度的公式化表达。但是，布雷弗曼机智地指出，如果蒸汽动力（技术）"产生的是"工业资本家（社会），接下来，工业资本家（社会）"产生的是"电力、内燃机动力和原子动力（技术）。可见，"技术"和"社会"两者之间是一种"相互作用"，绝不是单板、僵化的单向决定。当然，布雷弗曼也指出，马克思主张生产力在"历史长河"中居于首位，但绝不能把马克思"历史长河"视野下的"生产力基础观"或"生产力决定观"，公式主义地生搬硬套进入对"日常的历史分析"中。针对这种曲解马克思的辩证法，阿尔都塞在《保卫马克思》中也曾深刻指出：

> 在社会中，"生产关系"并不单纯是生产力的现象，而且也是生产力的存在条件；上层建筑并不单纯是社会结构的现象，而且也是社会结构的存在条件。从马克思以上阐述的原理中，我们可以推断：在任何地方，没有社会，没有社会关系，就不存在生产；原始的统一体是一个整体，在这个整体中，生产关系以生产为存在条件，而生产本身又以生产的形式，即生产关系为存在条件。这里，请大家切莫误会，"矛盾"的这种互为依存并不取消在矛盾中占统治地位的主导结构（就社会的情况而言，决定性因素归根结蒂是经济）。这种表面上是循环的互为依存的关系，最终并不破坏构

---

① 《马克思恩格斯选集》第1卷，人民出版社2012年版，第222页。

成整体复杂性和统一性的主导结构。相反，它在矛盾的现实存在条件的内部，恰恰是构成整体统一性的这一主导结构的表现。矛盾的存在条件在矛盾内部的这种反映，正是复杂整体统一性的主导结构在每个矛盾内部的反映，正是马克思主义辩证法最深刻的特征，也是我不久前试图用"多元决定"的概念加以确认的特征。①

阿尔都塞在论述中，引用马克思《1857—1858 年经济学手稿》中的著名《导言》——生产、分配、交换、消费构成一个总体的各个环节，构成一个统一体内部的差别，说明作为总体性、起到"主导结构"地位作用的"生产"和这一总体内部四个环节之间的辩证关系；"主导结构"（就是马克思单列出的、作为总体性质的"生产"本身），在各个矛盾（四个环节）互为依存的循环外表下具有不变性。什么是各个矛盾的"循环外表"呢？阿尔都塞进一步指出：

> 真正的马克思主义从不把各因素的排列、每个因素的实质和地位一劳永逸地固定下来，从不用单一的含义去确定它们的关系；只有"经济主义"（机械论）才一劳永逸地把各因素的实质和地位确定下来，不懂得过程的必然性恰恰在于各因素"根据情况"而交换位置。正是唯经济主义事先就一劳永逸地规定，归根到底起决定作用的矛盾必定是占主导地位的矛盾，矛盾的这一"方面"（生产力、经济、实践）必定起主要作用，而另一"方面"（生产关系、政治、意识形态、理论）必定起次要作用，却不了解归根到底由经济所起的决定作用在真实的历史中恰恰是通过经济、政治、理论等交替起第一位的作用而实现的。②

阿尔都塞的这些精彩论述，完全可以用来佐证布雷弗曼对"技术与

---

① 路易·阿尔都塞：《保卫马克思》，顾良译，商务印书馆 2006 年版，第 201 页。

② 路易·阿尔都塞：《保卫马克思》，顾良译，商务印书馆 2006 年版，第 208—209 页。

社会"能够发生"相互作用"、而非单向机械作用的理解。关于"技术"和"社会"两者之间的这种"相互作用",布雷弗曼指出:"马克思几乎在他的全部历史著作中都论述了生产力和生产关系之间的相互作用;虽然毫无疑问,他认为生产力在历史长河中居于首要地位,但是他大概从来没有想到过,在日常的历史分析中,这个首要地位可能被公式主义地加以利用。那些只根据少数分散的警句来了解马克思的历史方法的人,要想知道他怎样论述作为一种社会形式的资本(capital as a social form)与作为一种技术组织的资本主义生产方式(the capitalist mode of production as a technical organization)之间的关系,那就得好好研究《资本论》。根据马克思的分析,在资本主义的历史的和分析的范围内,技术产生着社会关系,但它也是由资本所代表的社会关系所产生。"[1]

可见,马克思之所以对"社会形式(social forms on the one side)和物质生产过程(material production processes on the other)之间的这种交替作用(interchange roles)丝毫不感到为难"[2],就在于马克思是把社会理解成一种历史过程。布雷弗曼不仅要指认"技术"和"社会"之间的"相互作用"或"交替作用",他更要阐明在一定历史条件下,"社会"对"技术"的决定作用、诱发作用。

　　　社会的确定性并不具备化学反应的固定性,而是一种历史过程。社会的具体而确定的形式确实是"确定的"而不是偶然的,但

---

① 哈里·布雷弗曼:《劳动与垄断资本——二十世纪中劳动的退化》,方生等译,商务印书馆 1979 年版,第 22 页。同时参见 Harry Braverman, *Labor and Monopoly Capital: The Degradation of Work in the Twentieth Century*, New York: Monthly Review Press, 1998, p. 14。为了更好地掌握布雷弗曼关于劳动过程理论的真实内容,笔者将在行文中适当之处比对中英文版本,引文中会增补少量英文。

② 哈里·布雷弗曼:《劳动与垄断资本——二十世纪中劳动的退化》,方生等译,商务印书馆 1979 年版,第 23 页。Harry Braverman, *Labor and Monopoly Capital: The Degradation of Work in the Twentieth Century*, New York: Monthly Review Press, 1998, p. 14.

这是一条线一条线地把历史这块织物编织起来的那种确定性，而不是硬塞进一些外来的公式。

资本主义这种社会形式，当它存在于时间、空间、人口和历史中的时候，织出了一块由无数线条组成的织物；它的存在的诸条件形成了一个复杂的网，其中每一条件都必需以许多其他条件为先决条件。就是由于这种坚固而确实的存在，历史所产生的这个具体形式，其任何部分都不能用一些人为的假定加以改变，而不歪曲它的实际存在方式——正因为如此，它在我们看来是"自然的"，"不可避免的"和"永恒的"。只有在这个意义上，在作为一块织了许多世纪才织成的织物的意义上，我们才可以说资本主义"产生了"现在的资本主义生产方式。这同那种使我们能从一种特定技术状况"推断出"一种特定的社会组织方式的现成公式是大不相同的。①

第一，布雷弗曼这里所谈的"织物""复杂的网"，其本质就是作为复杂的、具有结构化特质的、整体性的社会，从方法论来看，这一提法相当于大卫·戈登最初创建"积累的社会结构学派"两篇经典论文（1978、1980）中的表述——结构化的社会关系、结构化的积累条件、结构化的制度条件，等等。第二，布雷弗曼不仅在这里阐明了"社会"对"技术"的决定作用，而且他明确表达了"作为织物意义上的资本主义"产生了"资本主义生产方式"。第三，一个重要问题需进一步探讨，这里的"生产方式"显然没有和"社会"处于一个逻辑层面上，否则就谈不上作为"织物"的"社会"产生了资本主义生产方式；那么，能否把这里的"生产方式"作为"技术"或"生产力"来理解呢？

①　哈里·布雷弗曼：《劳动与垄断资本——二十世纪中劳动的退化》，方生等译，商务印书馆1979年版，第23—24页。

　　这就需要重新理解马克思《哲学的贫困》中的那段经典文字，马克思使用的是三环节图示："生产力—生产方式—社会关系（或生产关系）"；而不是通常所认知的两环节图示："生产力—生产关系"。我们暂且不论社会关系和生产关系之间的异同，需要追问的是，布雷弗曼使用的"技术"范畴，应该对应马克思三环节图示的哪些内容呢？一种可能，布雷弗曼的"技术"仅仅对应着马克思三环节图示中的"生产力"；第二种可能，布雷弗曼的"技术"对应着马克思三环节图示中的"生产力—生产方式"两个环节。然而，他本人又同时使用了"技术和生产组织"(technology and organization of production)[①]，来对应着马克思两环节图示"生产力—生产关系"中的生产力范畴；也就是说，布雷弗曼实际上已经把马克思两环节图示中的"生产力"本身，进行了一种"二次切割"或"二次分层"；这种"手法"，与我国张闻天的"生产关系两重性"的提法如出一辙，张闻天则把马克思两环节图示中的"生产关系"本身，进行了一种"二次切割"或"二次分层"。[②] 问题是，到底应该如何理解马克思的"生产方式"范畴？布雷弗曼给出的定义如下："我们将要表明，我们在我们周围看到的'生产方式'，即组织和进行劳动过程的方式 (the manner in which labor processes are organized and carried out)，是我们称之为资本主义的那种社会关系的'产物'。"[③] 可见，布雷弗曼要研究的是"置身于"资本主义社会中的生产过程的发展，以及一般劳动过程。这样一来，我们回头看马克思《资本论》的研究对象："我要在本书研究的，

---

　　① 哈里·布雷弗曼：《劳动与垄断资本——二十世纪中劳动的退化》，方生等译，商务印书馆 1979 年版，第 22 页。Harry Braverman, *Labor and Monopoly Capital: The Degradation of Work in the Twentieth Century*, New York: Monthly Review Press, 1998, p. 14.

　　② 《张闻天社会主义论稿》，中共党史出版社 2010 年版，第 219—237 页。

　　③ 哈里·布雷弗曼：《劳动与垄断资本——二十世纪中劳动的退化》，方生等译，商务印书馆 1979 年版，第 24 页。Harry Braverman, *Labor and Monopoly Capital: The Degradation of Work in the Twentieth Century*, New York: Monthly Review Press, 1998, p. 15.

是资本主义生产方式以及和它相适应的生产关系和交换关系。到现在为止，这种生产方式的典型地点是英国。"①

综上所述，布雷弗曼论述中的"生产方式"，实际上对应着马克思三环节图示"生产力—生产方式—社会关系（或生产关系）"中的"生产方式"。虽然，布雷弗曼在使用"技术与社会"的两环节图示，他实际上分析的却是三环节图示："技术和机器—生产方式—各种社会关系"（相当于"技术—生产方式—社会"）。他指出："只有通过一方面对技术和机器（technology and machinery），另一方面对各种社会关系（social relations），同时对这两者在现存社会中搞在一起的方式（the manner in which these two come together in existing societies），从历史上逐一加以具体分析，才能有效地着手去解决。"② 除此以外，布雷弗曼试图用"生产关系决定生产方式"来批判"生产力决定生产方式"，这两者实际上是三环节图示的两个"半段"。

第三节 《资本论》"劳动过程"含义与布雷弗曼的解释

德文版《资本论》第 1 卷第 5 章标题是"劳动过程和价值增殖过程"，这在法文版《资本论》中对应的是"使用价值的生产和剩余价值的生产"。③ 我们知道，法文版《资本论》是马克思亲自细致校对过的版本，并且为了有效克服法语中无法找到和德语相对应的那些范畴，马克思修订了一些内容，就包括把德文版中的"劳动过程"这个提法修改

---

① 《马克思恩格斯全集》第 44 卷，人民出版社 2001 年版，第 8 页。
② 哈里·布雷弗曼：《劳动与垄断资本——二十世纪中劳动的退化》，方生等译，商务印书馆 1979 年版，第 19 页。Harry Braverman, *Labor and Monopoly Capital: The Degradation of Work in the Twentieth Century*, New York: Monthly Review Press, 1998, p. 12.
③ 《马克思恩格斯全集》第 43 卷，人民出版社 2016 年版，第 179 页。

为法文版的"使用价值的生产",这是因为,法语中没有适合对应德语"过程"的词汇。对于劳动过程本身,马克思指出:"劳动过程首先要撇开每一种特定的社会的形式来加以考察。"①法文版中是这样:"我们首先要考察有用劳动的一般运动而撇开社会经济发展的这个或那个阶段给这个运动打上的各种特殊的印记。"②

在这里,我们需要思考的是,马克思的"要撇开每一种特定的社会的形式"和"撇开社会经济发展的这个或那个阶段给这个运动打上的各种特殊的印记",这"两者"到底是指什么?可否作出这样的解释:"价值形成过程""价值增殖过程"或"剩余价值的生产",就相当于上述"两者"?进一步来讲,对于资本主义商品生产过程中,商品具有两因素,源自劳动具有两重性——具体劳动和抽象劳动,抽象劳动及其派生的"价值形成"或"价值增殖"赋予了"劳动过程"(使用价值的生产)以"一种特定的社会的形式""特殊的印记"。这样一来,可以总结出两组对应关系:"具体劳动—劳动过程"(具体劳动—使用价值的生产),以及"抽象劳动—价值形成或价值增殖"(抽象劳动—剩余价值的生产);括号中的对应关系是根据法文版《资本论》给出的逻辑图示。

对于使用价值的生产或劳动过程本身,马克思给出了一段经典文字:

> 劳动首先是人和自然之间的过程,是人以自身的活动来中介、调整和控制人和自然之间的物质变换的过程。人自身作为一种自然力与自然物质相对立。……他使自身的自然中蕴藏着的潜力发挥出来,并且使这种力的活动受他自己控制。……蜜蜂建筑蜂房的

---

① 《马克思恩格斯全集》第 44 卷,人民出版社 2001 年版,第 207 页。
② 《马克思恩格斯全集》第 43 卷,人民出版社 2016 年版,第 179 页。

本领使人间的许多建筑师感到惭愧。但是，最蹩脚的建筑师从一开始就比最灵巧的蜜蜂高明的地方，是他在用蜂蜡建筑蜂房以前，已经在自己的头脑中把它建成了。劳动过程结束时得到的结果，在这个过程开始时就已经在劳动者的表象中存在着，即已经观念地存在着。他不仅使自然物发生形式变化，同时他还在自然物中实现自己的目的，这个目的是他所知道的，是作为规律决定着他的活动的方式和方法的，他必须使他的意志服从这个目的。但是这种服从不是孤立的行为。除了从事劳动的那些器官紧张之外，在整个劳动时间内还需要有作为注意力表现出来的有目的的意志，而且，劳动的内容及其方式和方法越是不能吸引劳动者，劳动者越是不能把劳动当作他自己体力和智力的活动来享受，就越需要这种意志。劳动过程的简单要素是：有目的的活动或劳动本身，劳动对象和劳动资料。①

这段文字，卢卡奇在《社会存在的本体论》频繁引用过，并用来论证"作为目的论设定的劳动"。卢卡奇认为："这段话清楚地道出了劳动这个本体论上的核心范畴。物质存在领域中的某种目的论设定作为某种新的对象性的产生是通过劳动而实现的。"②"设定目的这种行为所具有的社会性——它既是源于某种社会需要同时又是为了满足这种需要；……设定的目的能否实现，这仅仅取决于在确定手段时究竟在多大程度上把自然的因果性转变成了——本体论意义的——设定的因果性。目的的设定产生于社会的人的需要。"③在这里，卢卡奇认为通过劳动过

---

① 《马克思恩格斯全集》第 44 卷，人民出版社 2001 年版，第 207—208 页。

② 卢卡奇：《关于社会存在的本体论》下卷，白锡堃等译，重庆出版社 1993 年版，第 7 页。

③ 卢卡奇：《关于社会存在的本体论》下卷，白锡堃等译，重庆出版社 1993 年版，第 19 页。

程实现了"自然存在的因果性"向"目的论设定的因果性"的转换。"劳动过程乃是在人与自然之间发生的过程,乃是人与自然进行物质交换的本体论基础。劳动的目的、对象及手段的这种性质也规定着劳动主体行为的本质。"① 卢卡奇认为,劳动这个社会存在的本体论是存在目的论设定的,即劳动是有目的、有意识、有选择、有计划的,这些劳动的目的、手段和计划等范畴规定了劳动本身。在这里,作为目的论设定的劳动本身必然蕴含着"按比例分配劳动"。笔者将在其他地方继续讨论这个问题,这涉及"社会必要劳动时间"的理论争论。②

马克思认为:"劳动资料和劳动对象二者表现为生产资料,劳动本身则表现为生产劳动。"③ 马克思紧接着指出:"这个从简单劳动过程的观点得出的生产劳动的定义,对于资本主义生产过程是绝对不够的。"④ 可见,这是两种不同逻辑层面的"生产劳动"。

> 劳动过程,就我们在上面把它描述为它的简单的、抽象的要素来说,是制造使用价值的有目的的活动,是为了人类的需要而对自然物的占有,是人和自然之间的物质变换的一般条件,是人类生活的永恒的自然条件,因此,它不以人类生活的任何形式为转移,倒不如说,它为人类生活的一切社会形式所共有。因此,我们不必来叙述一个劳动者与其他劳动者的关系。一边是人及其劳动,一边是自然及其物质,这就够了。⑤

我们可以把马克思这里对"劳动过程"和"生产过程"的论述,做

---

① 卢卡奇:《关于社会存在的本体论》下卷,白锡堃等译,重庆出版社 1993 年版,第 76 页。

② 张开、王声啸、王腾:《试论新中国 70 年计划与市场的理论逻辑——兼论按比例分配社会劳动的两种实现形式》,《山东社会科学》2019 年第 11 期。

③ 《马克思恩格斯全集》第 44 卷,人民出版社 2001 年版,第 211 页。

④ 《马克思恩格斯全集》第 44 卷,人民出版社 2001 年版,第 211 页。

⑤ 《马克思恩格斯全集》第 44 卷,人民出版社 2001 年版,第 215 页。

出以下"区分式的"理解："劳动过程"更多强调了人与自然之间的物质变换，舍掉了人与人之间的关系；"生产过程"则考虑了人与人之间的关系。换句话说，"劳动过程"是抽象掉人与人之间关系的"生产过程"；"生产过程"是考虑了人与人之间关系的"劳动过程"。

对于商品生产过程来讲，马克思指出："因为这里谈的是商品生产，所以事实上直到现在我们显然只考察了过程的一个方面。正如商品本身是使用价值和价值的统一一样，商品生产过程必定是劳动过程和价值形成过程的统一。"① 这段文字，法文版是这样给出的："正如商品生产是使用价值同时又是交换价值一样，商品生产也必定同时是使用价值的形成和价值的形成。"② 对于过程的两个方面之比较，马克思指出：

> 如果我们把价值形成过程和劳动过程比较一下，就会知道，劳动过程的实质在于生产使用价值的有用劳动。在这里，运动只是从质的方面来考察，从它的特殊的方式和方法，从目的和内容方面来考察。在价值形成过程中，同一劳动过程只是表现出它的量的方面。所涉及的只是劳动操作所需要的时间，或者说，只是劳动力被有用地消耗的时间长度。在这里，进入劳动过程的商品，已经不再作为在劳动力有目的地发挥作用时执行一定的职能的物质因素了。它们只是作为一定量的对象化劳动来计算。无论是包含在生产资料中劳动，或者是由劳动力加进去的劳动，都只按时间尺度来计算。它等于若干小时、若干日等等。③

通过上述文字，马克思最初的考察，只是从作为劳动过程本身、作为使用价值的生产来界定"劳动过程"含义的。然而，在这里，马克思已经由最初的考察，转向了具有"一种特定的社会的形式""特殊的

---

① 《马克思恩格斯全集》第 44 卷，人民出版社 2001 年版，第 218 页。
② 《马克思恩格斯全集》第 43 卷，人民出版社 2016 年版，第 189 页。
③ 《马克思恩格斯全集》第 44 卷，人民出版社 2001 年版，第 227—228 页。

印记"的劳动过程的考察。所以，在商品生产过程中，"同一劳动过程"，具有了质的规定（使用价值生产）和量的规定（价值生产）的二重性质。诚如马克思所指出的："我们看到，以前我们分析商品时所得出的创造使用价值的劳动和创造价值的同一个劳动之间的区别，现在表现为生产过程的不同方面的区别了。作为劳动过程和价值形成过程的统一，生产过程是商品生产过程；作为劳动过程和价值增殖过程的统一，生产过程是资本主义生产过程，是商品生产的资本主义形式。"①

　　什么是"资本主义生产过程"呢？实际上，资本主义生产过程也包含两个方面，具有二重性质，其本质就是资本的二重性。这就是，劳动二重性—商品生产过程二重性（商品二因素）—资本主义生产过程二重性（资本二重性）。虽然，关于"资本二重性"，马克思没有直接给出定义，但是这段文字可以视作资本主义生产过程的二重性，其本质就是"资本二重性"。马克思指出："资本主义生产过程是社会生产过程一般的一个历史地规定的形式。而社会生产过程既是人类生活的物质生存条件的生产过程，又是一个在特殊的、历史的和经济的生产关系中进行的过程，是生产和再生产着这些生产关系本身，因而生产和再生产着这个过程的承担者、他们的物质生存条件和他们的互相关系即他们的一定的经济的社会形式的过程。"② 也就是，"社会生产过程"和"历史地规定的形式"。

　　商品二因素、商品生产过程二重性、资本二重性、资本主义生产过程二重性，都是容易理解的。但是，这里存在一个容易引起理解混乱的问题：是否可以这样认为，马克思在论述商品生产过程具有二重性质之后，就完全认为"劳动过程"具有二重性质了，不再使用那种只是在

---

① 《马克思恩格斯全集》第 44 卷，人民出版社 2001 年版，第 229—230 页。
② 《马克思恩格斯全集》第 46 卷，人民出版社 2003 年版，第 927 页。

作为劳动过程本身、作为使用价值的生产的意义上的劳动过程？因为，仅仅作为使用价值生产意义上的劳动过程，是一个具有"一重性质的劳动过程"；作为既是使用价值生产又是价值生产两个方面性质的劳动过程，是一个具有"二重性质的劳动过程"。

> 如果我们从劳动过程的观点来考察生产过程，那么工人并不是把生产资料当作资本，而只是把它当作自己有目的的生产活动的手段和材料。例如在制革厂，工人只是把皮革当作自己的劳动对象。他不是鞣资本家的皮。可是，只要我们从价值增殖过程的观点来考察生产过程，情形就不同了。生产资料立即转化为吮吸他人劳动的手段。不再是工人使用生产资料，而是生产资料使用工人了。①

很明显，如果我们把这段文字中的"劳动过程"，理解为是一个具有"二重性质的劳动过程"，明显不符合逻辑；反之，只能将之理解成是一个具有"一重性质的劳动过程"。马克思法文版《资本论》，是这样给出的："如果我们单从使用价值的观点来考察生产"，以及"只要我们从剩余价值的观点来考察生产"。②在法文版中，马克思实际上消除了这种理解可能出现的混乱。不得不说，布雷弗曼认为马克思之后很长时间，众多马克思主义理论家们不关注劳动过程的研究，和我们这里给出的"劳动过程"的"两种解释"——"一重性质的劳动过程"和"二重性质的劳动过程"——潜在问题，不是没有关系的。这里需要给出一个重要理论问题：张闻天提出"生产关系两重性"之后，有学者继承了这种思路，并认为"资本二重性"是建立在"生产关系两重性"基础之上的。③应

---

① 《马克思恩格斯全集》第 44 卷，人民出版社 2001 年版，第 359 页。
② 《马克思恩格斯全集》第 43 卷，人民出版社 2016 年版，第 323 页。
③ 杨志：《论资本的二重性兼论公有资本的本质》，中国人民大学出版社 2014 年版，第 67 页。

该如何理解"资本二重性"？能否把资本理解成是一种和生产力没有任何关系或相对独立的"纯粹生产关系"？能否把《资本论》或者马克思主义政治经济学的研究对象限定为"生产关系研究"？如果只把资本理解成是一种生产关系，同时把劳动过程仅仅理解成是使用价值的生产过程（一重性质的劳动过程）；那么，这种"一重性质的劳动过程"就不会纳入政治经济学的研究对象，这绝非偶然。需要明确，"资本二重性"绝非是"资本主义生产关系的二重性"，其本质应该立足"劳动二重性—商品二因素—资本二重性"的逻辑框架来界定。

实际上，布雷弗曼是从"二重性质的劳动过程"来赋予"劳动过程"（或生产方式）内涵的。他指出："我们讨论的问题，不是'一般的'劳动，而是在资本主义生产关系下各种形式的劳动。"[1] 他所理解的劳动过程，是在劳动力成为商品、雇佣劳动出现且普遍的时候开始的。

> 劳动过程（the labor process）就这样开始了。这个过程，一般说来就是创造使用价值的过程，然而同时也是扩大资本——创造利润的过程。从这个论点出发，要是单纯从技术观点把劳动过程仅仅看做一种劳动方式（as a mere mode of labor），那就过于轻率了。此外，劳动过程已经成为资本积累过程（a process of accumulation of capital）。而且，正是后者在资本家的思想和活动中占有支配地位，对劳动过程的控制权（the control over the labor process）落入了资本家的手里。所以在下述每个问题上，我们都要考虑资本积累是怎样支配和塑造劳动过程的。[2]

---

[1] 哈里·布雷弗曼：《劳动与垄断资本——二十世纪中劳动的退化》，方生等译，商务印书馆 1979 年版，第 48 页。

[2] 哈里·布雷弗曼：《劳动与垄断资本——二十世纪中劳动的退化》，方生等译，商务印书馆 1979 年版，第 50 页。Harry Braverman, *Labor and Monopoly Capital: The Degradation of Work in the Twentieth Century*, New York: Monthly Review Press, 1998, p. 36.

　　布雷弗曼关于"劳动过程"的定义具有三个特点：（1）如前文所述从"二重性质的劳动过程"来理解"劳动过程"；（2）把资本积累过程视作劳动过程的发展；（3）对于"劳动过程的控制权"争夺的分析，这一控制权如何从工人手中转向资本家手中，即将成为关键议题。

　　资本主义发端之处，它所能使用的劳动力，是那些刚刚脱胎于资本主义之前生产方式的劳动力，这些人已经受到传统生产技术的训练，并掌握着那些生产技术或工艺。例如，纺纱工、陶工、铁匠、锁匠、细木工等等，当他们受雇于资本家的时候，继续保持自己作为行会工匠或独立工匠时候的那些生产技术。诚如马克思指出的："起初，资本家在市场上找到什么样的劳动力就得使用什么样的劳动力，因而劳动在还没有资本家的时期是怎样的，资本家就得采用怎样的劳动。由劳动从属于资本而引起的生产方式本身的变化，以后才能发生，因而要以后才来考察。"① 马克思关于资本主义起点的阐述是："资本主义生产实际上是在同一个资本同时雇用人数较多的工人，因而劳动过程扩大了自己的规模并提供了较大量的产品的时候才开始的。人数较多的工人在同一时间、同一空间（或者说同一劳动场所），为了生产同种商品，在同一资本家的指挥下工作，这在历史上和概念上都是资本主义生产的起点。就生产方式本身来说，例如，初期的工场手工业，除了同一资本同时雇用的工人人数较多而外，和行会手工业几乎没有什么区别。行会师傅的作坊只是扩大了而已。"② 所以，"这些早期的作坊，只是由一些较小的生产单位合并起来的，在传统方法上没什么变化。因此，劳动仍然由生产者直接控制，这些生产者身上体现着自己那个行业的

---

① 《马克思恩格斯全集》第 44 卷，人民出版社 2001 年版，第 216 页。
② 《马克思恩格斯全集》第 44 卷，人民出版社 2001 年版，第 374 页。

传统知识和技术。"① 一方面，由于生产者集中、聚集在一起，这本身就会要求最初形式的管理需要；另一方面，在资本主义早期各种具体的生产制度及其过渡形式制约下，资本家必然会想办法进行"突围"。早期的生产制度包括分包或转包制度（subcontracting system）、包买或散工制度（"putting-out" system）、家庭劳动制度（domestic system）等。在这个阶段，"资本家还没有担负起工业资本主义的主要管理职能，还没有控制劳动过程"②。此时，出现了生产不正规，原料在运送过程中被盗窃，制造缓慢，产品质量不稳定等问题；最重要的原因在于，这些生产制度使得资本家无法真正掌握并控制生产过程，无法真正掌握人类劳动力的巨大潜力。③

这种困境，催生了三个方面的变革：固定工作时间（fixed hours）、

① 哈里·布雷弗曼：《劳动与垄断资本——二十世纪中劳动的退化》，方生等译，商务印书馆 1979 年版，第 55 页。

② 哈里·布雷弗曼：《劳动与垄断资本——二十世纪中劳动的退化》，方生等译，商务印书馆 1979 年版，第 58 页。

③ 布雷弗曼是把"包买制或散工制"等家庭劳动形式，视作一种历史过渡，是终将被资本主义消灭掉的。有趣的是，有学者举例分析"当代墨西哥仍然存在着的吊床编制行业"并给出了不同观点，这种农村的包买制、散工制，既是古老的，也是现代的。我们从这篇文章大体可以推论出如下观点：(1) 资本主义控制原材料和成品销售市场（资本家控制生产过程的"两头儿"），而中间环节——生产过程（劳动和生产资料的结合过程及组织形式）仍然可以保留"古老的状态"；(2) 文章反对把"散工制"视作独立的小商品生产和资本主义集中大生产之间的"过渡形态论"，主张将之视作资本主义生产的某种持久特征，而非简单理解成历史上已经消亡的形式；(3) 工厂外迁至低工资国家或地区，生产环节从工厂外迁至家庭，都是为了降低成本、提高盈利能力，实际上，古老的"包买制"生产关系，在全球化时代，某种程度上，表现为加工贸易、委托代工、来料加工等形式；(4) 旧式的"包买制"立足于家庭单位，全球化时代的"包买制"，既包括家庭单位，更多的是由资本主义来对"外迁出来的生产环节、装配环节、加工环节、组装环节"进行大规模生产组织。例如，富士康就是立足于"资本家大工厂"基础上的"包买制"。这个新发展，则是布雷弗曼没有预料到的。参见 Alice Littlefield, Larry Reynolds, "The Putting-out System: Transitional Form or Recurrent Feature of Capitalist Production?", *The Social Science Journal*, Volume 27, No.4 (1990), pp. 359–372。

系统化的管理（systematic control）和重新组织劳动过程（reorganization of the labor process）。① 这样一来，资本主义的管理部门，就逐渐形成并担负起这样一种具体职能，整个控制过程将经历根本性变革。第一，"资本家在所有这些早期努力中，一直在探索管理的理论与实践。建立了新的社会生产关系并且开始改变生产方式之后，他们发现自己遇到了不仅在规模上而且在性质上同早期生产过程的特征完全不同的管理问题。"② 第二，"资本家从小受到的训练就是将自己的意志强加于人，竭力通过管理进行控制。控制的确是一切管理制度的中心思想，这已为一切管理理论家所承认，或是默认，或是直言无讳"③。第三，"由于现在构造了生产过程的新社会关系，由于在进行生产过程的人和为了自己的利益而由别人进行生产过程的人之间，在管理者（who manage）和执行者（who execute）之间，在把自己的劳动力带进工厂的人和那些企图从这种劳动中为资本家榨取最大利益的人之间，存在着对抗"④。上述文字说明两点：（1）新的形势已经出现，资本家要获取对劳动过程的更多控制权，榨取工人更多的劳动时间，将自己的意志强加于工人身上，就必须立足新的社会生产关系，强烈需要并通过管理对工人进行控制；（2）布雷弗曼的理解，遵循着前文所述的"技术—生产方式—社会关系"三环节图示中，由"后半段"起作用的"逆向决定思路"，主张生产关系、

---

① 哈里·布雷弗曼：《劳动与垄断资本——二十世纪中劳动的退化》，方生等译，商务印书馆1979年版，第59页。Harry Braverman, *Labor and Monopoly Capital: The Degradation of Work in the Twentieth Century*, New York: Monthly Review Press, 1998, p. 44.

② 哈里·布雷弗曼：《劳动与垄断资本——二十世纪中劳动的退化》，方生等译，商务印书馆1979年版，第63页。

③ 哈里·布雷弗曼：《劳动与垄断资本——二十世纪中劳动的退化》，方生等译，商务印书馆1979年版，第63页。

④ 哈里·布雷弗曼：《劳动与垄断资本——二十世纪中劳动的退化》，方生等译，商务印书馆1979年版，第64页。Harry Braverman, *Labor and Monopoly Capital: The Degradation of Work in the Twentieth Century*, New York: Monthly Review Press, 1998, p. 47.

社会关系对生产方式的决定性影响。

第四节　两种分工和巴贝奇（拜比吉）原理

在布雷弗曼看来，资本主义生产方式中存在两种分工：

资本主义工业的分工（the division of labor in capitalist industry），和在整个社会中划分生产任务、行业或专业这类现象（the phenomenon of the distribution of tasks, crafts, or specialties of production throughout society）根本不同，因为大家已知道的各种社会虽然已经把工作（work）划分为种种生产专业（productive specialties），但在资本主义以前的社会都没有把每一生产专业的工作再系统地划分为各种有限的工序（systematically subdivided the work of each productive specialty into limited operations）。这种分工的形式，只是随着资本主义的发展才普遍化的。[①]

这段文字说明，"各种社会"（实际上，这里指的是资本主义之前的各种社会）已经把"工作"（work）划分为"种种生产专业"（productive specialties），这是一种普遍存在于各种原有社会形态的一般性质；但是，只有在资本主义社会中，才存在着把"种种生产专业"系统性地再划分为"各种有限的工序"（limited operations）。所以，在资本主义之前的社会中，是一种"工作—生产专业"（两环节）；资本主义社会中，是一种"工作—生产专业—有限工序"（三环节）。"把劳动划分为各行各业"（a division of labor into crafts），是一切社会所应该具有的普遍性质，布雷弗曼认为这就是马克思所讲的"社会分工"（the social division of labor）；

---

① 哈里·布雷弗曼：《劳动与垄断资本——二十世纪中劳动的退化》，方生等译，商务印书馆 1979 年版，第 65 页。Harry Braverman, *Labor and Monopoly Capital: The Degradation of Work in the Twentieth Century*, New York: Monthly Review Press, 1998, p. 49.

但是，在资本主义之前的社会中，"在行业内部并没有分工"（there is no division of tasks within the crafts）①。以及，"同这种一般分工或社会分工（general or social division of labor）不同，还有一种个别分工（the division of labor in detail）——生产方面的分工（the manufacturing division of labor）。这种分工把制造产品的各过程划分为由不同工人完成的许多工序（manifold operations performed by different workers）"②。布雷弗曼批判了那种混淆"社会分工"和"个别分工"之间存在本质区别的观点——这是一种抽象过度的方法论造成的观点，他认为不能把两者视作一个连续的统一体；否则，种田、制作家具或打铁（社会分为各行各业、社会分工）和"毕生劳动中每天连续拧紧几百颗螺丝钉或每周连续用手操纵键式卡片打孔机打出几千张卡片这些活动"（资本主义所特有的这种个别分工）之间就没有本质差别了。③ 这种抽象过度的方法论，必然会把资本主义生产方式所特有的种种特征视作超历史的、贯穿人类始终的存在。

这里所讲的"社会分工"和"个别分工"，实际上在马克思《资本论》中是以"社会内部的分工"和"工场内部的分工"面貌出现的。需要先说明的是，"社会内部的分工"实际上包含两种情况，马克思指出："整个社会内的分工，不论是否以商品交换为中介，是各种经济的社会形态所共有的，而工场手工业分工却完全是资本主义生产方式的独特

---

① 哈里·布雷弗曼：《劳动与垄断资本——二十世纪中劳动的退化》，方生等译，商务印书馆 1979 年版，第 66 页。Harry Braverman, *Labor and Monopoly Capital: The Degradation of Work in the Twentieth Century*, New York: Monthly Review Press, 1998, p. 50.

② 哈里·布雷弗曼：《劳动与垄断资本——二十世纪中劳动的退化》，方生等译，商务印书馆 1979 年版，第 67 页。Harry Braverman, *Labor and Monopoly Capital: The Degradation of Work in the Twentieth Century*, New York: Monthly Review Press, 1998, p. 50.

③ 哈里·布雷弗曼：《劳动与垄断资本——二十世纪中劳动的退化》，方生等译，商务印书馆 1979 年版，第 68 页。

创造"①。所以，按照是否存在"商品交换为中介"，可以把"社会内部的
分工"区分成两种类型。对于这种作为资本主义生产方式独特创造的"工
场内部的分工"，马克思指出自己是在《哲学的贫困》中，"第一次提到
工场手工业分工是资本主义生产方式的特殊形式"②。在存在商品交换为
中介的资本主义生产方式中，这两种分工具有何种联系和差别呢？马克
思指出："社会内部的分工以不同劳动部门的产品的买卖为中介；工场手
工业内部各局部劳动之间的联系，以不同的劳动力卖给同一个资本家，
而这个资本家把它们作为一个结合劳动力来使用为中介。"③这是第一个
不同，是"中介"的不同。两种分工都有中介，一个是以"产品买卖为
中介"，互不依赖的商品生产者只有通过商品交换才能取得联系；另一
个是以"结合劳动力来使用为中介"，局部工人不生产商品，转化为商
品的只是局部工人最后的共同产品。"工场手工业分工以生产资料集中
在一个资本家手中为前提；社会分工则以生产资料分散在许多互不依赖
的商品生产者中间为前提。"④这是第二个不同，是"前提"的不同。一
个是以生产资料的集中为前提，另一个是以生产资料的分散为前提。"在
工场手工业中，保持比例数或比例的铁的规律使一定数量的工人从事一
定的职能；而在商品生产者及其生产资料在社会不同劳动部门中的分配
上，偶然性和任意性发挥着自己的杂乱无章的作用。……在工场内部的
分工中预先地、有计划地起作用的规则，在社会内部的分工中只是在事
后作为一种内在的、无声的自然必然性起着作用，这种自然必然性只能
在市场价格的晴雨表式的变动中觉察出来，并克服着商品生产者的无规
则的任意行动。工场手工业分工的前提是资本家对于只是作为他所拥

---

① 《马克思恩格斯全集》第 44 卷，人民出版社 2001 年版，第 415—416 页。
② 《马克思恩格斯全集》第 44 卷，人民出版社 2001 年版，第 419 页。
③ 《马克思恩格斯全集》第 44 卷，人民出版社 2001 年版，第 411—412 页。
④ 《马克思恩格斯全集》第 44 卷，人民出版社 2001 年版，第 412 页。

有的总机构的各个肢体的人们享有绝对的权威；社会分工则使独立的商品生产者互相对立，他们不承认任何别的权威，只承认竞争的权威，只承认他们互相利益的压力加在他们身上的强制……"① 这是第三个不同，是"运行机制"的不同。一个呈现出计划性、比例性、预先性、权威性、专制性，另一个呈现出偶然性、任意性、杂乱无章性、事后性、竞争性。正如马克思所言，"在资本主义生产方式的社会中，社会分工的无政府状态和工场手工业分工的专制是互相制约的"。这两种截然不同的机制，表现为"一种悖论"："资产阶级意识一方面称颂工场手工业分工，工人终生固定从事某种局部操作，局部工人绝对服从资本，把这些说成是为提高劳动生产力的劳动组织，同时又同样高声责骂对社会生产过程的任何有意识的社会监督和调节，把这说成是侵犯资本家个人的不可侵犯的财产权、自由和自决的'独创性'。"②

　　以上是马克思对于两种分工之间三个方面区别的解释。在布雷弗曼看来，"社会分工把社会进行再划分（subdivides society），而个别分工把各个人进行再划分（subdivides humans）；社会的再划分可以提高个人和人类的价值，而各个人的再划分如果是在不顾人的能力和需要的情况下进行，就是对人和人类的一种犯罪"③。同时，他给出了自己劳动过程研究所关心的是第二种分工：

　　　　我们关心的不是社会的一般分工，而是企业内部的分工；不是各行各业之间的分工（not with the distribution of labor among various industries and occupations），而是各行各业和工业过程的分解（but with

---

　　① 《马克思恩格斯全集》第 44 卷，人民出版社 2001 年版，第 412 页。

　　② 《马克思恩格斯全集》第 44 卷，人民出版社 2001 年版，第 412—413 页。

　　③ 哈里·布雷弗曼：《劳动与垄断资本——二十世纪中劳动的退化》，方生等译，商务印书馆 1979 年版，第 67 页。Harry Braverman, *Labor and Monopoly Capital: The Degradation of Work in the Twentieth Century*, New York: Monthly Review Press, 1998, p. 51.

the breakdown of occupations and industrial processes）；不是"一般生产"中的分工，而是特殊的资本主义生产方式内部的分工。我们关心的不是"纯粹的技术"，而是技术同资本的特殊需要的密切结合。①

中文版中的"各行各业和工业过程的分解"，应该翻译成"各种职业和工业过程的分解"似乎更好一些。最初的"劳动过程的分解"（the analysis of the labor process），是一个人的事情，是一个人的劳动过程的分解，这在资本主义社会之前的社会形态中也是存在的，其目的就是为了提高劳动效率，节省劳动时间。如果，"操作不仅是彼此分开的（operations separated from each other），而且是分配给不同的工人（they are assigned to different workers）。这里，我们不只是分解了劳动过程，而且还产生了局部工人（creation of the detail worker）。这两步都取决于生产的规模：没有足够的数量，两者都行不通。每一步都节省了劳动时间。最大的节省体现在劳动过程的分解，进一步的节省——其程度随过程的性质而变化——是由于把各个操作分给不同的工人而得到的（to be found in the separation of operations among different workers）"②。工人为了节约劳动时间，提高劳动效率，可以拆解劳动过程；但是，他们绝不会自愿成为局部工人，终生从事局部操作。显然，后一个步骤是资本主义社会所特有的现象，是资本家着力推动的结果。

对资本家来说，既然从第一步（分解）（analysis）上可以得到很大好处，从第二步（在工人当中进行细分）（breakdown among workers）上又可以得到更多的好处，那么他没有理由不是既采取

---

① 哈里·布雷弗曼：《劳动与垄断资本——二十世纪中劳动的退化》，方生等译，商务印书馆 1979 年版，第 69 页。Harry Braverman, *Labor and Monopoly Capital: The Degradation of Work in the Twentieth Century*, New York: Monthly Review Press, 1998, p. 52.

② 哈里·布雷弗曼：《劳动与垄断资本——二十世纪中劳动的退化》，方生等译，商务印书馆 1979 年版，第 71—72 页。Harry Braverman, *Labor and Monopoly Capital: The Degradation of Work in the Twentieth Century*, New York: Monthly Review Press, 1998, p. 54.

第一步也采取第二步。第一步只是把劳动过程分开，第二步再把工人分开，这对资本家来说并不是什么重要的事情；由于资本家在打破作为由工人控制的一种过程的工艺时（destroying the craft as a process under the control of the worker），又重新把它组成为由他自己控制的一种过程，这就尤其如此。现在，资本家能够在双重意义上计算他的好处，不仅在生产效率（productivity）上有好处，而且在管理控制（management control）上也有好处，因为在这种情况下对工人非常有害的东西，就是对资本家有利的东西。[1]

对于分工的这两个步骤，不仅使得资本家能够掌控劳动过程；而且，使得资本家能够以更为低廉的价格购买局部工人的劳动力，这种购买廉价劳动力的行为降低了劳动成本，必然会导致资本家主导下的产品更为廉价。也就是说，和过去购买整个工匠的劳动力所需要的成本相对比，购买局部工人的劳动力是非常划算的。所以，"在以买卖劳动力为基础的社会里，划分工艺会减低其各个部分的工价（dividing the craft cheapens its individual parts）"[2]。这就是"巴贝奇（拜比吉）原理"（Babbage's principle）的核心要义。[3]

---

[1]　哈里·布雷弗曼：《劳动与垄断资本——二十世纪中劳动的退化》，方生等译，商务印书馆 1979 年版，第 72—73 页。Harry Braverman, *Labor and Monopoly Capital: The Degradation of Work in the Twentieth Century*, New York: Monthly Review Press, 1998, pp. 54–55.

[2]　哈里·布雷弗曼：《劳动与垄断资本——二十世纪中劳动的退化》，方生等译，商务印书馆 1979 年版，第 74 页。Harry Braverman, *Labor and Monopoly Capital: The Degradation of Work in the Twentieth Century*, New York: Monthly Review Press, 1998, p. 55.

[3]　值得一提的是，马克思在《资本论》中引用了巴贝奇的著作，而 1975 年中文版《资本论》也早已经将其翻译成"拜比吉"（Charles Babbage，1792—1871）。遗憾的是，布雷弗曼《劳动与垄断资本》1979 年中文版翻译过程中，显然没有和中文版《资本论》进行核对并统一译名，这造成了诸多困难。笔者在研读布雷弗曼著作时就非常困惑，布雷弗曼笔下如此重要且在马克思时代就已经出名的"大人物"，马克思的《资本论》中怎么会视而不见呢？参见《马克思恩格斯全集》第 44 卷，人民出版社 2001 年版，第 958、1011 页。

巴贝奇的原理是资本主义社会中分工发展的基本原理。它所反映的不是分工的技术方面（technical aspect），而是分工的社会方面（social aspect）。在劳动过程可以分开（be dissociated）的范围内，它可以分成不同的成分（elements），有些成分比其它成分简单，而每一成分又比整个过程简单。用市场术语来说，这就是：能够完成全过程的劳动力，作为各种分离的成分（as dissociated elements）来购买时，要比作为一个工人的全部能力（as a capacity integrated in a single worker）来购买时便宜。巴贝奇的原理最早应用于手工业，后来又应用于各种使用机器的行业，终于成为支配资本主义社会各种劳动的基本力量，不论这种劳动的背景是什么，也不论是处于什么等级。①

综合来讲，"巴贝奇原理说明了最常见的降低劳动力价格的方法：把劳动力分为各个最简单的成分（break it up into its simplest elements）"。进一步来讲，"资本主义生产方式系统地破坏了现有的各种全面技能（destroys all-around skills），形成了与其需要相适应的各种技能和职业"②。这不仅影响劳动过程，而且最终会改变劳动市场的结构，劳动过程和劳动市场两个方面相互作用、相互交织、相互渗透，推动、塑造并形成资本主义生产方式的变迁。布雷弗曼将其称为资本主义分工的一般规律："劳动过程的每个步骤，尽可能地脱离专门知识和专门训练，都变成简单的劳动。与此同时，对那些还能有专门知识和能受专门训练的少数人，就尽可能地摆脱简单劳动的负担。在这种情况下，

---

① 哈里·布雷弗曼：《劳动与垄断资本——二十世纪中劳动的退化》，方生等译，商务印书馆 1979 年版，第 75—76 页。Harry Braverman, *Labor and Monopoly Capital: The Degradation of Work in the Twentieth Century*, New York: Monthly Review Press, 1998, p. 57.

② 哈里·布雷弗曼：《劳动与垄断资本——二十世纪中劳动的退化》，方生等译，商务印书馆 1979 年版，第 76 页。Harry Braverman, *Labor and Monopoly Capital: The Degradation of Work in the Twentieth Century*, New York: Monthly Review Press, 1998, p. 57.

一切劳动过程的结构是（a structure is given to all labor processes）：一个极端的人们的时间有无限价值，而另一极端的人们的时间几乎分文不值。这甚至可以说是资本主义分工的一般规律。它不是影响劳动组织（the organization of work）的唯一力量，但肯定是最强大和最全面的力量。"①

第五节　泰罗科学管理的三条原则

在布雷弗曼看来，最初从资本主义生产关系内部研究"劳动组织"（the organization of labor）的那些理论家，可以视作最初的管理学家。这些人所处的时代，是在马克思《资本论》笔下经常引用和批判的《工厂哲学》作者尤尔（Andrew Ure，1778—1857）的年代，这也对应着布雷弗曼所引用的《论机器和制造业的经济》作者巴贝奇（拜比吉）（Charles Babbage，1792—1871）所处的年代。这些最初的管理学家所处的时代可视作第一阶段，而泰罗所处的 19 世纪后期和 20 世纪初期的那个诸多管理学派迸发的时期可视作第二阶段，两个阶段之间存在一个空档期。这段时间里，"企业的规模有了巨大的发展，开始出现了工业的垄断组织，和有目的、有系统地把科学应用于生产"②。

所谓的科学管理，就是要把一些科学方法应用于迅速发展的资本主义企业中越来越复杂的控制劳动的问题（problems of the control of labor）。它缺乏一种真正科学的特性，因为它的一些假

----

① 哈里·布雷弗曼：《劳动与垄断资本——二十世纪中劳动的退化》，方生等译，商务印书馆 1979 年版，第 77 页。Harry Braverman, *Labor and Monopoly Capital: The Degradation of Work in the Twentieth Century*, New York: Monthly Review Press, 1998, p. 58.

② 哈里·布雷弗曼：《劳动与垄断资本——二十世纪中劳动的退化》，方生等译，商务印书馆 1979 年版，第 78 页。

设，只不过反映资本家对于生产条件的看法。尽管有时也有一些相反的说法，它的出发点并不是人类的观点，而是资本家的观点，也就是在对抗的社会关系的环境中管理一种难以驾驭的劳动力的观点。它并不打算发现和正视这种情况的原因，而是把这种情况看作是一种无情的既定事实，一种"天然的"情况。它所研究的并不是一般的劳动，而是如何使劳动适应资本的需要（but the adaptation of labor to the needs of capital）。它并不是作为科学的代表，而是以用科学外衣乔装打扮起来的管理的代表的身份进入工作场所的。①

所以，科学管理是把工具和技术视作既定的、给定的，它与技术没有什么关系。布雷弗曼指出："从逻辑上说，泰罗制（Taylorism）是属于管理方法的发展（development of management methods）和劳动组织（the organization of labor）这一方面的，而不是属于技术发展的，因为在技术的发展中它所起的作用很小。"② 从本质规定上来看，泰罗制具有"社会性"，而不是"技术性"；"泰罗所关心的主要不在于技术的进步"，泰罗"所关心的是在一定的技术水平上对劳动的控制"③。有一种观点认为，泰罗制以及科学管理运动由于自身的问题（例如，引起劳工的反对浪潮）已经过时，并被后来的其他管理学派所代替，如工业心理学（industrial psychology）、人事关系（human relations）等学派。布雷弗曼

---

① 哈里·布雷弗曼：《劳动与垄断资本——二十世纪中劳动的退化》，方生等译，商务印书馆 1979 年版，第 78—79 页。Harry Braverman, *Labor and Monopoly Capital: The Degradation of Work in the Twentieth Century*, New York: Monthly Review Press, 1998, p. 59.

② 哈里·布雷弗曼：《劳动与垄断资本——二十世纪中劳动的退化》，方生等译，商务印书馆 1979 年版，第 78 页。Harry Braverman, *Labor and Monopoly Capital: The Degradation of Work in the Twentieth Century*, New York: Monthly Review Press, 1998, p. 59.

③ 哈里·布雷弗曼：《劳动与垄断资本——二十世纪中劳动的退化》，方生等译，商务印书馆 1979 年版，第 101—102 页。

认为，这种所谓"泰罗制或科学管理过时"论，实则是对资本主义管理发展的实际动力方面的可悲误解。"如果泰罗制在今天不作为一个独立学派而存在，那是因为除了它的声誉不好而外，它现在已不再是一个派别的财产，因为它的基本学说已成为一切工作计划（all work design）的基石。"①

把泰罗及其后继者，和其他所谓进行替代泰罗制的各学派（我们可以将之简称"替代学派"）进行比较，存在以下差别：（1）泰罗主要论述了"组织劳动过程和控制劳动过程的基本原则"（fundamentals of the organization of the labor process and of control over it），而"替代学派"主要论述了"如何使工人适应于工业工程师所设计的正在进行的生产过程"（that process was designed by the industrial engineer）；②（2）"泰罗的继承人往往可以在技术和工作设计部门（in engineering and work design）以及上层管理部门（in top management）找到"，而"替代学派"则往往可以在"人事部门（personnel departments）和工业心理学和社会学的各学派中（schools of industrial psychology and sociology）找到"；（3）"工作本身（work itself）是按照泰罗制的原则组织的"，然而"人事部门和学术研究部门（personnel departments and academics）则忙于选择、训练、使用、调节'人力'，使它适合于这样组织起来的劳动过程（adjustment of 'manpower' to suit the work processes so organized）"；（4）"泰罗制统治着生产领域"，而"人事关系"和"工业心理学"的实践者则是"人类肌体的维修人员"（maintenance crew

---

① 哈里·布雷弗曼：《劳动与垄断资本——二十世纪中劳动的退化》，方生等译，商务印书馆 1979 年版，第 80 页。Harry Braverman, *Labor and Monopoly Capital: The Degradation of Work in the Twentieth Century*, New York: Monthly Review Press, 1998, p. 60.

② 哈里·布雷弗曼：《劳动与垄断资本——二十世纪中劳动的退化》，方生等译，商务印书馆 1979 年版，第 79—80 页。Harry Braverman, *Labor and Monopoly Capital: The Degradation of Work in the Twentieth Century*, New York: Monthly Review Press, 1998, p. 60.

of for the human machinery)。① 很明显，泰罗及其后继者和"替代学派"，两者的关注点和研究兴趣并没有在一个层面上，而是在不同水平上发挥作用。

布雷弗曼总结了泰罗思想的两个特征：一是运用"实验方法"（experimental methods）来研究工作；二是关于"控制的观念"（concept of control）。

> 使用实验方法来研究工作（the use of experimental methods in the study of work），这并不是从泰罗开始的；实际上，工匠自己使用这种方法，正是一种工艺实践的一部分（the self-use of such methods by the craftsman is part of the very practice of a craft）。但是，由管理工作的人或是为管理工作的人（the study of work by or on behalf of those who manage it）而不是由执行工作的人（those who perform it）来研究工作，这似乎完全是随着资本主义时代的出现而出现的事；诚然，在此以前它没有什么基础。②

这段文字说明，资本主义之前的、由工匠主导的生产实践，工匠本人就会运用这种所谓"实验方法"来研究工作，研究劳动，研究生产，这种方法是"内生于"工匠工艺实践过程的。但是，随着资本主义生产方式逐渐取得统治地位，这种对劳动、对工作的研究，是由"管理工作的人"，而不是由"执行工作的人"来承担，这意味"管理环节"脱离了"执行环节"而固定下来，"管理"和"执行"两者之间具有某种对抗性质。所以，泰罗试图回答的是"如何最好地控制已转让的劳动（就是说被买

---

① 哈里·布雷弗曼：《劳动与垄断资本——二十世纪中劳动的退化》，方生等译，商务印书馆 1979 年版，第 80 页。Harry Braverman, *Labor and Monopoly Capital: The Degradation of Work in the Twentieth Century*, New York: Monthly Review Press, 1998, p. 60.

② 哈里·布雷弗曼：《劳动与垄断资本——二十世纪中劳动的退化》，方生等译，商务印书馆 1979 年版，第 81 页。Harry Braverman, *Labor and Monopoly Capital: The Degradation of Work in the Twentieth Century*, New York: Monthly Review Press, 1998, p. 61.

卖的劳动力）这个问题"①。劳动力的价值，取决于一定生活资料的价值量（劳动数量），而劳动力和生产资料结合实际发挥出的劳动数量，这两个"劳动数量"是不同的两个量，能否使两个数值差额最大化，似乎就是泰罗科学管理要回答的问题。

在泰罗看来，"只要把关于工作的任何决定权放弃给工人（left to the worker any decision about the work），那末这种管理只能是一种有限而无效的事情"②。必须通过管理对每一个劳动活动进行控制，对劳动进行管理控制，管理部门控制劳动。泰罗认为，由于存在着"磨洋工"（soldiering），工人的实际产量是被压低的；这种问题的解决，是可以通过科学管理来确定"一个合理的日工作量"（a fair day's work），消除"磨洋工"现象。③ 进一步来讲，劳动过程实际上是控制权的争夺——将控制权从工人手中转移到管理部门，"通过控制在工作过程中做出的决定来控制工作"（the control over work through the control over the decisions that are made in the course of work），④ 就会成为关键议题。

只受一般命令和纪律（general orders and discipline）的控制的工人并不是受到充分控制的工人，因为他们仍然掌握着实际劳动过程。只要他们控制着劳动过程本身，他们就会反对充分发挥他

①　哈里·布雷弗曼：《劳动与垄断资本——二十世纪中劳动的退化》，方生等译，商务印书馆 1979 年版，第 82 页。

②　哈里·布雷弗曼：《劳动与垄断资本——二十世纪中劳动的退化》，方生等译，商务印书馆 1979 年版，第 83 页。Harry Braverman, *Labor and Monopoly Capital: The Degradation of Work in the Twentieth Century*, New York: Monthly Review Press, 1998, p. 62.

③　哈里·布雷弗曼：《劳动与垄断资本——二十世纪中劳动的退化》，方生等译，商务印书馆 1979 年版，第 89—90 页。Harry Braverman, *Labor and Monopoly Capital: The Degradation of Work in the Twentieth Century*, New York: Monthly Review Press, 1998, p. 67.

④　哈里·布雷弗曼：《劳动与垄断资本——二十世纪中劳动的退化》，方生等译，商务印书馆 1979 年版，第 99 页。Harry Braverman, *Labor and Monopoly Capital: The Degradation of Work in the Twentieth Century*, New York: Monthly Review Press, 1998, p. 73.

们的劳动力中所固有的潜力。要改变这种情况，必须把对劳动过程的控制权转移到经理部门手里来（the hands of management），这不仅是在形式的意义上，而且要控制和指挥劳动过程的每一步骤，包括其操作方式（mode of performance）。①

从最早的时代直到工业革命，手艺行业（the craft）或技艺行业（skilled trade）是劳动过程的基本单位，基本细胞。在每种手艺行业中，工人被认为是掌握大量传统知识的人，各种工作方法和工作程序（methods and procedures）就由他或她自行处理。每一个这样的工人都拥有关于该行业用以进行生产的原材料和操作方面的过去积累的知识(accumulated knowledge)。陶工、制单工、铁匠、织工、木匠、面包师傅、磨坊工人、玻璃匠、皮匠等各自代表社会分工的一个部门，都是各该部门劳动过程的技术仓库。②

正是由于早期的工人脱胎于掌握技术的那些"工匠"，如何消除工人"磨洋工"，如何消除工人对劳动过程的控制，如何消除工人对生产过程的决定权或决策，如何提高作为一定标准的"日工作量"；这些问题在泰罗看来是必须通过各种实验来实现控制权的转移，把那些"内生于"工人的各种技术、积累的知识，搜集、整理并集中到管理部门；这样一来，工人们就可以仅仅根据管理部门设计的操作标准来进行劳动，而不再根据过去自己掌握的知识和技能来劳动。这就是泰罗关于"控制"的主要思想，布雷弗曼将其概括为三条根本原则。

第一条原则。布雷弗曼指出："使劳动过程和工人的技术分离开来

① 哈里·布雷弗曼：《劳动与垄断资本——二十世纪中劳动的退化》，方生等译，商务印书馆1979年版，第92页。Harry Braverman, *Labor and Monopoly Capital: The Degradation of Work in the Twentieth Century*, New York: Monthly Review Press, 1998, p. 69.

② 哈里·布雷弗曼：《劳动与垄断资本——二十世纪中劳动的退化》，方生等译，商务印书馆1979年版，第101页。Harry Braverman, *Labor and Monopoly Capital: The Degradation of Work in the Twentieth Century*, New York: Monthly Review Press, 1998, p. 75.

(the dissociation of the labor process from the skills of the workers)。劳动过程应不依靠手艺（craft）、传统和工人的知识。因此，它应该完全不依靠工人的能力，而完全依靠经理部门的实践（entirely upon the practices of management）。"① 泰罗认为，"管理人员（the management）所负的责任是……搜集（gathering）工人们过去所有的一切传统知识（traditional knowledge），然后把这些知识加以分类（classifying）、列表（tabulating）并使它们变成规则（rules）、法则（laws）和公式（formulae）。"② 其本质，在于掠夺工人曾经占有的传统知识，并且把这些知识集中在管理部门手中，最后以一种公式化、标准化的形式强制工人实行。

第二条原则。布雷弗曼指出："这个原则应称为使概念和执行分离的原则（separation of conception from execution），而不用其更普通的名称称之为脑力劳动与体力劳动分离的原则（separation of mental and manual labor）（虽然它与后者很相像，而实际上也往往是同一的）。这是因为主要用脑子来进行的脑力劳动，也是服从这一概念与执行分离原则的：脑力劳动首先和体力劳动分离开来，接着，正如我们将看到的那样，它本身又严格地按照这一规律进行再分（itself subdivided rigorously according to the same rule）。"③ 泰罗认为："一切可能有的脑力工作（brain

---

① 哈里·布雷弗曼：《劳动与垄断资本——二十世纪中劳动的退化》，方生等译，商务印书馆 1979 年版，第 104 页。Harry Braverman, *Labor and Monopoly Capital: The Degradation of Work in the Twentieth Century*, New York: Monthly Review Press, 1998, p. 78.

② 哈里·布雷弗曼：《劳动与垄断资本——二十世纪中劳动的退化》，方生等译，商务印书馆 1979 年版，第 103—104 页。Harry Braverman, *Labor and Monopoly Capital: The Degradation of Work in the Twentieth Century*, New York: Monthly Review Press, 1998, pp. 77–78.

③ 哈里·布雷弗曼：《劳动与垄断资本——二十世纪中劳动的退化》，方生等译，商务印书馆 1979 年版，第 105 页。Harry Braverman, *Labor and Monopoly Capital: The Degradation of Work in the Twentieth Century*, New York: Monthly Review Press, 1998, p. 79.

work）都应该从车间里转移出去（removed from the shop），集中在计划或设计部门（centered in the planning or laying-out department）。"① 对于劳动能力而言，人优于动物的地方在于：人的劳动能力及其劳动过程，原本是一种"执行"和"概念"相结合的过程。资本主义生产方式，造成工人丧失"概念"这方面的特征，只是作为一种没有人性的"任务执行者"的面貌出现。因此，"资本家从一开始就学会利用人类劳动力的这一个方面，打破劳动过程的统一"② 。根据这一原则，泰罗实际上主张"工作的科学"（science of work）不需要由工人来研究和发展，而是要由经理部门来研究和发展；"在旧制度下由工人作为他个人经验（personal experience）的成果做出的全部计划工作（all of the planning），在新制度下必需由经理部门根据科学法则（the laws of the science）来做。……需要一种类型的人做事前设计（to plan ahead），而由另一种完全不同类型的人来执行（to execute the work）"③ 。所以，"工人们不仅丧失了对其生产工具的支配权，而且他们现在必须丧失对他们自己的劳动和劳动方式的支配权"④ 。

所以，"工作研究"（work study）的目的，绝不是为了提高工人的能力，绝不是要把知识集中在工人手中，而是为了减少工人的训练和提高其产量来降低工人劳动力的价格。综合来讲，"为了保证经理部门的控制权（management control），为了降低工人的工价，概念（conception）

① 哈里·布雷弗曼：《劳动与垄断资本——二十世纪中劳动的退化》，方生等译，商务印书馆 1979 年版，第 104 页。Harry Braverman, *Labor and Monopoly Capital: The Degradation of Work in the Twentieth Century*, New York: Monthly Review Press, 1998, p. 78.

② 哈里·布雷弗曼：《劳动与垄断资本——二十世纪中劳动的退化》，方生等译，商务印书馆 1979 年版，第 105 页。

③ 哈里·布雷弗曼：《劳动与垄断资本——二十世纪中劳动的退化》，方生等译，商务印书馆 1979 年版，第 105—106 页。Harry Braverman, *Labor and Monopoly Capital: The Degradation of Work in the Twentieth Century*, New York: Monthly Review Press, 1998, p. 79.

④ 哈里·布雷弗曼：《劳动与垄断资本——二十世纪中劳动的退化》，方生等译，商务印书馆 1979 年版，第 108 页。

和执行（execution）必须变成工作的两个独立的方面（separate spheres of work）。同时，为达到这个目的，对工作过程的研究必须留给经理部门而不让工人来担任。只是把研究结果以简化的指示（simplified instructions）所支配的简化的工作任务的形式（in the form of simplified job tasks）传达给工人，此后工人的责任就是不假思索地执行指示而无需理解基本的技术理论和数据"①。

第三条原则。泰罗指出："现代科学管理中最凸出的一个因素也许是任务观念（the task idea）。每个工人的工作都由经理部门至少在一天之前完全定出计划（fully planned out by the management），在大多数情况下每个工人都得到详尽的书面指示（written instructions），详细说明他应完成的工作任务以及做工作时所要用的手段。……这个任务（this task）不仅要详细说明要做什么工作，而且还要说明如何进行工作以及完成工作的确切期限。……科学管理主要在于准备和实现这些任务（preparing and carrying out these tasks）。"② 对于工人来讲，只需要"按照说明书"来执行操作。这条原则的本质，布雷弗曼指出，这"是对劳动过程的一切因素进行有系统的预先计划（pre-planning）和预先计算（pre-calculation），现在劳动过程已不再是工人想象中的劳动过程，而是经理部门一个专业人员想象中的劳动过程了"③。

---

① 哈里·布雷弗曼：《劳动与垄断资本——二十世纪中劳动的退化》，方生等译，商务印书馆 1979 年版，第 109 页。Harry Braverman, *Labor and Monopoly Capital: The Degradation of Work in the Twentieth Century*, New York: Monthly Review Press, 1998, p. 81.

② 哈里·布雷弗曼：《劳动与垄断资本——二十世纪中劳动的退化》，方生等译，商务印书馆 1979 年版，第 109—110 页。Harry Braverman, *Labor and Monopoly Capital: The Degradation of Work in the Twentieth Century*, New York: Monthly Review Press, 1998, p. 82.

③ 哈里·布雷弗曼：《劳动与垄断资本——二十世纪中劳动的退化》，方生等译，商务印书馆 1979 年版，第 110 页。Harry Braverman, *Labor and Monopoly Capital: The Degradation of Work in the Twentieth Century*, New York: Monthly Review Press, 1998, p. 82.

对上述三条原则，布雷弗曼进行了一个综合结论："如果第一条原则是搜集和发展关于各个劳动过程的知识，第二条原则是，集中这种知识是经理部门的专职——加上它的反题，工人没有这种知识——那末，第三条原则就是利用这种对知识的垄断来控制劳动过程的每一个步骤及其执行方式。"① 由此可见，"管理部门"的职能在于研究、搜集、发展各种知识，进而将其进行标准化设计，给出需要执行的各种任务指令；工人的职能，仅仅扮演着"任务执行者角色"。树立在上述三条原则基础上的现代管理，集中反映了"劳动过程从以技能（based on skill）为基础到以科学为基础（based upon science）的转变达到空前的速度"②。这些控制原则已经侵蚀资本主义的工业、办公场所和市场实践过程中，最终成为"公认的常规和习惯的一部分"（accepted routine and custom）；当劳动过程越具有科学性、复杂性的同时，工人却"外在于"这个过程本身，他们没有参与进来，因为这些内容是管理部门的职责，这需要一个心理上的适应过程。布雷弗曼的《劳动与垄断资本》也涉及"官僚主义化或官僚化"（bureaucratization）的问题，这是伴随管理部门出现而出现的现象，值得注意一下。

我们不能根据这一点就认为，工人和管理人员关系（relations between worker and manager）的这样一种心理上的转变，完全是一件过去的事情。恰恰相反，在各种新职业的演进过程中，在这些新职业因工商业的发展而诞生、然后成为常规并服从经理部门的控制（routinized and subjugated to management control）这整个演

---

① 哈里·布雷弗曼：《劳动与垄断资本——二十世纪中劳动的退化》，方生等译，商务印书馆 1979 年版，第 110 页。

② 哈里·布雷弗曼：《劳动与垄断资本——二十世纪中劳动的退化》，方生等译，商务印书馆 1979 年版，第 111 页。Harry Braverman, *Labor and Monopoly Capital: The Degradation of Work in the Twentieth Century*, New York: Monthly Review Press, 1998, p. 83.

进过程中，它是经常在反复重演的。因为这种趋势已侵蚀了办公室、技术和"有教养的"职业，社会学家们谈到它时都把它说成是"官僚主义化"（bureaucratization），这是对韦伯术语的含糊其辞的、不适当的使用，这个术语往往反映使用者这样一个观点，即这种形式的工作管理（this form of government over work）是"大规模的"或"复杂的"企业所特有的，而最好把它理解为资本主义工作组织的特殊产品（the specific product of the capitalist organization of work），它主要并不反映规模，而反映各种社会对抗关系。①

需要指出，这里的"经理部门的控制"，也可以翻译成"管理控制"。此外，大卫·戈登在去世前的著作《臃肿与卑劣》专门探讨过美国资本主义企业中的"官僚负担"问题，其他学者围绕"官僚主义化"的相关探讨也是非常多的。

第六节　劳动过程的"分裂"——"概念"和"执行"

前文已经指出，资本主义早期所使用的劳动力"脱胎于"工匠等身份，这些早期的工人掌握着各种生产知识和技能，"概念"和"执行"两个环节是相互结合着的，二者统一于劳动过程。这两个环节的分离，是资本主义生产方式普遍化的产物。所以，"概念和执行分离的必然结果是，劳动过程要在不同的两种场所并由不同的两类劳动者来进行。在一种场所进行由用体力的生产过程（the physical processes of production are executed）。在另一种场所则专门搞设计、计划、计算和登记工作。在劳动过程开始之前预先想好这一过程，在工人开始实际工

---

① 哈里·布雷弗曼：《劳动与垄断资本——二十世纪中劳动的退化》，方生等译，商务印书馆 1979 年版，第 111 页。Harry Braverman, *Labor and Monopoly Capital: The Degradation of Work in the Twentieth Century*, New York: Monthly Review Press, 1998, p. 83.

作之前摹想（preconception）每一个工人的各种活动，规定每一种职务（each function；翻译成职能，应该更好。——引者）的职责范围和完成任务的方式及其所需时间，自始至终控制和检查正在进行中的过程，估定劳动过程每一个阶段完成时的成果——生产的所有这些方面都从车间（shop floor）转移到了管理部门的办公室（management office）"①。在这里，"用体力的生产过程"指的就是"执行环节"，其执行的主体不仅包括进行实际操作的工人，也包括那些低级监督人员；他们盲目地、不需要思考就可以完成规定动作；每个生产单位，都好像由远处的"另一个脑袋"来支配，而无须用"自己的脑袋"来做出决策或决定。布雷弗曼指出，"现代管理部门所采用的控制概念，要求生产中的每一活动，在管理中心都有其若干平行的活动"，这样就会导致，"每一生产过程在实际进行（in physical form）之前、之中和之后都要摹写成纸面上的东西（replicated in paper form）"②。

正象人类的劳动要求劳动过程既在工人的头脑中进行也在工人的体力活动中进行一样，现在，已经从生产中转移到一个独立的地方和一个独立的集团中的劳动过程的映像（the image of the process），也控制着劳动过程本身。过去一个世纪中的这种发展，其新奇之处不在于手与脑的分离，概念与执行的分离，而在于它们的分离达到了极为严格的程度，而且越来越细分，以致概念尽可能集中到管理部门内或与管理部门有密切联系的人数越来越有限的集团的手里。因此，在对抗的社会关系和被隔开的劳动的背

---

① 哈里·布雷弗曼：《劳动与垄断资本——二十世纪中劳动的退化》，方生等译，商务印书馆 1979 年版，第 113—114 页。Harry Braverman, *Labor and Monopoly Capital: The Degradation of Work in the Twentieth Century*, New York: Monthly Review Press, 1998, p. 86.

② 哈里·布雷弗曼：《劳动与垄断资本——二十世纪中劳动的退化》，方生等译，商务印书馆 1979 年版，第 114 页。Harry Braverman, *Labor and Monopoly Capital: The Degradation of Work in the Twentieth Century*, New York: Monthly Review Press, 1998, p. 86.

景下，手和脑不仅分离开来，而且截然分开而互相敌对了；人类手和脑的统一变成它的对立面，成为不那么带有人性的东西了。生产的这种纸上的摹写品（this paper replica of production），这种与实际情况相符的影像，产生出许多形形色色的职业，它们的特点是它们都不是存在于物的流动中而存在于书面文件的流动中（not in the flow things but in the flow of paper）。现在，生产已一分为二，并取决于两个集团的活动。因为生产方式已被资本主义弄成这样的分裂状态，它也把劳动的两个方面分裂了开来；但两者仍然都是生产所必需的，而就在一点上，劳动过程仍然保持统一性。①

布雷弗曼的这些文字，是非常有理论力量的。劳动过程由最初的统一性（资本主义以前的状态），在资本主义生产方式条件下，分裂为"物质生产活动流"和"管理部门文件流"两个方面。前者的主体是工人，负责"执行环节"；后者的主体是管理部门，负责"概念环节"。实际上，马克思早在《资本论》中已经对这个问题进行了一定程度的论证："局部工人所失去的东西，都集中在和他们对立的资本上面了。工场手工业分工的一个产物，就是物质生产过程的智力作为他人的财产和统治工人的力量同工人相对立。这个分离过程在简单协作中开始，在工场手工业中得到发展，在大工业中完成。在简单协作中，资本家在单个工人面前代表社会劳动体的统一和意志，工场手工业使工人畸形发展，变成局部工人，大工业则把科学作为一种独立的生产能力与劳动分离开来，并迫使科学为资本服务。"② 马克思讲的"分离过程"，和布雷弗曼讲的"概念"和"执行"的分离过程，其本质是完全一样的。只不过，马克思并

---

① 哈里·布雷弗曼：《劳动与垄断资本——二十世纪中劳动的退化》，方生等译，商务印书馆 1979 年版，第 114—115 页。Harry Braverman, *Labor and Monopoly Capital: The Degradation of Work in the Twentieth Century*, New York: Monthly Review Press, 1998, p. 87.

② 《马克思恩格斯全集》第 44 卷，人民出版社 2001 年版，第 418 页。

没有直接讲到"管理部门",而是用"资本"集中了和占有了智力、科学;布雷弗曼则是用"管理部门"搜集、占有了生产的知识和技能;布雷弗曼的"管理部门"就是马克思"资本"的一种时代发展,是资本主义的发展,是资本的新的发展形式。

布雷弗曼指出:"随着工匠技艺(craftsmanship)被摧毁或日益丧失其传统内容,劳动人民和科学之间早就很脆弱的残存的纽带也几乎完全裂断。这种联系在过去主要是通过工人阶级中的手艺人(craftsman)或工匠(artisan)而形成的,而在资本主义的早期,这种联系是很紧密的。在管理部门对科学实行垄断之前,工匠技艺是当时存在着的那种科学生产技术的主要储存库;历史记载也强调科学起源于工艺技术(craft technique)。"① 最初,科学"内生于"工匠所掌握的工艺技术、生产过程;随着资本主义生产方式的普遍化,管理部门作为资本的发展形式,逐渐垄断了科学;科学和工人二者之间,由"一体化"转变为"分裂化"。所以,科学管理兴起的过程,伴随着工匠技艺遭遇破坏的过程;泰罗制及其科学管理,其本质在于,"要剥夺工人的工艺知识(craft knowledge)和自主的控制权(autonomous control),使工人面临一种经过郑重考虑想出的劳动过程,在这个过程中,工人只起齿轮和杠杆的作用"② 。也就是说,工人在劳动过程中,已经无须思考什么东西,只需完成规定动作即可;劳动过程,事先已经被设计好了。

综合来讲,"概念"和"执行"的分离,有三个方面的影响:(1)"生产成本会由于尽量使计划工作和脑力工作(the work of planning and

---

① 哈里·布雷弗曼:《劳动与垄断资本——二十世纪中劳动的退化》,方生等译,商务印书馆 1979 年版,第 119 页。Harry Braverman, *Labor and Monopoly Capital: The Degradation of Work in the Twentieth Century*, New York: Monthly Review Press, 1998, p.90.

② 哈里·布雷弗曼:《劳动与垄断资本——二十世纪中劳动的退化》,方生等译,商务印书馆 1979 年版,第 123—124 页。Harry Braverman, *Labor and Monopoly Capital: The Degradation of Work in the Twentieth Century*, New York: Monthly Review Press, 1998, p.94.

the brain work）与体力劳动（manual labor）相分离而降低"；（2）由"另一个脑袋"所设想和控制的"简化了的工作来组织劳动（the organization of labor according to simplified tasks；应该翻译成：用简化了的任务来组织劳动——引者），用来代替过去的手工业式的劳动（previous craft forms of labor），这对工人的技术能力具有显著的降低作用（degrading effect）"；（3）这对整个劳动人口的影响是非常复杂的。①

伴随着资本主义劳动过程的"分裂"，工人不断被迫进行"自我调适"，以适应资本主义生产方式的不断变化和资本主义生产方式的压力。这表现为从两个维度来"研究工人问题"的兴起：一是来自企业内部的人事部门和劳动关系部门；二是企业外部的、社会上的劳资关系学校、高等院校社会学系以及其他学术机构。这类学科、院校及其研究，催生了工业心理学（industrial psychology）和工业生理学（industrial physiology）的产生，这些学科目的就在于研究"改善选择、训练和激励工人的方法，而这些又很快地几乎要发展成为研究作为一种社会制度的工厂工业社会学（industrial sociology, the study of the workplace as a social system）"②。而它们所关心的，是要使"工人能够很好地按照工业工程师所编制的劳动方案（the scheme of work organized by the industrial engineer）进行合作的那些条件"③。什么是工程师及其职能？按照布雷

---

① 哈里·布雷弗曼：《劳动与垄断资本——二十世纪中劳动的退化》，方生等译，商务印书馆 1979 年版，第 116 页。Harry Braverman, *Labor and Monopoly Capital: The Degradation of Work in the Twentieth Century*, New York: Monthly Review Press, 1998, p. 88.

② 哈里·布雷弗曼：《劳动与垄断资本——二十世纪中劳动的退化》，方生等译，商务印书馆 1979 年版，第 126 页。Harry Braverman, *Labor and Monopoly Capital: The Degradation of Work in the Twentieth Century*, New York: Monthly Review Press, 1998, p. 96.

③ 哈里·布雷弗曼：《劳动与垄断资本——二十世纪中劳动的退化》，方生等译，商务印书馆 1979 年版，第 126 页。Harry Braverman, *Labor and Monopoly Capital: The Degradation of Work in the Twentieth Century*, New York: Monthly Review Press, 1998, p. 97.

弗曼的说法，"工程（engineering）这一职业是一种比较新的发展。在工程师出现之前，概念的和设计的职能（the conceptual and design func-tions）是工匠技艺的活动领域"①。一句话，就是为了使工人能够适应"新习惯"，适应资本主义企业所提出的雇佣条件，满足管理部门所提出的各种要求，完成各项操作和任务。

对于工人对于资本主义生产方式的适应过程，布雷弗曼列举了"综合传送带装配线"（comprehensive conveyor assembly line）的例子，用来说明工人离开原有工作条件而适应资本所造成的工作方式（their adjustment to the forms of work engineered by capital）的根本性过程。②1903 年，福特公司最初成立的时候，制造汽车的工人是来自密歇根州和俄亥俄州的那些在自行车厂和四轮马车厂受过训练的手工艺人（craftsmen）。刚开始的时候，最终的装配工作环节，是一项高技术工作（a highly skilled job），每辆汽车在一个固定位置由一些"全能机工"（all-around mechanics）来完成装配。1908 年，福特公司开始生产 T 型车的时候，那些包做一切的"万能博士""全能机工"，已经开始仅仅负责有限的一些操作。对 T 型车的需求很大，公司开始聘请有才能的技术人员（special engineering talent）修订生产方法（revise the production methods），"新的劳动组织的主要因素（the key element of the new organization of labor）是不断运转的传送带（the endless conveyor chain），上面放着要装配的车辆的各个部件，当它们经过固定工作站时，就由那里的工人完成简单的操作（simple

---

① 哈里·布雷弗曼：《劳动与垄断资本——二十世纪中劳动的退化》，方生等译，商务印书馆 1979 年版，第 120 页。Harry Braverman, *Labor and Monopoly Capital: The Degradation of Work in the Twentieth Century*, New York: Monthly Review Press, 1998, p. 91.

② 哈里·布雷弗曼：《劳动与垄断资本——二十世纪中劳动的退化》，方生等译，商务印书馆 1979 年版，第 131 页。Harry Braverman, *Labor and Monopoly Capital: The Degradation of Work in the Twentieth Century*, New York: Monthly Review Press, 1998, p. 100.

operations)"①。到了1914年，福特公司在最终装配环节，使用了第一部"循环链传送带"（endless-chain conveyor for final assembly）；在三个月以内，T型车的装配耗时减少到最初的十分之一；到了1925年，一天所生产的T型车数量和最初一年的产量相当。这种生产效率是何原因？布雷弗曼指出："在这里，加快生产速度不仅在于劳动组织的改变（the change in the organization of labor），而且也在于管理部门一下子取得了对装配速度的控制权（attained over the pace of assembly），使操作速度提高了两三倍，从而使工人的劳动强度达到非常高的程度。做到这一步之后，福特就去压平工资结构（flatten the pay structure），作为进一步降低成本的一项举措。"②

装配线出现之前，福特公司采用奖金制度刺激工人积极性；装配线出现之后，福特公司废除奖金制度，恢复一般的计时工资。这种新的资本雇佣劳动条件、新的资本主义生产条件的出现，带来三个方面的影响：（1）"手艺（craftsmanship）让位于一种反复进行的琐碎操作（a repeated detail operation）"；（2）"工资率（wage rates）在一律的水平上标准化了"；（3）福特公司最先确定下来的雇佣条件（new conditions of employment），很快就成为整个汽车工业的特征。③

福特作为这种新生产方式（new mode of production）的开创者，

---

① 哈里·布雷弗曼：《劳动与垄断资本——二十世纪中劳动的退化》，方生等译，商务印书馆1979年版，第132页。Harry Braverman, *Labor and Monopoly Capital: The Degradation of Work in the Twentieth Century*, New York: Monthly Review Press, 1998, p. 101.

② 哈里·布雷弗曼：《劳动与垄断资本——二十世纪中劳动的退化》，方生等译，商务印书馆1979年版，第133页。Harry Braverman, *Labor and Monopoly Capital: The Degradation of Work in the Twentieth Century*, New York: Monthly Review Press, 1998, pp. 101–102.

③ 哈里·布雷弗曼：《劳动与垄断资本——二十世纪中劳动的退化》，方生等译，商务印书馆1979年版，第133页。Harry Braverman, *Labor and Monopoly Capital: The Degradation of Work in the Twentieth Century*, New York: Monthly Review Press, 1998, p. 102.

他正在跟仍然是本地区其余汽车工业和其他工业所特有的先前的劳动组织方式（prior modes of the organization of labor）相竞争。这个社会缩影足以说明这样一条规律：工人阶级只有在资本主义生产方式（capitalist mode of production）征服并破坏了所有其他劳动组织形式（all other forms of the organization of labor），从而劳动人民别无其他选择时，才会逐步屈服于资本主义生产方式及其相继采取的各种形式。当福特靠着他所取得的有利的竞争条件，迫使其余汽车工业采用装配线时，工人也就不得不屈服，因为那个工业中已经没有其他工作形式了（the disappearance of other forms of work）。①

这是两种生产方式的竞争。我们要注意，布雷弗曼这里使用的"生产方式"和"劳动组织形式"是相对应的、相一致的，是在一个逻辑层面上使用的。所以，他所理解的"资本主义生产方式"，就是"资本主义劳动组织"，就是"劳动过程的组织形式"。实际上，在大卫·戈登1982 年著作中，"劳动过程"（labor process）和"工作组织"（the organization of work）是交替使用的，具有相同的含义。我们可以这样理解：生产方式、劳动过程、劳动组织、工作组织，具有大致相同的含义。工人从表面上对新的生产方式的适应，是因为他们无路可走；"工人对于强加于他们的退化了的工作形式（the degenerated forms of work）的敌对情绪，仍然是一股地下暗流，只要雇佣条件容许，它就会冲到地面上来"②。这是一种敌对情绪，一个社会问题。

---

① 哈里·布雷弗曼：《劳动与垄断资本——二十世纪中劳动的退化》，方生等译，商务印书馆 1979 年版，第 134—135 页。Harry Braverman, *Labor and Monopoly Capital: The Degradation of Work in the Twentieth Century*, New York: Monthly Review Press, 1998, pp. 102–103.

② 哈里·布雷弗曼：《劳动与垄断资本——二十世纪中劳动的退化》，方生等译，商务印书馆 1979 年版，第 136 页。Harry Braverman, *Labor and Monopoly Capital: The Degradation of Work in the Twentieth Century*, New York: Monthly Review Press, 1998, p. 104.

第七节 科技革命及其对工人的影响

"科学"（science）和"技术"（technique）之间的关系，经历了"引领角色"的转变。最初（手工业和工场手工业时期，也包括由"旧的"工业革命所统摄的机器大工业时期），是由"技术"引领"科学"；后来（机器大工业时期之后的"新的"科技革命），是由"科学"引领"技术"。这一转变过程的本质在于，经历了工业革命洗礼的资本主义生产方式逐渐自觉地、有计划地、系统性地对自然科学进行研究，试图驾驭和利用自然科学、自然规律来为资本主义服务。布雷弗曼对于这一时间上的"转折点"，认为马克思 1867 年发表《资本论》的时候已经意识到资本主义对自然科学自觉有计划应用的重要性，意味着一个"分水岭"存在的可能性："十九世纪最后二十年形成一道分界线，表明科学在生产上所起的作用发生了十分重大的变化（so great a change in the role of science in production），以致前后之间的差别——尽管也有相似之处把前后两个资本主义时期连接起来——是无论怎么说也很难算是过分的。"[1] 需要指出的是，布雷弗曼并没有完整引用马克思《资本论》的那段精彩文字，为了便于对比，我们把《资本论》中相关论述完整摘录如下：

> 很能说明问题的是，各种特殊的手艺（the different trades）直到 18 世纪还称为 mysteries（mystères）[秘诀]，只有经验丰富的内行才能洞悉其中的奥妙。这层帷幕在人们面前掩盖他们自己的社会生产过程，使各种自然形成的分门别类的生产部门彼此成为哑

① 哈里·布雷弗曼：《劳动与垄断资本——二十世纪中劳动的退化》，方生等译，商务印书馆 1979 年版，第 138 页。Harry Braverman, *Labor and Monopoly Capital: The Degradation of Work in the Twentieth Century*, New York: Monthly Review Press, 1998, p. 107.

谜，甚至对每个部门的内行都成为哑谜。大工业撕碎了这层帷幕。大工业的原则是，首先不管人的手怎样，把每一个生产过程本身分解成（resolving each process）各个构成要素，从而创立了工艺学这门完全现代的科学（created the new modern science of technology）。社会生产过程的五光十色的、似无联系的和已经固定化的形态，分解成为自然科学的自觉按计划的和为取得预期有用效果而系统分类的应用（resolved themselves into so many conscious and systematic applications of natural science to the attainment of given useful effects）。工艺学（technology）也揭示了为数不多的重大的基本运动形式，尽管所使用的工具多种多样，人体的一切生产活动必然在这些形式中进行，正像机器虽然异常复杂，力学（the science of mechanics）仍会看出它们不过是简单机械力的不断重复一样。现代工业从来不把某一生产过程的现存形式看成和当作最后的形式。因此，现代工业的技术基础（the technical basis）是革命的，而所有以往的生产方式的技术基础本质上是保守的。现代工业通过机器、化学过程和其他方法，使工人的职能和劳动过程的社会结合不断地随着生产的技术基础发生变革。这样，它也同样不断地使社会内部的分工发生革命，不断地把大量资本和大批工人从一个生产部门投到另一个生产部门。①

实际上，马克思已经把"科学"视作"大工业、现代工业"的技术基础；这在布雷弗曼看来，"旧的"工业革命时期、马克思的机器大工业时期，资本主义没有真正地、全面地、系统地、自觉地"捕获科学"，此时期的"科学"总体上是外在于资本主义生产方式，"那时的

---

① 《马克思恩格斯全集》第 44 卷，人民出版社 2001 年版，第 559—560 页。Karl Marx, *Capital*, Vol. 1, Lawrence & Wishart, 2010, pp. 488–489.

科学往往是伴随着技术的发展，或者作为技术发展的结果而提出一般性的结论"①。在资本主义兴起之前的历史时期，情况更是这样，例如16世纪和17世纪中的科学进展："这个时代为工业革命提供了一些条件，但与工业革命只有间接、一般和零散的关系——这不仅是因为科学本身在那时还没有被资本主义组织起来（unstructured by capitalism），还没有受到资本主义机构的直接控制（not directly dominated by capitalist institutions），同时也由于这样一个重要的历史事实，即技术是在科学之前并作为科学的先决条件而发展的（technique developed in advance of, and as a prerequisite for, science）"②。对于这一重大转变过程，布雷弗曼给出了自己的观点：

> 科学原属于业余爱好者、"哲学家"、万事通和好学者的活动范围，它转变为目前组织严密、费用浩繁的状态（highly organized and lavishly financed state），这一番转变过程，大体上就是科学并入资本主义公司及其附属组织中去（its incorporation into the capitalist firm and subsidiary organizations）的过程。最初，科学不费资本家"分文"，因为资本家只不过利用已经积累下来的自然科学知识而已；可是后来，资本家有计划地把科学组织起来，加以利用（capitalist systematically organizes and harnesses science），从直接属于他的或从整个资产阶级以税收形式来控制的巨额剩余社会产品里面，出资支付科学教育、科学研究和科学实验所等方面的费用。过去曾是相对地自由浮动的一种社会努力，现在就并入（integrated

---

① 哈里·布雷弗曼：《劳动与垄断资本——二十世纪中劳动的退化》，方生等译，商务印书馆 1979 年版，第 139 页。

② 哈里·布雷弗曼：《劳动与垄断资本——二十世纪中劳动的退化》，方生等译，商务印书馆 1979 年版，第 139 页。Harry Braverman, *Labor and Monopoly Capital: The Degradation of Work in the Twentieth Century*, New York: Monthly Review Press, 1998, p. 108.

into）生产和市场之中了。①

在此理解的基础上，布雷弗曼对比了"旧的工业革命"和"新的科技革命"两者之间的本质差别。工业革命，时间上大致在 18 世纪下半叶和 19 世纪前 30 年这段历史时期；科技革命，起始于 19 世纪的最后20 年左右。

> 新科技革命（the new scientific-technical revolution），具有自觉性和目的性（a conscious and purposive character），这一特点，老的工业革命大体上是没有的。过去是社会生产过程间接引起自发的技术革新，如今取而代之的是有计划地提高工业技术和产品设计（the planned progress of technology and product design）。这要靠科学本身转化为商品，同其他生产工具和生产劳动一样可以买卖，才能做到。科学知识已从"外部经济"变成资产负债表上的一个项目。科学知识正如一切商品一样，也是有了需求，才有供应。结果，材料、动力资源和生产过程的发展就不像过去那样事出偶然，而是更加配合资本的迫切需要了。由于这个原因，不能把科技革命理解为一些具体的技术革新（specific innovations）——工业革命就可以这样来理解，少数几项关键性的技术革新就足以说明工业革命的特点——而必须把整个科技革命看成一种生产方式，科学和不遗余力的工程技术方面的调查研究，已经并入此种方式之中，成为普通活动的一部分了。关键性的革新，不在于化学、电子学、自动机械制造、航空学、原子物理学，或是这些科学技术的任何产品方面；关键性的革新，在于科学本身转化为资本（the transformation of science itself into

---

① 哈里·布雷弗曼：《劳动与垄断资本——二十世纪中劳动的退化》，方生等译，商务印书馆 1979 年版，第 138 页。Harry Braverman, *Labor and Monopoly Capital: The Degradation of Work in the Twentieth Century*, New York: Monthly Review Press, 1998, p. 107.

capital）。①

科学知识已从"外部经济"变成资产负债表上的一个项目，"这个项目"就是"研究和发展的费用支出"（research and development）。布雷弗曼特别提到，20世纪60年代，美国这类费用是由联邦政府出资，私人企业管理，费用的五分之三由政府直接支付，剩余的大部分是以税收扣除的形式支付。布雷弗曼指出，19世纪的最后几十年，是"旧工业时代"让位于"新工业时代"的时期，"科学并入资本主义公司（the incorporation of science into the capitalist firm）的经历应该说是在德国开始的"；英国和美国是一种类型，只注重常识的经验主义类型；德国是另一种类型，已经形成从事基础科学研究的习惯，布雷弗曼特别提到黑格尔思辨哲学对德国由"落后资本主义进行逆袭"的重要影响，黑格尔是具有工匠精神的哲学家。后来，美国开始模仿学习德国的"科学发展模式"：1920年，美国有"公司实验所"（corporate laboratories）300个左右；1940年，则有2200多个，著名的"贝尔电话实验所"（the Bell Telephone Laboratories）雇用5000多名研究人员，是全世界"最大的研究组织"（the largest research organization）。②

劳动过程或生产过程，从技术视角来看，技术给它提供内容；从管理视角来看，"作为劳动的组织者的管理"（Management, in its activities as an organizer of labor）给它提供形式，提供"正式的结构"（the formal structure for the production process）。所以，"劳动从以技能为基础（a ba-

---

① 中文引文，略作改译；参见哈里·布雷弗曼：《劳动与垄断资本——二十世纪中劳动的退化》，方生等译，商务印书馆1979年版，第148—149页。Harry Braverman, *Labor and Monopoly Capital: The Degradation of Work in the Twentieth Century*, New York: Monthly Review Press, 1998, pp. 114–115.

② 哈里·布雷弗曼：《劳动与垄断资本——二十世纪中劳动的退化》，方生等译，商务印书馆1979年版，第141—146页。Harry Braverman, *Labor and Monopoly Capital: The Degradation of Work in the Twentieth Century*, New York: Monthly Review Press, 1998, pp. 110–113.

sis of skill）到以科学为基础（a basis of science）的这一转变，就可以说成是把科技革命所提供的内容（a content），同受到资本主义管理部门宠爱的严格分工与再分工所提供的形式（a form supplied by the rigorous division and subdivision of labor），紧密地结合了起来"[1]。这是一种关于"劳动过程"的"二重性界定"，我们在前文已经做出了论述。

如果将马克思《资本论》中论述的"工场手工业"和"机器大工业"视作资本主义生产方式的两个具体发展阶段，布雷弗曼笔下的"新的科技革命"可以视作第三个发展阶段。对于前两个阶段，马克思指出："生产方式的变革，在工场手工业中以劳动力为起点，在大工业中以劳动资料为起点。"[2] 第一阶段，变革的根本在于"劳动的组织"（the organization of labor）；第二阶段，变革的根本在于"劳动的资料"（the instruments of labor）。对于第三个阶段，布雷弗曼指出："劳动过程怎样由于科技革命而发生变化，对这个问题却没有这样单一的答案。这是因为在过去一百年里，科学和管理（the scientific and managerial）袭击了劳动过程的各个方面：劳动力、劳动资料、劳动材料和劳动产品。我们已经看到劳动如何按照严峻的原则重新组织并进一步分工（how labor is reorganized and subdivided according to rigorous principles），这些原则在一百年以前仅仅是一些预言而已。"[3] 对于第三个阶段变革的动力问题，布雷弗曼指出："变革之所以发生是因为追求更高的生产率（the drive for greater productivity），也就是说，是因为想方设法要在越来越少的劳

---

① 哈里·布雷弗曼：《劳动与垄断资本——二十世纪中劳动的退化》，方生等译，商务印书馆 1979 年版，第 137 页。Harry Braverman, *Labor and Monopoly Capital: The Degradation of Work in the Twentieth Century*, New York: Monthly Review Press, 1998, p. 107.

② 《马克思恩格斯全集》第 44 卷，人民出版社 2001 年版，第 427 页。

③ 哈里·布雷弗曼：《劳动与垄断资本——二十世纪中劳动的退化》，方生等译，商务印书馆 1979 年版，第 150 页。Harry Braverman, *Labor and Monopoly Capital: The Degradation of Work in the Twentieth Century*, New York: Monthly Review Press, 1998, p. 117.

动时间内生产出越来越多的产品。这就促使生产方法和机器的速率加快，效率提高。但在资本主义生产方式下，管理部门致力于分解（to dissolve）工人所掌握的劳动过程，把它改组为管理部门所掌握的劳动过程，新生产方法和新机器（new methods and new machinery）则是管理部门这种努力的部分体现。……资本家对于分配给工人的每一项任务进行分析（an analysis of each of the tasks），目的在于掌握各项操作（the individual operations）。正是在科技革命时代，管理部门才给自己提出了掌握整个劳动过程并毫无例外地控制其一切因素的问题。"[1] 资本主义生产方式、资本主义劳动过程历经三次明显的变革，造成工人的劳动由最初的"主观因素"变成现在的、和机器类似的"客观因素"：

> 资本主义问世以来就一直威胁着思想与行动、概念与执行以及心和手的统一（the unity of thought and action, conception and execution, hand and mind），这种统一现在遭到了使用各种科学办法以及有科学根据的各种操作戒律的有条不紊的分解（a systematic dissolution）。劳动过程的主观因素改变了地位，成为劳动过程的无生命的客观因素之一。在生产材料和生产工具之外，又加上了"劳动力"这另一种"生产因素"；从此管理部门就作为唯一主观要素，来进行这种过程。这就是管理部门所向往的理想；为追求这一理想，管理部门采用了科学所提供的每一项生产革新，并加以调节，使适合需要。[2]

把工人当作机器，这是泰罗制的特征之一。为了获得对工作的控

---

[1]　哈里·布雷弗曼：《劳动与垄断资本——二十世纪中劳动的退化》，方生等译，商务印书馆 1979 年版，第 151 页。Harry Braverman, *Labor and Monopoly Capital: The Degradation of Work in the Twentieth Century*, New York: Monthly Review Press, 1998, p. 118.

[2]　哈里·布雷弗曼：《劳动与垄断资本——二十世纪中劳动的退化》，方生等译，商务印书馆 1979 年版，第 152 页。Harry Braverman, *Labor and Monopoly Capital: The Degradation of Work in the Twentieth Century*, New York: Monthly Review Press, 1998, p. 118.

制权（to gain control over the job），泰罗努力推广自己所谓的"时间研究"（time study），其主要工具是"计秒表"（stopwatch），用以测量工作过程、劳动过程中每一项操作的时间。布雷弗曼认为，泰罗的这种办法只是局限于测量某些特定形式的具体劳动，而没有"获得普适性、普遍性"。泰罗制的这一缺点，为他的后继者吉尔布雷斯（Frank B. Gilbreth）通过给泰罗的"时间研究"追加上"动作研究"（motion study）概念试图进行突破。吉尔布雷斯"对身体的各种基本动作进行调查研究并加以分类，不管这些动作用于哪一种具体的劳动形式。在动作和时间研究中，各种基本动作都被设想为每一种工作活动的积木式元件"，他将这些"积木式元件"称作"塞布利格"（therbligs，就是把 Gilbreth 的字母顺序倒置过来组成的新词）。[1] 因此，"所有这类研究工作的富有生气的原则是把人看成机器。管理部门关心的不是工人本人，而是办公室、工厂、货栈、商店或运输过程中使用的男女工人。既然如此，从管理部门的观点来看，把人看成机器不仅非常合乎情理，而且也是一切计算的基点。这里，人被看作是用铰链、杵臼关节等等接合起来的机械装置"[2]。诸如此类研究，是"资本主义生产方式中一个阶级的人使另一个阶级的人动作起来的作业理论（the operating theory）"[3]。也就是说，一个阶级掌握"概念"，一个阶级负责"执行"。

　　把工人设想为管理部门所操纵的通用机器，这一尝试是人们

---

① 哈里·布雷弗曼：《劳动与垄断资本——二十世纪中劳动的退化》，方生等译，商务印书馆 1979 年版，第 154 页。Harry Braverman, *Labor and Monopoly Capital: The Degradation of Work in the Twentieth Century*, New York: Monthly Review Press, 1998, p. 120.

② 哈里·布雷弗曼：《劳动与垄断资本——二十世纪中劳动的退化》，方生等译，商务印书馆 1979 年版，第 159 页。

③ 哈里·布雷弗曼：《劳动与垄断资本——二十世纪中劳动的退化》，方生等译，商务印书馆 1979 年版，第 160 页。Harry Braverman, *Labor and Monopoly Capital: The Degradation of Work in the Twentieth Century*, New York: Monthly Review Press, 1998, p. 124.

为了达到同一目标而采取的许多途径之一，这一目标是，劳动不再是劳动过程的主观因素，它转化为一种客体。管理部门和工程技术人员（the management and engineering staffs）把全部操作（the entire work operation）、一直到最细小的动作（smallest motion），都加以概念化（conceptualized），设计，测量，使适合各种训练和作业标准——这一切都是预先定好的。作为工具来使用的人，要按照同机器性能规格最为相像的规格来适应（adapted to）生产上使用的机器。正如工程师根据制造厂的说明书知道马达的每分钟定额转数、电流需要量和润滑要求等等一样，他试图根据标准数据来了解操作工人（the human operator）的已经规定了的种种动作。整个系统几乎没有任其自然的部分，正如机器各个部件的运动都受严格控制（rigidly governed）一样；系统开始运转以前，就把结果预先计算出来。在这一点上，管理人员不仅依靠已编入他那些数据中的人体生理特点，而且依靠集体的劳动群众（其中每个工人，同机器一道，构成一个肢体）的脾性，来强迫每个工人达到他据以做出其计算的平均速度（the average pace）。①

以机器为中心来设计、部署、安排劳动，工人是机器的一个部分。布雷弗曼亦指出，这种数据化、标准化了的种种劳动，意味着"劳动就越发把自己的具体形式分解为各种一般的作业动作类型"（dissolves its concrete forms into the general types of work motions），"以种种标准化动作型式为形式的劳动（Labor in the forms of standardized motion patterns），是作为一种可以互换的部件（an interchangeable part）来使用的劳动，这种形式的劳动在实际生活中越来越符合马克思分析资本主义生产方式

---

① 哈里·布雷弗曼：《劳动与垄断资本——二十世纪中劳动的退化》，方生等译，商务印书馆 1979 年版，第 160 页。Harry Braverman, *Labor and Monopoly Capital: The Degradation of Work in the Twentieth Century*, New York: Monthly Review Press, 1998, p. 124.

时使用的那种抽象"①。也就是说，这种"抽象"已经逼近了马克思《资本论》中的"抽象劳动"概念。

第八节　作为"社会制品的机器"及其对工人的影响

我们可以根据两种根本不同的思想方式，对机器给出界定。布雷弗曼指出："第一种是从工程技术的角度看问题（engineering approach），主要探讨机器工艺的内部联系（views technology primarily in its internal connections），给机器下定义时，倾向于就机器论机器，说它是一种技术事实（a technical fact）。另一种是从社会的角度看问题（social approach），探讨机器工艺和人类的关系，给机器下定义时，把它和人类劳动联系起来，说它是一种社会制品（a social artifact）。"② 第一种界定，没有阐明机器和劳动过程以及工人之间的关系，也无法理解机器的社会功能；与之相反，马克思《资本论》第一卷中的论述非常重视这一联系，即重视机器的资本主义应用对工人的影响。对于机器本身，马克思界定如下："所有发达的机器都由三个本质上不同的部分组成：发动机，传动机构，工具机或工作机。"③ 对于"工具机"的出现，马克思认为是 18 世纪工业革命的起点（认为工具机真正抓住了劳动对象），并指出其特征："工具机是这样一种机构，它在取得适当的运动后，用自己的工具来完成过去工人用类似的工具所完成的那些操作。至于动力是来自人还是本

---

① 哈里·布雷弗曼：《劳动与垄断资本——二十世纪中劳动的退化》，方生等译，商务印书馆 1979 年版，第 161—162 页。Harry Braverman, *Labor and Monopoly Capital: The Degradation of Work in the Twentieth Century*, New York: Monthly Review Press, 1998, p. 125.

② 哈里·布雷弗曼：《劳动与垄断资本——二十世纪中劳动的退化》，方生等译，商务印书馆 1979 年版，第 163 页。Harry Braverman, *Labor and Monopoly Capital: The Degradation of Work in the Twentieth Century*, New York: Monthly Review Press, 1998, p. 127.

③ 《马克思恩格斯全集》第 44 卷，人民出版社 2001 年版，第 429 页。

身又来自另一台机器，这并不改变问题的实质。在真正的工具从人那里转移到机构上以后，机器就代替了单纯的工具。即使人本身仍然是原动力，机器和工具之间的区别也是一目了然的。人能够同时使用的工具的数量，受到人天生的生产工具的数量，即他自己身体的器官数量的限制。……同一工作机同时使用的工具的数量，一开始就摆脱了一个工人的手工业工具所受到的器官的限制。"①也就是说，工具本身，由"人的工具"，变成了"工具机的工具、机构的工具、机械的工具"。所以，"工场手工业生产和机器生产之间一开始就出现了一个本质的区别。在工场手工业中，单个的或成组的工人，必须用自己的手工工具来完成每一个特殊的局部过程。如果说工人会适应这个过程，那么这个过程也就事先适应了工人。在机器生产中，这个主观的分工原则消失了。在这里，整个过程是客观地按其本身的性质分解为各个组成阶段，每个局部过程如何完成和各个局部过程如何结合的问题，由力学、化学等等在技术上的应用来解决。"②

布雷弗曼多次使用的一段文字，"劳动过程从以技能（based on skill）为基础到以科学为基础（based upon science）的转变达到空前的速度。"③实际上反映了资本主义劳动过程的变革、生产方式的变革，大体上对应着马克思所讲的由"工场手工业"到"机器大工业"的转变过程。马克思也有一段内容相当而且精彩的文字："劳动资料取得机器这种物质存在方式，要求以自然力来代替人力，以自觉应用自然科学来代替从经验中得出的成规。在工场手工业中，社会劳动过程的组织

---

①　《马克思恩格斯全集》第 44 卷，人民出版社 2001 年版，第 430 页。

②　《马克思恩格斯全集》第 44 卷，人民出版社 2001 年版，第 437 页。

③　哈里·布雷弗曼：《劳动与垄断资本——二十世纪中劳动的退化》，方生等译，商务印书馆 1979 年版，第 111 页。Harry Braverman, *Labor and Monopoly Capital: The Degradation of Work in the Twentieth Century*, New York: Monthly Review Press, 1998, p. 83.

纯粹是主观的,是局部工人的结合;在机器体系中,大工业具有完全客观的生产有机体,这个有机体作为现成的物质生存条件出现在工人面前。在简单协作中,甚至在因分工而专业化的协作中,社会化的工人排挤单个的工人还多少是偶然的现象。而机器,除了下面要谈的少数例外,则只有通过直接社会化的或共同的劳动才发生作用。因此,劳动过程的协作性质,现在成了由劳动资料本身的性质所决定的技术上的必要了。"①

　　劳动过程的协作性质、劳动过程的组织形式,由一种直接的人与人之间的协作或组织,转变为由机器体系这个生产有机体的性质、劳动资料的物的性质来决定的状态。所以,这是工人对资本从属关系的产生过程。这在布雷弗曼看来,马克思关注了"人类和与机器的接合点的这个特点(the specific feature which forms the juncture between humanity and the machine):机器对劳动过程的作用。马克思决不单纯从技术的内部联系来考察技术,而是把技术与工人联系起来加以考察"②。所以,这是一种"从劳动过程着眼来评价机器的演变,机器的技术特点就会聚集到这一轴线的周围"的思路,"机器"是一种"社会制品",而非纯粹的"技术事实"。所以,布雷弗曼所"偏爱的"马克思曾经提到过的"批判的工艺史"(a critical history of technology):

　　　　如果有一部考证性的工艺史,就会证明,18世纪的任何发明,很少是属于某一个人的。可是直到现在还没有这样的著作。达尔文注意到自然工艺史,即注意到在动植物的生活中作为生产工具的动植物器官是怎样形成的。社会人的生产器官的形成史,即每

　　① 《马克思恩格斯全集》第44卷,人民出版社2001年版,第443页。
　　② 哈里·布雷弗曼:《劳动与垄断资本——二十世纪中劳动的退化》,方生等译,商务印书馆1979年版,第165页。Harry Braverman, *Labor and Monopoly Capital: The Degradation of Work in the Twentieth Century*, New York: Monthly Review Press, 1998, p. 128.

一个特殊社会组织的物质基础的形成史，难道不值得同样注意吗？而且，这样一部历史不是更容易写出来吗？因为，如维科所说的那样，人类史同自然史的区别在于，人类史是我们自己创造的，而自然史不是我们自己创造的。工艺学揭示出人对自然的能动关系，人的生活的直接生产过程，从而人的社会生活关系和由此产生的精神观念的直接生产过程。甚至所有抽象掉这个物质基础的宗教史，都是非批判的。事实上，通过分析找出宗教幻象的世俗核心，比反过来从当时的现实生活关系中引出它的天国形式要容易得多。后面这种方法是惟一的唯物主义的方法，因而也是惟一科学的方法。那种排除历史过程的、抽象的自然科学的唯物主义的缺点，每当它的代表越出自己的专业范围时，就在他们的抽象的和意识形态的观念中显露出来。①

需要说明以下三点：（1）中文旧版《资本论》中的"批判的工艺史"，在中文新版《资本论》第 1 卷（新版《马克思恩格斯全集》第 44 卷）中翻译成了"考证性的批判史"；这在英文版中，是"A critical history of technology"，② 我们认为"批判的工艺史"更符合马克思的本意，"考证性"是必要而不充分的，必须有"批判性思维在场"。（2）与达尔文进行"形象化的比较"，马克思的"社会人的生产器官的形成史"，是"每一个特殊社会组织的物质基础的形成史"，这一"人类史"（批判的工艺史）的研究，所能揭示而反映出的"人对自然的能动关系"和"人的生活的直接生产过程"则是"人的社会生活关系和由此产生的精神观念"的真实基础、物质基础。（3）马克思所指的"惟一的唯物主义的方法"和那种"排除历史过程的、抽象的自然科学的唯物主义"，是根本不同的两种方

---

① 《马克思恩格斯全集》第 44 卷，人民出版社 2001 年版，第 428—429 页。

② Karl Marx, *Capital*, Vol. 1, Lawrence & Wishart, 2010, p. 375.

法论，前者是把技术、工艺和社会相联系来理解，后者是脱离于社会来孤立地或者"纯技术主义式"理解方式。一句话，布雷弗曼所理解的"机器"及其分类，是根据"被资本利用、据以组织和控制劳动的技术特点"（the technical features that are utilized by capital as the basis for the organization and control of labor）① 而进行的；这是对"社会制品"而非"技术事实"的解读。

哈佛大学企业管理学院布赖特（James R. Bright）所持有的观点引起了布雷弗曼的关注，布赖特是把"机器"和"劳动"相联系来进行理解。按照布赖特的思路，"机器演变的关键性因素不是机器的大小、机器的复杂性或机器的运转速度，而是对机器运转的控制方式（but the manner in which its operations are controlled）"② 。布雷弗曼举例指出，第一架打字机和电动球式打字机之间有很长一段机械发展史，但是"任何改变都没有影响到打字机的全部活动的操纵方式，因此，打字员与打字机之间的关系现在和过去并没有什么本质上的不同。尽管对打字机作了许多精心的改进，劳动过程在一定程度上仍然与过去一样"。也就是说，工人和机器之间的关系没有根本改变，类似于打字机这种工具，"不管增添了什么性能或能量，仍然完全由工人来操纵"③ 。

现代意义上机器发展的起点标志，只是在于"机器本身结构使工具和（或）工件有了确定不变的运动路线"时候开始的；这只是机器发

---

① 哈里·布雷弗曼：《劳动与垄断资本——二十世纪中劳动的退化》，方生等译，商务印书馆 1979 年版，第 166 页。Harry Braverman, *Labor and Monopoly Capital: The Degradation of Work in the Twentieth Century*, New York: Monthly Review Press, 1998, p. 129.

② 哈里·布雷弗曼：《劳动与垄断资本——二十世纪中劳动的退化》，方生等译，商务印书馆 1979 年版，第 167 页。Harry Braverman, *Labor and Monopoly Capital: The Degradation of Work in the Twentieth Century*, New York: Monthly Review Press, 1998, p. 129.

③ 哈里·布雷弗曼：《劳动与垄断资本——二十世纪中劳动的退化》，方生等译，商务印书馆 1979 年版，第 167 页。

展的第一步，机器自身的固有结构、内部结构给定了"工具"（tool）和"工件"（work）的确定运动路线。有了这种确定不变的运动路线，凭借机器内部的齿轮、凸轮等来"进一步控制工具或工件的运动"（further control of the motion of the tool or the work）就成为可能。这种"控制工具或工件"，最初采取"固定的或单一的循环形式"（takes the form of a fixed or single cycle）。例如，车床（lathe）的刀具、钻床（drill press）的钻头、刨床（planer）的刨刀，可以按照预先确定的速度和力量进行单一循环或者反复循环，而无须外部的干预，直到针对工件的此种操作完毕。这种类型的循环一旦被掌握，就容易制造出"多用机床"（multiple function machines）了；多用机床内部的机构或者机械装置（the mechanism）在整个操作程序中根据"预定模式"（according to a preset pattern）进行工作，例如"自动转塔车床"（automatic turret lathe）。针对这类机器，布雷弗曼指出："机器演变到这个阶段时，它们的共同特点是，机器的动作型式在机械装置内部固定下来，和外部的控制装置或机器自己的工作结果都无联系（no links to either external controls or its own working results）。机器的运动与其说是自动的，不如说是预先决定了的。"①

上述文字所论述的机器发展阶段，和"下一个发展阶段有着重要的差别。下一阶段是：根据来自直接作业机械装置以外的信息对机器进行控制（control over the machine in accordance with information coming from outside the direct working mechanism）。这种控制可以采取测量机器输出本身的形式"②。处于发展第一阶段的机器，是由机器内部固有的、预先

---

① 哈里·布雷弗曼：《劳动与垄断资本——二十世纪中劳动的退化》，方生等译，商务印书馆 1979 年版，第 167—168 页。Harry Braverman, *Labor and Monopoly Capital: The Degradation of Work in the Twentieth Century*, New York: Monthly Review Press, 1998, pp. 130–131.

② 哈里·布雷弗曼：《劳动与垄断资本——二十世纪中劳动的退化》，方生等译，商务印书馆 1979 年版，第 169 页。Harry Braverman, *Labor and Monopoly Capital: The Degradation of Work in the Twentieth Century*, New York: Monthly Review Press, 1998, p. 131.

安排设计的机构或机械装置来控制工具和工件的运动，这是一种"机器自身内部控制"。与之不同的是，"下一个发展阶段"是"从外部来源或从机器自己操作过程中吸取信息的能力（This capacity to draw upon information from external sources, or from the progress of its own operation），在一定程度上扭转了机器发展的趋势"，这是一种"机器自身以外控制"。布雷弗曼举例指出，把印刷机安装一个用以记录纸张数量的计数器，在纸张达到一定数量之后，计数器能够帮助切断电源；另一个经典例子是"飞球调节器"（加速时外甩、减速时内落）来控制发动机的节流阀。这两个例子都说明，处于第二个发展阶段的机器，是"以测量自己的输出来调节自己步速的机器"，机器可以测量并校验比对自己的工作结果，使产品结果符合产品预定规格目标。

处于第一阶段的机器演变趋势，是"由万能转变为专用"（from the universal to the special purpose machine）；第二阶段的机器特征，扭转了这一趋势，既保留机器用途的多样性、又不会失去对机器控制的稳定性。也就是说，后一阶段超越前一阶段的根本之处在于，机器摆脱了其内部专门的、固定的机械装置结构的"束缚"。诚如布雷弗曼指出，"人们能用一个外部的控制源（an external source of control）来操纵机器，这在许多情况下恢复了机器的万能性（the universality）。这时机器能够重新适合许多用途，而不会失去控制，因为控制机能（that control）不再取决于机器内部的专门结构了（specialized internal construction）。"①

对单个独立机器的控制机能进行改进（the refinements of control in separate machines）是重要的，各个机器之间的"相互适应、相互配合、相互组合"的过程也是重要的，这就会涉及生产线上的"一套机器、机

---

① 哈里·布雷弗曼：《劳动与垄断资本——二十世纪中劳动的退化》，方生等译，商务印书馆 1979 年版，第 170 页。Harry Braverman, *Labor and Monopoly Capital: The Degradation of Work in the Twentieth Century*, New York: Monthly Review Press, 1998, p. 132.

器组合"问题。例如，汽车工业发动机生产线上的连续自动工作机床（the transfer machines）。布雷弗曼指出，当"生产线（a production line）发展到这种连续和自动的状态时，它差不多成为单独一台机器（becomes a single machine），而不是一整套连接起来的机器（a system of connected machinery）"，是"若干台机器连接起来的结合体"（a combination of the several machines），这需要把"连接起来的机器所构成的生产系统（the production system of linked machines）设想为一个单独的、巨大的、结合起来的整体（integrated whole）并重新进行设计"；这样一来，"对各种机器过程的控制逐渐加强（the control over machine processes grows），直到这些过程在一整套连锁装置起来的机器范围内（within the compass of a system of interlocked machines），或是在单独一台机器（它包含一整套生产过程，并在大大缩减了人力干涉的情况下进行这套过程）范围内，能够更接近自动化"①。也就是说，一套"松散的机器联盟"，转变成一台减少人力干涉"内部构件相互锁定并整体化的成品机"。

机器由原始状态到现代形式的演变过程，涵盖了由马克思所描绘的"工具机、工作机"代替了"双手"直接操纵"工具的运动"（the motion of the tool），这一过程可以视作"人对工具动作的控制的加强"（an increase in human control over the action of tools）；其本质在于人类自然科学知识的增进、利用自然原理能力的增长。布雷弗曼将这一过程视作："对自然的研究和认识在人类文明中的首要表现是，用机器和机器体系不断加强人对劳动过程的控制。"②人对劳动过程的控制，既由社会环境

①　哈里·布雷弗曼：《劳动与垄断资本——二十世纪中劳动的退化》，方生等译，商务印书馆 1979 年版，第 171 页。Harry Braverman, *Labor and Monopoly Capital: The Degradation of Work in the Twentieth Century*, New York: Monthly Review Press, 1998, p. 132.

②　哈里·布雷弗曼：《劳动与垄断资本——二十世纪中劳动的退化》，方生等译，商务印书馆 1979 年版，第 171 页。

所塑造，同时也影响社会环境的演变。在资本主义条件下，人本身被分割开来，劳动过程本身也是如此：

> 人类的大多数屈从劳动过程的支配是为了那些控制劳动过程的人的需要，而不是为了"人类"本身的普遍需要。既然如此，人对劳动过程的控制（the control of humans over the labor process）所呈现的具体形态就走到它的对立面，成为劳动过程控制大多数人了（the control of the labor process over the mass of humans）。机器不是作为"人类"的仆人，而是作为由于积累了资本从而占有机器的那些人的工具而产生出来的。人用机器来控制劳动过程的能力（the capacity of humans to control the labor process through machinery），从资本主义的初期就被管理部门作为可以不由直接生产者而由资本所有人和资本代理人来控制生产（production may be controlled）的重要手段。因此，机器除了具有提高劳动生产率的技术职能——这是机器在任何社会制度下都具有的特征——之外，在资本主义制度下还具有使工人群众不能控制他们自己的劳动的职能（the function of divesting the mass of workers of their control over their own labor）。①

随着机器的演变，体现了人对环境控制能力的增强，这种"人用机器来控制劳动过程的能力"也一同增强。但是，在资本主义条件下存在"种种分裂的可能"，这或将导致"没有必要让直接操纵机器的人（immediate operator）具有对机器的控制力"，"资本主义生产方式抓住了这一可能性，并加以充分利用"。随着人类控制机器的能力转变为它自身的对立面，"如何围绕着机器部署劳动（the manner in which labor is deployed around the machinery）——从设计、建造、修理和控制机器所

---

① 哈里·布雷弗曼：《劳动与垄断资本——二十世纪中劳动的退化》，方生等译，商务印书馆 1979 年版，第 172 页。Harry Braverman, *Labor and Monopoly Capital: The Degradation of Work in the Twentieth Century*, New York: Monthly Review Press, 1998, p. 133.

需要的劳动到给机器进料和操纵机器所需要的劳动——这不能按照生产者凡人皆有的需要来决定，而要按照既占有机器又占有劳动力、其利益所在是要以特殊方式把机器和劳动力结合起来的那些人的特殊需要来决定"①。与机器的"物理演变"相对应的这种"社会演变"，要求形成"自主的人类劳动"（self-directed human labor）的替代物，逐步形成"符合这样一种社会劳动组织的需要（the needs of this social organization of labor）的劳动人口，在此组织中，有关机器的知识成为一部分人的专长和禁脔（knowledge of the machine becomes a specialized and segregated trait），别人无法染指，而劳动大众只是越来越愚昧无能，从而越来越宜于从事机器上面的苦役"。管理部门在过去凭借"组织手段"和"纪律手段"来实现的目的，现在可以完全由"机械手段"（mechanical means）完成；"许多机器可以按照集中起来的各项决定调节速度，得到控制（many machines may be paced and controlled according to centralized decisions），而这些控制手段（these controls）可以掌握在管理部门的手中，并从生产场所转移到办公室里"，管理部门对这种技术可能性是非常感兴趣的，例如，装配线上的"活动传送带"（moving conveyor）的速度是由管理部门所掌握的，这使管理部门获得了劳动过程的"一个关键控制因素"（the single essential control element of the process）。

布雷弗曼认为"机器车间作业"（the work of the machine shop）是相当关键的研究领域，"机器车间"（machine shop）是一切工业的基础部门。实际上，这个提法相当于马克思的"第一部类"（生产资料生产部类），其本质，就是用机器生产机器。例如，"机床"（machine tools）在众多生产领域发挥重要作用，"机器控制"（machine control）方面的

----

① 哈里·布雷弗曼：《劳动与垄断资本——二十世纪中劳动的退化》，方生等译，商务印书馆 1979 年版，第 173 页。Harry Braverman, *Labor and Monopoly Capital: The Degradation of Work in the Twentieth Century*, New York: Monthly Review Press, 1998, p. 134.

创新正在使"机器车间"中的生产方法发生变革,所创建的"控制系统"(control systems)已经蔓延并推广到很多工业部门。对于管理部门来讲,"控制机床的问题"(the problem of controlling machine tools)在于:一方面机床生产具有"小批量生产"特点,另一方面机器投资通常表现为巨额的固定投资,后者必须通过大量生产才能收回成本。所以,管理部门必须找到"降低劳动价格"和"控制生产"(controlling production)的办法,从机械方面对上述问题的解决,采用了"数字控制的形式"(the form of numerical control)。布雷弗曼将"数字控制"视作"资本主义生产方式下管理部门如何利用机器、从而如何影响了工人和劳动过程的首要例证"。[1] 美国在 20 世纪 50—60 年代,"数字控制"和"其他许多控制系统"(many other control systems)得以普遍化发展,这得益于从晶体管开始的电子革命,操作可靠,模块化(modular)替换维修非常方便、电路系统日益便宜,这些构成了"控制技术、控制工艺发生变革的基础"(the revolution in control technology)。"数字控制",一方面,容易把金属切削等工艺过程的信息编成代码,有助于更精确进行切削,工人无须在切削过程中靠近机器进行控制,机床可以持续不断进行工作,提高使用效率;另一方面,更为重要的"优点"在于:"数字控制下的机械过程提供了机会,可借以破坏手艺(the destruction of craft)从而降低从手艺分解出来的各部分劳动的价格"[2]。这一破坏、分解过程,就是"工程师"(engineers)和"设计师"(designers)心目中的"理想",进行"劳动配置、劳动塑造、劳动构造"(labor configuration),一句话,围绕机

---

[1] 哈里·布雷弗曼:《劳动与垄断资本——二十世纪中劳动的退化》,方生等译,商务印书馆 1979 年版,第 175 页。Harry Braverman, *Labor and Monopoly Capital: The Degradation of Work in the Twentieth Century*, New York: Monthly Review Press, 1998, p. 135.

[2] 哈里·布雷弗曼:《劳动与垄断资本——二十世纪中劳动的退化》,方生等译,商务印书馆 1979 年版,第 178 页。Harry Braverman, *Labor and Monopoly Capital: The Degradation of Work in the Twentieth Century*, New York: Monthly Review Press, 1998, p. 137.

器为轴心对劳动过程进行重构、重新塑造，所以，"能把操作分解为若干部分，并分给工资较低的操作工人（cheaper operators）去做的设计，是管理部门和工程师所追求的设计"。布雷弗曼评论道："数字控制就用来将劳动过程划分给不同的操作工人（separate operatives）去做，他们每个人受过的训练和具备的能力，以及每小时的劳动成本，都比能干的机工（competent machinist）要低得多。这里，我们再一次看到巴贝奇原理，不过这是在技术革命的背景下的巴贝奇原理。劳动过程比过去更加复杂，而工人的情况却不是这样。工人并不随着劳动过程一起提高，而是降低到劳动过程的水平以下。他们每人需要知道和理解的比过去单独干活的工人不是多些，而是少得多。熟练机工（skilled machinist）被这种革新故意弄得像吹玻璃工人或是使用摩尔斯电码报务员一样过时。"①

　　数字控制条件下，能干的、熟练机工的工作被"分解"并由"三种操作人员"代替。一是，"部件程序设计员"（the parts programmer），把"工程图"（an engineering drawing）的规格要求记录到"设计图"（a planning sheet）上；之前的熟练机工，是一边手拿"工程图"，一边干活；现在的"部件程序设计员"不需要懂得机床具体的金属切削过程，只需要制作标准化图表，把信息编成代码；更重要的是，"部件程序设计员"的工资要比"机工"便宜。二是，把"设计图"转变成"机器可读的形式"（machine-readable form），使用一个"简单的编码机"制成"穿孔纸带"（a paper tape punched on a simple coding machine），此项工作由"少女机器操作员"（the "girl" machine operator）就可胜任，她们的工资是机工的一半。三是，对于"机床工人、机床操作员"（the machine operator）来讲，在数字控制条件下，消除他们残存的一些技能是完全可能的事情

---

　　①　哈里·布雷弗曼：《劳动与垄断资本——二十世纪中劳动的退化》，方生等译，商务印书馆1979年版，第179页。Harry Braverman, *Labor and Monopoly Capital: The Degradation of Work in the Twentieth Century*, New York: Monthly Review Press, 1998, p. 138.

了。操纵"数字控制的设备"不同于以往的"常规设备",没有必要具备熟练机工所掌握的决定、判断、知识等,"机床操作员"就可以利用"数字控制带"(the tape in numerical control)上已经准备好的"使用说明书"信息。一句话,"数字控制"有助于"分解、拆分"熟练机工的技能和劳动,同时使这些"碎片化局部劳动价格"便宜。

作为"社会制品的机器"、机器的资本主义应用方式,劳动的分配和部署是以机器为中心进行的:

> 利用机器的方式(the forms of utilization of machinery)——以机器为中心来组织和部署劳动的方式(the manner in which labor is organized and deployed around it)——取决于资本主义生产方式的趋势,而加紧机械化(the drive to mechanize),则是由于要提高劳动生产率(the productivity of labor)。但是资本主义追求或利用这种不断提高的生产率,都不是从满足人类需要的观点出发的。提供劳动生产率由于资本积累过程的需要而得到动力,它变成一种疯狂的竞赛,几乎成了社会上普遍流行的一种精神病。生产率不论有多高都不会被认为是达到了足够的水平。①

布雷弗曼以汽车制造业为例,给出了"汽车城"的特点,其本质在于机器对劳动过程和就业的影响:"生产汽车的城市一方面成为退化了的劳动的中心(centers of degraded labor),另一方面又成为永久失业(permanent unemployment)的中心。"② 机器的资本主义应用方式、科学技术的资本主义应用,是"最先进的科学方法和最合理的计算,在不符

---

① 哈里·布雷弗曼:《劳动与垄断资本——二十世纪中劳动的退化》,方生等译,商务印书馆 1979 年版,第 184 页。Harry Braverman, *Labor and Monopoly Capital: The Degradation of Work in the Twentieth Century*, New York: Monthly Review Press, 1998, p.141.

② 哈里·布雷弗曼:《劳动与垄断资本——二十世纪中劳动的退化》,方生等译,商务印书馆 1979 年版,第 184 页。Harry Braverman, *Labor and Monopoly Capital: The Degradation of Work in the Twentieth Century*, New York: Monthly Review Press, 1998, p.141.

合人类需要的社会制度下，只能造成不合理的事物；科学愈先进，计算愈合理，就愈加迅速地、愈加灾难性地造成不合理的事物"。实际上，生产率每前进一步，就要缩减真正从事生产的工人、并改造劳动过程。例如，建筑业中的木匠安装门的时候，房门的构件预先挂在门框上、小五金配件预先放在相应的位置上，"木匠"（a carpenter）也就转变成了"装门匠、挂门匠"（a doorhanger）；面包烘焙工艺，引入机器生产线（不停搅拌、缩短发酵、挤压成型、用传送设备烘焙、自动冷却、自动切片、自动包装、自动贴标签）之后，"表皮烤脆、有益健康的面包"转变成了"具有海绵橡皮弹性的产品"，以往的"面包师"（the baker）被替换成了"工程师"（engineers）和"工厂工人、操作员"（factory operatives）；家具生产逐渐变成一种"大规模生产过程"（a mass-production process），"粗木工"和"细木工"的技能和作用逐渐消失；在肉类加工、服装制造、排字印刷等行业，无不贯彻这样的"利用机器的方式"。总之，按照布雷弗曼的说法就是："逐步并尽可能地消除工人的控制职能（elimination of the control functions of the worker），并把这种职能转移到由管理部门在直接生产过程之外尽可能地加以控制的一种装置（a device）上去。"[1] 这就是说，应该探讨"机械化、自动化"和"工人劳动"之间的关系，"技术变革"对工人"技能结构"和"职业结构"存在何种影响；转变成"积累的社会结构学派"的话语，应研究"劳动过程、工作组织"和"劳动市场"的变迁。

前文已经指出，布雷弗曼非常重视布赖特的研究思路，虽然布赖特完全站在管理部门立场上进行研究。布赖特研究了"自动化"对于"管理部门"的影响，实际上是聚焦于在机械化、自动化发展条件下，对

---

① 哈里·布雷弗曼：《劳动与垄断资本——二十世纪中劳动的退化》，方生等译，商务印书馆 1979 年版，第 190 页。Harry Braverman, *Labor and Monopoly Capital: The Degradation of Work in the Twentieth Century*, New York: Monthly Review Press, 1998, p. 146.

于工人"技艺条件"的影响。布赖特在 1958 年出版的《自动化与管理》著作中指出,"技艺条件(skill requirements)与自动化程度(the degree of automaticity)之比,越来越往下降,而不是往上升";[①] 并且提供了一个"17 级的机械化侧面图",一方面说明"机械化等级"和"动力、控制源"之间的关系,另一方面说明"机械化水平提高"条件下"操作工人应有贡献的变化"之间的关系。布赖特把这两个表格汇总起来,制作了"自动化提高"(advances in automation)和"对技能条件反作用"(contrary effects on skill requirements)之间关系的、非常醒目的坐标图,[②] 我们可以将之称之为"布赖特技艺和自动化曲线",如图 1-1 所示。

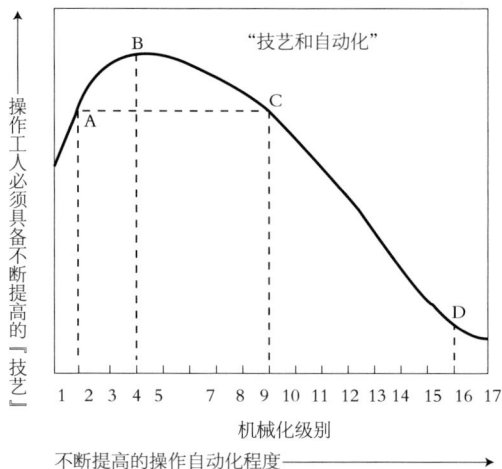

图 1-1 自动化的发展何以能对技艺条件产生反面作用

---

① 哈里·布雷弗曼:《劳动与垄断资本——二十世纪中劳动的退化》,方生等译,商务印书馆 1979 年版,第 193 页。Harry Braverman, *Labor and Monopoly Capital: The Degrada-tion of Work in the Twentieth Century*, New York: Monthly Review Press, 1998, p. 147.

② 哈里·布雷弗曼:《劳动与垄断资本——二十世纪中劳动的退化》,方生等译,商务印书馆 1979 年版,第 196 页。Harry Braverman, *Labor and Monopoly Capital: The Degrada-tion of Work in the Twentieth Century*, New York: Monthly Review Press, 1998, p. 154.

　　一个需要引出的问题是：随着机械化、自动化、电气化程度的提高，也就是在更加复杂的技术条件下的生产过程，这些设备的维修工作要求维修技工更高的技能水平才能与之相匹配，是否这类工人的技能水平没有降低呢？实际上，一方面，随着机械化程度提高，机器的有形总数量是在减少的，这会压缩维修队伍的规模；另一方面，机器设备的模块化生产（the modular construction of equipment）、建造、安装，是非常容易更换维修的，这就会导致"修理技工的工作"（the work of the repair mechanic）也变得标准化，按照统一的维修标准执行即可。所以，"生产过程的自动化使生产过程处于管理部门的工程师的掌握之中（under the control of management engineers），并使工人无需增加其知识或训练。"① 值得一提的是，在布雷弗曼的著作中，他并没有清晰给出"管理部门"和"工程师"之间是何种利害关系，特别是关于"工程师"的阐述，是远远不够的。不仅如此，本应简单明了的人和机器之间的关系，在资本主义社会关系中，却表现为一种颠倒着的关系：不是人掌握机器，而是机器掌握和控制着人。马克思对此有过精彩论述："在工场手工业和手工业中，是工人利用工具，在工厂中，是工人服侍机器。在前一种场合，劳动资料的运动从工人出发，在后一种场合，则是工人跟随劳动资料的运动。在工场手工业中，工人是一个活机构的肢体。在工厂中，死机构独立于工人而存在，工人被当作活的附属物并入死机构。""一切资本主义生产既然不仅是劳动过程，而且同时是资本的增殖过程，就有一个共同点，即不是工人使用劳动条件，相反地，而是劳动条件使用工人，不过这种颠倒只是随着机器的采用才取得了在技术上很明显的现实性。由于劳动资料转化为自动机，它就在劳动过程本身中作

---

　　① 哈里·布雷弗曼：《劳动与垄断资本——二十世纪中劳动的退化》，方生等译，商务印书馆 1979 年版，第 202 页。Harry Braverman, *Labor and Monopoly Capital: The Degradation of Work in the Twentieth Century*, New York: Monthly Review Press, 1998, p. 155.

为资本，作为支配和吮吸活劳动力的死劳动而同工人相对立。正如前面已经指出的那样，生产过程的智力同体力劳动相分离，智力转化为资本支配劳动的权力，是在以机器为基础的大工业中完成的。变得空虚了的单个机器工人的局部技巧，在科学面前，在巨大的自然力面前，在社会的群众性劳动面前，作为微不足道的附属品而消失了；科学、巨大的自然力、社会的群众性劳动都体现在机器体系中，并同机器体系一道构成'主人'的权力。"①"同机器的资本主义应用不可分离的矛盾和对抗是不存在的，因为这些矛盾和对抗不是从机器本身产生的，而是从机器的资本主义应用产生的！因为机器就其本身来说缩短劳动时间，而它的资本主义应用延长工作日；因为机器本身减轻劳动，而它的资本主义应用提高劳动强度；因为机器本身是人对自然力的胜利，而它的资本主义应用使人受自然力奴役；因为机器本身增加生产者的财富，而它的资本主义应用使生产者变成需要救济的贫民，如此等等。"②

---

① 《马克思恩格斯全集》第 44 卷，人民出版社 2001 年版，第 486—487 页。
② 《马克思恩格斯全集》第 44 卷，人民出版社 2001 年版，第 508 页。

第 二 章
布雷弗曼的办公室劳动过程理论

在马克思看来，过剩的工人人口是资本主义积累的必然产物，这种过剩人口反过来又成为资本主义积累的杠杆，甚至成为资本主义生产方式存在的一个条件。工人的"游离"，将会"填充"到其他生产部门或非生产部门。布雷弗曼赞同"垄断资本"提法，并认为垄断资本时代下的资本主义管理结构、流通结构和国家结构均发生了深刻变化。布雷弗曼把劳动过程理论拓展到资本主义所能掌握的一切领域，特别是作为新工作场所的办公室，并将这里主要从事"任务执行环节"的人员称之为"办公室工作人员"（clerical workers）。然而，根据布雷弗曼的论述，他把"办公室劳动过程"视作"工厂劳动过程"的逻辑延伸，两种劳动过程是同质化的、均匀化的、无差别的，"白领"和"蓝领工人"已经没有差异，历史上"白领"曾经拥有的某些社会地位或福利早已经被"掏空"。可见，不同类型劳动过程之间的具体差别已经消失，办公室劳动过程也要遭遇技能退化和控制。这种叙述逻辑，确如布诺威所批判，是一种"表现总体性"（或者称之为"表现因果观"）方法论使然。值得一提的是，将"办公室工作人员"翻译成"办公室工人"更符合布雷弗曼语境。若如现有中文版翻译成"办公室工作人员"，就丧失了、遗失了办公室劳动过程"工厂化"的理论含义。

第一节 垄断资本时代的"劳动剩余"

"管理"和"工业技术"这两个方面,是布雷弗曼所理解的生产过程、劳动过程、生产方式的两个重要维度。《劳动与垄断资本》一共有五个部分,第一部分是"劳动和管理",第二部分是"科学和机械化";他主张"管理"赋予生产过程以"形式","工业技术"赋予生产过程以"内容";"管理和工业技术(management and technology)所造成的一个必然后果是减少对劳动的需求。用本书已经论述的组织手段和技术手段(the organizational and technical means)不断提高生产率,这本身就必然造成减少对劳动需求的趋势"[1]。美国自 1820 年以来,与商品生产有关的工业部门,其就业人数绝对值并没有减少,而是不断上升,生产规模扩大是一个重要原因。除此以外,一个重要问题需要考虑,"机械化本身排挤劳动的过程是有限制的。工人在什么时候比排挤他(或她)的机器更便宜些,这不仅取决于单纯的技术关系,还取决于工资水平,而工资水平又受劳动的供求关系的影响"[2]。所以,机器替代或排挤工人是有条件的:"机械化的迅速发展本身,就其使一些工业部门解雇工人,或使其他一些工业部门停止扩大就业人数,从而提供了廉价的劳动这一点来说,就对进一步机械化起着阻碍作用。"[3]受制于统计资料缺陷,布雷弗曼只能借鉴汇总三个统计资料,不仅说明美国非农部门工人就业的总

---

[1] 哈里·布雷弗曼:《劳动与垄断资本——二十世纪中劳动的退化》,方生等译,商务印书馆 1979 年版,第 211 页。Harry Braverman, *Labor and Monopoly Capital: The Degradation of Work in the Twentieth Century*, New York: Monthly Review Press, 1998, p. 163.

[2] 哈里·布雷弗曼:《劳动与垄断资本——二十世纪中劳动的退化》,方生等译,商务印书馆 1979 年版,第 211 页。

[3] 哈里·布雷弗曼:《劳动与垄断资本——二十世纪中劳动的退化》,方生等译,商务印书馆 1979 年版,第 212 页。

数，更说明了从事商品生产制造业工人人数占非农工人总数的比重变化；1920 年是一个显著的转折点，这一比重显著下降，1820—1920 年，占比 45%—50%，1920—1970 年，明显下降至 1970 年的 33%；[①] 这充分说明，机器排挤工人的趋势是存在的。

对工人就业的另一个影响体现为工人职业结构变化。布雷弗曼指出："概念和执行的分离——把所有可能的工作从车间（执行地点）移到办公室——以及用图纸把整个生产过程复制下来的进一步必要性，造成了大批技术人员和办公室人员（large technical and office staffs）。所有主要资本主义国家的统计数字表明，从上一世纪末期以前开始，不直接从事生产的就业人数在非农就业人数中所占比重一直是迅速上升的。"[②] 在这里，可以参见戈登的《臃肿与卑劣》一书中专门探讨美国公司中的"官僚负担"问题，实际上也是非生产人员规模增长迅速导致了对美国工人的"工资挤压"。资本主义是否进入了新发展阶段，这个新阶段的资本主义对劳动过程、工人阶级结构、职业结构有什么样的影响？管理部门自身存在哪些变化？作为流通领域新发展的巨大市场，又具有怎样的特点？实际上，《劳动与垄断资本》的第一部分"劳动和管理"对应的是马克思笔下的"v"（可变资本）；第二部分"科学和机械化"对应的是"c"（不变资本），二者结合才是劳动过程；第三部分"垄断资本"是过渡环节，聚焦所谓"垄断资本"及其影响之下的种种变化。布雷弗曼指出："原子化的和竞争性的资本主义模式（atomized and competitive model of capitalism），已不再是今天资本主义的模式了。"并认为，"这

---

① 哈里·布雷弗曼：《劳动与垄断资本——二十世纪中劳动的退化》，方生等译，商务印书馆 1979 年版，第 212—213 页。

② 哈里·布雷弗曼：《劳动与垄断资本——二十世纪中劳动的退化》，方生等译，商务印书馆 1979 年版，第 214 页。Harry Braverman, *Labor and Monopoly Capital: The Degradation of Work in the Twentieth Century*, New York: Monthly Review Press, 1998, p. 165.

种模式已为本质不同的结构（a substantially different structure）所代替"，资本主义"这个新阶段"（this new stage of capitalism）出现以来，马克思主义理论界对其进行了种种研究（金融资本主义、帝国主义、新资本主义、晚期资本主义，等等）；布雷弗曼比较认可"垄断资本主义"提法，"垄断资本主义包括每一个资本主义国家里垄断组织（monopolistic organizations）的增长，资本的国际化，国际分工，帝国主义，世界市场和世界范围的资本流动，以及国家权力结构（the structure of state power）的变化"①。在 1880 年至 1900 年的 20 年间，是"生产过程的重大发展"和"垄断资本主义"的开始时间：一方面，开启了"科学管理"和"在其现代基础上组织生产的整个'运动'（the whole "movement" for the organization of production）"，这就是"可变资本"方面的变化；另一方面，也开启了"为了更快地使劳动力转化为资本，以有系统地利用科学为基础的科技革命"，这就是"不变资本"方面的变化；这两个方面是资本主义新阶段的重要内容。

在布雷弗曼看来，巴兰和斯威齐的《垄断资本》，相对于"生产的结果或产品的变动、运动"（the movements of its outcome, the product）的充分研究而言，对"生产变动、生产运动"（the movements of production）的研究并不多；马克思同时分析了"价值变动、价值运动"（the movement of value）和"劳动变动、劳动运动"（the movement of labor）两个方面。所以，布雷弗曼所探讨的"剩余是劳动的剩余，而不是价值的剩余（a surplus of labor rather than of value），因而与巴兰和斯威齐探讨的剩余有所不同"；也就是说，马克思既关心了"生产的过程"（劳动方面），又关心了"生产的结果"（价值方面）；而巴兰和斯威齐只是

---

① 哈里·布雷弗曼：《劳动与垄断资本——二十世纪中劳动的退化》，方生等译，商务印书馆 1979 年版，第 222—223 页。Harry Braverman, *Labor and Monopoly Capital: The Degradation of Work in the Twentieth Century*, New York: Monthly Review Press, 1998, p. 175.

关注了"生产的结果方面",布雷弗曼关注的则是"生产的过程方面"。正如布雷弗曼所指出的:"我们关心的是被引入新的生产形式或新的非生产形式(new forms of production or of nonproduction)中的剩余劳动,因为职业结构(the occupational structure)因而是工人阶级就是在这种方式下改变的。"[①] 以及,"不仅技术变化,而且还有不断变化的产品(a changing product),都引起了新的和不同的劳动过程,引起了就业人口的新的职业分布(a new occupational distribution of the employed population),从而产生一个改变了的工人阶级(a changed working class)"[②]。也就是说,"技术"和"产品"都是"生产或者劳动的结果",也会影响"劳动的过程"以及"劳动的重新分配分工"。在这里,我们给出马克思从两个方面同时展开分析的论证:

随着已经执行职能的社会资本量的增长及其增长程度的提高,随着生产规模和所使用的工人人数的扩大,随着他们劳动的生产力的发展,随着财富的一切源流的更加广阔和更加充足,资本对工人的更大的吸引力和更大的排斥力互相结合的规模也不断扩大,资本有机构成和资本技术形式的变化速度也不断加快,那些时而同时地时而交替地被卷入这些变化的生产部门的范围也不断增大。因此,工人人口本身在生产出资本积累的同时,也以日益扩大的规模生产出使他们自身成为相对过剩人口的手段。这就是资本主义生产方式所特有的人口规律,事实上,每一种特殊的、历史的生产方式都有其特殊的、历史地发生作用的人口

① 哈里·布雷弗曼:《劳动与垄断资本——二十世纪中劳动的退化》,方生等译,商务印书馆1979年版,第226页。Harry Braverman, *Labor and Monopoly Capital: The Degradation of Work in the Twentieth Century*, New York: Monthly Review Press, 1998, p. 178.

② 引文略作改译。哈里·布雷弗曼:《劳动与垄断资本——二十世纪中劳动的退化》,方生等译,商务印书馆1979年版,第224页。Harry Braverman, *Labor and Monopoly Capital: The Degradation of Work in the Twentieth Century*, New York: Monthly Review Press, 1998, p. 176.

规律。①

过剩的工人人口是积累或资本主义基础上的财富发展的必然产物，但是这种过剩人口反过来又成为资本主义积累的杠杆，甚至成为资本主义生产方式存在的一个条件。过剩的工人人口形成一支可供支配的产业后备军，它绝对地从属于资本，就好像它是由资本出钱养大的一样。过剩的工人人口不受人口实际增长的限制，为不断变化的资本增殖需要创造出随时可供剥削的人身材料。……随着积累的增进而膨胀起来的并且可以转化为追加资本的大量社会财富，疯狂地涌入那些市场突然扩大的旧生产部门，或涌入那些由旧生产部门的发展而引起需要的新兴生产部门，如铁路等等。在所有这些场合，都必须有大批的人可以突然地被投到决定性的地方去，而又不致影响其他部门的生产规模。这些人就由过剩人口来提供。……现代工业这种独特的生活过程，我们在人类过去的任何时代都是看不到的，即使在资本主义生产的幼年时期也不可能出现。那时资本构成的变化还极其缓慢。因此，对劳动的需求的增长，总的说来是同资本的积累相适应的。不管那时资本积累的增进同现代相比是多么缓慢，它还是碰到了可供剥削的工人人口的自然限制，这些限制只有通过以后将要谈到的暴力手段才能清除。……工人的这种增加，是通过使一部分工人不断地被"游离"出来的简单过程，通过使就业工人人数比扩大的生产相对减少的方法造成的。②

工人的"游离"，将会"填充"到其他生产部门：（1）从事商品生产的、非农就业人数，占城市就业总数的比例降至 1970 年的 33%

---

① 《马克思恩格斯全集》第 44 卷，人民出版社 2001 年版，第 727—728 页。
② 《马克思恩格斯全集》第 44 卷，人民出版社 2001 年版，第 728—730 页。

左右；（2）农业劳动人口所占就业总人口的比例由 1880 年的 50% 左右降至 1970 年的 4%；（3）从事农业、制造业、建筑业、提炼工业等的就业人口，由 1880 年占人口比例的四分之三，降至 1970 年的八分之三。① 布雷弗曼认为，如此众多从农业和制造业"游离出来"（运用"使就业工人人数"对于"扩大的生产"而言的相对减少，也是"资本有机构成"提高的办法，就可以导致"游离"）的工人，会"填充"到哪里去呢？这就需要研究马克思讲的"新兴生产部门"，也要探讨斯威齐讲的"非生产部门"，这是一种"新的劳动分配"（the new distribution of labor）。

在布雷弗曼看来，资本对社会的改组、新的劳动分配、就业结构的变化可以概括出两个研究阶段：一是，"制造业里各种职业如何重新安排的情况，以及优势如何转移到间接劳动（indirect labor）方面，因而直接用于生产的劳动总的说来数量可以减少，其活动也可以加以控制（controlled in its activities）。这种转移造成一小部分技术工作（technical jobs）（其中大多数是与管理部门有密切关系的）以及较大部分低级的已常规化的技术工作或无需技能的办公室工作（lower-grade routinized technical or unskilled clerical jobs）。"这一阶段的研究工作已经完成。二是，"我们的注意力不要放在这些传统行业内部的职业变化（occupational shifts）上，而是要放在行业本身的变化（industrial shifts）上，放在那些改变整个社会分工的变动上。这样做时，我们要弄清资本的发展过程和资本吸引劳动的途径"。这样一来，我们需要研究那些发挥作用的"某些广大的社会力量"（some of the broad social forces）和"社会变化"（social changes），它们"是垄断时代迅速积累的结果（the results），也是资本

---

① 哈里·布雷弗曼：《劳动与垄断资本——二十世纪中劳动的退化》，方生等译，商务印书馆 1979 年版，第 225 页。

进一步积累的条件（the conditions）"①。实际上，"积累的社会结构学派"所着眼的就是资本积累所需要、所配套的各种条件、各种社会结构，以求促进资本积累的"稳定结构"。

第二节　垄断资本时代的管理结构、流通结构和国家结构

马克思的资本积累理论，实际上给"垄断公司理论"（the theory of the monopolistic corporation）奠定了基础。中文版《劳动与垄断资本——二十世纪中劳动的退化》，对"资本积聚"和"资本集中"的翻译有误。"资本积聚"，是针对单个资本自己的积累过程，是一种时间维度的"累加、连续积累"；"资本集中"，是针对资本和资本之间作用关系条件下，许多分散的、独立的资本在一种空间维度上的"转移、叠加、整合"，主要涉及竞争或信用的作用。对于"资本集中"及其在信用制度发展条件下的巨大作用，马克思指出：

> 社会总资本这样分散为许多单个资本，或它的各部分间的互相排斥，又遇到各部分间的互相吸引的反作用。这已不再是生产资料和对劳动的支配权的简单的、和积累等同的积聚。这是已经形成的各资本的积聚，是它们的个体独立性的消灭，是资本家剥夺资本家，是许多小资本转化为少数大资本。这一过程和前一过程不同的地方就在于，它仅仅以已经存在的并且执行职能的资本在分配上的变化为前提，因而，它的作用范围不受社会财富的绝对增长或积累的绝对界限的限制。资本所以能在这里，在一个人手中膨胀成很大的量，是因为它在那里，在许多人手中丧失了。

---

① 哈里·布雷弗曼：《劳动与垄断资本——二十世纪中劳动的退化》，方生等译，商务印书馆 1979 年版，第 226 页。Harry Braverman, *Labor and Monopoly Capital: The Degradation of Work in the Twentieth Century*, New York: Monthly Review Press, 1998, p. 178.

这是不同于积累（accumulation）和积聚（concentration）的本来意义的集中（centralisation）。①

　　集中可以通过单纯改变既有资本的分配，通过单纯改变社会资本各组成部分的量的组合来实现。资本所以能在这里，在一个人手中增长成巨大的量，是因为它在那里，在许多单个人的手中被夺走了。在一个生产部门中，如果投入的全部资本已溶合为一个单个资本时，集中便达到了极限。在一个社会里，只有当社会总资本或者合并在惟一的资本家手中，或者合并在惟一的资本家公司手中的时候，集中才算达到极限。②

　　假如必须等待积累使某些单个资本增长到能够修建铁路的程度，那么恐怕直到今天世界上还没有铁路。但是，集中通过股份公司转瞬之间就把这件事完成了。集中在这样加强和加速积累作用的同时，又扩大和加速资本技术构成的变革，即减少资本的可变部分来增加它的不变部分，从而减少对劳动的相对需求。通过集中而在一夜之间集合起来的资本量，同其他资本量一样，不断再生产和增大，只是速度更快，从而成为社会积累的新的强有力的杠杆。因此，当人们谈到社会积累的增进时，今天已经默默地把集中的作用包括在内。③

资本这种新规模，必然会对经营管理提出新要求："经营管理（operating control）逐渐交给每个企业的专门管理班子（a specialized management staff）"；基本上来自同一阶级的"资本"和"专业管理部门"（professional management），"资本家的两个方面——所有者和经理（owner

---

　　① 《马克思恩格斯全集》第 44 卷，人民出版社 2001 年版，第 721—722 页。Karl Marx, *Capital*, Vol. 1, Lawrence & Wishart, 2010, p. 621.

　　② 《马克思恩格斯全集》第 44 卷，人民出版社 2001 年版，第 723 页。

　　③ 《马克思恩格斯全集》第 44 卷，人民出版社 2001 年版，第 724 页。

and manager），以前是一身二任，现在成了这个阶级的不同方面了。诚然，资本的所有权（ownership of capital）和企业的经营管理（the management of enterprises），在这个阶级的个人身上绝不是完全互相分离的，因为二者仍然集中在人数极其有限的社会集团里。所以，一般说来，最高级的经理都不是没有资本的个人，各资本所有者在管理上也不是必然无所事事的。然而，在每一个企业里，这二者的直接的和个人的统一性（the direct and personal unity between the two）被割裂开了。资本现在已经超出了它的有限的和正在受到限制的个人形式（limited and limiting personal form），进入一种社会事业形式(an institutional form)"①。上述引文有两点是非常重要的：一是资本的"两权分离"；二是资本突破个人形式、个别形式，获得"社会事业形式、制度形式、机构形式"。

有别于凭借资本所有权而成为资本家阶级，这种成为"资本主义企业的直接组织者和管理者"（the direct organizer and manager of a capitalist enterprise）的"经理阶层"（the managerial stratum）并没有"对那些有可能来自其他社会阶级里的人关上大门"。采取后一种途径的这些人，是由于"资本主义组织看中了他们的才能"（布雷弗曼将之笼统描绘成——进取心、残忍性、精通组织工作、魄力、技术见识，特别是销售才能），他们甚至可以通过取得"经理职位"（managerial position）而获得一定的"资本所有权"（the ownership of capital）。② 这些大公司的经理们（operating executives）有很高的管理地位，"他们是工业的统治者（rulers），'专门'为资本做事，而且他们本身也是资本人格化和对劳动

①　哈里·布雷弗曼：《劳动与垄断资本——二十世纪中劳动的退化》，方生等译，商务印书馆 1979 年版，第 227—228 页。Harry Braverman, *Labor and Monopoly Capital: The Degradation of Work in the Twentieth Century*, New York: Monthly Review Press, 1998, pp. 179–180.

②　中文版将"the ownership of capital"误译成"资本的占有"，应该翻译"资本所有权"。

进行雇佣的那个阶级的一部分"①。这些经理和企业所有者之间的关系是复杂的，经理的"雇佣形式"具有独特的二重性质："一方面，资本雇佣一个'劳动力'，它的责任是在外来的指挥下，为资本增殖而工作；另一方面，在资本家阶级内部，主要从它自己队伍中挑选出某个管理人员代表它监督和组织工人的劳动。"②这些经理的薪金水平，"因为超过一定界限，它就像公司的指挥员的薪金一样，显然不仅是把他们的劳动力换成货币———一种商品交换———而且是分享这家公司生产的剩余的一部分（but a share in the surplus），因而这就要使他们和这家公司休戚相关，并且使他们有一种'管理上的利害关系'，即便是很小的利害关系"③。实际上，布雷弗曼已经给出了经理们报酬的"波动范围、取值范围"，是在"普通工资"和"企业利润"之间的竞争波动、争夺过程。需要指出，在职业分类统计中，"经理头衔"包含各式各样的工作岗位。但是，这并不是布雷弗曼所特指的"大公司的资本主义管理"（capitalist management of the substantial corporations），因为，"公司界真正主管业务的经理阶层，是一个很小的集团"④。但是，这个经理阶层规模，较之于垄断资本之前情况，已经大为增加。

　　这里需要强调的是，马克思《资本论》问世之后，资本主义生产

---

① 略作改译。哈里·布雷弗曼：《劳动与垄断资本——二十世纪中劳动的退化》，方生等译，商务印书馆 1979 年版，第 359 页。Harry Braverman, *Labor and Monopoly Capital: The Degradation of Work in the Twentieth Century*, New York: Monthly Review Press, 1998, p. 280.

② 略作改译。哈里·布雷弗曼：《劳动与垄断资本——二十世纪中劳动的退化》，方生等译，商务印书馆 1979 年版，第 360 页。

③ 哈里·布雷弗曼：《劳动与垄断资本——二十世纪中劳动的退化》，方生等译，商务印书馆 1979 年版，第 360 页。Harry Braverman, *Labor and Monopoly Capital: The Degradation of Work in the Twentieth Century*, New York: Monthly Review Press, 1998, p. 280.

④ 哈里·布雷弗曼：《劳动与垄断资本——二十世纪中劳动的退化》，方生等译，商务印书馆 1979 年版，第 229 页。Harry Braverman, *Labor and Monopoly Capital: The Degradation of Work in the Twentieth Century*, New York: Monthly Review Press, 1998, p. 180.

方式的微观主体企业制度结构发生了重大历史变革，企业劳动过程的控制权，已经由"企业主或产业资本家"转移到"企业家或高级管理人员"手中；布雷弗曼这里所涉及垄断资本时代的这个人数规模不大却拥有一定资本所有权的"经理阶层"，他们显然不同于马克思时代的获取"熟练劳动工资形式的经理人员"[1]，布雷弗曼笔下高级管理人员的"才能"到底是指什么？这个"才能"和西方主流经济理论对企业家能力的各种解释有何区别呢？实际上，熊彼特提出创新理论、企业家精神理论，后续有学者将舒尔茨人力资本理论用来分析企业家所具有的高级人力资本，西方主流理论都想强调企业家（或高级管理人员）的"特殊能力、特殊才能"，目的是为其获得高额报酬提供理论根据。我们可以将马克思《资本论》第1卷和第3卷中关于"资本主义管理二重性"内容总结出三个主体或角色：货币资本家、产业资本家、经理；马克思在《资本论》第3卷"利息和企业主收入"论述中，已经谈及经理的收入问题。[2]但是，马克思所重点分析的是"货币资本家"（银行）和"产业资本家"之间的对立和矛盾，二者之间的关系是由"利息率"来确定；至于"经理"，马克思则更多的是将其理解成产业资本家职能的某种独立化表现，经理的收入、薪水，可以采取"熟练劳动工资的形式"。马克思的这种解释，是他所处时代的产物，"经理"更多的是"工头儿、监工"等角色，他们获得的收入既可以视作企业主收入（企业利润）的一种扣除，也可以视作同其他产业工人相同的工资形式，马克思著作中对这两种可能形式均有论述。20世纪之后，西方主流经济学凭借企业家精神理论和企业家高级人力资本理论，来试图给企业家（特别是高级管理人员）高额收入进行理论解释。如果我们对照马克思"分析图景"中的三个主

---

[1] 《马克思恩格斯全集》第46卷，人民出版社2003年版，第434页。

[2] 《马克思恩格斯全集》第46卷，人民出版社2003年版，第427—439页。

体，当代西方主流经济理论实际上关注的是——金融机构、企业所有者（股东）、经营者（高级管理人员），企业所有者和高级管理人员之间的合作与冲突，则是这些经济理论的关注点。一句话，理论关注点的变化源于资本主义企业制度结构的历史演变，源于企业劳动过程控制权"实际占有者"的历史变化，担负承载生产经营职能的资本人格化，已经由马克思笔下的"产业资本家"转变为当代西方主流经济理论笔下的"企业家或高级管理人员"。企业家或高级管理人员的收入，就会在"熟练劳动工资形式"和"企业利润"（扣除利息之后的企业主收入）之间波动，取决于"股东"（所有权人格化）和"高管"（管理权人格化）之间的"企业利润争夺"。但是，为什么"股东"会认可并给予"高管"高额报酬呢？"高管"有何种能力把一部分利润据为己有？马克思《资本论》第 1 卷第 11 章分析"协作"时已经指出，"协作发挥的劳动的社会生产力表现为资本的生产力"，[①] 这种"资本的生产力"在马克思时代是由"企业主或产业资本家"掌握，20 世纪以来则由"企业家或高级管理人员"掌握；这种生产力是一种源自协作的"集体力"，绝非企业内部某个个体成员的"个体力"，是企业劳动过程分工细化、协作强化所导致的企业整体劳动生产力的提高，最后带来企业效益的提高（以利润或超额利润的形式表现出来）。从表面来看，这种效益似乎来自高管具有的"神奇能力"，是高管的人力资本或企业家精神所创造出的企业效益，当然可以用之和股东进行谈判或争夺企业利润，这在西方主流理论中称为"企业控制权市场或职业经理人市场"；其本质，企业的劳动生产力进步，由"集体力"（结合的工人总体）表现为"个体力"（个别高管）。所以，企业家精神理论或人力资本理论仍然是要素价值论（资本创造价值）的新变种，掩盖了高管高额报酬背后的利润实质、剩余价值实质。这样讲，并

---

① 《马克思恩格斯全集》第 44 卷，人民出版社 2001 年版，第 388 页。

不否认企业家的种种创新力、判断力、意志力、风险承担能力，其"劳动能力"再复杂，也完全可以凭借"熟练劳动的工资形式"给予承认，但其收入结构中的绝大部分，则是和"股东"进行争夺之后的产物，是企业利润或剩余价值的再分配过程。①

随着垄断资本时代的到来，管理结构一同发生演变：

> 资本的社会事业化（institutionalization of capital）和把管理权（control）交给资本家阶级的一个特殊阶层，在年代顺序上是同管理活动（management operations）范围无限扩大相一致的。不仅是企业的规模在高速度发展——达到了少数几个企业家开始支配每一种主要工业的生产活动时——而且管理的职能（the functions undertaken by management）也非常迅速地得到扩大。我们对生产领域里的这种发展已经进行了探讨。当各种生产活动（the producing activities）在现代公司内部进行充分地重新组织（reorganized）之后，就在职能部门当中进行再划分（subdivided among functional departments），每个职能部门都有其主管的在生产过程中的一个特殊方面：规划、设计、研究和发展（research and development），计划，生产管理（production control），质量检查，生产成本核算，工作研究（work study），方法研究，工业工程，规定发货路线和运输，原料采购和管理，工厂和机器的维修，动力，人员的管理和训练，等等。②

---

① 对于美国企业结构的历史演变，可以参见钱德勒的著作，他提出"经理式的资本主义"或"管理资本主义"（Managerial Capitalism），是第二次世界大战后美国资本主义新发展在理论上的表现。钱德勒：《看得见的手——美国企业的管理革命》，重武译、王铁生校，商务印书馆 2004 年版；钱德勒：《企业规模经济与范围经济：工业资本主义的原动力》，张逸人等译，中国社会科学出版社 1999 年版。

② 略作改译。哈里·布雷弗曼：《劳动与垄断资本——二十世纪中劳动的退化》，方生等译，商务印书馆 1979 年版，第 230 页。Harry Braverman, *Labor and Monopoly Capital: The Degradation of Work in the Twentieth Century*, New York: Monthly Review Press, 1998, p. 181.

"资本的社会事业化"也具有"制度化、机构化"的含义。对生产活动的"重新组织"必然要求"职能部门"相应做出调整，进行"再划分"。前文已经指出，劳动过程或生产领域中的一个重要变化："概念"和"执行"的分离，生产领域中的变化必然要求"纸质复本"的变化，也就是管理结构方面的变化；"管理部门的一些其它职能分出来组成一些完整的部门"，"公司的所有各种职能和各种活动都是如此"，"这些公司部门的每一个，为了自身能顺利地起作用，其内部还需要有反映和仿效整个公司各部门情况的各种部门。……这样，每个公司部门（each corporate division）都具有一个独立企业（a separate enterprise）的特征，有它自己的管理班子"。"每个大规模的分公司都需要一套完整的管理结构（a complete management structure），有它自己的局处和科室（its divisions and subdivisions）。"① 这是一种纷繁复杂的管理结构派生关系，麻雀虽小，五脏俱全。布雷弗曼对这种整个管理结构发生的变化，总结如下：

> 我们已经论述过管理职能的专门化问题（the specialization of the management function），也论述了管理部门已从一种单线组织（a simple line organization）——行政首脑通过监督人员和工头来管理各种活动的一种直接指挥系统（a direct chain of command）——改组成适合于把职权（authority）再分为各种专门职能的职员组织合成体（into a complex of staff organizations suited to a subdivision of authority by various specialized functions）。现在必须指出，这就是把企业首脑的职能给瓜分了。现在有一种相当于过去资本家管理

① 略作改译。哈里·布雷弗曼：《劳动与垄断资本——二十世纪中劳动的退化》，方生等译，商务印书馆 1979 年版，第 232—233 页。Harry Braverman, *Labor and Monopoly Capital: The Degradation of Work in the Twentieth Century*, New York: Monthly Review Press, 1998, p. 183.

职能的各个部门合成体（a complex of departments）。其中每一个部门以大为扩充的形式接管了以前资本家只用很少助手就能履行的职责。同每项职责相对应的，不是单个经理，而是一个完整的业务部门（operating department），它在组织上和职能上都仿效它赖以发展出来的工厂。特殊的管理职能，不是由一个经理来执行，也不是由一个经理班子来执行，而是由一个在经理、协理（assistant managers）和监督人员控制下的工作人员组织（an organization of workers under the control）来执行的。因此，劳动力的买卖，乃至异化劳动（alienated labor）关系，都成了管理机构（management apparatus）本身的一部分。总而言之，这就成了公司的行政机构（administrative apparatus）。管理部门（Management）变成了行政部门（administration），这是为了在公司内部实行控制而进行的一种劳动过程，也是作为和生产这种完全相似的劳动过程而进行的一种劳动过程，虽然它除了负责公司的运营和协调之外，并不生产任何产品。从这点出发，对管理部门的考察也就是对这个劳动过程的考察，这个过程也包含着生产过程中所包含的各种对抗关系。我们考察办公室工作的发展时（the evolution of clerical work），这一点的意义就会更为明显。①

管理结构的变化：（1）这种"单线组织""直接指挥系统"，根据各种专门职能为标准进行再分化、再细化，从而转变为"职员组织合成体"以及"部门合成体"；（2）特殊管理职能的执行或落实，是由在广泛受到控制的"工作人员组织"来实施和执行；（3）这是"两种劳动过程"（一

---

① 原翻译有误，略作改译。哈里·布雷弗曼：《劳动与垄断资本——二十世纪中劳动的退化》，方生等译，商务印书馆 1979 年版，第 236 页。Harry Braverman, *Labor and Monopoly Capital: The Degradation of Work in the Twentieth Century*, New York: Monthly Review Press, 1998, pp. 185–186.

种是真实的劳动过程，另一种是"纸质版的、复写的劳动过程"），这种新的劳动过程不生产任何产品，其目的就在于在公司内部进行控制，各种对抗关系必然蕴含其中。一句话，管理部门的这种演变，其本质是一种分工方面的"结构化演变"。随着公司内部根据职能进行的初次分工如销售、生产、金融、法律、会计核算、技术、管理等，每种职能内部还有进一步的再次分工、再次划分。"任何一种划分都可以成为一种职业。这种职能主义（functionalism），是以构成公司工作（corporation's work）的不同且相互联系的任务（tasks）的明确说明为基础的。'工作说明'（job description），是一种独立于履职个人（be independent of the individual who fills the job）的任务说明书（a statement of task）。个人成了同这种工作说明有关的'人员'（personnel）或'人力'（manpower）。"①因为，前文已经给出，布雷弗曼在论述"概念"和"执行"分裂过程的时候，已经着重分析了"任务"这个提法，"任务"或者"操作"，是由作为技能退化、碎片化的执行者工人来负责的。所以，"task"就不应该翻译成"工作"，而应译成"任务"。

关于流通和市场，我们从"结构视角"来进行分析。关于垄断资本时代，布雷弗曼认为："资本主义生产方式才把个人的、家庭的，和社会的需要全都接管起来（takes over the totality），而且在使这些需要从属于市场时，还赋予它们新的形式，以适应资本的需要。不了解这种发展，就不可能了解新的职业结构（the new occupational structure）——因而也不可能了解现代工人阶级。资本主义怎样把整个社会变成一个庞大的市场，这是一个过程；虽然这个过程是整个近代社会历史的关键之

---

① 中文版翻译有误，笔者作了改译。哈里·布雷弗曼：《劳动与垄断资本——二十世纪中劳动的退化》，方生等译，商务印书馆 1979 年版，第 236—237 页。Harry Braverman, *Labor and Monopoly Capital: The Degradation of Work in the Twentieth Century*, New York: Monthly Review Press, 1998, p. 186.

一，但是人们却很少予以研究。"[1] 值得一提的是，深受布雷弗曼劳动过程理论影响的布诺威（Michael Burawoy），在其《生产的政治：资本主义和社会主义的工厂制度》中引用了这段文字，以求区分"两种总体性"："表现总体性"（expressive totality）和"结构总体性"（structured totality）；布诺威认为，韦伯、霍克海默、布雷弗曼都持有"表现总体性"观点，而布雷弗曼更为突出。[2] 实际上，哲学界关于"总体性"或"因果观"的讨论很多，阿尔都塞主张"结构性"，并努力把马克思著作中的黑格尔影子（"表现性"）进行"理论清扫"，坚持认为马克思不是简单的、黑格尔主义式的"表现总体性"或"表现因果观"；与阿尔都塞不同的是，卢卡奇《关于社会存在的本体论》中的"目的论设定"（劳动—再生产—意识形态—异化），特别是卢卡奇关于"社会必要劳动时间"的叙述，是典型的"表现总体性"或"表现因果观"叙述逻辑。[3]

在工业资本主义（industrial capitalism）发展的最初阶段，"家庭的作用在社会生产过程中仍然是主要的。虽然资本主义准备破坏这种作用，但是它还没有深入家庭和社会的日常生活。……实际上，家庭的全部需求，是由其成员供应的。生产者和消费者实质上同为一体。家庭就是经济单位，整个生产体系是以家庭为基础的"[4]。1890 年美国有将

---

[1]　哈里·布雷弗曼：《劳动与垄断资本——二十世纪中劳动的退化》，方生等译，商务印书馆 1979 年版，第 239 页。Harry Braverman, *Labor and Monopoly Capital: The Degradation of Work in the Twentieth Century*, New York: Monthly Review Press, 1998, p. 188.

[2]　Michael Burawoy, *The Politics of Production: Factory Regimes under Capitalism and Socialism*, London: Verso, 1985, pp. 54—63.

[3]　路易·阿尔都塞：《保卫马克思》，顾良译，商务印书馆 2006 年版，第 104—107 页。卢卡奇：《关于社会存在的本体论》下卷，白锡堃等译，重庆出版社 1993 年版，第 149—151 页。张一兵：《问题式、症候阅读与意识形态：关于阿尔都塞的一种文本学解读》，中央编译出版社 2003 年版，第 290—297 页。

[4]　哈里·布雷弗曼：《劳动与垄断资本——二十世纪中劳动的退化》，方生等译，商务印书馆 1979 年版，第 240 页。

近 30% 的家庭在一年当中除了土豆不购买其他蔬菜；1889—1892 年购买面包的家庭不到半数，但大多数家庭都会购买大量面粉；所以，此阶段的美国资本主义，"食品加工一方面是农村家庭的分内事情，另一方面也是一家人的分内事情。除交通运输业外，产业资本的作用微乎其微"。此后的资本主义发展，商品生产的范围迅速扩大，"对以前由农民家庭或其他各种家庭进行的劳动过程的这种征服，由于扩大了资本的活动范围，增加了受资本剥削的'劳动力'数量，自然会给资本带来新的活力"①。完成这种资本主义历史过渡的因素或条件，构成一种相互联系的复杂整体，"没有一个因素能够同其他因素分开"；城市化发展破坏了旧生活方式的条件，工业品价格低廉、替代家庭产品，妇女从家庭走进工厂，劳动力的技能日益退化（the deterioration of skills），广告和推销的兴起，这些因素使社会变成一个巨大的劳动和商品市场，"因为要取得社会地位已不再靠制造许多物品的能力，而是只靠购买物品的能力了"②。谁掌握货币，谁掌握资本，谁就拥有社会地位；个体成员之间不通过市场联系，就无法取得社会联系。对于这一转变过程，布雷弗曼指出："社会生活的原子化（the atomization of social life）却在迅速进行"，"建筑在市场之上的社会结构（social structure），使得个人和社会集团的关系不是作为合作的人的偶然遭遇而直接发生，而是作为买卖关系通过市场而发生的"③。市场的普遍化，也是流通领域的商品化发展过程；布雷弗曼给出了垄断资本时代市场发展的"三个步骤"及其对整个社会结

① 哈里·布雷弗曼：《劳动与垄断资本——二十世纪中劳动的退化》，方生等译，商务印书馆 1979 年版，第 242 页。

② 哈里·布雷弗曼：《劳动与垄断资本——二十世纪中劳动的退化》，方生等译，商务印书馆 1979 年版，第 243 页。

③ 哈里·布雷弗曼：《劳动与垄断资本——二十世纪中劳动的退化》，方生等译，商务印书馆 1979 年版，第 244 页。Harry Braverman, *Labor and Monopoly Capital: The Degradation of Work in the Twentieth Century*, New York: Monthly Review Press, 1998, p. 192.

构的影响:

　　垄断资本主义时期，创造无所不在的市场（universal market）的第一步是使一切物品的生产都具有商品的形式；第二步，就是掌握越来越多的服务业，并且把服务变为商品；第三步，就是发明新产品和新服务的"产品循环"（product cycle），其中的一些新产品和新服务，成为现代生活的必备条件。资本主义社会的居民就这样陷入了由商品和商品性服务组成的网络（a web made up of commodity goods and commodity services）之中，除非他们部分逃避或完全逃避现时存在的社会生活，要想逃脱这个网络是很少可能的。一种类似工人劳动能力衰退症（the atrophy of competence）的发展，又从另一方面加深了这种情况。最后，居民们发现自己处于自己几乎什么事情都不能做的地位，而这些事情如果在市场上花钱雇用五花八门的社会劳动新机构（new branches of social labor）来做是十分容易的。从消费观点看来，这意味着完全依赖市场；可是从劳动观点看来，这就意味着一切劳动都是在资本的保护下进行，而且有义务为进一步扩大资本而提供利润。

　　在无所不在的市场被广泛称赞为丰富多彩的"服务经济"，称赞它"便利"，"文化活动机会多"，"有现代化设施去照顾身心有缺陷的人"，等等。我们勿须强调这种都市文明的作用如何之坏，也勿须强调它包含着多少苦难。对于我们的研究目的来说，具有主要意义的倒是无所不在的市场的另一方面：它的使人失去人性的倾向（dehumanizing aspects），它使大部分居民只能从事低等的劳动（degraded labor）。就像在工厂里一样，问题不在于机器本身，而在于资本主义生产方式下使用机器的条件。所以，问题不在于必需提供的各种社会服务，而在于一个强大无比的市场的影响。这个市场是由资本及其有利可图的投资控制的……使家庭生活越来索然无味……使得社会生活中一切休戚相关的痕迹一扫而光，留下的只是金钱关系。①

各种原有社会关系的重构过程，以及各种"缝隙、空白、真空之处"，需要"服务经济、服务部门"来满足。例如，随着社会压力的增大，人的精神问题的治愈和照料，就要求新的社会机构及其相关的就业，等等。种种"服务部门"（service sector）的工作人员，通常处于一种新的低薪阶层、且竞争残酷的状态，这些行业或部门具有"劳动密集型"的特点，不容易遭受那种工业部门技术变革对劳动的影响。

在 19 世纪 80—90 年代，美国开始出现"第一批大型综合公司"（great integrated corporations），它们是在"探讨销售问题新方法的基础上建立起来的"；从职能重要性视角来讲，"销售机构"（marketing apparatus）日益重要，逐渐代替了"工程技术组织"（engineering organization）的地位；"在基本工程技术需要（engineering requirements）有了保证以后，这种革命的销售方法（revolutionary marketing approach）就成了垄断公司的基础"，"公司在这个领域里带有根本性的革新，就是那些作为自身结构（their own structures）的一部分而建立起来的全国性销售组织（national marketing organizations）"；交通运输迅速发展，冷藏货仓技术变革，食品业加速工业化、商品化；食品行业公司的"销售结构"（marketing structure）大致包括：出售、分配、密集的促销和广告，等等；这些构成了城市生活方式的必要基础。② 其他各行各业，逐渐交由"销售结构、销售组织、销售机构、销售网络（marketing network）"

① 哈里·布雷弗曼：《劳动与垄断资本——二十世纪中劳动的退化》，方生等译，商务印书馆 1979 年版，第 248—249 页。Harry Braverman, *Labor and Monopoly Capital: The Degradation of Work in the Twentieth Century*, New York: Monthly Review Press, 1998, pp. 194–195.

② 哈里·布雷弗曼：《劳动与垄断资本——二十世纪中劳动的退化》，方生等译，商务印书馆 1979 年版，第 230—231 页。Harry Braverman, *Labor and Monopoly Capital: The Degradation of Work in the Twentieth Century*, New York: Monthly Review Press, 1998, pp. 181–182.

来掌握，也就是说，流通结构或市场结构的稳定性日益重要。所以，"销售部门就成了公司的第二个主要部门（marketing became the second major subdivision of the corporation），它又细分为出售、广告、促销、通信联络、订货、委托、销售分析等等部门"①。显然，布雷弗曼把"管理部门"视作公司的第一部门，"销售部门"视作公司的第二部门；从他的论述逻辑来分析，"销售部门"也是由"管理部门"派生出来的；伴随"销售部门"成为公司第二部门的过程，布雷弗曼指出，"管理部门的一些其他职能分出来（other functions of management were separated out）组成一些完整的部门"。无论是生产领域还是流通领域，都要消除不稳定性，创造结构化的稳定性："和生产管理（production controls）的情况一样，所有行政管理（all administrative controls）的总目的就是消灭不稳定性，并实行控制（the exercise of constraint）以取得理想的结果。由于市场必然是不稳定的主要领域，所以公司的努力就是要减少对其产品需求的自发性，增加它的诱导性。因此，制造业公司中的销售组织（the marketing organization）在规模上仅次于生产组织（the production organization），而且还出现一些其他类型的公司，其整个目的与活动就是销售。这类销售组织，把维布伦所谓的'制造大量顾客'当作自己的责任。"②

随着流通领域、销售部门日益重要，其要求会反馈到生产领域，生产也要"屈从于"销售方面的要求。布雷弗曼指出："在制造业组织（manufacturing organization）内部，销售方面考虑的问题变得如此重要，

① 哈里·布雷弗曼：《劳动与垄断资本——二十世纪中劳动的退化》，方生等译，商务印书馆1979年版，第232页。Harry Braverman, *Labor and Monopoly Capital: The Degradation of Work in the Twentieth Century*, New York: Monthly Review Press, 1998, p. 183.

② 略作改译。哈里·布雷弗曼：《劳动与垄断资本——二十世纪中劳动的退化》，方生等译，商务印书馆1979年版，第234页。Harry Braverman, *Labor and Monopoly Capital: The Degradation of Work in the Twentieth Century*, New York: Monthly Review Press, 1998, p. 184.

以致工程技术部门的结构（the structure of the engineering division）本身也充满了这种考虑，而且往往从属于这种考虑。样式、设计、包装，虽然由生产部门来完成，但却硬是让工程技术部门来满足销售方面的要求（marketing demands）。"例如，"产品报废计划"（planning of product obsolescence），就是通过"工程技术部门来实现的一种销售上的要求；这就是产品循环（product cycle）的概念：要使消费者需要适应生产需要，而不是相反。这样，有了直接销售组织结构（direct structure of the marketing organization），由于销售在公司职能的一切领域占支配地位，大量劳工就流入了销售系统"①。

我们最后来看国家结构。马克思在《1857—1858 年经济学手稿》中的著名《导言》，给出了一个非常重要的论断："资产阶级社会在国家形式上的概括。"② 生产和流通，是资产阶级社会的重要物质基础环节；生产的结构和流通的结构，必然会影响甚至决定国家的结构；反过来，国家结构也会影响生产和流通的结构。布雷弗曼认为："利用国家权力（the power of the state）来促进资本主义的发展，并不是一百年来垄断阶段所独有的新现象。资本主义国家的政府，从资本主义开始时起，已经起了这种作用。"③ 但是，国家的作用，"随着垄断资本主义的发展而大大扩大了"；资本主义历史上也曾经出现过国家对经济社会的"干预主义"（interventionism）；垄断资本主义时代，"扩大国家在经济领域的直接活动是不能避免的。"布雷弗曼给出了四条理由：（1）延续巴兰和斯

---

① 略作改译。哈里·布雷弗曼：《劳动与垄断资本——二十世纪中劳动的退化》，方生等译，商务印书馆 1979 年版，第 235 页。Harry Braverman, *Labor and Monopoly Capital: The Degradation of Work in the Twentieth Century*, New York: Monthly Review Press, 1998, p. 185.

② 《马克思恩格斯全集》第 30 卷，人民出版社 1997 年版，第 50 页。

③ 哈里·布雷弗曼：《劳动与垄断资本——二十世纪中劳动的退化》，方生等译，商务印书馆 1979 年版，第 251 页。Harry Braverman, *Labor and Monopoly Capital: The Degradation of Work in the Twentieth Century*, New York: Monthly Review Press, 1998, p. 197.

威齐的《垄断资本》"经济剩余"思路,认为"垄断资本主义往往产生超出它吸收能力的经济剩余(economic surplus)",其原因在于"有效需求不足",此时政府开支增加,有助于弥补这种"吸收能力"的不足;(2)充分发挥军事动员、军事开支的作用,这是一种资产阶级认可的"吸收经济剩余的方法";(3)资本主义社会生活中的贫困和不安全感,要求相关的社会福利措施予以化解,否则就会威胁"社会结构"(the social structure)的稳定;(4)垄断资本主义时代,要求教育事业、教育结构进行变革,以适应资本主义的各种新要求(例如职业需要),如"学校制度(the school system),只是社会工业化和都市化过程中以及在这些转变所采取的特殊资本主义形式中,必需增加的一种服务事业"①。实际上,资本主义的"教育",也包含着对工人的"规训",以适应资本新要求。

第三节 垄断资本时代办公室的劳动过程

如果说,马克思《资本论》第 1 卷所论述的资本主义劳动过程,是聚焦于物质生产领域的工业资本,这是资本主义的自由竞争阶段;随着资本主义进入垄断时代,机器对工人的排挤和替代,就会涉及"劳动剩余"的转移和吸收问题,布雷弗曼把马克思劳动过程理论拓展到资本主义所能掌握的一切领域,特别是作为新的工作场所的办公室,这里的工人称之为"办公室工作人员"(clerical workers)。然而,根据布雷弗曼的论述,他把"办公室劳动过程"视作"工厂劳动过程"的一种逻辑延伸,两种劳动过程是同质化的、均匀化的、无差别的,"白领"和"蓝

---

① 哈里·布雷弗曼:《劳动与垄断资本——二十世纪中劳动的退化》,方生等译,商务印书馆 1979 年版,第 251—254 页。Harry Braverman, *Labor and Monopoly Capital: The Degradation of Work in the Twentieth Century*, New York: Monthly Review Press, 1998, pp. 197–199.

领工人"已经没有差异，历史上"白领"曾经拥有的某些社会地位或福利早已经被"掏空"。可见，劳动过程不同类型之间的具体差别已经逐渐消失，办公室劳动过程也要遭遇技能退化和控制。这种叙述逻辑，的确如布诺威所批判的，是一种"表现总体性"(或者称之为"表现因果观")方法论使然。值得一提的是，将"办公室工作人员"翻译成"办公室工人"更符合布雷弗曼语境。

　　对于资本主义前后两个时期来讲，一个不能混淆的情况是：19世纪早期企业的"办公室雇员"(clerical employees)，他们与现代的办公室工作人员不同，而是更接近于"现代专业管理人员"(modern professional management)；把"垄断资本主义时代的办公室工作人员看作实际上是一个新阶层则更准确些。这一新阶层是十九世纪末期产生并从那时起大大地扩充了的。明白这一点是非常重要的。因为如果不明白这一点，如果我们把资本主义早期那个极小并早已消失的办事员阶层(clerical stratum)的'中等阶级'("middle class")或半管理人员的职责(semi-managerial functions)，认为就是当代数以百万计的办公室工作人员的职责，那结果只能是对现代社会的极端误解"[1]。资本主义早期的这些所谓"办事员"(clerk)更接近于"经理"(manager)，所以总体来讲，"从职责、权力、报酬、任职时间(办事员的职位通常是终身的)和前途来看——更不用说从地位以至从服装上来看——办事员则更接近于雇主，而不是接近于工厂工人"[2]。这是从"定性角度"来看的，关于"办公室工作人员"或"办事员"在两个时期的不同。从"数量角度"来

---

　　① 哈里·布雷弗曼：《劳动与垄断资本——二十世纪中劳动的退化》，方生等译，商务印书馆1979年版，第257页。Harry Braverman, *Labor and Monopoly Capital: The Degradation of Work in the Twentieth Century*, New York: Monthly Review Press, 1998, p. 203.

　　② 哈里·布雷弗曼：《劳动与垄断资本——二十世纪中劳动的退化》，方生等译，商务印书馆1979年版，第258—259页。

看，1870 年美国普查中，列入"办事员职业类别"（clerical occupations）的有 82000 人，占"有收益工作人员"（gainful workers）总数的 6‰；1851 年英国普查中，办事员数量约为 70000—80000 人，占有收益职工总数的 8‰。20 世纪初，该比例在英国上升到 4%，在美国上升到 3%；1961 年，英国有 300 万办事员，占就业总人口的 13%；1970 年，美国办事员类别的人数 1400 多万，占有收益职工总数的 18%。[1] 可见，前后两个时期数量变化非常巨大。

布雷弗曼反对"白领工人"（white-collar worker）提法，并将自己对"办事员类别"（the clerical classification）劳动过程的研究限定在这些具体职业中：簿记员或记账员（bookkeeper）、秘书、速记员、出纳员、银行出纳员、档案管理员、电话接线员、办公室机器操作员（office machine operator）、编制工资单和计时办事员（payroll and timekeeping clerk）、邮政员、接待员、存货管理员、打字员，等等。这些办公室工作人员遍及私人企业、政府机构，也遍及制造业、贸易、银行业、保险业，等等。这些办公室工作人员和过去"人数不多而有特权的办事员阶层没有什么连续性"，尤其在两个方面存在显著的新变化：一是性别方面的变化，例如，美国的"女性办公室工作人员在仅仅七十年的时间内，就从 1900 年的二十万人略多一些增长到一千多万人"，而"男性办公室工作人员，在比例上急剧下降"；二是相对工资方面的变化，例如，把办公室工作人员（clerical labor）和生产工人（production labor）的工资进行比较，英国在 1850—1880 年间，"办事员薪金的起点约为生产和运输工人工资的终点"，此后，如美国 1971 年"办公室专职工作的通常每周中等工资，比各种所谓蓝领工作的工资都低"，"办公室工作人员"

---

① 哈里·布雷弗曼：《劳动与垄断资本——二十世纪中劳动的退化》，方生等译，商务印书馆 1979 年版，第 259 页。

和"机械操作工人"的工资等级非常相似,一句话,"办公室工作人员相对工资情况迅速恶化,平均地说,使他们低于一切形式的所谓蓝领工作"[1]。

有趣的是,布雷弗曼在《劳动与垄断资本》英文版第 206 页的脚注使用了大卫·戈登 1972 年论文的观点。这里需要指出,有一种观点认为,在大卫·戈登(1944—1996)去世之后,以大卫·科茨为代表人物的 SSA 学派后续发展偏离了该学派早期的理论构想,最初 SSA 概念界定包含两个基本"制度构件"——"劳动组织"(即"劳动过程")和"劳动市场"两个方面,劳动过程理论是 SSA 理论的重要前提和基础。但是,科茨等人主编的两本 SSA 论文集(1994 年和 2010 年版),已经很少涉及劳动过程理论相关内容,这已经招致"空间化学派"(Spatialization School)的批评。[2] 我们认为,这种批评值得商榷,问题不在科茨那里,问题在戈登本人生前就已经存在了,戈登早年的研究并不是劳动过程理论,而是劳动市场理论,这可以在塞缪尔·鲍尔斯和托马斯·韦斯考普夫悼念戈登文章对其生平学术贡献评价中可以归纳出来,认为戈登最突出贡献在于"劳动市场的分析"(analysis of labor markets),[3] 这是一个重要线索。需要补充的是,在布雷弗曼著作中,他已经把"劳动市场、就

---

[1] 哈里·布雷弗曼:《劳动与垄断资本——二十世纪中劳动的退化》,方生等译,商务印书馆 1979 年版,第 260—262 页。Harry Braverman, *Labor and Monopoly Capital: The Degradation of Work in the Twentieth Century*, New York: Monthly Review Press, 1998, pp.204–206.

[2] Michael Wallace and David Brady, "The Next Long Swing: Spatialization, Technocratic Control and the Restructuring of work at the Turn of Century", in *Sourcebook of Labor Markets: Evolving Structures and Processes*, Ivar Berg and Arne L. Kalleberg(eds.), New York: Plenum Press, 2001. 中文译稿参见迈克尔·华莱士、大卫·布雷迪:《下一个长期波动——世纪之交的空间化、技术官僚控制和工作重构》,顾梦佳译,张开校,《政治经济学季刊》2019 年第 2 期。顾梦佳、张开:《空间化学派经济思想研究》,《经济纵横》2020 年第 1 期。

[3] Sam Bowles and Tom Weisskopf, "David M. Gordon: Radical Political Economist and Activist(1944–1996)", *Review of Radical Political Economics*, Vol. 31, No. 1(1999), pp.1–15.

业结构、职业演变"等问题，视作"劳动过程"本身演变的结果或表现，布雷弗曼著作中对劳动市场的研究远没有对劳动过程本身的研究广泛深入，劳动过程和劳动市场是紧密联系的。如果说，爱德华兹 1979 年《竞争地带——20 世纪工作场所的转型》[①] 继承了布雷弗曼关于劳动过程的研究传统，但是并没有和美国经济增长变迁取得联系，只是聚焦工作场所控制系统的兴衰起落。但是，戈登、爱德华兹和里奇在 1982 年《劳动分割、工人分化——美国劳动的历史转型》著作的理论构建和阐述，主要聚焦劳动市场、工会运动、经济增长变迁，而对于劳动过程本身的"微观研究"相当薄弱。所以，不是科茨"遗漏或偏离"了劳动过程理论，而是在戈登自己著作中就没有大规模、实质意义上吸纳布雷弗曼的劳动过程理论。实际上，布雷弗曼的职业生涯——在海军造船厂工作 7 年并当过 4 年学徒；另有 7 年在铁道修配厂、钢板厂等工厂劳动；两者合计 14 年——这种人生阅历和戈登等人是完全不同的。

布雷弗曼认为，可以将早期的办公室工作视作"一种需要技艺的行业"，这种行业的"工具"是：钢笔、墨水、写字纸、信封、分类账簿（ledgers），这种工作却是一种"总括性岗位"（a total occupation），"其目的是及时记录企业的财务和业务情况，以及保持企业和外界的联系"；这种行业大致可以分成两大类人员："技师（master craftsmen）——例如簿记员或主任办事员（chief clerks）——控制着全部过程，而学徒工或才出师的技工（apprentices or journeymen craftsmen）——普通办事员、缮写员、勤杂员——在办公室见习期间学习手艺，并按照常规通过提升，逐步升级"[②]。

① Richard Edwards, *Contested Terrain: The Transformation of the Workplace in the Twentieth Century*, New York: Basic Books, 1979.

② 哈里·布雷弗曼：《劳动与垄断资本——二十世纪中劳动的退化》，方生等译，商务印书馆 1979 年版，第 262 页。Harry Braverman, *Labor and Monopoly Capital: The Degradation of Work in the Twentieth Century*, New York: Monthly Review Press, 1998, pp. 206–207.

一般而言，早期的"办公室工作（office work）必须包括会计和记录、计划和安排、通信和会见、归档和抄写等等"。实际上，马克思《资本论》第 3 卷中的"产业资本"（也可以视作"工业资本"）和"商业资本"的逻辑关系，就是一种由"自产自销"到"自产他销"的演变过程，这种理解两种资本逻辑关系的思路，有助于理解布雷弗曼这里对"办公室劳动过程"的论述，"办公室"从一种"内生于、附属于"那种"生产公司"（producing corporation）的状态转变为一种"相互分离的状态"。在这里，上述"办公室"最初是"附属于或补充着在同一公司内其他地方进行的生产性劳动过程（productive labor processes）的"。但是，随着垄断资本时代的到来，"它们完全与生产过程分开，或是主要，或是完全通过办公室工作人员来进行活动"①。例如，专门从事商品买卖的商业公司（其本质就是商业资本）、银行和信贷机构、律师事务所、出版行业等，办公室工作人员在这些行业中是大规模存在着的。

在所有上述这些被资本所掌握的行业中，资本的运作经营职能必须由大批办公室工作人员来承担。获取剩余价值或利润，是资本存在的根本目的，不论是自己组织劳动进行剩余价值的生产，还是从剩余价值再分配过程中想方设法谋取一部分，布雷弗曼区分了这两种情况：

> 或者是在生产的工业和活动中指挥（controlling）剩余价值的生产，或者是从那些工业和活动的外部来占有（appropriating）剩余价值。工业资本家，即制造商，是前者的范例，而银行家则是后者的范例。这些指挥和占有的管理职能（these management functions of control and appropriation）本身已经变成劳动过程。资本执行这些职能的方式和它进行生产劳动过程（labor processes of

---

① 哈里·布雷弗曼：《劳动与垄断资本——二十世纪中劳动的退化》，方生等译，商务印书馆 1979 年版，第 263 页。Harry Braverman, *Labor and Monopoly Capital: The Degradation of Work in the Twentieth Century*, New York: Monthly Review Press, 1998, p. 207.

production）的方式是一样的，即用在劳动市场上大规模购买的雇佣劳动，并按照管理工厂劳动组织的同样原则（the same principles that govern the organization of factory labor）把它组织成为巨大"生产"机器。在这里，社会的生产过程消失了，成为一连串纸面上的作业——而且，这一连串纸面上的作业，就像罐头食品厂作业线、肉类加工业作业线、汽车厂装配输送带连续不断地流动那样，由用差不多同样方法组织起来的工作人员来进行（by workers organized in much the same way）。这种幽灵式的生产过程在资本主义社会中的重要性越来越大。这不仅因为需要有组织生产的新方法，不仅因为越来越需要协调和控制，而且也因为有另一项更为重要的理由。在资本主义的社会形式中，一切劳动产品，除有形的特性外，还带有无形的所有权的标记（invisible marks of ownership）；除有形的形式外，还有价值的社会形式（their social form as value）。从资本的观点看，价值的表现比劳动产品的有形形式或有用的性质更为重要。出售什么种类的商品都无关紧要，而取得净利却是最重要的事情。因此，一部分社会劳动必须用在对价值的会计工作上（the accounting of value）。由于资本主义变得更复杂并发展到垄断阶段，对价值的会计工作也就变得无比复杂了。生产与消费之间的中间阶段（intermediaries）的工作量增加了，因此一件商品的价值的会计工作在许多阶段是重复的。①

布雷弗曼特别提到不从事生产活动的银行和金融机构（金融组织），其本质在于"这些金融组织占有了一份其他地方生产的价值"，这是一种"绝对单纯的积累资本的方式"。类似于马克思《资本论》第 1 卷"资

---

① 哈里·布雷弗曼：《劳动与垄断资本——二十世纪中劳动的退化》，方生等译，商务印书馆 1979 年版，第 264—265 页。Harry Braverman, *Labor and Monopoly Capital: The Degradation of Work in the Twentieth Century*, New York: Monthly Review Press, 1998, pp. 208–209.

本的生产过程"和第 2 卷"资本的流通过程"的区分，实际上，布雷弗曼是把"价值的生产"和"价值的实现"区分开来；而"实现价值的斗争，即把价值变成现金，需要它自己的一套特殊会计工作"，在有些工业中花费在监督管理、出纳、记录、会计等方面的劳动已经开始接近或超过生产商品或服务的劳动，这些活动"只与价值的转移（the transfer of values）以及由此造成的会计工作有关"，这是一种"记录价值运动的工作"。这种非生产领域劳动耗费如果过大，也是社会总劳动的一种浪费；但对资本家来讲，只要能够占有利润，是否直接从事生产活动并不重要。具有直接生产性质劳动过程的历史演变和分化，催生这种新的"幽灵式的生产过程"，并吸纳更多的劳动人口到其中的运动中来：

> 商品的价值形式（value-form）和其物质形式（physical form）分离开来，成为一个庞大的文书工作的帝国（a vast paper empire），它在资本主义制度下变得和物质世界一样的真实，并且吞没了日益增多的劳动力。就是在这个世界里，价值被记录下来，也就是在这个世界里，人们转移、争夺并分配剩余价值（surplus value is transferred, struggled over, and allocated）。以价值形式为基础的社会把越来越多的劳动人口交给要求价值所有权（claims to ownership of value）的很复杂的分支部门。虽然无法计算这些人口或检验这个问题，办公室工作人员（clerical labor）迅速增加的主要原因可能就在于此；毫无疑问，销售的需要，连同价值会计工作的需要，消耗了大部分办公室工作的时间（clerical time）。①

19 世纪后期，办公室规模迅速扩张，"办公室工作从仅仅是管理部门的附带工作变成为本身就是一种独立的劳动过程"，对这种劳动过程

---

① 哈里·布雷弗曼：《劳动与垄断资本——二十世纪中劳动的退化》，方生等译，商务印书馆 1979 年版，第 267—268 页。Harry Braverman, *Labor and Monopoly Capital: The Degradation of Work in the Twentieth Century*, New York: Monthly Review Press, 1998, p. 210.

"加以系统化和控制（systematize and control）的必要"就日益凸显；这是因为，"办公室劳动过程的效率"（the efficiency of the clerical labor process），对于企业经营效益日益重要。之前旧有的小办公室规模条件下，员工之间联系密切，具有独特情感氛围；进入垄断资本时代，"管理部门开始割断这些联系，并代之以一种所谓现代组织的不受个人情感影响的纪律"（the impersonal discipline of a so-called modern organization），其目的是为了掌控这个新的劳动过程，不需要有过多技能、个人判断力的办公室工作人员，这个新的历史时代特点之一是"簿记员统治时期的结束和作为较高级管理部门主要工作人员与代表的办公室管理人员（office manager）的兴起"，办公室管理人员控制办公室劳动过程，办公室的目标则是控制企业。① 在企业的直接生产过程中，工厂劳动存在技能退化并遭受控制，布雷弗曼将这一逻辑直接推演到办公室劳动过程之中，办公室劳动过程就像工厂劳动过程一样，"随着控制职能的增加，随着这些管理职能自然而然地转化为独立的劳动过程，就有了按照工厂中使用的那些原则来控制新劳动过程的需要"②。早期的"泰罗体系"（Taylor system）和"科学管理"，很自然最初被应用于办公室劳动过程，诸如工厂劳动过程试验过的"时间研究"和"动作研究"被吸纳进来，办公室管理人员或管理部门对办公室工作进行研究、检验和控制，通过使办公室工作"标准化"（standardized，用来规定和提高办公室劳动过程的"生产标准"）和"合理化"（rationalized），以求提高办公室劳动过程效率。布雷弗曼摘引了一个生动鲜活的例子来说明对办公室劳动过程的控

---

① 哈里·布雷弗曼：《劳动与垄断资本——二十世纪中劳动的退化》，方生等译，商务印书馆 1979 年版，第 268—269 页。Harry Braverman, *Labor and Monopoly Capital: The Degradation of Work in the Twentieth Century*, New York: Monthly Review Press, 1998, pp. 210–211.

② 哈里·布雷弗曼：《劳动与垄断资本——二十世纪中劳动的退化》，方生等译，商务印书馆 1979 年版，第 270 页。

制煞费苦心，饮用喷泉装置的摆放（the placement of water fountains）要节约办公室工人喝水需要的步行时间；这种类似的办公室工作场所布局设计，其结果"造成了像束缚工厂工人（factory worker）那样束缚办公室工人（clerical worker）的需要久坐的传统——把每件东西都放在近便的地方，好使办事员不但不需要，而且也不敢离开办公桌走得太远"①。正如前文所指，将"clerical worker"翻译成"办公室工人"才真正符合布雷弗曼的原意，若如现有中文版翻译成"办公室工作人员"，就丧失了、遗失了办公室劳动过程"工厂化"的理论含义。办公室工作场所中"工人"的适当运动，会促进其精神饱满，然而这对资本家来讲是一种浪费；"这和牲畜饲养场或家禽饲养场的喂肥办法是同一性质的，因为二者所追求的目的都一样：使公司的资产负债表越来越充实。至于随之而来的对工人（worker）的体格和健康的不良影响，则根本不加考虑"②。对大规模办公室劳动过程的控制实践，在布雷弗曼看来，"就像在工厂里一样"（显然，这是一种"表现因果观"方法论使然），包括"技术分工"和"机械化"两个方面。首先，来看办公室分工过程。

依照"工业术语"来审视办公室劳动过程，这里也是一个不断流动的过程，记录财务报表、商业交易、顾客订单、契约安排、邮寄账单、发票单据等构成的"文件流动"（the flow of documents）。在过去，这整个过程是由簿记员在其助手帮助之下完成；但是，"工作流量（the flow of work）一经变得很大，办公室的管理方法一经采用，这个过程就再划分成许多很细的操作（subdivided into minute operations）"，"正如在制

---

① 哈里·布雷弗曼：《劳动与垄断资本——二十世纪中劳动的退化》，方生等译，商务印书馆 1979 年版，第 273 页。Harry Braverman, *Labor and Monopoly Capital: The Degradation of Work in the Twentieth Century*, New York: Monthly Review Press, 1998, p. 214.

② 略作改译。哈里·布雷弗曼：《劳动与垄断资本——二十世纪中劳动的退化》，方生等译，商务印书馆 1979 年版，第 274 页。

造过程中一样（just as in manufacturing processes）"，"把办公室的工作分解开来交给很多局部工人（detail workers，中文版译成'局部工作人员'，特别是把'工厂劳动'和'办公室劳动'进行对比时候，是不恰当的），这些工人现在完全不理解这个过程的全貌及其背后的策略"①。和工厂劳动一样，办公室劳动也要进行分解、碎片化、局部化、简单化，过去办事员（例如簿记员）所需掌握的种种特权，就会逐渐消失；"由于劳动过程本身的性质，大多数办公室工作的合理化（rationalization），以及用细分的局部工作人员（the subdivided detail worker）来取代全能的办公室工作人员（the all-around clerical worker）"，这个替代过程进展顺利，源自办公室劳动过程"原材料"（纸张和数字）特点，其流动更容易受"数学法则"控制，办公室工作量只要体量足够大，是容易采用"合理化方法"（methods of rationalization）进行控制的。旧有的观念，认为"工厂劳动"（factory work）更多体现"体力劳动"（manual labor），"办公室劳动"（office work）更多体现"脑力劳动"（mental labor）；布雷弗曼则反对这种看法，认为办公室劳动过程的绝大多数人员，脑力劳动弱化，思想被逐渐清除，与之伴生的是，体力劳动特征日益显著；"工厂工人"和"办公室工人"在劳动市场上，二者之间的差异也几乎完全消失了。布雷弗曼指出，当办公室本身也遵循"合理化过程"（rationalization process），"思考和计划的职责，集中在办公室内越来越少的一些人身上；对于办公室的大量人员来说，办公室像工场一样，也是体力劳动的场所。随着管理工作（management）变成为一种行政管理的劳动过程（an administrative labor process），体力工作就进入办公室，很快变成大量办公室工作人员

---

① 略作改译。哈里·布雷弗曼：《劳动与垄断资本——二十世纪中劳动的退化》，方生等译，商务印书馆1979年版，第275—277页。Harry Braverman, *Labor and Monopoly Capital: The Degradation of Work in the Twentieth Century*, New York: Monthly Review Press, 1998, pp. 216–217.

的任务特征"①。

办公室劳动过程，也可以遵循"概念"和"执行"的分离，只要这种分离、细分对公司来说经济划算；在布雷弗曼看来，巴贝奇早已意识到这一点，并开始研究"脑力劳动的分工"。脑力劳动过程，也可以拆分分解，拆解之后，处于分工底层"完成例行工作"（the performance of routine work）的那些人员，可以廉价购得其劳动，他们完全可以胜任，而且没有怨言地"例行工作"。处于脑力劳动分工底层的这些员工，容易替代，易于流动，具有可互换性，特别是容易被机器替代这些简单操作；处于分工中层的那些员工，他们的劳动也完全可以简化处理；处于分工顶层的、掌握智力的少数精英，负责监督这种"机械化的例行工作"（a mechanical routine）即可，这样一来，"所有其他人的工作都将变为'准备数据'（preparation of data）和操作机器的工作"②。办公室分工过程中，负责数据处理（data-processing）的，是那些专门化的（specialized）、所谓"半熟练"办公室雇员，这些人难以用"脑力劳动"来刻画其劳动特征；少数高级职员，对数据的选择和分析做出决策。

办公室分工呈现出两个特征，脑力劳动弱化，思想被清除，以及脑力劳动体力化发展趋势，布雷弗曼指出："从办公室工作人员的工作中逐步消除思想活动，最初是把脑力劳动削减成反复进行的一小撮相同职能。这种工作仍须用脑子来做，但是脑子是当作生产中局部工人的手来使用的，一遍又一遍地抓起和放下单独一种'数据'。下一步是彻底消除思考过程——或至少就它从人类劳动中曾经消除过的而言——和增

① 哈里·布雷弗曼：《劳动与垄断资本——二十世纪中劳动的退化》，方生等译，商务印书馆1979年版，第278页。Harry Braverman, *Labor and Monopoly Capital: The Degradation of Work in the Twentieth Century*, New York: Monthly Review Press, 1998, p. 218.

② 哈里·布雷弗曼：《劳动与垄断资本——二十世纪中劳动的退化》，方生等译，商务印书馆1979年版，第281页。Harry Braverman, *Labor and Monopoly Capital: The Degradation of Work in the Twentieth Century*, New York: Monthly Review Press, 1998, p. 220.

加那些只是进行体力劳动的办公室工作的工种。"①脑力劳动体力化或脑力退化，办公室劳动工厂劳动化或白领蓝领化，"在办公室的日常工作中（clerical routine of offices），从来没有完全不用脑力的事——正如任何形式的体力劳动不会完全不用脑力一样。可是脑力过程被一再重复并成为例行常规（repetitious and routine），或成为工作过程中很小的一个因素，以致能够用于完成操作中体力部分的速度和熟练程度就控制着整个劳动过程。任何体力劳动的过程也不过是这样。一旦办公室的劳动也是如此的话，那种形式的劳动就和形式比较简单的所谓蓝领工人的体力劳动处于同等地位"②。布雷弗曼在批判泰罗之后管理学家思想的同时，实际上已经把"办公室劳动过程"和"工厂劳动过程"视作同质化的、都可以纳入科学管理的研究对象，其背后的隐含方法论前提，就是"表现因果观"或"表现总体性"。例如，布雷弗曼指出："泰罗之后的第二代和第三代管理专家抹掉了工厂工作（work in factories）和办公室工作（work in offices）之间的差别，并把工作分解成许多简单的动作组成部分。……这自然而然就会具有把办公室工作和工厂工作合并成为一种单一的研究管理的领域的效果。"③

其次，来看办公室的机械化，特别是计算机化。

在工厂生产或劳动过程中，用来增加劳动有用效果的机器，是根据"它对动作的控制程度"（the degree of its control over motion）来进

---

① 略作改译。哈里·布雷弗曼：《劳动与垄断资本——二十世纪中劳动的退化》，方生等译，商务印书馆 1979 年版，第 281 页。

② 哈里·布雷弗曼：《劳动与垄断资本——二十世纪中劳动的退化》，方生等译，商务印书馆 1979 年版，第 288 页。Harry Braverman, *Labor and Monopoly Capital: The Degradation of Work in the Twentieth Century*, New York: Monthly Review Press, 1998, p. 224.

③ 哈里·布雷弗曼：《劳动与垄断资本——二十世纪中劳动的退化》，方生等译，商务印书馆 1979 年版，第 281 页。Harry Braverman, *Labor and Monopoly Capital: The Degradation of Work in the Twentieth Century*, New York: Monthly Review Press, 1998, p. 220.

行分类。与之不同，办公室的机器（office machinery），对"动作的控制"是使用机器的附带目的，其目的是为了"记录受控制的信息流"（to record a controlled flow of information）。所以，工厂劳动过程中的机器是为了"控制动作"，而办公室劳动过程中的机器是为了"控制信息"。①办公室信息流控制的两个显著发展阶段：一是制表机时代，这是采用计算机之前的制表机系统（a pre-computer tabulating machine system）；二是计算机时代，办公室大规模使用计算机系统（a computer system）。从"制表机"到"计算机"的发展，那种服务于制表机的、最基础性质的办公室劳动——键式穿孔机操作（keypunch operating）得以保留，并服务于计算机的发展；也就是说，计算机的最初发展，仍然需要键式穿孔机操作员的简单劳动用来准备数据，进行编码，以便于计算机可以读取、识别。在 20 世纪 40—50 年代，进行数据处理的相关职业暂时具有"技艺特征"（characteristics of a craft），这是以穿孔卡片（punched card）为基础的制表设备（tabulating equipment）统治工业的时期，制表技术员（tabulating craftsman）曾经具有一定技能。随着计算机的发展和技术分工（technical division of labor），这种数据处理技艺（of a data-processing craft）加速消退（不要全能型人才，只要局部工人），计算机操作的每一个方面都按照分工等级支付报酬，"就像在工厂里的自动化机器一样，在这里，把知识和控制集中于等级制度的一个很小部分就成为控制整个程序的关键"②。

在计算机分工等级中，系统分析员（the systems analyst）和编程人

① 哈里·布雷弗曼：《劳动与垄断资本——二十世纪中劳动的退化》，方生等译，商务印书馆 1979 年版，第 288—289 页。Harry Braverman, *Labor and Monopoly Capital: The Degradation of Work in the Twentieth Century*, New York: Monthly Review Press, 1998, p. 225.

② 哈里·布雷弗曼：《劳动与垄断资本——二十世纪中劳动的退化》，方生等译，商务印书馆 1979 年版，第 292 页。

员（the programmer）占据较高级别；前者相当于办公室里面的"工业工程师"，负责提出对数据处理的全面意见，并设计满足数据处理要求的机器系统，而编程人员负责将这套系统改编成供计算机使用的说明。受制于技术分工的影响，大多数编程人员的工作内容已经简化，"大量的程序编制工作已成为常规，可以交给工资较低的雇员去做"，"编程人员"原有的一些操作可以分裂、独立出来，交给"程序编码员"（program coders）这种技术分工等级阶梯上的低级岗位；"在这一级之下，计算机的工作就脱离了专门或技术的范围，而进入工人阶级职业的领域。计算机操作员（computer operator）按照为每一项例行工作（for each routine）制定的一套严格和具体的说明操作计算机"。最后的结果是，"计算机化所创造的最大的一种职业是键式穿孔机操作员（the keypunch operator）这种职业"①。布雷弗曼摘引了一个"按键穿孔员"（key-puncher）例子说明，使用计算机之前，按键穿孔员的工作不太僵化固定，有一定灵活性，偶尔需要按键穿孔员的个人判断力；使用计算机之后，有人在办公桌上摆放着镇静剂和阿司匹林；这说明，"就像在工厂里一样，工作的机器速度(the machine-pacing of work)越来越成为办公室管理部门的一种控制武器（a weapon of control)"②。"由于工作已经简化(simplified)、常规化(routinized)，并进行了测量(measured)，赶速度就显得很重要。"③人隶属于机器，被机

---

① 哈里·布雷弗曼：《劳动与垄断资本——二十世纪中劳动的退化》，方生等译，商务印书馆 1979 年版，第 293 页。Harry Braverman, *Labor and Monopoly Capital: The Degradation of Work in the Twentieth Century*, New York: Monthly Review Press, 1998, p. 228.

② 哈里·布雷弗曼：《劳动与垄断资本——二十世纪中劳动的退化》，方生等译，商务印书馆 1979 年版，第 296 页。Harry Braverman, *Labor and Monopoly Capital: The Degradation of Work in the Twentieth Century*, New York: Monthly Review Press, 1998, p. 230.

③ 哈里·布雷弗曼：《劳动与垄断资本——二十世纪中劳动的退化》，方生等译，商务印书馆 1979 年版，第 298 页。Harry Braverman, *Labor and Monopoly Capital: The Degradation of Work in the Twentieth Century*, New York: Monthly Review Press, 1998, p. 231.

器驾驭并控制节奏。另一个例子是"簿记员",采用计算机之前的簿记员具有一定地位、权势和技能,而"办公室会计程序的计算机化进一步把整个体系的那些熟练人员、特别是簿记员的地位削弱了。簿记员地位的降低是随着办公室管理人员地位的提高而开始的,并由于簿记机或过账机的兴起(the rise of the bookkeeping or posting machine)而加剧了。这种机器把一定数量需要技能的过分类账的工作转变成机械操作(a mechanical operation)。特别是银行业,由于电子簿记机的发展,这种簿记员地位降低的情况就越来越严重,竟把簿记员完全转变成机器操作员(machine operators),同时急剧减少了对前者的需要"①。综合来讲,这就是资本主义分工逻辑,也就是前文所谈及的"巴贝奇原理",通过拆分分解劳动,化繁为简,降低各个层级劳动价格,不仅适应于工厂劳动过程,同样适应于办公室劳动过程;办公室就像工厂一样,要根据计算机系统要求,对劳动过程进行组织,围绕机器来配置人力。

工厂中的工人阶级,是资本主义长期发展的产物;办公室工作人员,则是垄断资本主义时代的产物。如何定位这些规模逐渐变大的群体?惯常提法是"白领"(white collar)或者"挣薪水的职员"(salaried employees),这些旧有名称确实代表过去这些人曾经拥有过的独特社会地位,例如原来的"簿记员"职业。还有人用"办事员"(clerks)的复杂社会地位,来反对马克思关于劳动力的"同质化假定",马克思认为劳动力是平均的、无差别的。在布雷弗曼看来,这种对马克思的误解之所以产生,是因为办公室工作是在垄断资本时代,才真正被资本主义所掌握,发展成为一种资本主义劳动过程。"白领"或"挣薪水的职员"的实际内容已经被"掏空",如果再沿用这种笼统提法就会混淆、抹掉阶级差别,办公室技术分

---

① 哈里·布雷弗曼:《劳动与垄断资本——二十世纪中劳动的退化》,方生等译,商务印书馆 1979 年版,第 301 页。Harry Braverman, *Labor and Monopoly Capital: The Degradation of Work in the Twentieth Century*, New York: Monthly Review Press, 1998, p.233.

工和职业分化，"把代表资本的有权威的负责人（the authoritative executive representing capital），和为他服务的办公室机器上可互换的部分（the inter-changeable parts of the office machine）统统列入一个阶级集团里去的名词，不能再认为是有用的了。……'白领'这一类别往往使自己带有从处于等级制度顶端的工程师、经理和教授那里得来的香味，而其为数众多的大量人员则由成百万的办公室工作人员来充数，正如歌剧团的明星站在舞台前面，而人数众多的配角则充当合唱团队员一样"[1]。

"白领工作人员的无产阶级化"包括如下内容：一是挣薪水的女性工作人员大规模增加，她们主要从事"辅助工作"（subordinate work）；二是办公室工作人员数量的增加，主要来自对底层、附属、辅助工作岗位的需要；三是大型办公室绝大多数处于辅助岗位、低级职员的工作已经大为简化、极其精细琐碎（minutest detail），这些简化了的操作不需要过多技能，不需要过多培训；四是在所谓"合理科学商业管理"（a rational scientific business administration）成功取代挣薪水职员的"个人经验"（personal experience of the individual）过程作用之下，这类"挣薪水的职员"也就逐渐技能退化，变成不熟练或所谓"半熟练"的工人，他们只需要完成例行规定动作、例行常规即可，对这些人或这些岗位进行替换，不会影响企业的经营效率；五是办公室的机械化发展，加速技术分工，削减工人的技能水平、更多的常规操作（routine operations）；六是办公室分工的两极化趋势，由于机械化和集中管理，留存少数专家（a few specialists），把大量工作人员变成"动作机械的人"（automatons）；七是"办公室工人"和"工厂工人"的特征出现融合趋势，两个工种在劳动市场的差异性逐渐缩小，因为两种劳动过程越来越相似，处于分工底

---

① 哈里·布雷弗曼：《劳动与垄断资本——二十世纪中劳动的退化》，方生等译，商务印书馆1979年版，第312页。Harry Braverman, *Labor and Monopoly Capital: The Degradation of Work in the Twentieth Century*, New York: Monthly Review Press, 1998, p. 241.

层员工具有较强流动性。综合来讲，办公室工作人员的无产阶级化，也就是从"挣薪水的职员"（salaried employees）到"挣薪水的工人"（salaried workers）或"办公室工人"（clerical workers）的转变过程，也就是从"办公室工作场所"到"办公室工厂"的转变过程。两个工种融合，两种劳动市场融合，这是一种同质化发展。

"服务性职业"和"零售业"。这支缺乏熟练技能、工资低微、人员和职能具有互换性（interchangeability）的数量庞大的工人队伍，他们具有一定程度的同质化（homogeneous），他们不限于工厂和办公室谋生，也大量集中在所谓"服务性职业"（service occupations）和"零售业"（retail trade）。① 我们知道，马克思《资本论》中的劳动过程限定在物质生产领域，而布雷弗曼打算把劳动过程拓展到一切领域，一切为资本所掌握的、能够为资本赚钱的领域；并考察"服务性职业的劳动过程"（labor processes of the service occupations）具有怎样的特征。布雷弗曼认为，"对于资本主义来说，重要的不是劳动的确定形式（not the determinate form of labor），而是它的社会形式（social form）——作为雇佣劳动为资本家生产利润的能力。资本家对劳动的特定形式并不在意"。对于两种形式商品之间的差别，"以货物为形式（in the form of goods）的商品和以服务为形式（in the form of services）的商品之间的差别，只对经济学家或统计学家具有重要性，而对资本家来说，是无关紧要的"②。也就是说，重要之处在于，劳动是否被纳入资本主义关系网络之中，劳动者是否变成雇佣劳动者，他们的劳动是否是能给资本家带来利润的"生

---

① 哈里·布雷弗曼：《劳动与垄断资本——二十世纪中劳动的退化》，方生等译，商务印书馆 1979 年版，第 319 页。Harry Braverman, *Labor and Monopoly Capital: The Degradation of Work in the Twentieth Century*, New York: Monthly Review Press, 1998, p. 248.

② 哈里·布雷弗曼：《劳动与垄断资本——二十世纪中劳动的退化》，方生等译，商务印书馆 1979 年版，第 321—322 页。Harry Braverman, *Labor and Monopoly Capital: The Degradation of Work in the Twentieth Century*, New York: Monthly Review Press, 1998, p. 250.

产性劳动"（productive labor）。所谓"服务性职业"，在历史上很早就存在，但直到垄断资本主义时代得到大规模发展，并被资本主义所掌握时，才引发资本家的浓厚兴趣，才成为"生产性的"或"有利可图的"（profitable）。现代资产阶级经济学，已经很少把"服务性劳动"（service labor）视作"非生产性的"（unproductive），因为可以从中获取利润；这一系列经济理论，是建立在对具有历史阶段性特征劳动的认知基础上，重商主义把贵金属运进国内的劳动视作生产性，重农主义把农业劳动视作生产性，古典政治经济学把制造业劳动或工业劳动视作生产性，现代经济学则把"服务性劳动"视作生产性。显然，布雷弗曼赞同上述观点，遵循了"表现因果观"或"表现总体性"方法论，并指出：

> 在资本主义的历史中，虽然生产性劳动的这一种或那一种形式（one or another form of productive labor）可能在某个时代里起到比较大的作用，可是趋势是朝着消灭各种不同形式之间的差别这个方向发展的。特别是在垄断资本主义时期，把任何一种经济理论建立在人们特别喜爱的某种劳动过程的基础之上是毫无意义的。由于这些不同的形式都处于资本的支配之下并变成有利可图的投资范围的一部分，它们就为了资本家而进入一般的或抽象的劳动——即扩大资本的劳动——的领域。在现代公司中，对一切形式的劳动都是不加区别地予以使用的；而在现代"联合大企业"中，有些部门进行制造，有些部门进行贸易，有些部门从事银行业务，有些部门采矿，还有一些部门进行"服务"工作（"service" processes）。所有这些部门都和平共处，而在资产负债表上记录下来的最后结果中，各种劳动形式却完全消失在价值形式之中了。①

---

① 哈里·布雷弗曼：《劳动与垄断资本——二十世纪中劳动的退化》，方生等译，商务印书馆 1979 年版，第 325 页。Harry Braverman, *Labor and Monopoly Capital: The Degradation of Work in the Twentieth Century*, New York: Monthly Review Press, 1998, p. 252.

　　根据 1970 年美国人口普查局的数据，"服务性职业"就业人数 900
多万人。"零售人员"（retail sales workers）300 万人左右，两者合计
1200 多万人。针对这一数量庞大的群体，布雷弗曼指出："就服务和零
售类别中几乎每一种职业来说，大量劳动是从普通劳动的庞大储备库中
吸收到这些不断扩大的就业领域里来的，这种储备库之成为可能是由于
其他领域的就业人数相对地下降了。"[1] 其他类型劳动过程中的机械化发
展，大量工人游离出来，进入上述领域中，而这些"服务性职业的劳动
过程"同样面临技能退化，例如餐饮业中厨师的可贵技艺，也在快速冷
冻等新技术条件下，其原有技能遭遇简单化（simplification）和合理化
（rationalization）而导致退化。

第四节　垄断资本时代工人阶级的结构特征

　　我们通常认为，对劳动力的购买（劳动力成为商品）是工人阶级产
生和延续的经典形式，而资本主义社会是一种——"劳动"和"资本"——
二元对立的两极结构；"这种极性（polarity）开始于每一个企业，并且
在全国甚至国际规模上，表现为支配社会结构（social structure）的一种
巨大的阶级二元性。但是这种极性仍然结合在劳动与资本的一种必然的
同一性（identity）之中"[2]。一方面，无论资本以哪种形式存在，它都是
过去劳动的产物、过去劳动的凝结，是一种"死劳动"；另一方面，工人
的劳动能力被资本家购买之后，和生产资料的结合过程体现为"活劳动"，

---

　　① 　哈里·布雷弗曼：《劳动与垄断资本——二十世纪中劳动的退化》，方生等译，商
务印书馆 1979 年版，第 326—327 页。
　　② 　哈里·布雷弗曼：《劳动与垄断资本——二十世纪中劳动的退化》，方生等译，商
务印书馆 1979 年版，第 334 页。Harry Braverman, *Labor and Monopoly Capital: The Degrada-*
tion of Work in the Twentieth Century, New York: Monthly Review Press, 1998, p. 261.

就是被资本家所掌握的"可变资本"。在布雷弗曼看来，工人阶级的长期演变，似乎表明他们没有"主体性"，缺乏自觉的"阶级意识"："因为在它的长期存在过程中，它是资本的活的部分，所以它的职业结构（occupational structure）、劳动方式（modes of work）以及在社会上各行各业的分配，都是由正在进行的资本积累过程来决定的。它被利用、被放弃、被投入社会机器的各部分和被其他部分摒弃，并不是由于它自己的意志或自己的活动，而是由于资本的运动。"① 与之类似，马克思也曾把资本家视作资本主义社会的"主动轮"："但是，在货币贮藏者那里表现为个人的狂热的事情，在资本家那里却表现为社会机制的作用，而资本家不过是这个社会机制中的一个主动轮罢了。……竞争迫使他不断扩大自己的资本来维持自己的资本，而他扩大资本只能靠累进的积累。"②"积累啊，积累啊！这就是摩西和先知们！……为积累而积累，为生产而生产……"③ 如果工人阶级没有主体性，没有自觉的阶级意识，又谈何成为"合格的资本主义掘墓人"？这种对工人阶级的描绘，是否是"受到它的静止性（static quality）的限制"的一种定义？对于这个问题，布雷弗曼有自己的辩护理由：

> 我不打算讨论现代工人阶级的觉悟（consciousness）、组织或活动的水平。这是一本关于作为一个自在阶级（as a class in itself）而不是作为一个自为阶级（not as a class for itself）的工人阶级的书。我明白，在许多读者看来，似乎我已把这一主题中最紧要的部分略去了。有些人希望用某种简捷的方法发现一种代替物，代替"蓝

---

① 略作改译。哈里·布雷弗曼：《劳动与垄断资本——二十世纪中劳动的退化》，方生等译，商务印书馆 1979 年版，第 335 页。Harry Braverman, *Labor and Monopoly Capital: The Degradation of Work in the Twentieth Century*, New York: Monthly Review Press, 1998, p. 261.

② 《马克思恩格斯全集》第 44 卷，人民出版社 2001 年版，第 683 页。

③ 《马克思恩格斯全集》第 44 卷，人民出版社 2001 年版，第 686 页。

领工人"作为一种"社会变革力量"（借用这两个通俗的名词）。直
截了当地说，我觉得这是一种想导出"科学之前的科学"的企图；
我力图根据下列原理把这种成见从我的头脑中驱逐出去：首先需要
的是，按照资本积累过程给劳动人民造成的形象，如实地描绘工
人阶级。我担心这种使自己只讨论"客观的"（objective）阶级内
容而不谈"主观的"（subjective）东西的做法，在某些沉湎于传统
的社会科学的人们看来，将无可救药地损害这一研究。①

美国自 20 世纪初至 70 年代的工人职业结构变化表明，农业方面曾
提供大量劳动力供给。此外，工人人数增长迅速的三个职业大类是：机
械操作工、办公室工作人员、服务和零售业人员。特别是随着机械操作
工比例相对趋稳，并于 1950 年之后开始下降，办公室工作人员、服务
和零售人员增长更为迅速，同时一定程度吸收了从工厂转移来的工人。
这里有一个值得探讨的问题，有两个典型且相互作用的部门人数相对变
化：工厂和办公室（或各种服务性职业）；技术变化快、机械化程度高的
那些工业部门和劳动过程释放出大量劳动力，转移到机械化程度相对较
低、劳动过程和科学技术联系相对较少的那些部门。也就是说，在科技
革命时代，在机械化发展时代，大量"非机械化使用"的劳动力仍在大
规模扩张，"资本密集型"和"劳动密集型"并行不悖，相互配合。

在布雷弗曼看来，工人阶级的"就业"和"失业"是相互联系的，
而"失业"恰恰是资本主义运行的必要条件，并将之与马克思"相对
过剩人口理论"（产业后备军）相联系。布雷弗曼认为，马克思论述的
相对过剩人口有三种形式：一是流动的形式（floating form），"工人从一
种工作移向另一种工作"（move from job to job），"许多工人的日常劳动

---

① 哈里·布雷弗曼：《劳动与垄断资本——二十世纪中劳动的退化》，方生等译，商
务印书馆 1979 年版，第 29 页。Harry Braverman, *Labor and Monopoly Capital: The Degrada-tion of Work in the Twentieth Century*, New York: Monthly Review Press, 1998, p. 18.

生活都是在大量工作中流动"（movement among a considerable number of jobs），失业保险通常就是为解决这种"流动"可能出现的问题而准备的手段；二是潜在的（latent）相对过剩人口，这表现为农业人口的转移或消灭过程，扩充为城市劳动力；三是停滞的（stagnant）相对过剩人口，不规则和偶然的就业人口，处于相对过剩人口底层，这种劳动力的生活状况通常降低至工人阶级平均生活水平之下。[①] 当一份工作无法满足一个工人正常生活开支的时候，就会出现身兼数职、打零工的情况，这是从"全职或专职"（full-time）向"兼职或零工"（part-time）的一种转变。

就业中是否是纯粹"两极结构"，还是存在所谓"中间阶层"（middle layers）？垄断资本主义造成了复杂的阶级结构和就业队伍，其中的一些人员难以精确吻合工人阶级定义。例如，较低级别的监督管理人员、工程科技人员，以及金融或销售等领域的专门雇员。但是，在布雷弗曼看来，这些人员正在接近工人阶级的实际情况。因为，"资本一旦把大量劳动力安排在任何专业（specialty）上——这种劳动力的数量足以使应用技术分工（the technical division of labor）的原则有好处，也足以使应用通过牢牢掌握'概念'的各个环节来对'执行'进行有等级的控制（hierarchical control）的原则有好处——资本就使那种专业服从资本主义生产方式所特有的某些'合理化'形式"[②]。更何况在 20 世纪 60 年代末期上述人员失业率不断升高，也具有一切劳动市场的特点，意味着滑落至普通工人阶级的劳动市场境况之中。实际上，布雷弗曼在论述办公

① 哈里·布雷弗曼：《劳动与垄断资本——二十世纪中劳动的退化》，方生等译，商务印书馆 1979 年版，第 343—344 页。Harry Braverman, *Labor and Monopoly Capital: The Degradation of Work in the Twentieth Century*, New York: Monthly Review Press, 1998, pp. 267–268.

② 哈里·布雷弗曼：《劳动与垄断资本——二十世纪中劳动的退化》，方生等译，商务印书馆 1979 年版，第 362 页。Harry Braverman, *Labor and Monopoly Capital: The Degradation of Work in the Twentieth Century*, New York: Monthly Review Press, 1998, p. 282.

室劳动过程时，已经阐明了作为"中间阶层"的"白领"是如何丧失其优越感的，"白领"是如何"蓝领"化，是如何"被夺取所有特权和中间性质（intermediate characteristics）的"。

　　关于"生产劳动"（productive labor）和"非生产劳动"（unproductive labor）。这个问题相关争论源自古典经济学，马克思在《剩余价值理论》中进行了集中研究。垄断资本时代，对这个问题进行再解释，在布雷弗曼看来是必要的，这涉及对工人阶级结构化特征的理解。他认为，工人阶级的存在是根据其劳动的社会形式（social form），而非劳动的各种具体形式（concrete forms of labor）。这是否意味着，可以使用"劳动二重性"中的"抽象劳动"来定义"生产劳动"？为什么布雷弗曼在这个问题上没有推进到"劳动二重性"？如果是根据这种所谓"劳动的社会形式"，以及能否给资本家生产利润，是否对资本家来讲有利可图来定义"生产劳动"的话，把资本掌握之下的、存在资本雇佣劳动关系的"服务业"（餐饮业、汽车修理、干洗店、理发馆等）视作"生产劳动"就是成立的。在此基础上，在"实物或货物生产"（production of goods）和"提供服务"（production of services）中所进行的劳动就没有本质差别，都是资本主义基础之上的商品生产形式。所以，"为资本家生产商品的各种形式的劳动（various forms of labor），都要看作是生产劳动（productive labor）。建筑一座办公楼的工人和每天晚上打扫它的工人同样生产价值和剩余价值"[1]。进一步来讲，资本主义的产生过程就是把越来越多的人口纳入给资本增殖服务的逻辑中来，"劳动的社会形式从非生产性的变为生产性的"，"非生产劳动转化成为资本家榨取剩余价值服务的生产劳动，就是资本主义社会产生

––––––––––

① 哈里·布雷弗曼：《劳动与垄断资本——二十世纪中劳动的退化》，方生等译，商务印书馆 1979 年版，第 365 页。Harry Braverman, *Labor and Monopoly Capital: The Degradation of Work in the Twentieth Century*, New York: Monthly Review Press, 1998, p. 284.

的过程"①。此种转变过程，大量妇女从家庭劳动中独立出来，补充进各种服务性职业。例如，妇女在原有家庭中缝制衣服属于"非生产劳动"，之后在制衣厂给资本家打工缝制衣服就是"生产劳动"，也具有了"生产工人"身份。那些尚未被资本主义所掌握的劳动可以是"非生产劳动"，它们处于资本主义生产方式之外而存在。布雷弗曼认为，问题在于要识别资本主义生产方式之内的"非生产劳动"，如何界定？垄断资本时代，随着剩余价值量的增大，资本量的增大，那种"只是在各个资本之间转移和分配这种剩余的非生产性活动（unproductive activities）的量就会越大"，"大量非生产劳动在公司之外实质上已被消灭并在公司之内又重新在不同的基础上出现"②，例如营销和广告等方面的耗费，这意味着在资本主义生产方式之内分配给非生产性活动中的劳动越来越多，这是一种经济浪费。各种非生产工人，和生产工人一样，都是由资本所掌握和控制的雇佣工人。例如，在流通领域专门从事商品买卖的商业资本家所支配的"商业雇佣工人"（commercial wage-workers）、"商业劳动"（commercial labor）、"商业雇员"（commercial employees），这种可变资本是不直接创造价值的。但是，这种商业劳动，是"为资本家雇佣来协助实现或占用剩余价值的非生产劳动（unproductive labor），在马克思看来，除了它不生产价值和剩余价值，因而它的发展不是剩余价值增殖的原因，而是其结果这一点外，在一切方面都是与生产劳动相同的"③。所以，"在马克思著作中是从属性的和无关紧要的那部分分析，对我们来

---

① 哈里·布雷弗曼：《劳动与垄断资本——二十世纪中劳动的退化》，方生等译，商务印书馆 1979 年版，第 367—368 页。

② 哈里·布雷弗曼：《劳动与垄断资本——二十世纪中劳动的退化》，方生等译，商务印书馆 1979 年版，第 370 页。Harry Braverman, *Labor and Monopoly Capital: The Degradation of Work in the Twentieth Century*, New York: Monthly Review Press, 1998, p. 287.

③ 哈里·布雷弗曼：《劳动与垄断资本——二十世纪中劳动的退化》，方生等译，商务印书馆 1979 年版，第 376 页。

说却是资本主义生产方式的重大问题。曾经使马克思这位谨慎的科学家感到为难的为数不多的商业雇佣工人，已成为现代资本主义制度中具有非生产劳动特征的广泛而复杂的职业结构。但是，在这一发展变化过程中，这些人已经失去了把他们与生产工人区分开来的许多最后特征"①。在这里需要补充一点，布雷弗曼认为，应根据劳动的"社会形式"、而非劳动的"具体形式或确定形式"来区分"生产劳动"和"非生产劳动"。但是，我们根据他的"社会形式标准"（存在资本雇佣劳动关系，能给资本家盈利），似乎不能直接推论出流通领域中"商业雇佣工人"的劳动是"非生产劳动"，所以，他没有把"社会形式"和劳动二重性意义上的"抽象劳动"直接联系，他的"社会形式标准"是存在缺憾的。

对于"平均技能"（average skill）观点，布雷弗曼持批判态度。他机智反讽道，如果"一只脚站在火里，另一只脚站在冰水里，却告诉你，'平均说来'他是十分舒服的"，这种平均化的统计结果，就会掩盖工厂工人和办公室工人技能的退化，甚至出现"技能被升级"。所以，"经理和工程师们对劳动过程的控制能力日益增加，不足以补偿广大工人对劳动过程的控制能力的下降；广大工人并没有从这一事实中得到好处"②。广大工人不仅在绝对意义上丢掉了他们的"手艺"和"传统能力"（craft and traditional abilities），同时没有获得新能力，而且在相对意义上更为降低。20 世纪 30 年代，阿尔巴·爱德华兹（Alba Edwards）对美国职业技能统计分类给出三种等级：一是有技能的工人（skilled workers），是"技工"（craftsmen）；二是机械操作工（operatives），被他称作"半技能"（semiskilled）工人；三是普通工人（laborers），是"无技能"（unskilled）

---

① 哈里·布雷弗曼：《劳动与垄断资本——二十世纪中劳动的退化》，方生等译，商务印书馆 1979 年版，第 377 页。

② 哈里·布雷弗曼：《劳动与垄断资本——二十世纪中劳动的退化》，方生等译，商务印书馆 1979 年版，第 380 页。

工人。① 实际上，这种所谓"半技能"工人提法，是把某种技能标准（a criterion of skill）和机器相联系的后果，被机器所奴役和统治的"局部工人"也"被升级"成为"半技能"工人了，这种"半技能论调"是有害的。在布雷弗曼的推理逻辑中，"机械操作工"（如装配线工人）是专门负责"执行"的人员，只是不断重复，例行操作，完成"任务"而已；所谓各种中间技能等级的工人，要么是人为制造的理论辩护，要么是迟早坠入"无技能"工人序列，布雷弗曼所认同和理解的只有"两极分化"的技能结构，这与 SSA 学派主张存在"技能再造或升级"不同。

对于工人来讲，"技能概念"通常意味着对"某种工艺精通"（craft mastery），不单纯是一个"速度概念"，"速度"和"技能"是不应该混淆的。斯密和马歇尔所论及的"熟练问题"（the subject of dexterity），并将"提高熟练程度"（increased dexterity）和"技能或才能"（skill or talent）混淆了。布雷弗曼指出："工艺技能（craft skills）的分解，以及生产之改组成为一种集体的或社会的过程，已经破坏了传统的技能概念，并开辟了唯一一条掌握劳动过程发展的途径，即通过科学和工程技术知识。但是，由于这种知识完全集中在管理部门以及与管理部门有密切关系的参谋机构之手，这条途径对于劳动人口来说是此路不通的。留给工人的只是一种经过重新解释的非常不完全的技能概念：特别纯熟灵巧（a specific dexterity），有限而重复的动作（a limited and repetitious operation），'速度即技能'等等。"② 对于资本主义生产方式统治下工人技能的退化，布雷弗曼给出了自己的"解决途径"："只有通过取得现代工程技

---

① 哈里·布雷弗曼：《劳动与垄断资本——二十世纪中劳动的退化》，方生等译，商务印书馆 1979 年版，第 383 页。Harry Braverman, *Labor and Monopoly Capital: The Degradation of Work in the Twentieth Century*, New York: Monthly Review Press, 1998, p. 297.

② 哈里·布雷弗曼：《劳动与垄断资本——二十世纪中劳动的退化》，方生等译，商务印书馆 1979 年版，第 397—398 页。Harry Braverman, *Labor and Monopoly Capital: The Degradation of Work in the Twentieth Century*, New York: Monthly Review Press, 1998, p. 307.

术的科学、设计和操作的特权，工人才能重新掌握集体的和社会化的生产（collective and socialized production）。除此以外，不可能掌握劳动过程的。"工人要真正成为工业的主人，就必须消除劳动过程中的三对矛盾：(1) 管理人员和工人之间（controllers and workers）；(2) 概念和执行之间；(3) 脑力劳动和体力劳动之间。这将意味着，技术知识回归工人手中，对劳动组织进行重塑（reshaping of the organization of labor），这是一种真正的"集体生产方式"（collective mode of production）。所以，"真正的工人管理（workers' control）要以不使工艺神秘化和改组生产方式（reorganization of the mode of production）为先决条件"，就要直接把"生产过程本身交给工人管理"，离开"生产方式革命"就必然陷入空谈"工人管理"。值得注意的是，布雷弗曼专门批判苏联是"只改变所有制关系（property relations）而不触及生产方式的革命"①，这种解释有一定借鉴意义：所有制不仅包括生产资料（物），也应该同时包括人，是人和物之间物质变换过程、劳动过程的历史形式，所有制不应该是一种"静止的概念"，而应该是一种"运动或过程的动态概念"。进一步来讲，丢掉劳动过程的革命，只进行"所有制升级"是有问题的。我们可以回顾马克思《资本论》第 1 卷中论及资本主义生产方式基本矛盾，是"生产资料的集中和劳动的社会化"（劳动过程或生产过程）和"资本主义外壳"（生产过程的资本主义形式）之间的矛盾，这里的"资本主义外壳"就是"资本主义私有制"（一种具体的所有制），由此可见，与"所有制"相对应、相矛盾的是"生产过程或劳动过程"概念，绝非单纯是"生产资料"（物）。所以，马克思《资本论》中的"所有制"概念内涵非常丰富。

---

① 哈里·布雷弗曼：《劳动与垄断资本——二十世纪中劳动的退化》，方生等译，商务印书馆 1979 年版，第 399—400 页。Harry Braverman, *Labor and Monopoly Capital: The Degradation of Work in the Twentieth Century*, New York: Monthly Review Press, 1998, p. 308.

第 三 章
长期波动和资本主义阶段

　　基于戈登、爱德华兹、里奇 1982 年经典著作《劳动分割》文本，以及戈登 1978 和 1980 年两篇经典文献，本书第三至六章主要内容如下：一是，着力刻画积累的社会结构学派最初创建的理论特征；二是，努力界定布雷弗曼劳动过程理论在 SSA 理论分析框架中的逻辑地位，以及布雷弗曼和 SSA 学派种种理论差异；三是，戈登等人是以劳动市场为中心线索，划分了美国历史上的三个 SSA，这不同于后续 SSA 学派的解释。《劳动分割》的第二章，属于 SSA 理论阐释部分，1994 年收录进入科茨主编的论文集，国内外诸多学者在理解 SSA 分析框架的时候主要立足这一理论阐释部分，并没有给予《劳动分割》其他章节足够关注，其结果往往夸大布雷弗曼的影响。戈登、爱德华兹和里奇后来采用"三元"或"劳动市场分割"代替了他们最初的"二元劳动市场假设"，试图对美国 20 世纪 70 年代的工人分化进行制度的和历史的分析，他们进一步着眼于美国历史上"劳动组织"和"劳动市场结构"的三次重大结构性变革，但其中心线索是聚焦于劳动市场的三次重大结构性变革，对于劳动组织或劳动过程的分析处于从属性地位。戈登等人最初的理论构想，是把"劳动组织"和"劳动市场"视作"积累的社会结构"的两个核心制度构件，将 SSA 的兴衰和美国经济的长期波动联系起来。

第一节　对美国工人阶级分化的各种解释

美国 1970 年代末 80 年代初，工人之间在政治和经济方面的"分化"（divisions），是工人之间在生产实践中"分化"的历史结果。戈登最早提出"二元劳动市场假设"（the "dual labor market" hypothesis），[1] 也是学者之间相互交流启发的产物，也可参见多林格（曾经是戈登哈佛大学求学期间博士论文指导老师，当时任哈佛大学助理教授，后来任波士顿大学经济学教授）和皮埃尔 1971 年的研究。[2] 这一观点认为，美国工人被配置在本质不同、不会收敛（non-convergent）的两个劳动市场中："一级劳动市场"（或"主要的劳动市场"）和"二级劳动市场"（或"次要的劳动市场"）（the primary and the secondary labor markets）；每个劳动市场中工作的类型特征（the characteristic kinds of jobs），给其中的"一级工人"和"二级工人"（"primary" and "secondary" workers）提供了根本不同的劳动实践。戈登认为，最初的"二元劳动市场假设"，存有三方面不完备：一是，其理论基础具有某种折中主义；二是，对美国生产发展和劳动市场的研究缺乏历史性分析；三是，对美国工人之间的很多重要区别或差异缺乏充分论证。为着手解决"二元劳动市场假设"的不完备性，爱德华兹、里奇、戈登三人对"劳动市场差异化或分化"（labor market differentiation）进行了理论上的历史溯源，[3] 对工人之间分化（divisions）

① David M. Gordon, *Theories of Poverty and Underemployment*. Lexington, Mass.: Lexington Books, 1972.

② Peter B. Doeringer and Michael J. Piore, *Internal Labor Markets and Manpower Analysis*, Lexington, Mass.: Lexington Books, 1971.

③ Richard C. Edwards, Michael Reich, David M. Gordon (eds.), *Labor Market Segmentation*, Lexington, Mass.: Lexington Books, 1975.

的研究，开始使用"三元或三重分析"来代替原来的"二元分析"（a tripartite rather than a dual analysis），并开始引入"劳动市场分割"（labor market segmentation）术语。他们认为，这个术语的使用基于如下理由：（1）劳动市场存在两个以上的"细分部分"（divisions），原有的"二元劳动市场假设"遇到困难；（2）劳动市场的分化过程，类似于生物学中的细胞分裂；（3）这个术语有助于使之不同于"社会阶层化"文献（"social stratification" literature）的那种"意识形态终结论调"。

戈登等人对劳动市场结构和工人之间分化的早期研究，引起了学界关注，并引发来自三方面的批评意见。第一，来自马克思主义阵营内部，这些批评意见质疑早期那些对"劳动市场分割"进行分析的理论基础。经典马克思主义价值理论范畴和用来构造"分割假设"（segmentation hypotheses）的那些制度的、历史的、经验的理解或认知，两者之间是什么关系？"生产方式分析"和"分割分析"之间如何取得联系？导致劳动市场分割的那些制度的、历史的原因，难道不可以独立于资本主义发展动态吗？第二，来自新古典经济学的批判，他们质疑由"分割分析"所强调"劳动市场分化"（labor market divisions）的重要性和本质特征。戈登等人是否对"结构性分化"（structural divisions）进行了先验推断，而没有对"结构性分化"（structural differentiation）提供正当检验？如何协调"劳动市场差异"（labor market divergence）和新古典劳动市场理论所倚仗的"竞争性和均质化机制"（competitive and homogenizing mechanisms）？第三，来自历史学界的批评，他们想知道"分割起源"的精确历史。促进"工作专业化和碎片化"（job specialization and fragmentation）的那些历史因素，和促进"分割化"（segmentation）的那些历史因素，能否区分开来？上述这些批评意见，促进了戈登等人的进一步探索。除此以外，作为激进经济学家的鲍尔斯和金蒂斯，试图将

"分割分析"与马克思价值理论和历史唯物论相整合，尝试给"异质劳动"（heterogeneous labor）和"劳动价值论"之间的关系进行解释。[1] 美国劳工历史学家也很少把资本积累动态的"经济分析"与工人阶级实践所具有的复杂性、总体性和独特性的"历史分析"相整合并联系起来，即便是大卫·蒙哥马利（David Montgomery），也没有把美国资本主义发展和工人阶级生活相联系并进行系统化阐释。[2] 所以，戈登等人打算给劳动分割的分析增强其历史性质，在美国劳动分割从哪里开始，又是怎样发展起来的？

20世纪70年代初美国经济危机迹象已经十分明显，生产率增长明显放缓，经济危机造成大量资本外逃和工厂外迁，对于危机的最初反思，通常认为是各种事件或外部冲击等可以修复的那些因素造成危机，很多分析预测80年代经济情况将会和70年代一样糟糕；危机没有消退且在加深，政策制定者开始采取重大结构性改革，要对"再工业化"、控制举措、经济计划等进行全面改变。应对危机的经济调整过程，对于这个过程的方向性和有效性极为重要的群体——工人阶级，他们的利益和诉求本不应该被忽略；所制定的应对危机的计划，不应该仅仅反映局部利益，而应该反映公共福利。在这次危机中，美国工人和劳工运动没有被清晰表达，显得沉寂。为什么会这样？为什么在过去的20多年中，

---

① Samuel Bowles, and Herbert Gintis,"The Marxian Theory of Value and Heterogeneous Labor: A Critique and Reformulation", *Cambridge Journal of Economics*, Vol. I, No.2（June 1977）, pp. 173–192.

② 值得一提的是，蒙哥马利主张把美国19世纪70年代中期之后蔓延扩张的罢工活动归因于手工艺工人或技术工人（craft workers）及其工会的好斗性，这是一种把罢工活动局限于有技能或熟练工人的解释。相比之下，SSA学派则主张这一时期已经是同质化SSA的探索期，劳动条件的同质化，催生了更为广泛的、不同职业类型工人阶级的联合与反抗，不应该将罢工活动局限于熟练工人的行为。David M. Gordon, Michael Reich, Richard Edwards, *Segmented Work, Divided Workers: The Historical Transformation of Labor in the United States*, New York: Cambridge University Press, 1982, p. 123.

美国工会的相对人数、政治力量、文化形象都在遭受侵蚀？为何美国工人未能组建真正意义上由劳工主导的政党？要回答这些问题，就需要对美国工人阶级的发展做出历史的和理论的分析。

戈登等人认为，美国工人阶级从内部（internally）沿着经济的、政治的、文化的维度而分裂（divided）开来，这对于理解造成工人阶级内部尖锐而持久分裂（sharp and persistent cleavages）的那些原因是至关重要的。[①] 要理解美国工人阶级的分化，就必须分析工人营生所凭借的工作（jobs）和劳动市场中存在的结构性、本质性差别的特征和作用，就必须分析劳动市场分割的特征和作用。这就意味着，对美国"劳动管理结构"（labor-management structures）和"劳动市场"（labor markets），二者中存在的制度变迁的历史动力进行分析。这次危机之前，美国历史上经历了至少三次持久性危机周期，这些危机解决所带来的，是"劳动组织"（organization of work）和"劳动市场结构"（structure of labor markets）的三次重大结构性变革（structural changes）；"劳动分割"，则代表了这三次历史转型的第三个。这些"质的变革"，都会造成美国资本主义组织的根本变化。戈登等人将这三个有重叠的阶段（stages）称为最初的无产阶级化（initial proletarianization）、同质化（homogenization）、分割化（segmentation），它们塑造了美国自 19 世纪初以来的"劳动过程"（labor process）和"劳动市场"（labor markets）的发展。[②] 每一次危机——都是通过那种能够重启经济快速增长的"新制度结构"（a new institutional structure）的出现——获得解决，而上述那些"阶段"也得

①　David M. Gordon, Michael Reich, Richard Edwards, *Segmented Work, Divided Workers: The Historical Transformation of Labor in the United States*, New York: Cambridge University Press, 1982, p. 2.

②　David M. Gordon, Michael Reich, Richard Edwards, *Segmented Work, Divided Workers: The Historical Transformation of Labor in the United States*, New York: Cambridge University Press, 1982, p. 2.

以明确下来。这些制度结构的出现伴随着持久而激烈的阶级冲突，危机解决的方式所造成的结构性变革将会塑造美国工人阶级。

第一，最初的无产阶级化阶段（19 世纪 20—90 年代）。在此期间，雇佣工人最初由非无产阶级人口中被创造并提供出来，雇佣劳动成为组织生产的主导形式。尽管雇主雇佣了工人，但对劳动过程的控制（control over the process of work）本身，在各个雇主之间形态各异。有的雇主亲自监督并组织劳动，有的把这种监督直接留给工人。然而，雇佣劳动规模的增长并未导致实际劳动组织（actual organization of work）的根本性变化，劳动市场尚未发育，竞争在工人工资决定中发挥的作用极为有限，技能在工人之间的传承仍然是"手把手式的"。第二，同质化阶段（19 世纪 70 年代——第二次世界大战开始）。"劳动组织"（organization of work）和"劳动市场结构"（structure of labor markets）均发生深刻转型。资本主义经济部门中越来越多的职业或工作降低至一般的、半熟练操作水平，对劳动过程的控制集中在雇主和工头手中，他们采取"直接监督"或"机器步调"（machine pacing）来"驱动"（drive）工人，技能已经很少由工人来控制。劳动市场日渐普遍化，更具竞争性。第三，分割化阶段（20 世纪 20 年代至今）。各种政治经济力量，导致"劳动组织"方面出现本质性差别，同时造成了三个质的不同的"劳动市场"。虽然那种"驱动系统"（drive system）并未消失，它在很多部门、很大程度上已经由"一系列结构化规则和激励措施"（a series of structured rules and incentives）代替，诸如"集体谈判协议"（collective bargaining agreements）。普通技能更多通过教育系统来获得，劳动分割促成了美国工人之间的分化，这抑制了他们作为一个统一的工人阶级整体运动的成长。[①]20 世纪

---

① David M. Gordon, Michael Reich, Richard Edwards, *Segmented Work, Divided Workers: The Historical Transformation of Labor in the United States*, New York: Cambridge University Press, 1982, p. 3.

30 年代，这种陈旧的劳动力管理的"驱动系统"加速衰退，工人能够组织产业工会并对企业控制生产过程进行极大抵制。为了应对工人挑战，公司对新的内部劳动市场结构进行探索，同时把产业工会整合进入一个新的集体谈判结构之中。公司的积极主动和产业工会的最终合作，两者之间的结合给分割化提供了基础。这种新的劳动管理结构有效抑制了产业工会主义的蔓延。上述这些论断将会对美国劳动的历史转型进行根本性的重新表达。

传统马克思主义者们通常认为，工人和资本家之间的阶级冲突，终将包含和代替所有其他形式的冲突，最终埋葬资本主义。但是，20世纪资本主义的发展，使得上述预言变得模糊不清，特别是对美国来讲，已经难以识别"阶级斗争"或"工人阶级"。所出现的不是工人阶级自我意识的觉醒和反对资本主义的运动，而是工人阶级内部分化的激增，人们很少依照自身和生产资料的关系进行阶级识别，确认归属感。在美国，为什么这种自觉的工人阶级政治运动难以形成？是何种因素或力量抑制了这种发展？在戈登等人看来，对美国工人阶级衰弱或虚弱状态的解释不应该从外面寻找，而应聚焦造成工人阶级内部分化的那些原因（causes of divisions within the working class）。[1]

对美国工人阶级分化的四种解释。第一种，"后工业化"（postindustrial）的发展趋势模糊了资本家和工人之间的传统分界。此类解释，根据"后工业化"种种特征来否认资本主义社会中个体成员和生产资料关系来界定其阶级属性的观点。这种解释方式，通常涉及"意识形态终结""精英社会兴起"（rise of the meritocracy），还涉及"管理革命"（managerial revolution）超越原来的"业主制资本主义"（entrepreneurial

---

[1]　David M. Gordon, Michael Reich, Richard Edwards, *Segmented Work, Divided Workers: The Historical Transformation of Labor in the United States*, New York: Cambridge University Press, 1982, p. 5.

capitalism），有本事、有才能的管理者或经理们代替企业所有者，成长为主导资本主义社会的经济主角，实际上，这也可以理解成"经营权或管理权资本主义"代替"所有权资本主义"。一定程度上，"意识形态终结论"和新古典经济学"人力资本学派"具有类似论调，主张由职业等级差别和消费水平差异等标准来界定个体成员所从属的不同社会阶层群体。上述此类后工业化种种理论，其可取之处在于承认资本主义分化的存在，但断然否定阶级范畴的用处。与之相反，在戈登等人看来，承认并建立在阶级范畴之上的分析，反而能更好地把握劳动人口的种种非阶级特征。

　　第二种，对工人阶级分化的解释，来自布雷弗曼的经典著作。布雷弗曼认为，资本主义动力持续不断地改变劳动过程，将工人的工作进行拆解（fragmenting their jobs），使工人从属于其雇主；专业人员、技术人员、办公室工作人员都面临着以前工厂工人遭遇的劳动退化，整个工人阶级终将变得同质化，必然包括劳动条件的同质化、趋同化（homogeneous working conditions）。在戈登等人看来，布雷弗曼从根本上巩固了马克思对资本主义劳动过程强调的有效性。但是，戈登等人认为，布雷弗曼的著作无法解释对发达资本主义社会中工人阶级所面对的劳动条件，以及那些影响工人阶级阶级意识的因素。例如，布雷弗曼将"去技能化"（deskilling）视作劳动转型（transformation of work）的重要特征，戈登等人则认为各种类型的"技能恢复"（reskilling）在历史发展中同样重要[1]。也就是说，虽然美国众多劳动人口面临着机械化、专门化（specialization），以及对工作集中的监管控制（intensive supervisory control on the job），这

---

[1] David M. Gordon, Michael Reich, Richard Edwards, *Segmented Work, Divided Workers: The Historical Transformation of Labor in the United States*, New York: Cambridge University Press, 1982, p. 6.

些主要的经济因素施加于美国工人阶级身上，但他们并没有在这个时期达到布雷弗曼所给出的那种纯粹同质性。这意味着布雷弗曼似乎夸大了美国工人阶级各种劳动过程的同质化程度。值得一提的是，福斯特给《劳动与垄断资本》25 周年纪念版撰写的《序言》中指出，布雷弗曼本人并没有使用"deskilling"这个术语，而是使用了"技艺的破坏"（the destruction of craftsmanship），以及资本主义生产方式破坏了那种全面的、全能的、多面手的技能（all-round skills）。福斯特认为，这个"deskilling"提法虽然使用起来非常简便，但却不同于布雷弗曼书中采用的其他术语，因为"deskilling"是一个包罗万象的概念（可以涵盖工人阶级之外的群体），而布雷弗曼所聚焦的主体仅仅是工人阶级。① 值得一提的是，在我们国内理论界涉及布雷弗曼劳动过程理论的著名学者似乎也没有注意到这种差别②，在布雷弗曼本人那里，使用的是"degradation"，而不是"deskilling"。

第三种，来自工人阶级的新生代社会历史学家，例如赫伯特·古特曼（Herbert Gutman），有时也称之为"新社会史学"（the new social history）。这些学者的研究直接指向了影响美国工人阶级历史形成的那些不同寻常因素，美国工人不断遭受强大力量来粉碎其觉醒的阶级意识，并主张美国工人阶级是以一种"渐进方式形成"，而非"突变方

---

① Harry Braverman, *Labor and Monopoly Capital: The Degradation of Work in the Twentieth Century*, New York: Monthly Review Press, 1998, p.19.

② 高峰：《论"生产方式"》，《政治经济学评论》2012 年第 2 期。这篇文章是以"资本主义劳动方式"来解释"资本主义生产方式"的重要文献，在谈及布雷弗曼劳动过程理论的时候，使用的却是"deskilling"；显然，这并非布雷弗曼原义。这种混淆的产生，某种程度上源自福斯特（John Bellamy Foster）在给《劳动与垄断资本》25 周年纪念版撰写《序言》没有后续翻译成中文，国内大多数读者借助中文旧版理解布雷弗曼。当然，也有学者注意到这个问题的存在以及福斯特的评论。参见谢富胜：《控制和效率：资本主义劳动过程理论与当代实践》，中国环境科学出版社 2012 年版，第 72 页。

式形成"。新社会史学在两个方面超越了之前的美国劳工运动史料研究，他们强调了美国历史上工人斗争的重要性和广泛程度，也强调了美国工人阶级的宗教和种族多样性使其不同于其他发达国家的工人阶级而具有自身特征。但是，戈登等人认为，一方面，新社会史学并没有对美国劳工运动为何难以形成可以解决宗教、种族差异分化的某种阶级文化给出充分解释；另一方面，新社会史学没有很好地将"历史分析"和"经济分析"结合起来，没有将工人阶级的文化实践分析和劳动组织、劳动市场结构的演进相结合。也就是说，脱离经济分析的历史分析，必然存有缺陷。

第四种，来自"制度劳动经济学家"（institutional labor economists），例如多林格和皮埃尔的研究。这些对劳资关系进行研究的学者主张，美国工会和资方已经形成具有合作性质、运转顺畅的集体谈判制度，确认了工会部门和非工会部门之间存在的某种过渡性质、中间状态的劳动市场（或大量"次级劳动市场"的存在），强调习俗和传统在劳动市场形成中的作用，并对比了工会部门中劳资关系的结构化特征和非工会部门中劳资关系的非结构化特征。戈登等人认为，此类具有制度主义传统（institutionalist tradition）的文献通过聚焦劳动市场种种不足或缺陷，帮助他们更好地理解了在生产实践中工人之间客观存在的差别，《劳动分割》撰写过程就会极大借鉴此类文献；并认为，这些制度主义者正确强调了美国第二次世界大战之后工会管理关系的合作性质。但是，制度学派对于工作场所中，诸如技能、习俗、传统、规定这些决定因素并没有给予充分分析，无法将工会主义和劳动市场结构置于某种资本主义发展理论中，而且过分强调了战后"劳动—资本协调"（labor-capital accord）的持久性。①

---

① David M. Gordon, Michael Reich, Richard Edwards, *Segmented Work, Divided Workers: The Historical Transformation of Labor in the United States*, New York: Cambridge University Press, 1982, p. 8.

　　有别于上述四种解释，戈登等人认为，美国工人阶级的分化和不团结很大程度上是生产实践中工人之间客观分化的结果。这些客观的分化，既是美国资本主义发展的结果，又是抵制资本主义的工人阶级运动达成团结统一的障碍。在这里需要指出，布雷弗曼《劳动与垄断资本》已经努力将工人的"劳动过程"和"职业结构"相联系，这种"职业结构"非常近似于戈登等人给出的"劳动市场结构"。也就是说，布雷弗曼和 SSA 学派都是把职业结构、就业演变、劳动市场结构视作劳动过程的必然结果，同时既是劳动过程的条件，也是资本积累过程的必然结果，还是资本进一步积累的制度条件。

第二节　积累的社会结构的理论分析框架

　　SSA 学派对美国工人阶级历史的分析，聚焦于三个方面的相互关系。一是经济活动中的长期波动（long swings）；二是积累的社会结构（social structures of accumulation）；三是"劳动组织"（organization of work）和"劳动市场结构"（structure of labor markets）。这三个方面交互作用的分析框架，有助于理解和检验那些刻画美国劳动和经济社会史的制度变迁和冲突。[①] 其中，一个"长期波动"是由两个"交替阶段"（alternating periods）组成，每一个"阶段"持续 25 年左右，繁荣期 25 年，停滞期 25 年，如表 3-1 所示。

---

　　① David M. Gordon, Michael Reich, Richard Edwards, *Segmented Work, Divided Workers: The Historical Transformation of Labor in the United States*, New York: Cambridge University Press, 1982, p. 8.

表 3-1　世界资本主义经济中的长期波动

长期波动	阶段（Phase）	大概时段
I	A	18 世纪 90——19 世纪 20 年代左右
	B	19 世纪 20 世纪左右——40 年代中期
II	A	19 世纪 40 年代中期——1873 年左右
	B	1873 年左右——19 世纪 90 年代末期
III	A	19 世纪 90 年代末期——第一次世界大战
	B	第一次世界大战——第二次世界大战
IV	A	第二次世界大战——20 世纪 70 年代初期
	B	20 世纪 70 年代初期至今

注：David M. Gordon, Michael Reich, Richard Edwards, *Segmented Work, Divided Workers: The Historical Transformation of Labor in the United States*, New York: Cambridge University Press, 1982, p. 9. 世界经济自工业革命以来的 4 个长期波动，A 和 B 分别代表连续的快速增长阶段和缓慢增长阶段。

　　戈登等人将"积累的社会结构"界定为资本主义积累过程得以组织起来所需的具体制度环境（specific institutional environment）。此种积累出现于具体历史结构（concrete historical structures）之中：企业在一些市场中购买投入品，进而生产商品和服务，并在其他一些市场中销售这些产出品。这些"结构"同时被影响资本主义积累过程的其他因素所环绕，如货币和信贷制度、国家介入经济的方式、阶级冲突的特征等。戈登等人将这种"制度集合"（collective set of institutions）称作"积累的社会结构"，资本主义经济中的每一个"长期波动"是与一个独特的"积累的社会结构"相联系的，这些"积累的社会结构"规定了资本主义发展依次呈现的"阶段"（successive stages）。[①] 需要强调的是，这里的

---

① David M. Gordon, Michael Reich, Richard Edwards, *Segmented Work, Divided Workers: The Historical Transformation of Labor in the United States*, New York: Cambridge University Press, 1982, p. 9.

"stages"，与长期波动中的"periods"或"phases"略有差异，戈登早年的论文专门强调过日本宇野学派"阶段理论"对他形成自己的"积累的社会结构概念"有很大帮助，"stages"特指资本主义较长发展时期、发展阶段。资本主义经济中的"长期波动"和"积累的社会结构"，二者之间是相互依赖的、相互决定的。长期繁荣由能够给资本家提供稳定和有利环境的"一套制度"（a set of institutions）所催生，资本家将获得有利可图的投资机会。当现存的积累的社会结构所蕴含的有利投资机会开始枯竭，经济繁荣便开始消退，其根本原因在于现存制度结构的局限及其"内聚性"（cohesion）的瓦解。所以，在很大程度上，长期波动是助推资本主义积累的"积累的社会结构兴衰"的产物。①

劳动过程和劳动市场。一个积累的社会结构包含两个"构成制度"（constituent institutions）：一是"劳动组织"（the organization of work），戈登等人直接把"劳动组织"等同于布雷弗曼的"劳动过程"（the labor process）；二是"劳动市场结构"（the structure of labor markets）。戈登认为，为了理解美国劳动过程和劳动市场的历史演变和转型，就必须通过分析长期波动和依次更替的积累的社会结构来追溯这些制度，这就要对资本家和工人之间劳动和生产关系（work and production relations）进行历史考察。②

探索期、巩固期和衰退期。美国资本主义历史上三次质的结构性变革，是通过三次长期波动来影响劳动过程和劳动市场。戈登等人进一步假定，塑造劳动过程和劳动市场结构的"每个阶段"（each stage）都

---

① David M. Gordon, Michael Reich, Richard Edwards, *Segmented Work, Divided Workers: The Historical Transformation of Labor in the United States*, New York: Cambridge University Press, 1982, p. 10.

② David M. Gordon, Michael Reich, Richard Edwards, *Segmented Work, Divided Workers: The Historical Transformation of Labor in the United States*, New York: Cambridge University Press, 1982, p. 10.

有一个生命周期：其青春期始于前一时期的经济危机，其成熟期始于一个新积累的社会结构的构建，其衰退期始于经济危机的再次登场。戈登命名的"探索期"具有如下内容：受困于经济停滞，资本家尝试劳动管理的新方法，目的是解决经济危机带来的种种问题，而这些问题困扰折磨着旧的、之前存在的塑造劳动过程和劳动市场的种种结构；"巩固期"具有如下内容：用于刻画作为整体的"劳动过程的新组织"和"新的劳动市场结构"的那些新制度，是新的积累的社会结构的主要内容，这些新制度给资本以较高利润率进行快速积累提供了基础，而此时正处于每一个积累阶段（each stage of accumulation）的"A 时期"，伴之以工人斗争的影响，资本家的探索和种种尝试得以巩固；"衰退期"具有如下内容：停滞蔓延直至危机，工人的斗争开始瓦解劳动过程和劳动市场的"现存结构"（existing structures），结果是在"A 时期"起支配作用的制度的效力开始削减。戈登等人是把"生命周期假说"、长期波动、不断塑造劳动过程和劳动市场的力量三个方面综合起来，所以，在长期波动塑造美国 19 世纪以来资本主义发展背景之下，用于塑造劳动的"每一个趋向"（each tendency shaping labor）并结合其三个生命周期阶段，如表 3–2 所示。

表 3–2　美国的长期波动和塑造劳动的力量（forces shaping labor）

长期波动和阶段（phases）	大概时段	最初的无产阶级化	同质化	分割化
Ⅰ　A	18 世纪 90 年代——19 世纪 20 年代左右			
B	19 世纪 20 年代左右——40 年代中期	探索		
Ⅱ　A	19 世纪 40 年代中期——1873 年左右	巩固		
B	1873 年左右——19 世纪 90 年代末期	衰退	探索	
Ⅲ　A	19 世纪 90 年代末期——第一次世界大战		巩固	

续表

长期波动和 阶段（phases）	大概时段	最初的 无产阶级化	同质化	分割化
B	第一次世界大战——第二次世界大战		衰退	探索
Ⅳ A	第二次世界大战——20 世纪 70 年代初期			巩固
B	20 世纪 70 年代初期至今			衰退

注：David M. Gordon, Michael Reich, Richard Edwards, *Segmented Work, Divided Workers: The Historical Transformation of Labor in the United States*, New York: Cambridge University Press, 1982, p. 12.

"巩固期"必备的创新。戈登等人给出"一整套假设"，对美国劳动转型进行历史分析，塑造"劳动过程"和"劳动市场"的"每一个趋向"的巩固，取决于用于解决最初探索期问题的那些"重要制度创新"（important institutional innovations）。在危机和探索时期，资本家尝试劳动管理的新系统，刚开始的时候会招致工人的反抗或不满；新的劳动管理结构（new structure of labor management）的巩固，要求通过制度创新解决来自工人的冲突，要么镇压、要么将工人的反抗整合进入新结构（the new structure）之中。对于上述美国三个主要发展阶段各自的"巩固期"来讲，制度创新都是必要的。[①] 最初的无产阶级化依赖于能够保证雇佣工人充分供给的机制的出现和建立，在 19 世纪 40 年代中期之后，此种机制涉及大量海外移民持续不断涌入美国，独立农民和工匠的经济基础持续不断遭到破坏和瓦解。同质化依赖于生产过程中采用的新技术，这些新技术能够瓦解有技能的工人对劳动过程的控制，也依赖于那些能够消除工人对同质化反抗的新技术新手段的应用。分割化依赖于把 20 世

---

① David M. Gordon, Michael Reich, Richard Edwards, *Segmented Work, Divided Workers: The Historical Transformation of Labor in the United States*, New York: Cambridge University Press, 1982, p. 11.

纪 30 年代美国出现的全国性产业工会组织"改编整合"进入集体谈判制度之中，弱化工会运动的影响，在劳动和资本之间创造"和平时期"。

第三节　对美国劳动演变和转型的历史分析

　　劳动最初的无产阶级化。从 19 世纪 20—30 年代经济下滑开始算起，一直到 19 世纪末期，这是美国资本主义发展的第一个阶段，也是最初的无产阶级化过程。[①] 美国最初的无产阶级化有其自身特点：最初的无产阶级化是在一个没有封建社会传统的国家中孕育，有大量肥沃可资利用的土地；雇佣劳动制度在美国的建立面临着障碍，土地容易获得就会抑制失地农民大量出现并归资本主义工厂使用，这就会造成雇佣劳动的短缺。这样一来，雇主不得不进行探索并最终依赖于四种劳动力形式：本地白人男性农业工人、年轻的本地女性和孩子、外来移民、工匠。随

---

　　① 戈登等人对他们使用的"最初的无产阶级化"术语进行了补充说明。第一，这个术语惯常用法是指人们的生存变得依赖于其雇佣劳动，而戈登等人的分析聚焦于美国大规模雇佣劳动涌现时期所需要、所配套的制度变革（institutional changes）。无产阶级化贯穿于美国资本主义经济全过程，经过"最初的时期"之后，其"后续的无产阶级化"历史，是和用来解决资本主义生产系统自身造成的周期性矛盾和斗争的那些制度变革交织在一起。第二，戈登等人把研究对象限定为资本主义经济部门，美国 19 世纪很多重要的政治经济事件（如交通运输体系的扩张、关税、南方的奴隶制和重建、农民的地位，等等）涉及资本主义扩张蔓延至非资本主义领域，虽然它们对于作为整体的美国历史来讲是非常重要的，但戈登等人仍旧将它们放置在研究领域之外（lie outside），例如，他们对 19 世纪危机和结构性变革进行讨论的时候，就把奴隶解放和美国内战一笔带过了。我们知道美国《解放黑人奴隶宣言》是在 1862 年颁布的，此时期刚好处于"最初的无产阶级化"中的"巩固期"，大量黑人奴隶的解放，是否意味着劳动供给来源变化、劳动市场将会出现结构性变革？作为 SSA 两项重要"制度构件"（劳动组织和劳动市场）之一的劳动市场不可能不受到影响和冲击。但是，在 SSA 学派看来，美国黑人进入劳动力市场，存在一个时间上的"迟滞"。David M. Gordon, Michael Reich, Richard Edwards, *Segmented Work, Divided Workers: The Historical Transformation of Labor in the United States*, New York: Cambridge University Press, 1982, pp. 244, 152.

着时间推移，所有这些劳动力供给不断变化发展，雇佣劳动市场逐渐发育形成，服务于资本主义生产的扩大。19 世纪 50 年代初期，帮助扩大移民流入美国的制度创新使最初的无产阶级化进程得以巩固。然而，甚至在巩固期过后，资本家也没有真正改变劳动过程。在外部劳动市场的竞争（external labor market competition）作用下，劳动力供给的来源变得丰富，迫使工人驯化于自身的工作。但是，众多工人仍旧控制着自己的劳动过程，使得劳动组织相对而言尚未标准化（unstandardized）。经过 19 世纪 50—70 年代初期的快速增长，在生产过程中也存在着几种相对多样的"劳动控制"的内部系统（internal systems of "labor control" in production），对应着劳动供给不同来源的各自特征。① 结果是劳动市场仍旧被划分成不同部分，所以，那种单一的、一般化的、同质化的、普遍竞争的劳动力交换领域尚未出现。70 年代初期，资本积累减缓，经济危机蔓延，资本家受困于劳动控制机制（mechanisms for labor control）的不发达和多样性，资本家受制于有技能的劳动力（skilled labor）对生产方法的持续控制，也就是说，劳动过程控制权仍旧掌握在有技能的工人手中。当商品价格下跌和劳动反抗加剧相结合，就会挤压企业利润，劳动过程和劳动市场的尚未转型和不受控结构，也会限制资本家可资利用地在竞争中寻求自我保护和对劳动进行更多控制的手段。

劳动的同质化。19 世纪末至 20 世纪二三十年代，劳动的同质化过程在美国日益占据支配地位，此过程和同一时期美国经济的长期波动高度合拍。雇主采用机械化、使用更多工头监督工人、削减对有技能工人的依赖，来应对和解决 19 世纪末劳动生产率出现的问题。同

---

① David M. Gordon, Michael Reich, Richard Edwards, *Segmented Work, Divided Workers: The Historical Transformation of Labor in the United States*, New York: Cambridge University Press, 1982, p. 14.

质化发展的这种结果，通常被称作"驱动系统"（the drive system）。[1]
同质化阶段的最初效果表现为提高资本劳动比率和工厂规模扩大，劳
动过程中提高了机械操作工（operatives）的比例，技能等级差异适
当削减，国内劳动市场的扩大，而最重要的是扩大有效劳动供给。但
是，这种"驱动系统"的最初探索，也造成了世纪之交出现大量劳资
纠纷。同质化的巩固需要进一步的制度变革（institutional reforms）。
世纪之交的兼并浪潮，加速了巩固的过程，而兼并浪潮带来了合并后
的大型企业，大企业较之于小企业能以更快的速度进行同质化，并能
率先采用瓦解工人团结统一进行抵抗的策略。这些创新包括公司设置
集中的人事部门，与"同业工会"（craft unions，是代表有技能的工
人参加的工会）进行合作，并操纵利用产业工人之间的种族差别。公
司兼并与劳动过程、劳动市场中的创新是相互依赖的，同质化的驱动
系统直至第一次世界大战快结束的时候才真正建立起来。在 20 世纪
20 年代初期，公司在削弱劳工运动方面是成功的，但是，这种驱动
系统的问题已经开始显现，特别是这种驱动系统的僵化和日益严峻的
外部劳动市场竞争，它们都是同质化的产物，进而造成了生产工人高
企的换工率（rising labor turnover），也给未加入工会的工人带来更多
限制。第一次世界大战前后，很多有远见的大企业尝试对劳动过程进
行变革，目的是削减这种驱动系统的脆弱性或问题。大萧条时期，这
种驱动系统出现明显衰退，第一次世界大战至 20 世纪 20 年代期间的
各种尝试，为大萧条能够影响劳动过程和劳动市场提供了前提。30
年代末，特别是 1934 年之后的劳动抗争白热化，已经无法否认这种
起支配作用的劳动控制系统（the reigning system of labor control）的

---

　　[1]　David M. Gordon, Michael Reich, Richard Edwards, *Segmented Work, Divided Workers: The Historical Transformation of Labor in the United States*, New York: Cambridge University Press, 1982, p. 14.

衰退。①

  劳动的分割化。戈登等人提出，劳动的分割化伴随并助推了美国第二次世界大战之后的资本快速积累。和最初的无产阶级化和同质化一样，分割过程所具有的生命周期特征，是由美国最近的长期波动塑造的。20 世纪 20—30 年代初期，大型公司开始探索新机制以求获得更有效、更可靠的劳动控制，这就开启了劳动分割化阶段。30 年代中期，大规模生产行业中的工人们以空前规模进行反抗，特别是 1936—1937 年大规模"留厂罢工"，成功争取到对"产业工会"（industrial unions）的承认，此类工会不同于以往的工会形式，囊括了各种技能水平的工人，特别是包括了没有多少技能的普通工人。30 年代此类扩大的劳资冲突，在 40 年代末和 50 年代初由构建的劳动和平所缓和，这种"资本—劳动协调"（capital-labor accord）要求一整套社会和政府安排，这些安排的最主要内容包括：雇主对工会、申诉程序、裁员的年资规定以及晋职的认可，与之相应的积极反馈是员工获得了自由裁量权，工资增加，劳动生产率也增加了。在大型的非工会企业中，类似的安排也被积极采用了，虽然没有确定的申诉程序。一旦巩固之后，分割化具有两个重要维度：一是"一级工作岗位"和"二级工作岗位"（primary and secondary jobs）之间的分歧在扩大，在公司实验和工会斗争的双重影响之下，很多大公司采用了"劳动管理的结构化内部系统"（structured internal systems of labor management），同时期的很多小企业则保留了劳动控制的原始驱动系统（primitive drive system of labor control）；二是公司努力尝试构建新系统，这些新系统目的是取代公司在过去所依靠的那一代有技能工人的工艺方法（replace the craft method of skill genera-

---

① David M. Gordon, Michael Reich, Richard Edwards, *Segmented Work, Divided Workers: The Historical Transformation of Labor in the United States*, New York: Cambridge University Press, 1982, p. 15.

tion），并获得在过去由有技能的工人掌握着的劳动过程领域的更多控制权，这些新机制进一步造成"一级部分"（the primary segment）内部差异区别的扩大，再分化为"独立性一级工作岗位"和"从属性一级工作岗位"（independent primary and subordinate primary jobs）。[①]上述分割化的两个维度、两个过程，最终在 20 世纪五六十年代支配了劳动过程和劳动市场的发展，分割化也放大了种族和性别差异的作用效果。整个 70 年代和 80 年代初的经济危机中，公司和工人在分割化背景基础之上做出反应并寻求制衡。

过去对劳动历史的分析，未能将宏观动态、制度结构、劳动组织、工人阶级运动特征四个方面之间重要而复杂的关系进行整合，所以，戈登等人打算对这些关系，在美国资本主义劳动过程和劳动市场的结构中所发生的一系列质的转型进行研究。而美国正在经历着第四个结构性转型（structural transformation），另一个塑造劳动过程和劳动市场的质的新系统正在探索中。分割化过程的具体特征正在支配着美国当前的资本主义发展阶段，分割化作用于整个美国工人阶级的相对势力。戈登等人也倾向于认为劳动组织的变革是由技术或历史决定的。

第四节　资本主义发展的动态趋势

关于资本主义阶段(stages of capitalism)研究，戈登本人在1978年、1980 年两篇经典文献中已经给出了充分论证，"阶段"（stages）的内涵大致可与"积累的社会结构"概念替换，笔者已经将两篇重要文章翻译

---

①　David M. Gordon, Michael Reich, Richard Edwards, *Segmented Work, Divided Workers: The Historical Transformation of Labor in the United States*, New York: Cambridge University Press, 1982, p. 16.

成中文。[1] 资本主义时代，经历了若干具有决定性的质的转型，是一系列连续的发展阶段（successive stages of development），戈登等人将资本主义劳动分割的研究放置在历史唯物主义基础之上，这一分析框架具有制度维度和历史维度两个方面特征，将会给资本主义社会中资本积累和阶级关系提供内聚性"命题组合"。

资本主义可以界定成为利润而进行商品生产的雇佣劳动制度。资本主义经济的变化发展是由"资本家之间的竞争"（intercapitalist competition）和"资本—劳动冲突"（capital-labor conflict）双重驱动的。[2] 基于历史唯物主义视角，戈登等人试图从历史唯物主义框架中"提取出"五大趋势（five principal tendencies）来阐明美国资本主义发展，将给美国劳动的历史分析提供基础，并认为很多传统马克思主义解释需要重新表达。[3]

第一，资本主义积累持续不断地试图拓展资本主义制度的边界，我们可以将其概括成资本主义积累的"扩张本性"。为了增加销售和利润，资本家不断尝试突破市场的地理限制，席卷更多社会生活纳入到逐

---

[1]　David M. Gordon, "Up and Down the Long Roller Coaster", in *U. S. Capitalism in Crisis*, Union for Radical Political Economics (ed.), New York: Union for Radical Political Economics, 1978, pp.22–35.《长周期的上升与下降》，《教学与研究》2016 年第 1 期。以及 David M. Gordon, "Stages of Accumulation and Long Economic Cycles", in *Economics and Social Justice: Essays on Power, Labor, and Institutional Change*, Samuel Bowles and Thomas E. Weisskopf (eds.), Edward Elgar Publishing, Inc., 1998, pp.93–129。原文最初于 1980 年刊发于由霍普金斯和沃勒斯坦共同主编的《世界体系进程》文集（"Stages of Accumulation and Long Economic Cycles", in *Processes of the World-System*, Terence K. Hopkins and Immanuel Wallerstein (eds.), Sage Publications, Inc., 1980, pp. 9–45)。《积累的阶段和长经济周期》，《当代经济研究》2019 年第 8 期。

[2]　科茨对 SSA 的解读，就是把这里的"双重驱动"视作基本点。参见大卫·科茨：《长波和积累的社会结构：一个评论与再解释》，张开等译，《政治经济学评论》2018 年第 2 期。

[3]　David M. Gordon, Michael Reich, Richard Edwards, *Segmented Work, Divided Workers: The Historical Transformation of Labor in the United States*, New York: Cambridge University Press, 1982, pp. 19, 245.

利活动之中。这种扩张的本性，源自每一个资本家都要面对其他资本家的竞争，以及由工人和资本家之间的冲突所创造的成本压力。

第二，资本主义积累不断扩大公司规模，并将资本的控制权、资本的所有权集中在越来越少数人手中，我们可以将其概括成资本主义积累的"集中本性"。这种趋势也会由资本家之间的竞争，以及"资本—劳动冲突"造成。正如资本主义现实所表明，大企业更容易实现规模经济，更容易找到新的劳动力供给，更容易形成劳动管理的新手段，相比小企业在这些活动中具有成本优势。

第三，资本主义积累不断促进雇佣劳动成为生产的普遍制度，捕获更多人口坠入雇佣劳动状态，同时不断把劳动后备军蓄水池加满，我们可以将其概括成资本主义积累的"雇佣劳动蔓延性"。大规模的资本扩张不断驱动小商业的沦陷，之前具有独立性的那些群体（小商人、专业人员、农民）必须为资本家服务。对新的劳动力供给的渴求把资本主义传统边界之外的额外工人拽进劳动市场；而劳动节约型的技术创新从雇佣劳动经济内部不断给劳动供给提供"补给"。

第四，资本主义积累不断变革劳动过程，资本家改进技术，使用新机器，提高对工人劳动管理系统（labor-management systems）的强度，我们可以将其概括成"劳动过程变革性"。上述第三种趋势，劳动后备军的"补给趋势"确保资本家能够找到工人并屈从于工厂的资本主义权威。要想"挖掘萃取"工人的更多努力，就要求劳动管理技术（labor-management techniques）的发展，当企业规模变大，工人组织实力增强，这些技术就变得异常复杂。

第五，为了维护自身利益对抗资本主义积累的影响，工人会采取自己的活动和斗争，可以将其概括成"工人阶级活动集体性"。由于劳动市场竞争以及剩余劳动力供给的持续压力，为了保护他们的工资、岗位、劳动条件，提高他们的利益，原子化的工人之间被迫增强了相互联系。集体性工人阶级活动（collective working-class activity）的这种倾向、趋势带来的不仅是工会，也包括工作中的非正式抵抗、政治活动的形式更具组织化、非工作中的自我保护。最终结果，资本主义发展逐步更为正式且有组织，工人阶级集体力量得到更多体现。[1] 这里存在的疑问是，前文已经涉及美国工人阶级的分化问题，戈登等人给出的这个"第五种趋势"果真存在吗？显然，这与工人阶级分化趋势论点有矛盾。更值得深入思考的是，戈登等人积累的社会结构理论及其分析框架，特别是他 1980 年文章和曼德尔对长波的理解存在争论。曼德尔是"非对称长波理论"持有者，长波上升是由外在因素造成的，长波下降是由资本主义内在矛盾因素造成的。总体来看，曼德尔的这种观点似乎更符合马克思关于资本主义生产方式基本矛盾、利润率趋向下降规律的认识，也就是说，曼德尔的长波理论直接指向了资本主义必然灭亡的论点，资本主义的经济恢复只是暂时外在因素的偶然现象，不是资本主义的内在机制造成的必然结果。与之相反，戈登的长波理论或长期波动理论则是把造成上升期和下降期的所有因素统统视作资本主义的内在因素，是资本主义内在机制造成的结果，这种解释的好处，容易给资本主义周期性危机进行解释，其存在的问题和马克思资本主义必然灭亡的论点似乎是矛盾的，SSA 的这种解释容易招致"资本主义垂而不死论调"的批评。[2]

这五种趋势是不平衡发展的，例如，资本的集中趋势经常会被下

---

① David M. Gordon, Michael Reich, Richard Edwards, *Segmented Work, Divided Workers: The Historical Transformation of Labor in the United States*, New York: Cambridge University Press, 1982, p. 20.

② 欧内斯特·曼德尔：《资本主义发展的长波——马克思主义的解释》，商务印书馆 1998 年版，第 39—43、117 页。同时参见 Ernest Mandel, *Long waves of capitalist development: A Marxist interpretation*. London: Verso, 1995, pp. 21–22, 38, 40, 42, 116。这些章节页码，多处地方对戈登观点进行了评价，并引用了戈登 1978 年、1980 年两篇经典文献；曼德尔也涉及法国调节学派阿格列塔。

列因素遏制或反转：新技术的出现，开拓了新市场、原材料供应的新渠道，来自其他产业成功投资的那些企业为寻求扩张而新加入这个领域，等等。这五种动态趋势尽管是基于相对传统的马克思主义分析，但需要对传统马克思主义存在的种种弱点进行矫正，并增补一些新的分析工具，否则就无法对资本主义社会的大量具体历史进行解释。第一，众多传统马克思主义者运用这种动态分析得出了关于历史必然性的机械理论，认为具有阶级意识的无产阶级"就在那里"，这是一种教条主义理解，是抽象式的教条。在最近几十年中，很多马克思主义者通过追加更为复杂的因素和见解来纠正这种"机械决定论"。戈登等人认为，最近的研究文献已经开始关注"中间阶层和阶级"（intermediate strata and classes）以及导致的多阶级联盟（multiclass alliances）的各种可能、政治和意识形态的相对自主性（独立性），更多强调人的能动性而非历史变迁的抽象规律，更多强调生产关系对生产力演变的影响，更多强调在历史发展中影响不同群体行为的历史偶然性，更多强调资本主义发展的时空路径的多样性（diverse spatial and temporal paths）。①实际上，他们认为，这些研究路数对于解释历史变迁更有生命力、更具创造性，完全不同于"历史宿命论调"。有趣的是，布雷弗曼《劳动与垄断资本》书稿中，就专门批判了所谓的"中间职业、中间等级、中间阶层、中间阶级、中等技能"等，批判各种各样"中间形态"；布雷弗曼所支持的则是"两极化"的社会结构论。所以，戈登等人的批评是"意有所指"。

　　第二，对资本主义的马克思主义分析，无论其当代表达如何精妙，若仅仅停留在抽象水平上，就会仍然具有模糊不清的、不确定的理论状

---

　　① David M. Gordon, Michael Reich, Richard Edwards, *Segmented Work, Divided Workers: The Historical Transformation of Labor in the United States*, New York: Cambridge University Press, 1982, p. 21.

态。例如，源自劳动过程和劳动市场研究中的含混不清。从劳动过程来看，上面概述的资本主义五种动态趋势，从一般意义上塑造资本主义生产组织，而生产关系的具体演变也依赖于对立阶级的相对势力，以及它们各自的斗争武器。"生产组织"和"资本—劳动冲突的形态"之间的相互依存，意味着在一定时空条件下生产组织的具体特征，不能仅仅凭借抽象水平的分析，更要聚焦更为具体的决定因素。从劳动市场来看，雇主和工人围绕实际工资率、劳动时间、雇佣劳动合同的其他方面进行讨价还价，这种讨价还价或谈判的结果反映了非常广泛的因素：诸如工人团结与否、国家干预程度、资本家发展新雇佣人口的能力、新的劳动节约型技术创新的可获得性、民族和种族因素、积累速度、宏观经济状况，等等。所以，仅关注上述五种动态趋势是不够的，不能仅停留在抽象化表达，必须结合更为具体的因素。与之相反，也不能脱离或切断理论性质、抽象原理，陷入某种纯粹"日常生活分析范式"，将具体研究推向极端也是不可取的。戈登等人认为，英国的汤普逊（E. P. Thompson，1924—1993）和美国的古特曼（Herbert Gutman，1928—1985）两位著名历史学家异常突出强调要在特定时间地点来具体地、专门地分析工人和雇主的日常生活——虽然他们的研究非常有价值，但却脱离了抽象理论表达。

实际上，戈登等人主张构建一种"中间层次分析"（intermediate level of analysis），聚焦于"长期波动"和"资本主义阶段"的逻辑，这对于理解资本主义发展是必要的。这种"中间层次分析"将会弥补传统马克思主义的抽象分析，以及弥补新近对日常生活的具体分析。[1]也就是说，这是一种比抽象要具体、比具体要抽象的分析方法和理论框架。

---

[1]　David M. Gordon, Michael Reich, Richard Edwards, *Segmented Work, Divided Workers: The Historical Transformation of Labor in the United States*, New York: Cambridge University Press, 1982, p. 22.

相对于纯粹抽象来讲，增补考虑更多具体因素条件进入分析框架之中，容易接受实证检验定量分析；相对于纯粹具体来讲，容易归纳出抽象理论和规律，得出定性结论。这样一种"中间层次分析"，就是"资本主义的阶段理论"（a theory of stages of capitalism），适用于对美国资本主义劳动过程和劳动市场进行历史分析。

值得一提的是，与戈登等人的呼吁相类似，罗斯多尔斯基在 1967 年 9 月（他去世前一个月）提交给"纪念马克思《资本论》出版 100 周年法兰克福讨论会"的论文——《评马克思〈资本论〉的方法及其对当代马克思主义研究的重要意义》中强烈呼吁，当代马克思主义的发展必须学会正确运用马克思《资本论》中极其丰富的方法，只有借助马克思的方法论才能够发现连接《资本论》中的抽象理论和当代具体现实的那些"过渡环节"。否则，将会陷入一种不幸的境地，它类似于 19 世纪正统李嘉图主义者的困境。那些理论家们试图把李嘉图的抽象教义——这些内容缺乏任何"中介环节"——直接运用到直观世界的表象。其结果，他们或者武断地把经济现象直接归结到抽象原理之下，或者直接拒绝经济现象的存在。也就是说，必须构筑"中间层次"的范畴体系，来连接抽象原理和处在不断变迁中的现实经济矛盾。与均衡经济学所提供的美好图景相反，资本主义的发展不断由不同寻常的周期性危机所打断；与一些传统马克思主义者的期望也相反，资本主义并没有直接陷入永久性的萧条或停滞状态。危机之后，资本主义经济经历了相对活跃的稳定增长和持续积累。SSA 理论尝试将资本主义经济增长和停滞的"显著性长周期"和资本主义制度结构的"变迁周期"相联系。在一定意义上，由戈登所创建的 SSA 学派恰恰提供了"中间层次"的分析，这种分析比那种针对资本主义历史细节的分析要一般和抽象，但比资本主义抽象理论分析要明确和具体。"中间层次"的研究相比抽象理论更容易接受实证检验，相比具体的历史研究则更容易进行推论。如果把马克思的"生产力—生产关系"作为抽象层次的概念组合，SSA 学派所提供的"资本积累—积累的社会结构"则是该概念组合的具体化，构成了中间层次的基本概念组合。①

第五节　资本积累过程三个步骤与积累的社会结构的边界

马克思主义传统之下的很多学者，主张资本主义的不平衡发展和阶段的重要性，这些分析进一步假定"竞争资本主义阶段"向"垄断资本主义阶段"的转变，所着眼的是产品市场竞争的条件转型。戈登认为，这样一种解释难以真正把握资本积累过程的广度和复杂性，而"积累的社会结构"概念则适合于资本主义发展的历史分析。这个概念的提出是基于这样一种基本判断：凭借资本主义生产而进行的资本积累，不能在真空中或无序状态下进行。资本家要对生产进行投资，他们要求可预期的回报率；虽然传统马克思主义和主流经济学都认识到"投资"和"预期"之间的关系，不幸的是，这两种传统经济学，要么不予考虑对利润率的预期形成中外部环境的重要性，要么未能给出这种外部环境的详细解释。就算是很多经济学家确认了外部因素的重要性，他们也是把这些因素的研究考察留给了社会学家或政治学家。与之不同的是，戈登指出，宏观动态分析应该以影响单个资本家进行资本积累可能性的政治经济环境开始，没有稳定而有利的外部环境，资本家对生产进行投资是不可能的，并把这种外部环境（external environment）称作"积累的社会结构"。②

---

① 张开：《工资挤压与官僚负担——大卫·戈登经济思想研究系列》，《经济学家》2015 年第 11 期。

② David M. Gordon, Michael Reich, Richard Edwards, *Segmented Work, Divided Workers: The Historical Transformation of Labor in the United States*, New York: Cambridge University Press, 1982, p. 23.

积累的社会结构的构成要素，源自"具体的条件组合"（the specific set of requirements），既不是无限制的，也不是未曾确定的，而是必须用来满足资本积累的发生，这是资本积累过程的"有限条件集合或组合"。

资本积累过程的三个步骤。一是购买，以货币资本形式购买劳动力、原材料、机器厂房设备等；二是生产，资本家组织劳动过程，各种材料被用于生产有用产品或服务，投入品通过生产过程之后变成产出品；三是销售，售卖劳动产品，货币资本回流。积累的社会结构是由那些影响积累过程的所有制度构成。这些制度大致可以分成两类：一是发挥总体性、一般性影响的那些制度；二是对具体步骤（购买、生产、销售）分别起作用的那些制度。资本积累过程的每一步都要涉及的一般性制度、第一类制度主要包括：一是保证货币和信贷的制度，用于交换的媒介或信贷支持交换顺利进行；二是国家介入经济的方式，国家通过企业补贴、政府采购、税收、扩大监管等能够影响投资回报率；三是阶级斗争的结构，受到工会等影响。第二类制度是影响积累过程的具体步骤的那些制度。第一步骤，是购买环节和必要投入品的"搜集环节"，依赖于自然资源的供给、中间产品的供给、劳动力的供给三方面的制度。例如，"自然品供给结构"（the structure of natural supply），将决定资本家能够以可以接受的价格获得原材料和能源的数量；中间产品的供给，决定了生产中可以使用的已生产出来的产品的可用情况；劳动供给，涉及决定直接性劳动供给的劳动市场结构，以及决定劳动力再生产的诸如家庭、学校等制度或机构。第二步骤，是发生在资本主义企业内部的生产过程，这是一种在资本家本人控制之下的制度，具体包括"顶层管理结构"（the top management structure）和"实际劳动过程的组织"两个方面。第三步骤，是销售过程，至少包括三方面制度特征，资本家成功实现其利润要依赖于"最终需求结构"（the structure of final demand）（消费者购买、政府支出、出口等）；

由"资本家之间竞争结构"（the structure of intercapitalist competition）（竞争的各种形式、垄断程度等）来约束资本积累速度；以及依赖于销售制度、配送网络和广告。[1]

戈登认为，积累的社会结构是由"一套具体制度"或"一个具体制度集合"（a specific set of institutions）构成，它具有"内部边界"（inner boundary）和"外部边界"（outer boundary）。"内部边界"是指，资本积累所需要的制度环境（就是"社会结构"），是与资本积累过程本身相区别的；"外部边界"是指，这种"社会结构"不同于社会中存在着的其他社会结构。[2] 也就是说，SSA 本身不是任何社会制度都会纳入进来构成其"制度集合的一个零件"，这是存在边界的。资本积累过程是谋取利润和再投资的微观经济活动，其活动主体是单个资本家或企业在给定的制度环境中进行活动，这个"资本积累过程"与它发生所需要的"制度环境"应该区分开来，作为制度的劳动市场就明显存在于企业之外。但是，对于单个资本家如何组织劳动过程来讲，上述两方面的区分就不是很明显，每个资本家如何在其企业之内组织劳动过程主要被视作积累过程本身的事情。每个资本家是在一个确定的社会环境中对劳动过程进行组织，这种确定的社会环境所包括的内

---

[1] David M. Gordon, Michael Reich, Richard Edwards, *Segmented Work, Divided Workers: The Historical Transformation of Labor in the United States*, New York: Cambridge University Press, 1982, p. 24. 第一类制度，一共是 3 个；第二类制度，一共是 8 个；总计 11 个制度条件。如果考虑到前文谈及的资本主义经济的"双重驱动"：即把"资本家之间的竞争"和"资本—劳动冲突"也视作 2 个制度条件的话，由于"资本—劳动冲突"和"阶级斗争的结构"是一样或重复的，那么一共合计 12 个制度条件；这在戈登 1980 年文章中是 13 个制度条件。参见大卫·科茨：《长波和积累的社会结构：一个评论与再解释》，张开等译，《政治经济学评论》2018 年第 2 期。

[2] David M. Gordon, Michael Reich, Richard Edwards, *Segmented Work, Divided Workers: The Historical Transformation of Labor in the United States*, New York: Cambridge University Press, 1982, p. 24.

容就应该归并到积累的社会结构之中，劳动过程的这种组织要素就应该视作积累的社会结构的构成部分。实际上，"积累过程"对应着马克思"生产力"概念，"积累的社会结构"对应着"生产关系"概念。张闻天提出生产关系具有两重性，把这种在任何社会形态中都存在的、直接表现生产力的生产关系、劳动分工协作关系称作"生产关系一般"，把那种在一定社会形态中的生产资料和生产品的"所有关系"称作"生产关系特殊"；"生产关系一般"是内容，"生产关系特殊"是前者的形式；张闻天把通常理解的生产力和生产关系的矛盾，"内含并体现为"生产关系内部二重性之间的矛盾。① 马克思《资本论》著名的"资本主义生产方式基本矛盾"论述，是把"生产资料的集中和劳动的社会化"同"它们的资本主义外壳"② 当作矛盾的两个方面，前者是生产力（人和生产资料的结合过程、使用价值的生产过程），后者是生产关系（生产过程的资本主义形式），并没有对生产关系进行"二次划分"。显然，马克思是把劳动的结合、社会化、协作特性等一并归入生产力范畴，并没有单列出来，作为所谓"直接表现生产力的生产关系"来讲。这些讨论的内容或许对理解戈登关于"积累过程"和"制度环境或积累的社会结构"之间区分（一种是显著存在区分，另一种是区分不太明显）是大有帮助的。也就是说，张闻天"生产关系的第二重属性"，必然是戈登论及"制度环境或积累的社会结构"的内容，困扰戈登的、感觉对"内部边界"区分困难的就是张闻天"生产关系的一重属性"如何定位。

积累的社会结构的"内部边界"将"资本积累过程本身"（单个资本家的赚钱行为）和资本积累过程发生所需要的"制度环境"（社会

---

① 《张闻天社会主义论稿》，中共党史出版社 2010 年版，第 219—237 页。
② 《马克思恩格斯全集》第 44 卷，人民出版社 2001 年版，第 874 页。

的、政治的、法律的、文化的、市场的）区分开来。① 积累的社会结构
的"外部边界"，那些直接或显著影响积累过程的制度，明显不同于那
些"无关痛痒"的制度。例如，金融制度直接关乎积累过程，体育事
业则不是这样。实际上，这里的"两种边界"的不确定理论性质，在
后来 SSA 理论发展中是有争议的。例如，科茨试图提供一种"核心制
度"来弥补戈登 SSA 的"松散性"。② 戈登认为，这种不精确性质并不
影响 SSA 概念的使用；而且，不同的 SSA 会"吸纳"和"排除"不同
的"制度组合"。随着历史发展，这种连续的积累的社会结构，会把更
多社会生活方面吸收进来，例如，1945 年之后美国形成了最复杂、影
响最深远的 SSA。

　　资本积累过程包括三个阶段或环节（购买、生产、销售），积累的
社会结构交替"刺激"或"限制"资本积累的速度。如果 SSA 中的"构
成制度"是稳定可靠、运转顺畅的，资本家通常会扩大投资并提高产能；
反之，如果 SSA 不再稳定，产业资本利润率预期水平低迷，资本家宁
愿以金融形式赚取收益，也不投资于实际的生产过程。资本积累是由单
个企业分散投资决策，而资本主义经济中的单个投资是由社会的或制度
的因素来中介，这些外在于单个资本家的因素是由集体性质的社会行动
来决定。所以，戈登认为，宏观经济分析必须把这些限定因素的结构、
矛盾给予考虑，积累的社会结构外在于单个资本家的决策，它却内在于
资本主义经济的宏观动态。

---

① David M. Gordon, Michael Reich, Richard Edwards, *Segmented Work, Divided Workers: The Historical Transformation of Labor in the United States*, New York: Cambridge University Press, 1982, p. 25.

② David M. Kotz, "Long Waves and Social Structures of Accumulation: A Critique and Reinterpretation", *Review of Radical Political Economics*, Vol. 19, No.4 (1987), pp. 16–38；大卫·科茨：《长波和积累的社会结构：一个评论与再解释》，张开等译，《政治经济学评论》2018 年第 2 期。

第六节　长期波动和积累的社会结构

主流经济学和马克思主义经济学都承认资本主义经济中存在能自我纠正的短期商业周期，也承认资本主义经济容易出现失调、潜在危机或停滞，而此种状态若没有"外部支持"将很难恢复经济。与上述两种传统理论不同，戈登等人的模型——资本主义阶段模型（model of stages of capitalism）认为，资本主义经济在资本积累节奏基础之上易于出现更为长期的波动，这些波动是由一个确定的"制度结构"（a determinate institutional structure）来中介的，它就是积累的社会结构，对其分析不能脱离于资本主义经济本身。① 也就是说，戈登等人主张 SSA 并非外生于（not exogenous）资本主义经济，可以视作内生于资本主义经济。这是一种围绕"积累的社会结构"和"长期波动"之间关系的一系列命题所构成的模型、分析框架。

理论界对于"长期波动"存有三种争论：一是长期波动是否存在；二是何种原因造成长期波动；三是对长期波动进行研究是否重要。相比之下，戈登认为，"长期波动"不仅存在，而且在阐明"制度宏观动态"（institutional macrodynamics）方面是非常有用的。② 理论界通常将长期波动的原因归结为：技术变化率的非均匀迸发效应、人口增长的长期趋势、金融机构的作用、消费模式的变化、原材料相对价格、国际资本流动，各种解释的差异在于将其中一个因素进行相对强调。一个重要派

---

① David M. Gordon, Michael Reich, Richard Edwards, *Segmented Work, Divided Workers: The Historical Transformation of Labor in the United States*, New York: Cambridge University Press, 1982, p. 26.

② David M. Gordon, Michael Reich, Richard Edwards, *Segmented Work, Divided Workers: The Historical Transformation of Labor in the United States*, New York: Cambridge University Press, 1982, p. 27.

生问题在于：如何看待造成长期波动的这些原因，这些原因具有"内生性"（endogeneity），还是"外生性"（exogeneity）？如果这些原因是内生的，长周期就是自动可重复出现的；如果这些原因是外生的，长期波动则由外生因素或力量而促成，资本主义经济从停滞中的每一次恢复，都会源自独一无二的历史因素或偶然事件。戈登认为这些争论存在两个误解：一是这些争论倾向于长期波动的单因素（single-factor）理论，而SSA的解释框架则强调资本主义积累过程的多维特征（multidimensional character）及其宏观动态；二是这些争论是从单个企业家（资本家）出发来定义"内外部边界问题"（internal-external boundary），而 SSA 则把这种"边界问题"的讨论转移到、重新聚焦于"内外部因素问题"（internal and external elements）。戈登等人给出了另一种解释，认为"长期波动"在很大程度上是连续的"积累的社会结构"（SSAs）在促进资本积累方面的成功或失败的产物。虽然戈登等人并没有否认大量外生事件（exogenous events）在造成长期波动方面的重要影响，但他们认为这些外生事件（诸如人口趋势、技术创新）在很大程度上是受内生经济条件（endogenous economic conditions）所影响，特别是立足世界资本主义大系统中（不同于一个国家或一个地区）考虑则更是如此。由此可见，SSA 学派的制度分析表明，创造繁荣时期的条件包含着内生矛盾（endogenous contradictions），而这些矛盾最终使繁荣终结。但是，随后危机的解决方式并不完全是内生的，因为危机加剧了复苏所必要的结构性改革方面的冲突，而这一冲突的解决则涉及不可预测的政治因素。因此，繁荣和停滞交替出现，部分是对外生事件的反应，但更为重要的则是对制度环境中内生变化（endogenous changes）的反应。①

---

① David M. Gordon, Michael Reich, Richard Edwards, *Segmented Work, Divided Workers: The Historical Transformation of Labor in the United States*, New York: Cambridge University Press, 1982, p. 28.

资本主义单个发展阶段基础上"积累的社会结构"和"积累速度"之间的矛盾关系。例如，美国在 19 世纪 40 年代末、90 年代末、20 世纪 40 年代初都是资本主义经济扩张期的开始，快速的经济增长依赖于一个有利 SSA 的存在，在此之前的危机已经大体上通过这个新 SSA 的构建而得以解决，生产条件得以稳定，阶级斗争趋于缓和。这种扩张期一旦开启，就可能持续多年，原因在于：（1）在此之前的危机已经恢复经济中的许多盈利条件，例如通过贬值或放弃生产率较低的资本，或通过新的技术和管理创新对经济的刺激；（2）形成积累的社会结构所需的初始投资，提供一个巨大的刺激（乘数、加速器效应）。换句话说，这些有利条件已经"内化于、植入、内嵌到"社会制度结构之中。另一方面，这种扩张不会无限期快速长久存在，原因在于：（1）资本主义经济增长过程容易出现各种失衡，从而阻碍繁荣；（2）更为重要的是，扩张本身会诱发各种因素或力量，进而瓦解扩张的制度基础。需要指出，短期商业周期是作为自我纠正的经济调整机制，这种调整是在已经建立起来的制度背景下进行，这些制度对于短期周期波动具有"相对免疫性"；但在某些时候，积累的障碍也会出现在短期商业周期中。之所以会出现这些障碍，要么是因为快速的资本积累终将遇到来自现有制度结构的限制，要么开始破坏现有制度结构的稳定。第一种情况是制度本身产生约束，第二种情况是制度的瓦解产生约束。无论哪种情况，进一步的快速资本积累在现有的"制度组合"中都变得更加成问题。一句话，快速的资本积累（经济扩张）终将会与现存的制度组合（已经显得陈旧的 SSA）发生不可调和矛盾。

阻碍资本快速积累的这些障碍，在美国三个历史阶段的简要情况如下：在最初的无产阶级化和同质化阶段，普遍流行的"劳动组织"能够限制"生产中的盈利能力"。例如，在 19 世纪末，工匠们对生产过程的控制限制了许多行业生产率的提高；在 20 世纪 30 年代，劳动的同质化为大规模生产的工人（mass-production workers）成功地组织工会创造了条件，从而削弱了"同质化体系"（the homogenization system）的盈利能力。[①] 在分割化阶段，其特征在于长期繁荣能够破坏其自身的制度基础，60 年代的繁荣瓦解了战后"资本—劳动协调"，因为它赋予了劳动者和其他非资本主义群体更多政治经济权力，从而破坏了使长期繁荣成为可能的主要制度安排。上述所有情况，占支配地位、普遍流行的制度都不再像过去那样有利于快速资本积累，而是陷入不稳定状态。进一步来讲，当经济开始停滞，积累的社会结构中的制度进一步受到破坏，使复苏进程变得复杂。制度不稳定的发生，可能是因为维护制度本身所需要的资源越来越少，也可能是因为这些制度是以经济顺利运转为预先设定的前提，进而，阶级冲突会加剧，就像 19 世纪 70、90 年代和 20 世纪 30 年代的情况那样。

对于停滞和危机的消解，戈登等人强调 SSA 重建的重要性。在新的可靠环境出现之前，单个资本家不太可能从事生产性投资。因此，经济不稳定的消解，取决于重建一个 SSA。实际上，戈登等人是把"经济危机"界定成一个经济不稳定时期，需要制度重建（也就是 SSA）以恢复稳定增长。对于寻求这种重建的资本家来说，这个过程是困难和不可预测的，因为它需要一些集体行动和建立政治共识，处于分散活动状态的单个资本家，无法恢复经济繁荣。所以，资本家越来越需要能够恢复利润率的集体战略。起初，他们通常不会自觉采取集体行动，危机初期会产生"资本家之间的恶性竞争"（virulent intercapitalist competition）。在这种情况下，国家或非资本主义集团可能会迫使他们

---

① David M. Gordon, Michael Reich, Richard Edwards, *Segmented Work, Divided Workers: The Historical Transformation of Labor in the United States*, New York: Cambridge University Press, 1982, p. 29.

进行改革。即使资本家能够克服他们之间的分歧，他们的集体行动也可能与其他试图保护他们工作和生活条件的阶级和团体的努力共存。①因此，经济危机的解决，很可能取决于资本家、工人和其他群体的相对实力和目标之间的较量，这是多方势力汇总的结果，决定着新的 SSA 的走向和特征。

　　美国如何应对 19 世纪末、20 世纪 30 年代两次经济危机，充分说明了上述论点。两次危机的消解都需要进行重大的结构性变革，为随后的长期繁荣奠定基础。但是，两次危机之后的结果性质是大不相同的。19 世纪末的经济危机是通过资本家之间的竞争形式、政府作用、劳动过程的组织三方面的制度变革（institutional changes）来解决的。兼并浪潮在主要产业中催生了寡头垄断。但是，大资本家和小资本家之间的分裂阻碍新 SSA 的巩固。只有通过第一次世界大战，才可能会提供一种环境，从而压制美国的反商业改革，建立一个支持商业的有利政权（establish a favorable regime）。到了 20 世纪 20 年代，大资本家们相对团结起来了，劳工被打败了。管理已经成功获得对"劳动组织"（the organization of work）的更大控制，并削弱了劳动抵抗的效力。②20 世纪 30 年代的危机，其解决也是在国家发挥更大作用的基础上，同时涉及凯恩斯主义需求管理和"资本—劳动关系"变革。在此期间，国家直接调节（regulated）"资本—劳动关系"，包括在工作场所（1935 年罗斯福签署《瓦格纳法》）和通过提供各种社会福利项目。尽管在这段时间内，雇主之间的分歧相对较大，但工人们组织得更好，他们比上一个危机时期掌握了更多有利

---

　　①　David M. Gordon, Michael Reich, Richard Edwards, *Segmented Work, Divided Workers: The Historical Transformation of Labor in the United States*, New York: Cambridge University Press, 1982, p. 30.

　　②　David M. Gordon, Michael Reich, Richard Edwards, *Segmented Work, Divided Workers: The Historical Transformation of Labor in the United States*, New York: Cambridge University Press, 1982, p. 30.

条件。

上述所有这些例子表明，为了应对停滞甚至危机的影响，所有阶级力量在压力之下都会自我保护，都会参与重新构造（restructure）经济关系以求保护自身经济利益，其结果就会汇总、汇聚并促成新 SSA 的兴起。需要指出，一个新 SSA 的兴起取决于先前的衰退期，能够遗留给主要阶级的具体历史条件。戈登认为，"外生力量"（"exogenous" forces）或许是非常重要的。例如，第二次世界大战期间，世界其他地方的战争破坏使美国处于一个压倒性的政治经济地位，而核垄断则创造了一个令人恐惧的军事优势，所有这些或许部分可以被认为是外生的。在这种背景下，有可能创造一种新 SSA，其部分基础是美国工人实际工资的稳步增长。不管"外生力量"有多么重要，值得注意的是，一旦危机得到解决，旧制度就不会完好无损恢复，这是由系统性因素造成的。由于集体行动是发生在制度不稳定背景下，他们在危机期间的斗争很可能使重建先前存在的、旧的 SSA 出现问题。例如，在 20 世纪 30 年代末美国工人已经组建产业工会之后，妄图以 20 世纪前 20 年的劳动过程和劳动市场的旧结构为基础来解决 30 年代的经济危机，这是根本不可想象的。经济危机之后，资本积累的有利条件的恢复，通常要求形成一个新 SSA，这个新 SSA 的特征在很大程度上是由在此之前的经济危机中资本家和工人集体斗争的性质所塑造的。①

由此可见，资本主义时代是由一系列"积累的社会结构"（SSAs），以各自的 SSA 为特征的时期称为"资本主义阶段"（stages of

---

① David M. Gordon, Michael Reich, Richard Edwards, *Segmented Work, Divided Workers: The Historical Transformation of Labor in the United States*, New York: Cambridge University Press, 1982, p. 31.

capitalism）。① 据此，戈登聚焦于"长期波动"和"积累的社会结构"（SSAs）相互关系的理论分析框架，并概括如下系列命题或主张：（1）扩张期是以一个有利 SSA 的构建和稳定为基础；（2）资本积累的有利制度环境催生了投资繁荣和快速经济活动；（3）成功的资本积累过程将投资推向 SSA 所能达到的极限，持续快速的资本积累要求要么繁荣初期的条件重现（a reproduction of the conditions），要么转向劳动过程和劳动市场的新组织，最初的条件难以复制，所需要的改革也不易实现；（4）积累减缓，进入停滞期，试图改变制度结构的努力遭遇抵制，特别是在一种停滞化的背景之下；（5）经济停滞促使现有 SSA 的进一步解体；（6）经济危机期间，恢复快速资本积累的可能性取决于一种新制度结构（a new institutional structure）的构建；（7）这种制度结构的内容很大程度上是由此前经济危机时期阶级斗争的特征所决定；（8）新 SSA 肯定不同于它的"前任"，从而造成一个连续的资本主义阶段；（9）资本主义的每一阶段大多以一个"长期扩张"以及随后的一个"长期停滞"为特征。② 需要特别指出，戈登文中"制度结构"是可以和"积累的社会结构"（SSA）

---

① 值得一提到是，曼德尔认为戈登 1980 年《积累的阶段和长经济周期》长篇论文对"资本主义阶段"的阐述，具有"经济主义"色彩，他们之间对此问题也有书信往来。在曼德尔看来，戈登的这种分析是把积累过程中产生的"经济力量"（"economic"forces）过度拔高，提升到分析历史变化的不恰当首要地位。戈登回应指出，自己并不打算做这种"拔高"；并强调，其对资本主义各个阶段的分析必须与文化和政治分析结合起来，以便更全面地理解历史；戈登等人的《劳动分割》试图吸收工人阶级运动的其他决定因素。戈登特别强调，对"长期波动"和"资本主义阶段"的分析，对于塑造美国资本主义生产和工人阶级的重要因素力量进行理论和历史分析，提供了一个充满希望的起点。参见 David M. Gordon, Michael Reich, Richard Edwards, *Segmented Work*, *Divided Workers: The Historical Transformation of Labor in the United States*, New York: Cambridge University Press, 1982, p. 246；大卫·戈登：《积累的阶段和长经济周期》，《当代经济研究》2019 年第 8 期。

② David M. Gordon, Michael Reich, Richard Edwards, *Segmented Work*, *Divided Workers: The Historical Transformation of Labor in the United States*, New York: Cambridge University Press, 1982, p. 32.

替换使用的概念，而"结构"概念本身，也是由"制度"构成，可以视作"制度集合"或"相互联系和有结构的制度组合"，这种"集合或组合"不是随意的、松散的，而是"结构化的和紧凑的"。此外，"结构"这个概念也体现了戈登所处年代西方马克思主义哲学理论的发展，例如阿尔都塞的"多元决定"深刻影响着戈登"积累的社会结构"概念和分析框架的创建。在这里，笔者愿意提及马克思 1859 年《政治经济学批判》序言中的著名段落：

> 社会的物质生产力发展到一定阶段，便同它们一直在其中运动的现存生产关系或财产关系（这只是生产关系的法律用语）发生矛盾。于是这些关系便由生产力的发展形式变成生产力的桎梏。那时社会革命的时代就到来了。随着经济基础的变更，全部庞大的上层建筑也或慢或快地发生变革。……必须从物质生活的矛盾中，从社会生产力和生产关系之间的现存冲突中去解释。无论哪一个社会形态，在它所能容纳的全部生产力发挥出来以前，是决不会灭亡的；而新的更高的生产关系，在它的物质存在条件在旧社会的胎胞里成熟以前，是决不会出现的。……大体说来，亚细亚的、古代的、封建的和现代资产阶级的生产方式可以看做是经济的社会形态演进的几个时代。①

戈登等人所创建的"积累的社会结构学派"，其分析框架是由"积累过程"（长期波动）和"积累的社会结构"（资本主义阶段或制度结构）之间矛盾关系构成；这个分析框架实际上和马克思的上述文字极为相似，只不过是把马克思的抽象原理推向具体化，推至"中间层次"的制度和历史分析框架。马克思的"大历史时代"的划分——亚细亚的、古代的、封建的和现代资产阶级的生产方式，SSA 学派针对其中的最后

---

① 《马克思恩格斯全集》第 31 卷，人民出版社 1998 年版，第 412—413 页。

一个生产方式，进一步将其划分成若干资本主义阶段，这种理论框架和分析方法是非常有借鉴意义的。有趣的是，戈登、鲍尔斯、韦斯考普夫三人在《荒原之后：2000 年的民主经济学》（1990）中写到，这种连续更替的"SSAs 模型"，类似于马克思连续更替的"生产方式模型"，其变革动力来自矛盾的发展。[①]

第七节　长期波动理论存在的问题

戈登等人提出，"资本积累"只能发生在一个"积累的社会结构"背景之下。如果这个命题正确，只有同时提出"积累的社会结构模型"（models of social structures of accumulation），才能在逻辑上提出"资本主义增长模型"和"资本主义不稳定模型"，因为宏观动态取决于资本积累所必要的环境条件（environmental conditions），而这种环境不稳定性是存在的。然而，从这些命题发展长期波动理论，还必须解释持续时间问题，需要澄清三个重要理论问题：（1）为什么由新 SSA 推动的扩张期的持续时间要长于短期商业周期的扩张期？（2）为什么这些较长时期的扩张在持续时间上是有限的，SSA 概念如何有助于理解扩张的长度以及最终陷入停滞的原因？（3）为什么由 SSA 所限定的积累的下滑，不能发生自我纠正，而可能从停滞和不稳定步入危机？并且，在重现复苏之前，可能会出现一个较长的收缩期？[②]

第一，一个长期波动的扩张期涵盖几个短期商业周期，因为构成

① Samuel Bowles, David M. Gordon, Thomas E.Weisskopf, *After the Waste land: A Democratic Economics for the Year 2000*, Armonk, New York: M.E. Sharpe, Inc., 1990, p. 236.

② David M. Gordon, Michael Reich, Richard Edwards, *Segmented Work, Divided Workers: The Historical Transformation of Labor in the United States*, New York: Cambridge University Press, 1982, p. 33.

SSA 的制度是耐久的，仍会有利于资本积累，即使在短期周期性收缩期间，这些优势也会继续存在，从而提高单个投资盈利能力，有助于加快复苏。例如，战后"资本—劳动协调"提供了一个稳定的、具有合作性的集体谈判制度，允许雇主在技术和劳动组织方面进行生产率提高型的创新。作为回报，工人们工资定期提高，而政府提供了更多社会福利。雇主可以在一段时间内获得这一制度的稳定性，它为资本积累创造了有利环境。戈登认为，SSA 可以被视作一种耐用品投资（a durable investment），一旦建立，将需要很长一段时间才能得到偿还；它具有耐久性，因为许多投资已经进入了它的制度化。① 戈登在 1980 年的文章中曾假定大量基础设施投资集中在资本主义新阶段的开始之处、发端之处，这是新的生产结构和新的交通和通信系统的结果，这种"基础设施投资群"（bunching of infrastructural investment）将在一个新 SSA 的开始之处对经济产生巨大刺激。②

第二，SSA 中的制度本身会限制无限扩张的潜力，当成功的资本积累为持续积累设置障碍时，繁荣终结就开始了。此类问题可能出现在 SSA 的各种构成制度上：产品市场趋于饱和，重要的投入品或将枯竭而影响持续增长，积累会改变阶级力量对比，打破旧的阶级关系。因此，战后"资本—劳动协调"将实际工资的不断增长和社会福利项目扩大两方面的预期制度化了；尽管这些预期助长了 20 世纪 70 年代通货膨胀率，但它们无法在现有制度内得到抑制。"资本—劳动协调"的结构（structure

---

① David M. Gordon, Michael Reich, Richard Edwards, *Segmented Work, Divided Workers: The Historical Transformation of Labor in the United States*, New York: Cambridge University Press, 1982, p. 34.

② David M. Gordon, Michael Reich, Richard Edwards, *Segmented Work, Divided Workers: The Historical Transformation of Labor in the United States*, New York: Cambridge University Press, 1982, p. 246；大卫·戈登：《积累的阶段和长经济周期》，张开等译，《当代经济研究》2019 年第 8 期。

of the capital-labor accord）后来阻碍了资本快速积累。美国战后经济增长，除其他因素外，是建立在美国公司欧洲市场扩张和 1944 年布雷顿森林国际经济关系基础之上。后来，随着欧洲公司和日本企业的发展，逐渐消除美国公司在国际经济中的最初优势，布雷顿森林体系必然会不堪重负并瓦解。这些例子说明，现有 SSA 的独特制度，对经济扩张进行了限制；随着经济扩张的持续推进，制度结构促进积累的能力会遭遇极限并削弱。

　　第三，资本主义经济出现下滑，旧的 SSA 仍会以低效率运行一段时间。这是因为，在资本主义经济中，单个资本积累单位的决策是相对分散的，具有非计划特性；单个资本家偏好于旧秩序的既定利益，他们或将阻碍改革，从而违背总体阶级利益，对个人有益的可能对整体有害。个人尚未意识到结构调整的必要，经济实际上已经陷入衰退甚至危机。戈登等人赞同 SSA 的变迁具有"突变性质"（abrupt structural change），而不是"渐变性质"（gradual change）。① 不仅如此，他们还专门批判以科斯为代表的新古典主义经济学将最优化分析扩展到"宏观制度变迁"（macroinstitutional change）研究中，科斯和诺斯等人主张个体能够持续计算潜在制度变迁的成本与收益，并以最低成本形成同盟引导制度朝着理想方向变迁。与之不同，SSA 学派则认为：一方面，众多个体不可能对当前或未来的制度安排的收益或成本拥有完全的信息或预判。经济繁荣时期，由意识形态和文化实践传统形成的习惯，可能会对个人的感知和计算造成蒙蔽，使他们在评估当前和潜在的制度结构的相对优点时产生偏见，因此，重大的制度变革会被低估。另一方面，SSA 的多维特征使得形成同盟是极其复杂的，诸多利益集团在现有的制度结构中偏好于不同的变革取向，众口难调，它们之间存在尖锐冲突；而化解这些冲突

① David M. Gordon, Michael Reich, Richard Edwards, *Segmented Work, Divided Workers: The Historical Transformation of Labor in the United States*, New York: Cambridge University Press, 1982, p. 35.

或形成同盟，既耗时又费力，才能成功构建新的 SSA。也就是说，SSA
学派承认"制度突变"，而科斯新古典主义"宏观制度变迁"则承认"边
际制度调整"或"制度渐变"，两种观点是截然不同的，这也说明为何
戈登等人所确认 SSA 具有"历史维度"和"制度维度"两个特征，"制
度维度"则在很大程度上仰仗了"制度劳动经济学家"的观点，这里没
有留给科斯和诺斯等人新古典主义制度经济学任何理论借鉴的余地。

当然，SSA 也具有相当大的"惰性或惯性"（inertia），旨在改变这
些制度的同盟只会缓慢出现。[1] 其结果是，在一个给定的 SSA 内的资本
积累，很可能遇到持续资本投资的收益递减，而且这种减速可能会加
剧，直到能够对 SSA 进行重大调整。收缩和危机持续时间的耐久性和
顽固性问题，也就是长期波动的停滞阶段（B 阶段）的长度问题，这是
由于个体成员在能够进行集体行动之前存在长期滞后（集体动员起来谈
何容易），也由于在集体斗争实现妥协或明显取得胜利从而建立一种新
SSA 之前存在长期滞后。长期波动中存在的收缩状态很难实现自我纠
正，经济复苏的到来只能通过个体成员推动具有内聚性、集体性质的力
量（实现某种"社会妥协"或者具有决定意义的阶级胜利），而这些力
量能够影响 SSA 进行必要的结构性调整；否则，最初的停滞就会不断瓦
解侵蚀起支配作用的 SSA 的稳定性，进而陷入经济危机。

另一个关于长期波动分析的常见问题是：为什么长期波动中的每个
阶段通常持续 25 年？扩张阶段（A 阶段）25 年，收缩阶段（B 阶段）25 年？
戈登认为，他们给出的制度分析并不表明，长期波动的扩张阶段和收缩
阶段将持续任何特定的年数，也不意味着每次长期波动的持续时间都相
同；相反，而是要在资本主义每个阶段的特定背景下，对长期波动的每

---

① David M. Gordon, Michael Reich, Richard Edwards, *Segmented Work, Divided Workers: The Historical Transformation of Labor in the United States*, New York: Cambridge University Press, 1982, p. 36.

个阶段持续的时间进行理解。[①]也就是说，长期波动中两个阶段(A和B)各自长度，以及长期波动本身长度，都要立足于资本主义阶段或SSA的具体情况。

第八节　戈登对"长期波动"和"资本主义阶段"分析框架的五点补论

第一，戈登等人强调，对资本主义阶段的分析是以"世界资本主义体系运行论"为前提，也就是为中国学界所熟悉的沃勒斯坦等人的"世界体系论"，戈登1980年的文章也专门给出了相关论述。[②]另外，在科茨1994主编的论文集《积累的社会结构——增长和危机的政治经济学》中的第四部分，其标题就是"国际维度"。[③]戈登最初创建SSA是以美国劳动历史转型为研究对象，其SSA具有美国的国别性质，是一个民族国家的SSA；与此同时，戈登比较含蓄地确认存在世界范围、世界意义上的SSA，这种SSA是否仅仅由主导国家、霸权国家来支配，类似于某些世界体系论学者主张的"核心—外围"制度，还是需要考虑其他因素，又该如何理解"世界范围的SSA"和"民族国家的SSA"之间的关系，等等；诸如此类问题并没有深入探讨。这些问题在后续SSA学派文献中有所涉及，但是也没有给予充分论证。再如，针对有可能把SSA

---

① David M. Gordon, Michael Reich, Richard Edwards, *Segmented Work, Divided Workers: The Historical Transformation of Labor in the United States*, New York: Cambridge University Press, 1982, p. 37.

② 大卫·戈登:《积累的阶段和长经济周期》，张开等译，《当代经济研究》2019年第8期。

③ David M. Kotz, Terrence McDonough, Michael Reich (eds.), *Social Structures of Accumulation: The Political Economy of Growth and Crisis*. New York: Cambridge University Press, 1994.

理论分析框架应用到其他国家，戈登给出了忠告："不要把我们的分析直接套用到其他资本主义国家的劳动过程和劳动市场的历史上。我们对美国资本主义劳动过程和劳动市场的结构提出了具体的历史假设，也不认为这些针对美国历史的假设是普适性的、一般意义的假设。例如，在不同的资本主义国家中，'最初的无产阶级化阶段'的起始点会有很大不同。换句话说，在所有资本主义国家中，劳动过程和劳动市场是否会经历'同质化阶段'和'分割化阶段'，并不是很清楚。在跨国公司主宰世界资本主义经济的条件下，有的国家在 20 世纪 20 年代之后或第二次世界大战后来开启资本主义发展，有可能不经历一个'劳动的同质化阶段'，而直接进入'分割化阶段'或其他历史等价形式。"[1] 既然资本主义是在世界范围内运行，就应该分析它在世界范围内的矛盾和 SSA。因此，对于作为一个整体的世界资本主义经济来讲，长期波动的证据应尽可能组织起来。与此同时，分析也要聚焦特定国家内部 SSA 的结构和矛盾，虽然国际因素对国家制度（national institutions）造成压力，但 SSA 的内容可能因国而异，许多制度主要是由国内因素来决定。

第二，在作为一个整体的世界资本主义经济中，单个国家经济之间的长期波动的"相对同步性"（relative synchronization），可能会依赖于资本主义发展各个阶段的特征。在 19 世纪 40—90 年代的阶段，以及第二次世界大战后的阶段，是一群具有国别性质的资本家，先是英国人，之后是美国人，统治世界资本主义经济。在每一种情况下，霸权国家都能创造相对稳定的国际环境，许多国家的节奏都紧随主导国家的节奏。[2]

---

[1] David M. Gordon, Michael Reich, Richard Edwards, *Segmented Work*, *Divided Workers: The Historical Transformation of Labor in the United States*, New York: Cambridge University Press, 1982, p. 39.

[2] David M. Gordon, Michael Reich, Richard Edwards, *Segmented Work*, *Divided Workers: The Historical Transformation of Labor in the United States*, New York: Cambridge University Press, 1982, p. 37.

相比之下，在 20 世纪前 40 年里，国家之间的资本主义竞争产生了一个相当不稳定的国际环境，单个国家的增长率很少受单一国家力量的影响。这说明分析长期波动所处的国际环境、国际维度的重要性。

第三，一个新 SSA 的构建需要主要政治行动者采取明确而自觉的行动，戈登等人强调这是有意识的、公开的行动或进程，要推动形成支持新制度结构的共识。

第四，资本主义的阶段分析，其本质是一种定性分析，是基于资本实现持续积累所必要的社会关系的命题。从历史上看，资本主义的各个阶段不能用制度转型的某个单一维度（a single dimension of institutional transformation）来描述，各个阶段之间的制度转型具有多维特征。① 正如戈登 1978 年、1980 年的两篇文章给出的"一长串制度清单"，若要继续进行快速资本积累，每一个制度都是必要的；而且，每一个制度在经济危机期间和之后都可能重建。由此可见，对长期波动研究更多的是定性的制度分析，而不应简化为数量指标分析。

第五，SSA 学派中的"阶段"概念，不可简单理解成具有某种精确的时间刻度的意义（它不是一种单纯时点刻度），不可能精确到某一天来计算时间节点，不是一种狭隘的历史测定方法，前后阶段之间具有某些重叠、某些交叉。例如，前一个 SSA 的衰退期就是下一个 SSA 的探索期，一个新 SSA 的确立不是一夜之间就会完成，很难确定某一特定的历史趋势成为主导的确切时刻。所以，戈登等人的历史分析更多聚焦于区别一个时期和下一个时期的不同历史发展特征，而较少关注确切、精确的时点划分。

---

① David M. Gordon, Michael Reich, Richard Edwards, *Segmented Work, Divided Workers: The Historical Transformation of Labor in the United States*, New York: Cambridge University Press, 1982, p. 38.

第九节　SSA 分析框架在"历史维度"方面的"七点贡献"

戈登等人认为他们的分析框架，特别是历史分析维度方面，与同时期的其他相关历史研究相比具有如下贡献或者特征。

第一，SSA 学派主张，美国劳动过程和劳动力市场的发展，进而工人阶级的形成，经历了几个不连续的阶段（several discontinuous stages）。这种方法与那些更强调连续性、更强调演化性的历史解释（例如，"制度主义劳动经济学家"关于工会发展的解释、"新经济史"对美国发展不间断性的研究）形成了对比，SSA 分析框架比演化视角更具解释力。①

第二，SSA 学派主张，众多历史学家对劳动历史的解释几乎完全集中在工人为自己组织起来的努力上；而众多马克思主义关于资本主义发展的论述几乎完全集中在竞争的逻辑或资本家努力塑造劳动过程的有效性上（如对泰罗制或福特制的相关研究）。也就是说，一种聚焦于工人方面，另一种聚焦于资本家方面。与这两种不同，SSA 分析框架要综合考虑资本家和工人两个方面的活动。

第三，SSA 学派主张，其对美国劳动过程、劳动市场和工人阶级的历史分析，使得系统探究资本积累过程和工人斗争历史之间相互关系成为可能。特别需要注意的是，几乎所有对美国劳动历史的具体分析都很少关注资本积累的动态对工人斗争的限制、目标和手段的影响。在这里，需要提及的是，关于资本主义发展对劳动过程的影响，还有其他学者的研究（布雷弗曼、阿格列塔等），戈登等人专门进行了理论评析。（1）布雷弗曼强调的"持续的去技能化过程"（continuous process of deskilling），

---

① David M. Gordon, Michael Reich, Richard Edwards, *Segmented Work, Divided Workers: The Historical Transformation of Labor in the United States*, New York: Cambridge University Press, 1982, p. 40.

以及资本家持续不断努力试图从"相对有技能的工人"（relatively skilled）和"自主工人"（autonomous workers）手中夺取生产控制权；SSA 学派则认为布雷弗曼等人的分析，无法解释资本积累的更替节奏（alternating rhythms）对资本家追求控制可以使用的手头资源的影响，因为布雷弗曼等人更关注资本家试图完成什么，而不是实际上真正发生了什么。(2) 阿格列塔（Michel Aglietta）最初在 1976 年法语著作中的分析表明，其理论意图与 SSA 学派非常相似，特别是他努力确定"资本主义调节的阶段"（stages of "capitalist regulation"）；围绕积累对"雇佣劳动条件"和"资本家之间竞争"的影响，阿格列塔提出了一些有趣的理论假设。然而，和布雷弗曼一样，阿格列塔的分析仍然是有缺陷的，因为他过于关注资本家在努力完成什么，基本上忽略了工人的反应，未能充分说明"劳动组织"和"工人阶级运动"的实际情况，无论是否有益于他的分析框架。特别是，阿格列塔对"福特制"的格外关注似乎是不合适的，而且具有历史误导性。[1] 需要注意的是，布雷弗曼在《劳动与垄断资本》中的序言，实际上也做出了"自我辩解"："我不打算讨论现代工人阶级的觉悟（consciousness）、组织或活动的水平。这是一本关于作为一个自在阶级（as a class in itself）而不是作为一个自为阶级（not as a class for itself）的工人阶级的书。我明白，在许多读者看来，似乎我已把这一主题中最紧要的部分略去了。……我担心这种使自己只讨论'客观的'（objective）阶级内容而不谈'主观的'（subjective）东西的做法，在某些沉湎于传统的社会科学的人们看来，将无可救药地损害这一研究。"[2]

---

[1]　David M. Gordon, Michael Reich, Richard Edwards, *Segmented Work, Divided Workers: The Historical Transformation of Labor in the United States*, New York: Cambridge University Press, 1982, p. 246.

[2]　哈里·布雷弗曼：《劳动与垄断资本——二十世纪中劳动的退化》，方生等译，商务印书馆 1979 年版，第 29 页。Harry Braverman, *Labor and Monopoly Capital: The Degradation of Work in the Twentieth Century*, New York: Monthly Review Press, 1998, p. 18.

  第四，戈登等人认为，其分析框架直接导致有关"技能传授机制的变迁"（changing mechanisms for transmission of skills）方面的含义；成功 SSA 的一个重要方面是，安排新工人群体接受必要技能训练，以操作生产设备；要进行资本积累，就必须提供这样一种机制，而"控制技能传授机制的分配情况"（distribution of control over the mechanism that transmits skills），则对各阶级之间的权力平衡具有重要影响。劳动在资本主义各阶段发生转型的同时，也对应着"技能传授机制的变迁"（changes in the mechanisms that transmit skills），两个方面具有相互联系。[①] 对应着劳动转型的三个阶段，技能传授机制的历史变化包括如下内容：（1）在最初的无产阶级化阶段，有技能的工人（skilled workers，或"熟练工人"）控制着劳动过程，他们雇佣学徒或助手，这些学徒或助手在与工匠或师傅一起劳动时获得技能；这种技能传授过程是需要通过有技能工人的"关卡"，他们可以调节传授过程的条件和规模；实际上，这种"关卡"以及有技能工人对产出水平的控制诱发资本家进入工作场所并改变劳动过程。（2）在同质化阶段，机械化倾向于降低对技能的需求，而雇主们则寻求用更少技能的劳动力来代替有更多技能的劳动力；然而，旧学徒制的消亡，至少在一些行业造成了真空，这是缺乏培训计划造成的问题。一些资本家试图建立自己的职业培训学校来填补这一真空，亨利·福特的男校（Henry Ford's school for boys）应该是最有名的；而安德鲁·卡内基则开始从大学毕业生中寻找工头。也就是说，旧学徒制的衰落，诱发了职业培训学校的兴起，来填补技能传授机制的空白。（3）在分割化阶段，技能传授机制几乎完全脱离了工人控制，越来越多的雇主依赖于各个层次的正规教育和公司所建立的新的内部等级制度，这种

---

  ① David M. Gordon, Michael Reich, Richard Edwards, *Segmented Work*, *Divided Workers: The Historical Transformation of Labor in the United States*, New York: Cambridge University Press, 1982, p. 40.

制度为在岗学习提供了机会。在一定程度上，学校教育取代了过去工人主导的技能培训过程（skilling process）。工人被雇佣进入工作阶梯，要想晋升到薪水更高的工作，就需要学习新技能。但在这里，工作阶梯的相关要求和晋升率的决定通常取决于雇主，而不是有技能的工人。一个未经训练的工人在其当前工作中学习下一份工作的技能。因此，劳动过程和劳动市场所具有的发展模式，对如何获得技能，谁支配获得技能的机会，以及技能培训过程中谁的利益将扩大或缩小产生影响。[①] 需要强调，一方面，戈登等人的"技能培训过程"和布雷弗曼的"纯粹的技能退化"思路不同；另一方面，SSA学派的思路是关注"劳动的转型"和"技能传授机制"二者之间的相互关系，而"技能传授机制"本身则从工人（有技能工人或熟练工人）手中转移出来。

第五，SSA学派主张，那种对二元劳动市场和劳动市场分割的早期研究是通过对劳动市场和微观样本数据的"横断面分析"来得以发展，这种早期研究导致了对个体工人特征关注的某种夸大，以及对细分部门边界的具体分析。而SSA学派的"历史分析"的目的是，对产生劳动分割的过程提供一个更动态的解释，希望更多强调造成分割的结构（structures that generate segmentation）、战后这些结构的历史偶然性（historical contingency），以及作为结果的分割。[②] 值得一提的是，SSA学派所强调的"历史偶然性""结构"等概念不能不说受到了阿尔都塞哲学的某种影响，例如阿尔都塞的"结构因果观""多元决定"以及关于"偶然性"的解释等。

---

①　David M. Gordon, Michael Reich, Richard Edwards, *Segmented Work, Divided Workers: The Historical Transformation of Labor in the United States*, New York: Cambridge University Press, 1982, p. 247.

②　David M. Gordon, Michael Reich, Richard Edwards, *Segmented Work, Divided Workers: The Historical Transformation of Labor in the United States*, New York: Cambridge University Press, 1982, p. 41.

第六，对劳动市场分化和分割的制度主义分析主要强调了历史上产生这些分化的特定制度特征，如工会谈判、特定工作技能、二级劳动市场的工人态度和外围产业的需求曲线。与之不同，戈登等人的 SSA 分析，更多强调了资本主义发展的动态导致并为分割的发展提供背景的过程。此外，许多经济学家谈到了低技能的二级劳动市场工人技能升级的可能性，以及提高他们工资水平和改善劳动条件的可能性。与之不同，SSA 学派对工作技能结构的解释则表明，如果不对资本主义经济结构提出深刻变革，就不可能进行此类改革。

第七，早期对分割的分析，过分强调了企业计划（corporate planning）的重要性，在现实发展中，工人不是全能型企业规划者手中的被动卒子，也不是资本主义发展必然规律的奴隶。而 SSA 学派则主张，要纠正早期研究存在的"理论失衡"，把积累的动态和资本主义从一个阶段到下一个阶段的转型视作两个阶级斗争的产物。如果工人和工会实践在塑造"分割化结构"（the structures of segmentation）方面起到重要作用，那么工人和工会的行动同样可以在形成当前资本主义结构性危机（structural crisis of capitalism）中出现的制度方面起到重要作用。[①] 这种强调具有非常重要的意义，完全不同于布雷弗曼笔下的"被动型工人"（默默等待资本家掠走劳动过程控制权的工人），SSA 学派分析框架中的工人是具有阶级意识、具有主体性的工人。

---

① David M. Gordon, Michael Reich, Richard Edwards, *Segmented Work, Divided Workers: The Historical Transformation of Labor in the United States*, New York: Cambridge University Press, 1982, p. 41.

第 四 章

最初的无产阶级化（19世纪20—90年代）

SSA学派把19世纪20年代初至90年代中期这段时期，称为美国"最初的无产阶级化阶段"，这个SSA的构建可以简单理解为一个依赖于创造雇佣劳动供给的历史过程。戈登等人重点考察了四个人群的无产阶级化：本土出生白人男性的雇佣劳动化、手工业者的雇佣劳动化、妇女和儿童的雇佣劳动化、无技能或非熟练移民劳工的雇佣劳动化。对于劳动力短缺问题，资本家们拒绝等待社会缓慢改进；相反，他们积极干预、主动出击，非常著名的"洛厄尔工厂女工"则清楚揭示了雇主在这一探索阶段为创造有效劳动力供给所做的种种努力，后来人们把这种工厂制度称之为"沃尔瑟姆制度"或"沃尔瑟姆—洛厄尔制度"。劳动力供给问题的解决，为美国首个SSA的成功构建奠定了基础，也为19世纪40—70年代中期的长期繁荣奠定了基础。但是，资本积累是以无产阶级化的、但大部分尚未转型的劳动为基础，资本家对生产过程的组织，依赖于工人对生产知识的掌握和传统生产技术，资本家无法对劳动过程进行细致的组织或转变再造。资本主义生产的快速增长，受到尚未根本转型的劳动力限制。

第一节 美国经济的增长和停滞（19世纪20—90年代）

SSA学派是把19世纪20年代至90年代中期这段时期，称为"最初的无产阶级化阶段"（the stage of initial proletarianization）。在此期间，雇佣劳动已经普遍化，并成为美国生产者的常规生产条件，而无产阶级化的发展趋势并没有在 19 世纪 90 年代的经济衰退中终结。以最初的无产阶级化为基础的 SSA 的探索、巩固和衰退，就是 SSA 学派针对美国这一发展阶段的研究对象。这一制度或系统（this system）给美国资本主义的广阔生产提供了第一个成功的基础，它的兴起、巩固是与资本主义本身的出现分不开的。当然，戈登等人是承认资本主义发展的多样性的，不同国家可以具有多种资本主义发展道路，一个国家的独特制度的出现未必具有历史必然性。与此同时，他们主张美国所出现的这种"独特制度组合"（particular set of institutions）也确实遵循了某种潜在逻辑，这源自当时特殊的阶级力量和其他影响。美国历史上的第一个 SSA 及其后的一系列 SSAs，都是独特的和具有历史偶然性（historically contingent）的阶级斗争和社会环境的产物。① 实际上，戈登等人所频繁使用的"资本主义多样性"和"历史偶然性"，标志着 SSA 分析框架不同于抽象层次的原理式分析，这些因素在抽象层次分析是要被"过滤掉的"，在中间层次分析则要给予考虑。

戈登等人尽管认为长期波动的"存在性"尚需证明，但更重要的是，他们已经把长期波动的存在视作前提，并作为立论的基础。美国和世界经济经历了几次长期波动（long swings），每一次波动都包括快速积累阶段（A 阶段）和停滞阶段（B 阶段）。在这些长波（long waves）的背后，长期发展带来了"量的增长"和"质的变革"；持续的发展过程和不均匀的积累速度，共同塑造了 SSA 的两个"构成制度"："劳动过程的组织"和"劳动市场的结构"。美国资本主义发展晚于英国资本主义，将之设置在世界范围第一个长期波动中的停滞阶段（B 阶段，即 19 世纪 20 年

---

① David M. Gordon, Michael Reich, Richard Edwards, *Segmented Work, Divided Workers: The Historical Transformation of Labor in the United States*, New York: Cambridge University Press, 1982, p. 48.

代初期至 19 世纪 40 年代中期）就足够了。在整个 18 世纪 90 年代，欧洲战争对美国食品等物资的大量需求等因素促进了当时处于有利地位的美国经济繁荣和快速发展，但当政治事件［例如 1807 年美国《禁运法案》（Embargo Act）；来自英国的封锁］破坏这种繁荣的基础，以及英国制成品被抑制的库存的释放，美国的这一繁荣很快就终结了。^① 从 1810 年或 1812 年开始，一直到 19 世纪 20 年代，美国工业处于由英国支配下的停滞，而经济复苏直到 1843 年才真正开始；美国的这段时期反映了长波停滞（long-wave stagnation）具有不均衡和不明确的性质。一方面，旧的盈利通道消耗殆尽，例如早期曾提供巨额回报的转口贸易，在 1808 年之后就再也没有恢复；随着欧洲市场衰落和关闭，奴隶主在烟草和谷物上的投资回报甚微；与此同时，非移民人口增长相对较快。这些因素使得实际人均收入下降，经济放缓。另一方面，增长率的放缓不是完全均匀的，也曾有过新机遇。例如，19 世纪前 10 年末期的扩张和 30 年代初的繁荣，与 20 年代的缓慢增长形成鲜明对比；随后，主要来自英国的棉花需求量激增，为美国奴隶生产的历史掀开了有利可图的最后一页。^② 美国无产阶级化的这段时期，占主导的是经济紧缩，新机遇也起部分作用。

　　19 世纪 40 年代之后，积累过程再次加速，进入第二个长期波动，从停滞阶段到扩张阶段。在此期间，美国的国民生产净值以每年约 4% 或以上的速度增长，大大高于 1840 年以前的速度，工业产值增长速度激增至 6% 以上；在 40 年代和 50 年代，人口迅速增长，平均每年超过

---

①　David M. Gordon, Michael Reich, Richard Edwards, *Segmented Work, Divided Workers: The Historical Transformation of Labor in the United States*, New York: Cambridge University Press, 1982, p. 49.

②　David M. Gordon, Michael Reich, Richard Edwards, *Segmented Work, Divided Workers: The Historical Transformation of Labor in the United States*, New York: Cambridge University Press, 1982, p. 50.

3%，而英国的手工艺人或技工（craftsmen）、爱尔兰农民、德国工匠（artisans）和工人的大规模移民涌入，则抵消了原住民人口生育率的小幅下降。[①] 关于经济扩张所立足的各种经济和政治因素，戈登等人给出了五个方面因素：（1）世界对棉花的持续强劲需求；（2）黄金的发现；（3）19世纪的第一次大规模移民；（4）新西部地区的开发；（5）内战。每种因素都不是独立的，每一种因素本身都由经济扩张来塑造。例如，爱尔兰和德国移民来到美国，部分原因是这里的机会越来越多，这些因素反过来又推动了经济繁荣。[②] 需要指出的是，扩张阶段本身也包含各种经济下滑时期，而非某种平滑顺畅的均匀扩张。当然，60年代国民生产总值和工业产值的增长在很大程度上受到了战争的影响。一方面，战争极大地刺激了美国北方的工业，许多战时百万富翁的出现表明了高利润商业的可能性；另一方面，战争也有破坏作用，整个交战地区及其工业都成了废墟。综合来讲，虽然有战争这种经济破坏，但持续的高增长率表明了快速积累的潜在力量。70年代中期的艰难时期，终结了美国北部和西部各州的长期繁荣。从1873年的大恐慌开始，持续了20多年，一直到90年代的大萧条结束，美国经济经历了新的停滞、更弱的积累可能性。这一时期，世界经济衰退更为严重，特别是英国工业开始了缓慢增长阶段。由于英国、法国和德国的资源流向美国，例如，这一时期的巨额铁路投资中，多达三分之一来自美国之外，这些资本流入美国大大促进了其国内的大量资本形成。此外，美国国民生产总值仍以每年3.5%（19世纪70—90年代）速度增长，虽然速度可观，但明显

---

① David M. Gordon, Michael Reich, Richard Edwards, *Segmented Work, Divided Workers: The Historical Transformation of Labor in the United States*, New York: Cambridge University Press, 1982, p. 50.

② David M. Gordon, Michael Reich, Richard Edwards, *Segmented Work, Divided Workers: The Historical Transformation of Labor in the United States*, New York: Cambridge University Press, 1982, p. 51.

低于前几十年；人口增长大幅放缓，1875—1898年，人口增长率略高于
2%；①特别是70年代和90年代，出现了严重的商业周期萧条，利润率
大幅下降，企业破产率高。在19世纪的最后几十年，至少有一半劳动
力依靠工资谋生，雇佣劳动已经确立为美国劳动关系的既定制度；20世
纪初的艰难时期，对一些商人意味着破产，但对大多数人则意味着节衣
缩食和更多债务；对于自我雇佣者（self-employed），大多数自由劳动力
继续从事农业或经营活动；这一困苦时期，戈登等人特别提到，著名的
"美国北方农村姑娘"（Yankee farm girls）被迫走进工厂谋生，以及其他
失去农场的农民。②值得一提的是，19世纪末的大萧条带来一个全新问
题：失业问题。例如，19世纪70年代的经济衰退导致了美国历史上第
一次在全国范围内大批工人失去谋生手段的恐慌。SSA学派认为，此后
美国资本主义长期发展与长波下降（long-wave downturn）以一种全新
方式交织在一起，所以，资本积累的总体速度，既反映了无产阶级的发
展，也为无产阶级的发展提供了基础背景。

　　综上所述，立足于"最初的无产阶级化"基础上的SSA，发端于19
世纪20—30年代间的长波停滞（long-swing stagnation），囊括了40—70
年代中期的扩张阶段，于70—90年代的停滞阶段开始衰退。需要注意的
是，SSA学派所使用的"衰退"（decay）这个提法，美国首个SSA的衰
退，并不意味着雇佣劳动的消失，而是聚焦于雇佣劳动的条件。也就是
说，首个SSA聚焦于雇佣劳动能否建立、如何建立，而以后的SSA聚焦
于雇佣劳动如何存在下去，其存在和演变的历史条件是什么。对于单个

---

①　David M. Gordon, Michael Reich, Richard Edwards, *Segmented Work, Divided Workers: The Historical Transformation of Labor in the United States*, New York: Cambridge University Press, 1982, p. 52.

②　David M. Gordon, Michael Reich, Richard Edwards, *Segmented Work, Divided Workers: The Historical Transformation of Labor in the United States*, New York: Cambridge University Press, 1982, p. 53.

资本家来讲，经济活动中的长期波动（以及短期商业周期）构成他们努力凭借雇佣劳动赚钱的背景；对于整个资本主义经济来讲，这些资本家的成败是创造经济繁荣和停滞的主要力量。

美国最初是作为英国新兴资本主义的产物而登场，其资本主义的出现经历了一系列发展变化。在 19 世纪初，美国的资本主义生产组织（通过雇佣劳动来赚钱）在整个国民经济生活中占比并不显著，它并非生而就是真正意义上的资本主义社会。在整个 19 世纪，美国独立前后，农业都是其国民经济的主要部门，而农业生产中很少使用雇佣劳动，奴隶是农业生产中的主要劳动力，独立农民则构成了自由劳动力的最大部分。戈登等人特别提到，在当时美国最接近雇佣劳动的用工形式是"抵债劳动"（bonded labor）[①]，具有偿债义务的劳动力要白干一定期限用以偿债（例如由欧洲跨大西洋赴美偿还船资），即便如此，在"偿债期限"结束之后，这些人也容易成为独立农民，而很少成为永久性的雇佣劳动者。即使是在小规模非农业部门，雇佣劳动者的使用零星且不规则。大多数手工艺生产，是由独立的生产者进行，是在家庭成员、学徒，还有分享收益的熟练工帮助下进行。大多数进入国内市场和出口贸易的纺织品甚至许多其他制成品实际上都是在农场生产的，家庭制造业给乡下人在农闲时提供了就业机会，有些家庭成员（特别是少女）全年几乎都在纺车和织布机上工作，为家庭提供了购买必需品的辛苦收入。随着一些家庭的专业化发展，这种具有附属性、兼职性的制造业逐渐变成了完整的、全职性质的家庭手工业，原有的经济收入成为次要。在城市里，大量商业和贸易活动往往具有家族生意的特点，为谋取工资而出卖劳力的搬运工等角色，只是起辅助的而非替代的作用。

[①] David M. Gordon, Michael Reich, Richard Edwards, *Segmented Work, Divided Workers: The Historical Transformation of Labor in the United States*, New York: Cambridge University Press, 1982, p. 54.

在 19 世纪早期，城市中的工人阶级或雇佣工人的就业主要在大城市，例如港口活动吸引了大部分工人；在 19 世纪 20—30 年代，城市里的建筑业和建造业吸引了部分工人。然而，即使这些活动依赖于赚取工资的就业形式或雇佣劳动形式，这些领域的工人仍然只占生产性劳动力的很小部分。在 1800 年，棉纺织业和钢铁制造业的工薪族只有 2000 人，占非奴隶劳动力的 0.1%—0.2%。① 综合来讲，虽然雇佣劳动已经出现，但它尚未成为组织生产的主要方式。奴隶生产、独立农业、手工艺生产、家庭制造、贸易和商业、契约仆役、家庭劳动、小商品生产等是 19 世纪早期劳动力在其中活动的主要生产关系。虽然美国人生活在资本主义世界之中，他们在很大程度上并没有隶属于资本主义生产关系，资本主义仍是一场尚未到来的革命。

第二节　最初的无产阶级化 SSA 探索期与雇佣劳动的形成（19 世纪 20—40 年代）

戈登等人认为，美国首个 SSA 的构建，可以简单地理解为一个依赖于创造雇佣劳动供给的过程。当然，也会包括其他因素，例如，宪法要解决财产问题，作为信贷和货币制度基础的美国银行的成立，对英国商品的关税保护，以及西方政治主权的扩展，等等。19 世纪 20—90 年代，推动美国劳动力转型的有两大变革（two great changes）：其一，将奴隶从奴役中解放出来，使他们在法律上能够自由选择经济活动。但是，在黑人进入雇佣劳动大军之前，他们不得不在半封建的佃农制度下经历几十年的困苦生活。他们在这个制度下生存下来，后又被赶出这个制度，在

① David M. Gordon, Michael Reich, Richard Edwards, *Segmented Work, Divided Workers: The Historical Transformation of Labor in the United States*, New York: Cambridge University Press, 1982, p. 55.

他们解放大约 50 年后，被迫选择雇佣劳动。黑人被整合进入现代工人阶级，完全属于 20 世纪的历史。① 我们在前文曾质疑美国奴隶解放应该会对劳动市场结构产生影响，SSA 学派则是把"奴隶解放和美国内战一笔带过"；在这里，可以视作 SSA 学派对这个问题的解释。我们可以将此种劳动力（奴隶）转变成雇佣劳动，概括成"三步骤"：奴隶状态、半封建租佃制农民、雇佣工人。其二，另一大变革也涉及"解放"，但它在经济关系上造成了不同变化。例如，在独立的手工业者、农民、家庭生产者和其他构成前资本主义的人口中间，创造了依靠工资生存的工人阶级。这一转变过程尽管形态各异，但其本质相同，他们被剥夺了所有其他养活自己的方式和手段，进而被迫成为雇佣劳动者。

在 19 世纪 20—30 年代，在美国形成了第一个持久性的、规模可观的工人阶级队伍，早期的雇佣工人以其自身独特性引人注目，而新的雇佣工人群体很快使雇佣劳动合法化。② 资本家作为新工人的最终雇主提供主要动力，他们的产品与传统产品（特别是手工产品）进行竞争是具有优势的，必然会侵蚀、瓦解传统生产的边界并最终将其纳入资本主义生产的逻辑中。在这一过程中，资本主义之前的生产者要么沦落为雇佣劳动者，要么充当资本家的"中间人"等角色。传统手工业者是保守的，而新资本家是善于捕捉并挖掘社会变化带来的各种可能性。有趣的是，戈登等人提到，此时期的资本家们虽然在生产过程中也引入了技术变革，但其优势主要不是来自使用"现代"技术（纺织业除外），而是来自他们对行会传统的有意忽视（willingness to ignore the craft traditions），

---

① David M. Gordon, Michael Reich, Richard Edwards, *Segmented Work, Divided Workers: The Historical Transformation of Labor in the United States*, New York: Cambridge University Press, 1982, p. 56.

② David M. Gordon, Michael Reich, Richard Edwards, *Segmented Work, Divided Workers: The Historical Transformation of Labor in the United States*, New York: Cambridge University Press, 1982, p. 57.

也就是说倾向于突破各种行业的传统束缚。为了保护其成员集体利益而组织起来的行会，强调对供应和工艺质量的控制。但是，资本家对这些不感兴趣，虽然他们出于需要而采用行业技术，但很快就引进了变化，他们对标准不挑剔，尽可能使用更便宜的劳动力——缺乏训练的工人或准学徒。然而，资本家最热衷于通过对劳动过程的控制，来使生产低成本和正规化，工厂能够赚钱，因为它允许有效监督的存在，工人们在工头的严密监视下，顺从于工业生产的节奏。然而，手工业者或手工艺人们（craftsmen）曾习惯于他们自己的劳动节奏，一天当中某个时间段需要紧张劳作，在另一些时间段则相对轻松，有的手工艺人的劳动具有一定季节性。SSA学派认为，这种随意性、灵活性给技工或手工艺人充分自由的同时，是无法保证生产的稳定性和规则性，当新市场出现的时候，其生产无法扩大并跟进。①

当资本家能够雇佣到熟练工人（jours）的时候，他们此时直接组织生产过程，可以获得稳定的劳动，同时安排监督人员介入劳动过程，以确保生产速度保持不变。这种最初的监督可以提高产量，削减浪费和损耗并降低生产成本，可以提高产品的一致性、规则性，使有效劳动投入大大增加。虽然手工业者们并没有很快放弃原有的劳动节奏和工作习惯，他们被迫在资本家的驱逐下来保护自身利益，最终这种变化将导致手工艺的消亡。然而，即使在更直接的情况下，对劳动过程的控制也有利于资本主义生产者与独立手工业者（independent craftsmen）之间的斗争。② 因此，除了对市场更敏锐，资本家把物美价廉的商品推向市场，

---

① David M. Gordon, Michael Reich, Richard Edwards, *Segmented Work*, *Divided Workers: The Historical Transformation of Labor in the United States*, New York: Cambridge University Press, 1982, p. 58.

② David M. Gordon, Michael Reich, Richard Edwards, *Segmented Work*, *Divided Workers: The Historical Transformation of Labor in the United States*, New York: Cambridge University Press, 1982, p. 59.

完全超过了手工业者。然而，这些先驱者资本家所面临的是充满敌意的传统社会，这种社会通常会抵制或不屑于资本家对劳动供给方面的各种努力；劳动力的常规化、稳定化使用面临着诸多困难，能够稳定使用一年时间的劳动力都是匮乏的、昂贵的，很多情况下甚至无法找到合适的劳动力。戈登等人认为，在这个意义上，最初的无产阶级化时代，要求资本家具有更为专注的阶级意识和行动，来构建这个新的积累的社会结构。① 通过这一广泛的社会过程，根植于非资本主义生产方式的整个人口，都要从传统就业形式中解放出来。

戈登等人专门列举美国历史上的"西进运动"来说明成为独立农民逐渐受到阻碍，而成为雇佣劳动则日益容易获得。美国的无产阶级化，也有其自身的特殊情况或条件。例如，在无产阶级化阶段的大部分时期，具有冒险精神的垦荒定居者（最初能够容易获得一些贷款）向美国西部进军；随着时间的推移，向西部转移的各种费用成本上升了，实际上这大大压缩了转变成农场主的可能空间；即便如此，东部农民却认为向西转移要比在东部从事农业生产还要好一些。除此以外，从事农业生产也需要一定的农业知识技能，对于没有任何农业经验、农业家庭背景的人来讲，向往西部成为独立农民或农场主，谈何容易？

由于来自资本家进入相同行业的竞争，传统职业状况逐渐恶化，原有的家庭生产者、手工业者以及其他人的生活水平下降了，当他们身处绝望而看不到任何其他选择的时候，他们摆脱了传统生计，被迫接受雇佣劳动。针对 19 世纪早期和中期的美国社会，戈登等人重点分析四个群体的"雇佣劳动化"：本土出生的白人男性、手工业者（craftworkers）、本土出生的白人妇女和儿童、移民。

---

① David M. Gordon, Michael Reich, Richard Edwards, *Segmented Work, Divided Workers: The Historical Transformation of Labor in the United States*, New York: Cambridge University Press, 1982, p. 59.

第一，本土出生白人男性的雇佣劳动化。SSA 学派指出，这一时期雇佣劳动的最大来源是本地出生的男性，绝大多数是白人，但也有少量自由黑人，他们从农场、无地农村、城镇无财产阶级中被吸引过来，这些新的工人没有太多从业经验或技艺背景（craft tradition）。这一群体中的年轻人往往最有可能选择出海、向西迁移、淘金等。虽然，他们的无产阶级化率（rate of proletarianization）相对较低，但他们数量庞大，使其成为劳动力供给的一个重要群体。① 这些没有技艺背景的本土男性提供了主要的劳动力供给，特别是在 19 世纪 50 年代之前，例如在制铁、印刷、铸造、伐木、燃料化学和酿造等行业，他们提供了大量且一般性的劳动力，他们有时占整个劳动力的三分之一或四分之一。② 美国早期劳动力来源或构成的资料极为有限，戈登等人借用一个案例分析，来证明上述观点：1850 年雷丁市（Reading）有 1.5 万人口，是美国当时中等规模新兴工业城市的典型代表，该城市 1850 年的人口籍贯数据揭示了独特的人口迁移模式，超过 70% 的劳动力来自雷丁市周边乡村，构成雷丁市新兴产业劳动力的是本土工人，而这些人是没有什么技能、缺乏保障的普通劳动力。③ 另一项关于林恩市（Lynn）19 世纪产业劳动力起源和流向的资料表明，林恩市制鞋厂工人中的绝大多数，是由其他谋生方式转移而来的本土工人构成；与此同时，当地原来分散经营的本土手

① David M. Gordon, Michael Reich, Richard Edwards, *Segmented Work, Divided Workers: The Historical Transformation of Labor in the United States*, New York: Cambridge University Press, 1982, p. 61.

② David M. Gordon, Michael Reich, Richard Edwards, *Segmented Work, Divided Workers: The Historical Transformation of Labor in the United States*, New York: Cambridge University Press, 1982, p. 61.

③ David M. Gordon, Michael Reich, Richard Edwards, *Segmented Work, Divided Workers: The Historical Transformation of Labor in the United States*, New York: Cambridge University Press, 1982, p. 63.

工业者、工匠、农业生产者，不断涌入发展壮大的产业城镇，成为雇佣劳动者。美国工业城市发展的有限资料表明，来自土地和国内生产的压力，造成了过剩人口，与城市出现的就业机会相结合，造成了大量人口向城镇迁移，这为有效劳动供给提供了基础。到了19世纪中叶，这种人口流动已经达到数百万人。

第二，手工业者（craftsmen）的雇佣劳动化。随着手工业生产（craft production）的消亡，那些被取代的生产者进入雇佣劳动力大军。戈登等人认为，移民进入美国的手工业者或其美国后代，在1800年已经建立了美国版本的手工业生产，诸如制鞋、制蜡、印刷、制毯、精美商品编织、制帽、橱柜等行业。这种欧洲传统和美国条件的"奇妙混搭"体系，它保留了欧洲行会（European guilds）的形式和愿望，试图对价格、供应、劳动培训和工作标准进行严格控制。[1] 但是，美国版本的手工业生产的行会势力是软弱的，行会经常不得不对那些使用太多学徒（apprentices）进行"劫掠"的师傅们（masters）进行抵制，学徒本应该通过一定年限培训之后才可以上升为熟练工（journeymen），但由于移民输入的熟练工以更少报酬生产行会标准之外的廉价商品；同时，那些逃离欧洲、稳定输入美国的手工业工人（craft workers）所带来的压力，使得未曾真正稳固的美国行会势力进一步遭到削弱。手工业组织和资本主义组织之间的竞争是注定失败的，在薄弱的传统和巨大社会变迁影响之下，资本家必然会入侵并毁坏手工业组织，而独立的手工业生产体系在19世纪40—50年代总体陷入凋敝。资本主义从两个方面"侵蚀"手工业生产并改变其生产关系：第一种情况，是从内部进行变革，师傅（甚至包括熟练工）从原有的等级关系中转变成老板雇主，最终从内部改变

---

[1]　David M. Gordon, Michael Reich, Richard Edwards, *Segmented Work, Divided Workers: The Historical Transformation of Labor in the United States*, New York: Cambridge University Press, 1982, p. 64.

手工业生产；第二种情况，是从外部进行变革，从事商品交易的商人，有时也会对生产进行投资、介入生产过程并变革其关系。旧的手工业生产关系具有等级制：学徒、学徒期满的熟练工、师傅。随着手工业关系的变化，大多数学徒不再奢望成为师傅，而是屈从于老板和工人的简单结构。实际上，这是一场生产关系变革，摧毁行会制度和等级制度控制下的手工业，全部纳入资本雇佣劳动制度。

第一种情况，戈登等人以马萨诸塞州的制造业城市伦道夫（Randolph）制鞋业的变化，来说明手工业生产内部关系变革。从殖民地时期以来，靴子和鞋子就由当地工匠生产。19 世纪上半叶，伦道夫的商人向鞋匠提供皮革等原材料，但是商人并没有控制生产过程本身。从 40 年代开始，靴子和鞋子制造商开始从比较成功的手工业者（craftsmen）中涌现出来，他们作为劳动力的雇主，已然成为工厂生产的先驱，并直接把产品卖给波士顿的批发商行。1850 年，在伦道夫的 83 家靴子和鞋子制造商中，有 52 家出身鞋匠家庭。① 第二种情况，商人资本家进入生产领域，最突出的例子是纺织业。例如，在织布业，在家操作织布机的独立手工业者被替换成全职工作；地毯编织工最初由小作坊和以家庭为基础组织劳动，很快就面临来自商人投资的工厂竞争，他们最终不得不进入这种工厂就业。由大商人资本投资的大工厂，开始使用动力织机。独立手工业和资本主义生产之间的竞争，结果是注定的，独立的手工业者最终破产。实际上，这一时期美国的手工业生产也面临来自国际因素的压力。例如，英国的部分商品直接进入美国，就会排挤或替代美国的手工业生产者；英国资本主义的发展（例如陶器制造业），迫使其大量手工业者移民进入美国，特别是为数众多的熟练工，这会使美国手

---

① David M. Gordon, Michael Reich, Richard Edwards, *Segmented Work, Divided Workers: The Historical Transformation of Labor in the United States*, New York: Cambridge University Press, 1982, p. 65.

工业者过剩，并恶化其就业形势。由此可见，手工业生产关系不断经历变化，学徒和熟练工日益服从于资本主义生产关系；手工业者不再对自己的劳动进行组织，而是交由资本家来做。需要指出的是，手工业者（craft workers）现在成了雇佣工人（wage workers），他们同时携带着自己的技能和对直接生产过程的广泛控制而成为雇佣工人。①

　　第三，妇女和儿童的雇佣劳动化。SSA 学派认为，在 18 世纪末，只有一小部分成年女性（通常是未婚、离异或丧偶的女性）在外工作，此外的大量妇女从事以"包买制或散工制"（putting-out system）为基础的家庭加工或制造业（domestic manufacture）。此后的二三十年，妇女就业的增长是缓慢的，增长主要是基于"劳动的家庭制"（"family system" of labor）。这里需要强调的是，戈登等人所涉及的妇女劳动或就业的分析，只是针对与商品生产交换有关系的妇女劳动，他们分析的是"资本主义劳动力"（capitalist labor force），需要把美国 19 世纪妇女职业的两种重要形式——家政服务（domestic service）和授课教师——给予忽略。② 直到进入 19 世纪，在数量方面，家庭工业中的女性肯定是最重要的女性劳动力。但是，非常著名的"洛厄尔工厂女工"（Lowell mill girls）则清楚揭示了雇主在这一探索阶段为创造有效劳动力供给所做的种种努力。对于劳动力短缺问题，雇主们或资本家们拒绝等待社会的自然缓慢改进；相反，他们积极干预、主动出击。此时期的新英格兰农业遇到困难，加上农场家庭固有的家长制特征，种种因素共同促进了"美国北方农村姑娘"（Yankee farm girls）涌进雇佣劳动大军。弗朗西斯·卡

---

① David M. Gordon, Michael Reich, Richard Edwards, *Segmented Work, Divided Workers: The Historical Transformation of Labor in the United States*, New York: Cambridge University Press, 1982, p. 67.

② David M. Gordon, Michael Reich, Richard Edwards, *Segmented Work, Divided Workers: The Historical Transformation of Labor in the United States*, New York: Cambridge University Press, 1982, p. 67, p. 249.

伯特·洛厄尔（Francis Cabot Lowell，1775—1817）在 1812 年战争期间，受布料需求增加的推动，创建了波士顿制造公司，利用最新的技术，用水力驱动机器将原棉加工成成品织物，在 1813—1814 年工厂在沃尔瑟姆沿着查尔斯河落成。洛厄尔 1817 年去世之后，他的合作伙伴于 1823 年将工厂改迁至沿着梅里马克河的东切姆斯福德（East Chelmsford），并将之改名为洛厄尔以示纪念。以马萨诸塞州洛厄尔为中心的纺织工厂实践了具有创新性的雇佣劳动制度，最初使用并吸引了大批新英格兰周边的年轻女工，使她们可以脱离家庭农场农业劳动并赚取工资。洛厄尔工厂为年轻女工提供了宿舍公寓居住，她们在工厂劳动之余，能够读书写作交流，并创办《洛厄尔献礼》（1840—1845）杂志（*The Lowell Offering*），包括诗歌、文学自传、见闻等内容，这本杂志也见证了该工厂早期劳动条件的相对优越和进步性。英国著名作家狄更斯于 1842 年造访美国，专门参观了洛厄尔工厂制度。当该杂志开始触及缩短工作日等劳资问题的时候，就遭到了工厂力量的停刊。在 19 世纪 40 年代中期，洛厄尔工人组织了"女工改革协会"（Female Labor Reform Association），试图给女工争取提高工资。但是，特别是随着那些为躲避爱尔兰大饥荒的大量廉价劳动力移民进入美国，洛厄尔工厂制度遭到终结。后来人们把这种工厂制度称之为"沃尔瑟姆制度"（Waltham System）或"沃尔瑟姆—洛厄尔制度"（Waltham-Lowell System）。①

美国早期工厂也依赖于"罗德岛制度"（Rhode Island System），这是一种源自英国的实践，它招募整个家庭成员（丈夫、妻子和孩子）为工厂劳动，这使得已婚妇女（连同她们的丈夫）的就业成为可能。更重要的是，雇佣了母亲也就一同雇佣了孩子，童工在这些企业中很重要。在

---

① 参见《洛厄尔国家历史公园手册》，见 https://www.nps.gov/lowe/learn/historyculture/park-handbook.htm。

一些工厂中，儿童是主要劳力；工厂有时从救济院和孤儿院招募童工，但通过雇佣整个家庭而获得儿童劳力似乎更为可靠。[1] 当工厂规模小的时候，"家庭制"（family system）足以支撑劳动力供给；随着资本主义的发展，资本家增强了对大规模劳动力的需要，而家庭劳动供给是有限的，二者之间的矛盾迫使资本家探索新的有效劳动供给。一定意义上，"沃尔瑟姆—洛厄尔制度"解决了劳动力短缺问题，这种工厂制度是美国企业终将会盛行的组织形式，劳动是专门化的，工人按部门组织起来，工厂内部的各种职能相互协调并整合在一起。戈登等人认为，SSA 分析框架对"工厂"的研究重点，不在于工厂的技术方面，而在于劳动过程所依据的组织原则（organizational principles）。在手工业生产中，资本家只是接管已经存在了的技术；而现在的工厂生产中，是根据资本家的需要来组织生产，雇主老板及其工头对单个工人进行监督并调节工人工作节奏。[2]

SSA 学派认为，为探索新的劳动力供给，波士顿制造商们面临两个问题。首先，依赖于劳动力的出卖而获得生计的工人阶级还尚未大规模发展起来，工人难以获得。然而，在工厂的技术组织（technical organization）中嵌入的劳动专业化（specialization of labor）需要大量低技能工人。但是，很少有人想在新英格兰的工厂里长期工作，通常是攒够了钱就可能离开工厂。因此，工厂生产的扩大需要发展和招募新的劳动力。[3] 其

---

① David M. Gordon, Michael Reich, Richard Edwards, *Segmented Work, Divided Workers: The Historical Transformation of Labor in the United States*, New York: Cambridge University Press, 1982, p. 68.

② David M. Gordon, Michael Reich, Richard Edwards, *Segmented Work, Divided Workers: The Historical Transformation of Labor in the United States*, New York: Cambridge University Press, 1982, p. 69.

③ David M. Gordon, Michael Reich, Richard Edwards, *Segmented Work, Divided Workers: The Historical Transformation of Labor in the United States*, New York: Cambridge University Press, 1982, p. 70.

次，许多美国人已经见识了 19 世纪前 20 年英国工厂城镇和无产阶级的发展，他们担心美国也会出现类似情况，公众舆论反对招募使用将在工厂受压迫的雇佣工人，这显然是对工厂制度的普及推广不利。① 实际上，"美国北方农村姑娘"的实践，作为新的劳动力，解决了上述问题。为了吸引这些年轻未婚女孩离开家庭农场农村，走进工厂工作，波士顿制造商们想尽一切办法，例如，建造了专门的宿舍公寓提供安全住处，工作之余还可以进行宗教文化活动，这些内容有助于培养工厂劳动中的勤奋自律。例如，梅里马克制造公司的第一批女工被安置在木板房里，到 19 世纪 30 年代中期，在工厂附近建造了砖结构的宿舍，并要求在城里没有家庭的妇女住在里面。她们的行为受到了宿舍管理员的密切关注，她们被要求向工厂管理层报告任何不当行为。典型的是，30—40 名年轻女性住在一间宿舍公寓里。一楼通常包括厨房、餐厅和管理员的房间，楼上卧室可以容纳 4—8 名女工，通常两人睡一张双人床。随着洛厄尔的衰落，劳动力结构发生变化，宿舍公寓淡出人们的视线。最初，洛厄尔公司很少在寄宿处接纳移民。内战后，本地出生的人离开工厂，而越来越多的移民劳动力走进工厂。到了世纪之交，这些公司出售了宿舍公寓，或者被用作其他用途，最终被拆除。② 女孩们不断涌向工厂和寄宿处，向工业城镇汇聚，她们在工厂平均工作 2—3 年。具有较快的人员流动，这会在一定意义上消除公众对工厂制度普及推广的顾虑或抵制。值得一提的是，在家长制生产和分工系统中，从整个家庭成员劳动的分配来看，女孩的主要职责是和纺织工厂的业务几乎相当。当英国开

---

① David M. Gordon, Michael Reich, Richard Edwards, *Segmented Work, Divided Workers: The Historical Transformation of Labor in the United States*, New York: Cambridge University Press, 1982, p. 70, p. 249.

② 参见《洛厄尔国家历史公园手册》，见 https://www.nps.gov/lowe/learn/historyculture/park-handbook.htm。

始往世界各地销售各种廉价纺织品的时候，机器制品正在替代女孩们的手工制品，工厂劳动正在替代女孩们在家长制生产系统中的家庭劳动，美国北方农村女孩在家长制生产中的劳动则会显得"多余"，似乎离开家庭赚取工资是大有益处的。这种因素一定程度上也会促进这种新劳动力的形成。戈登等人指出，在这些寄宿制工厂里，女性约占全部劳动力的 75%，她们受到男工头的监督，可以说是父权的工厂式延续。①

在 19 世纪 20—30 年代，这种工厂制度为美国的资本家带来了高额利润，但是，由于来自雇佣低薪劳动力的英国生产商的竞争加剧，以及从 1837 年开始的大萧条，纺织品企业的利润急剧下降。此时期的技术发明相对停滞，公司管理人员开始削减劳动力成本，而工人的劳动时间在 20—40 年代末显著增加，工厂明显提高了工人劳动强度；同时，对监督人员进行奖励，以求从机器操作人员（照料更多数量的织机）那里获得更多劳动。最后的结果，年轻女孩和监管人员的关系发生了根本变化。工厂女工们抵制劳动条件的恶化，但影响甚微。例如，在 1834 年和 1836 年，洛厄尔女工举行了罢工；在整个 40 年代，女工们请愿支持限制劳动时间，但大多以失败告终。②

对于资本家来讲，这种工厂制度在缺乏普遍的雇佣劳动制度的前提下，成功构建了"工业劳动市场"（industrial labor market），提供了有效劳动供给。当"家庭制"无法提供充足的劳动力供给，资本家开辟了新的劳动力资源，同时符合 19 世纪早期新英格兰的社会道德束缚，资本家的工厂募工是以某种仁慈的父权主义制度为基础，通过文化活动、道

---

① David M. Gordon, Michael Reich, Richard Edwards, *Segmented Work, Divided Workers: The Historical Transformation of Labor in the United States*, New York: Cambridge University Press, 1982, p. 72.

② David M. Gordon, Michael Reich, Richard Edwards, *Segmented Work, Divided Workers: The Historical Transformation of Labor in the United States*, New York: Cambridge University Press, 1982, p. 73.

德教育对工厂女孩进行教化，走进公民的或社区生活，而资本主义生产必将兴盛起来。

第四，无技能或非熟练移民劳工（unskilled immigrant labor）的雇佣劳动化。戈登等人认为，直到19世纪40年代早期，无技能或非熟练移民劳工在整个劳动力供给的占比并不显著。早期那些不具备手工业技能的移民，以及稍后的大量非英国移民，在自己原来的国家没有任何可以幻想的未来发展空间，手头也没有任何可以利用的资源，他们年轻而身体健康，给美国带来了宗教、文化、语言乃至人种方面的差异性，这会给美国工人阶级注入"异质性"（heterogeneity）。一般来讲，大规模的移民劳工进入美国，手头资源是贫乏的，也就是说，他们在移民之前已经无产阶级化了，到了美国之后，他们直接进入雇佣劳动大军。[①] 这些背井离乡的移民，乃至包括具备一定技能的英国手工业者，在美国找到适合自己原有技能或经验的工作，得以"新旧匹配"，谈何容易？所以，在诸如语言障碍、个人适应能力等多种因素共同作用下，就会限制和影响移民的职业选择，这些移民劳工更多流入没有技能要求的那些工作或职业。最早的无技能或非熟练移民劳工，主要是爱尔兰人和德国人，从港口城市进入美国，通常沿着美国西部铁路或运河建造项目寻找工作。

在19世纪40年代早期，大量爱尔兰人已经出现在纺织工厂。但是，第一次为美国工厂提供大量劳动力的爱尔兰移民潮发生在19世纪中叶。在1850年以前，爱尔兰妇女在工厂劳动力中所占比例不到20%；到了1855年，爱尔兰妇女在工厂劳动力中所占比例已经达到一半以上。[②]

---

① David M. Gordon, Michael Reich, Richard Edwards, *Segmented Work, Divided Workers: The Historical Transformation of Labor in the United States*, New York: Cambridge University Press, 1982, p. 74.

② David M. Gordon, Michael Reich, Richard Edwards, *Segmented Work, Divided Workers: The Historical Transformation of Labor in the United States*, New York: Cambridge University Press, 1982, p. 75.

在一定程度上，爱尔兰女工对美国北方农村姑娘这种劳动力的替代会削弱原有工厂女工的罢工活动；实际上，资本家在削减劳动力成本的同时，也削弱了美国本土女工的斗争活动。随着劳动力来源的变化，"沃尔瑟姆工厂制度"的独特之处逐渐消失，但工厂基本生产条件并未改变，工资没有增加，但由于生产速度加快，工厂的生产率是在上升的。[1] 与早期美国北方农村女孩不同，如果爱尔兰工人被工厂辞退，她们无家可回、无路可退，她们是更为彻底的无产阶级，完全依靠出卖劳动力谋生，别无其他选择。这也就意味着，她们可能会拉低雇佣劳动的平均条件，也受到了资本家的更多"偏爱"。可以掌握使用这两个方面的劳动力，这增强了资本家对工人的支配能力。对大批无技能或非熟练外来移民劳工的使用，这种无产阶级化 SSA 的早期探索，对美国后续的长期经济繁荣（19世纪40—70年代）是至关重要的；但是，后来的移民劳工，所面对的却是日渐成熟的资本主义体系和制度，这张工业体系网络已经编织成功。

在 19 世纪 40 年代初，美国经济从前几年的萧条中缓慢复苏，资本家已经找到了上述四种劳动力来源，劳动力的匮乏和昂贵不再是美国资本主义发展无法克服的障碍。资本家不再局限于雇佣那些有特殊限制条件的劳动力，可以去发掘社会生产和大规模雇佣劳动力的内在可能性。SSA 学派认为，美国资本家在 19 世纪招募使用的劳动力具有多样性（diversity），存在三个方面的分化。[2] 第一，在工匠（artisans）、有技能的工人或熟练工人（skilled workers）、无技能工人或非熟练工人（unskilled）之间存在分化，虽然他们现在都要服从资本主义纪律，但

---

[1] David M. Gordon, Michael Reich, Richard Edwards, *Segmented Work, Divided Workers: The Historical Transformation of Labor in the United States*, New York: Cambridge University Press, 1982, p. 76.

[2] David M. Gordon, Michael Reich, Richard Edwards, *Segmented Work, Divided Workers: The Historical Transformation of Labor in the United States*, New York: Cambridge University Press, 1982, pp. 77–78.

实际情况是不同的。对手工业工人（craft workers，包括"工匠"和"有技能的工人"）来说，资本主义在工作场所的统治似乎是不合法的，是对手工业工人合法特权的篡夺，他们反对任何进一步的干涉，尤其是当老板们试图重新安排劳动过程本身的时候，他们要凭借自身技能所固有的控制来捍卫其特权不被侵蚀。相比之下，无技能工人或非熟练工人，特别是爱尔兰和其他国家出生的工人，他们对另一种生产组织没有什么概念，没有相关经验可以利用，也没有与资本家讨价还价或抵抗的力量，面对包围他们的各种力量，他们是无助的。由于他们主要来自农村，也不习惯资本主义生产的节奏和纪律。第二，性别和年龄方面存在分化。男性在大多数行业工作，女性和儿童集中在纺织业和部分针线业。女工和无技能工人一样，她们没有另一种生产制度的有用传统或经验。第三，种族方面存在分化。不同国家、不同历史文化传统会塑造这些劳工对待工作的方式，构建社交圈子的方式，会以各种独特方式适应新环境。正是由于历史上就存在着的这些分化因素，美国工人阶级很少把自己看作一个阶级也就不足为奇了。

第三节　最初的无产阶级化 SSA 巩固期与尚未转型的劳动（19 世纪 40—70 年代）

在 SSA 学派看来，劳动力供给问题的解决，为美国首个 SSA 的成功构建奠定了基础，也为 19 世纪 40—70 年代中期的长期繁荣奠定了基础。制度环境或制度结构中的其他因素，特别是对道路、运河和其他内部改进的政治支持，以向南方和西部货物运输为主的国内市场的快速发展，以及内战对工业的巨大推动，所有这些都促进了积累过程。然而，这种劳动力问题的解决过程，本身也是存在局限性的，资本家最终会遇到限制；最重要的是，资本积累将以无产阶级化的、但大部分尚未转型的劳动（untransformed labor）为基础，资本家所雇佣的劳动依赖于传统生产技术。资本家对生产过程的组织采取了现有的生产方法，依赖于前资本主义的、工人对生产知识的掌握，资本家无法对劳动过程进行细致的组织或转变再造。虽然那些劳动力成为雇佣工人，但他们却保留其技能而控制着劳动过程。① 诚如马克思指出的："起初，资本家在市场上找到什么样的劳动力就得使用什么样的劳动力，因而劳动在还没有资本家的时期是怎样的，资本家就得采用怎样的劳动。由劳动从属于资本而引起的生产方式本身的变化，以后才能发生，因而要以后才来考察。"② 对这种无产阶级化的、但未经转型的劳动力的使用，意味着两个重要后果：(1) 资本积累过程极富有多样性，非资本主义生产方法也存在，这种多样性存在于 19 世纪中叶的几十年中，由资本主义竞争带来的生产者采用相同技术等方面的"均等化"（evenness）是以后的事情；(2) 劳动过程的发展主要是以外延形式的扩张，而不是质的变革，生产过程本身的性质变化缓慢。

在美国首个 SSA 影响之下，资本主义经济快速发展。1870 年，棉织品行业的实际产量是 1840 年的三倍多，就业人数是 1840 年的两倍；1870 年，靴子和鞋子行业的实际产量几乎是 1840 年的四倍，就业人数是 1840 年的五倍多；在铁路方面，雇员（不包括办公室文职人员）从 1840 年的几千人增加到 1870 年的 154000 人，而在整个交通运输行业，雇员人数都在飙升。③ 需要指出的是，美国资本主义生产的这种快速增长，受到

---

① David M. Gordon, Michael Reich, Richard Edwards, *Segmented Work, Divided Workers: The Historical Transformation of Labor in the United States*, New York: Cambridge University Press, 1982, p. 79.

② 《马克思恩格斯全集》第 44 卷，人民出版社 2001 年版，第 216 页。

③ David M. Gordon, Michael Reich, Richard Edwards, *Segmented Work, Divided Workers: The Historical Transformation of Labor in the United States*, New York: Cambridge University Press, 1982, p. 80.

无产阶级化的、但尚未转型的劳动力的限制。然而，传统经济史学家们试图将这一时期的经济繁荣归因于采用新技术和企业的新规模，进而导致企业效率提高。在戈登等人看来，经济史学家们的此类论调是错误的，这种论调不仅混淆了技术发明和技术应用于车间之间存在的"时间差"，而且这种论调忽略了社会生产关系，忽略了 SSA 对生产过程所能够发挥的关键作用。对于快速扩张期产出增长的来源问题，传统观点认为，技术创新和工厂的规模经济共同促进了产出的增长；相反，SSA 学派则认为，这一时期几乎没有技术变革，资本家是把现有技术应用于新的雇佣劳动制度中，这意味着产出扩张的主要来源在于外延式的、而非内涵式的增长，仅仅在于使用工人人数的增加，而非工人的人均生产率的提高。戈登等人的分析框架实际上是把就业的扩张视作产出增长的主要原因，并认为，在这一扩张时期，就业的增长可以解释所有制造业产出增长的60%—90%，产出增长主要是由于资本家追加了更多工人带来的。[1] 美国首个 SSA 的扩张期产出增长的主要原因在于劳动力供给的增加，是把既定的、现有的技术应用于资本主义生产部门；与之不同，美国第二个 SSA 是以劳动的同质化为基础，第二个 SSA 的扩张期，技术变革和生产过程的再组织，是这个时期内涵式增长的主要原因。[2]

　　在资本主义部门中，甚至在那些大规模使用劳动力的大型工厂中，传统技术可以继续存在。例如，在靴子和鞋子制造中，手工业生产赋予

---

① David M. Gordon, Michael Reich, Richard Edwards, *Segmented Work, Divided Workers: The Historical Transformation of Labor in the United States*, New York: Cambridge University Press, 1982, p. 84.

② 工人在 19 世纪 60 年代人均产出是停滞的，70 年代增长至 8%，80 年代是 17%，90 年代是 21%，1899—1909 年是 44%；从 19 世纪 70 年代算起，到 1944—1953 年之间，劳动和资本综合投入增长 14%，而产出增长 248%。David M. Gordon, Michael Reich, Richard Edwards, *Segmented Work, Divided Workers: The Historical Transformation of Labor in the United States*, New York: Cambridge University Press, 1982, p. 84.

了这个行业一个明确的组织形式，直到 1840 年，这个行业的生产工具在几个世纪都没有改变。不久之后，缝纫机被添加到制鞋工人的设备中，这些设备使产品质量统一和款式多样，成为制鞋业必备部分。但是，工厂组织方面发生的巨大变化，不在于使用昂贵的机器设备以及使用何种动力来驱动它，而在于为了获得产出均匀、时间和劳动以及库存方面的节约而要求工头对生产过程中工人劳动的稳定性进行监督。早期工厂的成功和快速扩张，不在于技术方面的"功劳"，在很多产业中的大企业仍是由许多小车间堆砌、拼凑在一起（车间组织尚未根本变革），而不是由细分任务（subdivided tasks）来整合生产过程，无法切断或清除手工业生产特征，在此时期的工厂车间，传统的生产方式以及技术烙印是极为深刻的。戈登等人借用了一段非常形象生动的文字来描绘这一时期工厂车间的"大杂烩图景"："每个部门或车间都有一组组的熟练工人，他们在学徒、助手和无技能工人的帮助下工作，熟练工人既使用手工工具，也使用世界上最先进的机器和设备。在机械车间，除了凿子和粗糙砂轮，还有车床；蒸汽锤和旧铁砧在铁匠伸手可及的范围内摆放着；在装配车间，起重机开始与手动起重机竞争。"[1]对传统技术依赖的一个典型例外是纺织业，在那里，除了编织操作以外，不需要手工艺背景，资本家从一开始就主导了劳动过程的再组织。"沃尔瑟姆制度"之下的企业家，就像他们发明寄宿制度一样，也使工作场所发生转型，他们的工厂从一开始就采用了新技术。SSA 学派认为，相对于美国其他行业来讲，纺织行业较为先进，该行业资本家已经在积极构建工厂制度，努力克服早期劳动力供给不足的问题，但是也不应被夸大："动力中心为所有机器提供动力，但它并没有真正将整

---

[1] David M. Gordon, Michael Reich, Richard Edwards, *Segmented Work, Divided Workers: The Historical Transformation of Labor in the United States*, New York: Cambridge University Press, 1982, p. 86.

个过程进行整合；基本上，纺纱车间布满了独立的机器，独立进行梳理和编织活动。此外，在费城和罗德岛周边，在19世纪中叶仍保留着小车间的组织形式。尽管如此，在19世纪70年代，纺织厂对生产过程的转型最为深刻"①。

对既定的、现存的生产工艺和工匠技术的依赖，以后会困扰阻碍资本家；当然，这在最初不仅必要而且具有相当程度的积极意义。可以肯定的是，资本家无法事先获得工人的生产知识。SSA学派认为，对于资本家来讲，使用现有技术或方法有四个方面好处：（1）工人本身自带常用的生产工具或器械进入工厂，从而节约资本家的预付资本；（2）节省了工人的培训和学习时间；（3）节约了设备稳定性调适所需资源；（4）工人自己掌握技术监督和指导活动，从而节约了资本家的精力。② 一句话，采用现有技术在一定程度上会降低资本家的成本。美国的这个发展时期，只有纺织业的劳动过程进行了广泛而深刻的重构，美国纺织业发展的"先行成本负担"，已经由更早的"先行者"英国所分担。

资本家对既定的现有技术的极大依赖，意味着前资本主义工作场所的形态各异、色彩斑斓的多样性，会顺延或转移到资本主义生产当中。每一种劳动场景，往往具有不同的劳动组织方式。此时期的工厂，通常呈现出"传统"和"现代"并存的某种混合物。戈登等人认为，其他生产形式能够存在，没有被新的、更大的企业排挤掉，原因在于：工厂规模更大，并没有使得效率更高，规模经济在这个发展时期并不存

---

① David M. Gordon, Michael Reich, Richard Edwards, *Segmented Work, Divided Workers: The Historical Transformation of Labor in the United States*, New York: Cambridge University Press, 1982, p. 86.

② David M. Gordon, Michael Reich, Richard Edwards, *Segmented Work, Divided Workers: The Historical Transformation of Labor in the United States*, New York: Cambridge University Press, 1982, p. 87.

在，传统生产技术仍然具有竞争力。[1] 除此以外，资本主义生产的异质性也包含空间维度。[2] 这些不同的空间模式与资本积累的不同形式直接相关。建立在无产阶级化的、但尚未转型的劳动基础上的资本积累，使小城镇获得优势，小城镇是人口从乡村到城市转移的第一站，在那里可以获得这种劳动力。与之不同，同质化时期的资本积累，更多依赖于可替代劳动力的规律（the discipline of substitutable labor），特别是大量无技能外国移民的流入及其潜在广阔的劳动市场，优势将转移到大城市。

只要资本家还没有进入生产领域，没有真正变革生产技术，还依赖传统的生产方法，这种增长的劳动供给的影响就是有选择的和分散的（selective and fragmented）。例如，工厂的操作职能岗位（mill operative）对过去技能的要求很少，在岗工人和求职者之间的竞争容易感知。然而，在许多行业有技能要求的岗位上，此种竞争则更为间接，非熟练工人无法直接取代熟练工人。但是，潜在工人数量的不断扩大会给有技能的工人或熟练工人带来压力。正如早期的师傅试图增加助手和学徒的使用一样，如今有技能的工人或熟练工人也面临着压力，为了遵守工时和产出标准，他们不得不将手中的工作进行拆分（fragment），并把部分任务再分配给低薪助手。因此，各种类型劳动力供应的增加，

---

① David M. Gordon, Michael Reich, Richard Edwards, *Segmented Work, Divided Workers: The Historical Transformation of Labor in the United States*, New York: Cambridge University Press, 1982, p. 88.

② 从 19 世纪 40—70 年代，工业发展最集中的是较小的工业城镇（雷丁和林恩），而不是最大的城市（纽约和费城）。1860—1870 年，美国最大三个城市制造业中的就业人数只增加了 53%，而人口排名第 21—50 位的城市则增加了 79.5%。相比之下，下一个长期波动探索阶段（1870—1900 年）的工业增长，则集中在大城市：从 1870—1900 年三大城市制造业中的就业人数增长了 245%，人口排名第 21—50 位的城市只增加了 158%。David M. Gordon, Michael Reich, Richard Edwards, *Segmented Work, Divided Workers: The Historical Transformation of Labor in the United States*, New York: Cambridge University Press, 1982, p. 88.

增强了资本家手中的权力，规训了熟练工人，资本主义部门扩大了强制因素。① 也就是说，劳动力供给越丰富，工人阶级内部存在差异化竞争越激烈，资本家手中的"强制性工具"反而越多。

SSA 学派认为，从 19 世纪 40—70 年代，此时期的社会结构成功创造了遏制阶级冲突的条件，促进了资本快速积累。但是，工人运动却是失败的，因为在经济繁荣时期，工人们难以通过集体行动获得太多成就。此外，19 世纪 40 年代劳工运动的大部分活动主要是为了恢复工匠、手工业者或技工日益恶化的地位，而不是为了工人阶级整体的共同利益。到了 50 年代，工人们被迫认识到新生产关系的持久性，试图在这个新体系、新制度中获得更好的条件而不是恢复以前的条件。在 60 年代，特别是 1862 年以后，劳动力短缺开始出现，工人运动获得较大稳定性；1863 年和 1864 年，有技能水平要求的同业工会会员迅速增加，在美国内战结束时达到 20 万人左右；工会在 60 多个行业中组织起来，这一运动仅限于工艺组织（craft organization）。② 由此可见，此时期的工人运动，是由技能工人所掌握和直接受益的。

劳动过程的三种组织形式。劳动过程中的"控制系统"（the system of control）是劳动组织的重要内容，必然也是积累的社会结构的关键要素，它从传统生产方式中产生并吸收其多样性。值得一提的是，这种多样性不在于各不相同劳动组织形式的存在性，而在于这些形式在首个 SSA 的巩固期仍具有重要经济意义。戈登等人列举了劳动组织三种主

---

① David M. Gordon, Michael Reich, Richard Edwards, *Segmented Work*, *Divided Workers*: *The Historical Transformation of Labor in the United States*, New York: Cambridge University Press, 1982, p. 89.

② David M. Gordon, Michael Reich, Richard Edwards, *Segmented Work*, *Divided Workers*: *The Historical Transformation of Labor in the United States*, New York: Cambridge University Press, 1982, pp. 90–91.

要形式：第一种是"简单控制"（simple control），① 这是业主的或车间的组织劳动的方式（an entrepreneurial or shop method of organizing work），例如在传统生产工艺相对薄弱的纺织厂和冶金车间，在这些小工厂、小车间，雇主凭借个人权力权威进行简单控制，这种业主式的资本家能看到一切，知道一切，决定一切；整个企业就是资本家的工作坊，他们迅速调解问题，重新分配人员，指导工人完成任务，现场进行奖惩。第二种是"内包制"（inside contracting），是劳动过程的一种非常独特的组织方法，内包制依赖于专门为企业工作、通常赚取日薪的包工头（labor contractors），但他们也雇佣自己的员工并监督劳动过程，以换取约定劳动之外的报酬或利润。不同于"独立承包商或转包商"（independent subcontractors），这种"内部承包者"（inside contractors）专门为一个资本家工作，其所有活动都限定在他所服务的资本家企业之内，他使用这个企业的工具设备，在该企业工作日长度等总体框架下雇佣、组织和监督这个企业的劳动力。这种内包制广泛存在于机械工厂（缝纫机、制表厂等）。第三种劳动过程的组织方法依赖于"有技能的手工业工人或熟练技术工"（the skilled craft worker）监督生产，工艺系统（craft system）是把生产控制权交由生产者掌握，而不是交给作为劳动驱动者的内部承包者，工艺技能（craft skills）对于生产是重要的，使得技术工人（craft workers）通常保留用工选择权（雇佣、解聘和监督他们的助手），致使资本家和工头无法干预劳动过程，其原因在于生产的技术知识掌握在熟练工手中。② 也就是说，熟练工人或技术工由自身掌握的生产技术知识

---

① Richard Edwards, *Contested Terrain: The Transformation of the Workplace in the Twentieth Century*, New York: Basic Books, 1979, p.25.

② David M. Gordon, Michael Reich, Richard Edwards, *Segmented Work, Divided Workers: The Historical Transformation of Labor in the United States*, New York: Cambridge University Press, 1982, p.92.

而控制着劳动过程。综合来讲，我们可以将劳动过程的上述三种组织形
式概括为：简单控制或业主控制、包工头或内部承包者控制、熟练技术
工控制。

巩固期的劳动市场结构。戈登等人认为，雇佣劳动人口的高度异
质性（highly heterogeneous）和劳动过程组织的极其多样性（great diver-
sity）造成了一个碎片化的、本土化的、缺乏联系的劳动市场体系。劳动
过程的多种组织方法，既反映也强化了劳动供给的多样性（本土出生无
技能白人男性、技术工人、妇女和儿童、移民），SSA 的这两个"构成
制度"——劳动组织和劳动市场——是相互作用的，在美国首个 SSA
的巩固期也是如此。例如，移民劳工在各行业中的分布极其不均匀，
较少充当伐木工和印刷工，更多充当棉纺工、矿工和钢铁行业工人。
此外，特别国籍群体为特定产业提供了大量劳动力供给，爱尔兰出生
的工人占铁路就业岗位四分之一，德国出生的工人占制糖业就业岗位
的 56%。这些移民劳工大致可以划分成两个种类：一是无技能非熟
练工人，在钢铁厂、毛棉厂、铁路等方面的就业，这些行业很少具有
手工艺传统或技术先例，或与熟练操作环节并存的大量非熟练生产环
节（这些环节可以吸纳无技能非熟练工人），这些非技能工段完全可
以由非熟练工人胜任；二是有技能的少量移民（德国面点师、英国制
陶师），这些人员努力在具有工艺组织（craft organization）的地方择
业。妇女就业则局限于某些特定行业（缝纫、纺织、制鞋），这三个
行业吸纳了妇女在制造业中就业总量的 70%。[1] 有技能的手工业工人
或技术工人（craft workers），他们可以捍卫自身技能的有效性，迫使
资本家对其劳动市场要区别对待；技术工人所参加的同业工会（craft

---

[1]　David M. Gordon, Michael Reich, Richard Edwards, *Segmented Work, Divided Workers: The Historical Transformation of Labor in the United States*, New York: Cambridge University Press, 1982, p. 93.

unions），更多是在当地而不是在全国范围发挥作用，他们经常握有更大的集体谈判权，同业工会努力实现统一的就业条件，提高工资和限制工资竞争，并为伤残工人或其遗孀提供福利。此外，限制学徒数量和限制移民劳工进入，一直是技术工人有效保护其地位的关键。①最后，对于那些没有手工艺技能优势或技术优势的本土出生的男性，主要是从周边农村进入附近城市的短距离就业，而不是远距离的国内迁移就业模式。

第四节　最初的无产阶级化 SSA 的衰退期
(19 世纪 70—90 年代)

在戈登等人看来，美国首个 SSA 陷入衰退是从 1873 年 9 月开始，其标志性事件是美国著名的杰伊·库克金融公司（Jay Cooke & Co.）破产，引发美国整个金融和信贷体系陷入恐慌。库克曾以联邦军队主要投资家而闻名，但他却是铁路融资的"迟来者"，当他同意资助北太平洋铁路项目，连接俄勒冈海岸和现有的东北铁路网时，第一条横贯大陆的铁路线已经建成了。1873 年，美国社会对产能过剩的担忧，加上成本超支，以及原有铁路信贷出现丑闻之后对铁路证券的不信任，压低了北太平洋债券的价格。库克公司在 9 月倒闭，引发了银行挤兑，美国股市恐慌。理论界对造成 1873 年恐慌的原因意见不一，但大多数人强调来自欧洲投资的大幅波动。例如，有观点认为，杰伊·库克是19 世纪 60 年代在伦敦设立公司的美国银行家之一，欧洲资金（特别

---

① David M. Gordon, Michael Reich, Richard Edwards, *Segmented Work, Divided Workers: The Historical Transformation of Labor in the United States*, New York: Cambridge University Press, 1982, p. 94.

是德国资金）于 1873 年突然转而投向德国国内市场，诱发美国危机。[1]
金融恐慌引发了 70 年代开始的长期萧条，一直持续到 19 世纪末。

以无产阶级化的、但尚未转型的劳动为基础的 SSA，给长期繁荣（19 世纪 40—70 年代）提供了环境条件，但在 70 年代中期之后则成为冲突的焦点。这种结构的不足或缺陷造成了长期衰退，局势则日益紧张，反过来又推动这种积累的社会结构的危机和崩溃。最初的无产阶级化 SSA 遭受两方面的"攻击"：一方面，为了应对日益严峻的竞争，资本家试图进入劳动过程使其革命并对劳动本身进行转型；另一方面，面对资本家的进攻，各种类型的工人、特别是技术工人，努力捍卫他们的地位和利益。[2] 两方面作用的结果，是阶级冲突的蔓延，并于 90 年代经济社会危机中达到顶峰。随着劳工方面失利，资本家建立了一个基于劳动同质化基础上新的 SSA。在长期繁荣期间的资本快速积累，资本家获得有利支持，并将产品和业务推进到新市场。地方性生产者都在努力寻求扩张，必然会加剧竞争。与此同时，美国交通运输业的大量投资和快速发展（例如铁路投资兴建），使各种运费急剧降低，必然会冲垮某些本地生产者免于广泛竞争的成本保护堤坝，原来孤立市场变成全国统一市场，对资本家来讲，既是机遇，也是挑战。美国 19 世纪最后 30 年的竞争是非常激烈的。在 19 世纪 70—80 年代，随着"资本家之间竞争"和"经济不稳定性"加剧，其影响迅速转移到劳资关系中。特别是从 70 年代中期开始，商品价格迅速下降，资本家必须降低成本以保持其利润。然而，资本家面对的是越来越激进的工人，通过降低工人工资

---

[1] 《哈佛商学院历史资料：脱轨的 1873 年》，见 https://www.library.hbs.edu/hc/crises/1873.html。

[2] David M. Gordon, Michael Reich, Richard Edwards, *Segmented Work, Divided Workers: The Historical Transformation of Labor in the United States*, New York: Cambridge University Press, 1982, p. 95.

来维持利润是困难的。例如，从 1873 年到 1890 年，技术工人和普通工人的实际工资却在上涨。①

SSA 学派认为，传统的劳动管理系统未能有效促进成本削减或劳动强化，这些控制系统存在两个显著弱点：（1）有技能或技术工人（craft workers）仍可对生产的节奏特征施加广泛影响，众多生产过程仍旧依赖于经验丰富技术工人的特殊技能和知识，他们以放慢生产节奏来对工资讨价还价，这是一种"手工艺或技术支配型劳动管理系统"（kind of craft domination）。（2）即使技术工人的影响相对较小，生产中劳动控制的强度和可靠性也存在问题，生产节奏常常不规则；雇主和工头权威有限，这通常取决于一个行业的工艺技术传统以及指挥工人监督系统的种种特殊性；管理部门对所雇佣的劳动力转化为直接生产性劳动活动的节奏控制不足，会造成不可预测性，车间是由工人掌管而非老板掌管，这激发了泰罗对管理技术的研究；由那些存在手工艺控制（craft control）的车间"拼凑而成"的工厂，只是手工业者车间的堆砌，而不是有机整合的工厂。② 繁荣期的资本快速积累也使工厂规模大为扩张，使工厂内部各种社会关系发生变化。例如，在业主制或简单控制条件下，劳动过程的监督和被监督关系会随着企业规模变大而发生变化，传统的个人之间关系难以维系，而权威也会表现为非人格化。这是工厂劳动过程，对于办公室劳动过程中的非人格化，布雷弗曼有详细论述。③ 与此同时，劳工

① David M. Gordon, Michael Reich, Richard Edwards, *Segmented Work, Divided Workers: The Historical Transformation of Labor in the United States*, New York: Cambridge University Press, 1982, p. 96.

② David M. Gordon, Michael Reich, Richard Edwards, *Segmented Work, Divided Workers: The Historical Transformation of Labor in the United States*, New York: Cambridge University Press, 1982, p. 96.

③ 哈里·布雷弗曼：《劳动与垄断资本——二十世纪中劳动的退化》，方生等译，商务印书馆 1979 年版，第 268 页。

运动的兴起也会有助于限制工作日的延长，从而阻碍资本家降低成本；特别是美国内战之后，工人每天劳动的平均小时数是逐渐减少的。

　　受制于这些限制因素，以及日益激烈的"资本家之间竞争"，资本家开始动摇 SSA 的基础：无产阶级化劳动的尚未转型特征，劳动过程多样而棘手的控制体系，以及碎片化或非竞争性的劳动市场结构。① 这是资本家对现存 SSA 不满的三点理由。工人们不亚于资本家对现存 SSA、现有秩序的不满，阶级冲突的强化标志着该系统的不完备性日益凸显，该 SSA 曾经创造了限制工人运动有效性的环境，积累过程的成功，通过加强公司之间竞争，侵蚀了这种结构的条件。1873 年之后的高失业率和工资的极大下降压力摧毁了许多同业工会，但却激发了产业工人运动：1875 年夏天矿工罢工、秋天纺织工人大罢工；1877 年第一次全国铁路工人罢工，罢工蔓延至其他相关产业，最后升级为大规模工人罢工；19 世纪 80—90 年代初，工人阶级的斗争不再局限于某个孤立产业、某个区域，而是更具全国范围意义，更具有工人阶级作为一个阶级应该具有的特征。② 综上所述，在竞争加剧及其导致的利润率下降和阶级冲突高涨两个方面因素共同作用之下，最初的无产阶级化 SSA 已经不堪重负，而新 SSA 同时在孕育之中。

---

　　① David M. Gordon, Michael Reich, Richard Edwards, *Segmented Work, Divided Workers: The Historical Transformation of Labor in the United States*, New York: Cambridge University Press, 1982, p. 97.

　　② David M. Gordon, Michael Reich, Richard Edwards, *Segmented Work, Divided Workers: The Historical Transformation of Labor in the United States*, New York: Cambridge University Press, 1982, p. 98.

第 五 章

劳动的同质化（19 世纪 70 年代——
第二次世界大战）

　　最初的无产阶级化带来的雇佣劳动供给，已经无法胜任资本积累的充分基础，资本家无法在生产中获得稳定可靠的劳动活动，无法按自己意愿在生产中支配使用劳动力，资本家探索寻求更为有效的劳动榨取系统。传统的劳动管理系统，难以降低成本或强化劳动，资本家探索增强劳动过程控制的新方法，主要采取了机械化用来清除有技能的或熟练工人，把对技能的需求降低至最低限度，对生产节奏实施更多调控，催生劳动任务和产业工人劳动条件更为广泛的同质化。这种同质化过程，意味着劳动市场流动性会提高，促进了全国范围同质化劳动市场的形成。SSA 学派主张，美国在 19 世纪 70 年代之后逐渐出现了劳动同质化趋势，进而支配了劳动过程和劳动市场在 20 世纪早期的发展。值得一提的是，布雷弗曼劳动过程理论所研究的内容，从时间维度来看，比较接近于 SSA 学派的同质化 SSA 时期；也正是在同质化 SSA 理论分析过程中，我们可以看到更多布雷弗曼意义上的劳动过程理论。与布雷弗曼不同，戈登本人对于"垄断资本主义"提法并不满意，认为这个提法并不严谨。SSA 学派强调并凸显了工人阶级的主体性，这不同于布雷弗曼笔下工人阶级"逆来顺受"的"无主体性状态"。

第一节　美国经济的增长和停滞（19世纪
70年代——第二次世界大战）

最初所构建的雇佣劳动供给，在19世纪末的美国经济中，已经无法胜任资本积累的充分基础，资本家无法在生产中获得稳定可靠的劳动活动；也就是说，资本家能够购买到劳动力，但无法按自己意愿在生产中支配使用劳动力；生产中，劳动力与生产资料结合能够实际发挥出多少劳动量，资本家的话语权有限。在经济繁荣时期，现有雇佣劳动制度的不充分问题会被掩盖起来；当美国经济陷入衰退，问题则会集中显现。所以，资本家探索寻求更为有效的劳动榨取系统（systems to extract labor）。SSA学派认为，19世纪末的这些探索终将导向劳动过程组织和劳动市场结构的一个新阶段：劳动的同质化倾向于把工作降低为一般性的、半熟练水平（semiskilled denominator）。[1]直到世纪之交资本主义新阶段的开始，同质化才真正成为一个起支配作用的过程。对劳动过程进行组织新方法并巩固，等来了经济快速扩张新时期以及一个新的SSA，包括缓和工人冲突的制度创新。戈登等人认为，从19世纪70年代至第二次世界大战，构成美国经济的劳动同质化时期，它与最初的无产阶级化时期和分割化时期是有重叠的。

最初的无产阶级化使劳动过程从根本上并没有转型，无产阶级化

---

[1]　David M. Gordon, Michael Reich, Richard Edwards, *Segmented Work, Divided Workers: The Historical Transformation of Labor in the United States*, New York: Cambridge University Press, 1982, p. 100. 值得注意的是，与SSA学派不同，布雷弗曼在《劳动与垄断资本——二十世纪中劳动的退化》最后部分，专门批判"半技能或半熟练论调"。不仅如此，在整部《劳动与垄断资本——二十世纪中劳动的退化》英文版中，布雷弗曼正文中都没有使用"semiskilled"这个术语，只有在引用其他学者观点的时候，才涉及这个提法。哈里·布雷弗曼：《劳动与垄断资本》，方生等译，商务印书馆1979年版，第383页。

与各种劳动制度相兼容,即便到了 19 世纪末,资本主义部门仍包含丰富多样的劳动过程。随着同质化支配劳动过程,资本主义劳动组织方式的变化范围开始收窄。20 世纪前 20 年,资本主义生产组织日益整齐划一,越来越多的工作任务被简化为细小的、原子式的、半熟练操作。这种新系统提高了资本家对生产的控制,从而扩大了对工人劳动的榨取。与布雷弗曼所主张的工人技能两极化持续发展趋势不同,SSA 学派认为,第二次世界大战之后,工作任务简化(task reduction)所带来的劳动持续退化(degradation)发生的经济背景已经改变。在分割化时期,经济在劳动管理系统和劳动市场结构上产生了某种分化(a divergence)。同质化倾向于在资本主义部门的美国工人中创造更统一、更一致的劳动条件;而分割化则扭转了这一趋势,在不同的工人群体中创造了越来越独特的劳动条件。[①] 值得一提的是,布雷弗曼劳动过程理论所研究的内容,从时间维度来看,比较接近于 SSA 学派的同质化 SSA 时期。

关于这场危机的严重程度,有美国如下经济指标:以不变价格计算的实际国民生产总值增长率由 19 世纪 70 年代年均 6.5% 降至 90 年代中期的 3.6%;企业开始缩减投资,减少库存,1889—1898 年生产者耐用品的净资本形成跌至 1868—1888 年平均水平的一半,而净库存增加由 1869—1878 年的 5% 降至 1889—1898 年的不足 2%;周期性商业周期本身也在改变形状,扩张期日益变短,收缩期日益变长;经济恶化还表现在企业破产率方面,1883—1898 年的 16 年中,其中有 13 年的时间,登记注册的 10000 家企业超过 100 家破产,而在 1930—1939 年大萧条的 10 年中,只有 3 年超过 100

---

① David M. Gordon, Michael Reich, Richard Edwards, *Segmented Work, Divided Workers: The Historical Transformation of Labor in the United States*, New York: Cambridge University Press, 1982, p. 101.

家破产。① 这些数据表明，这场危机的存在性毋庸置疑。

随着世界经济从 1893—1897 年长期衰退中复苏，快速资本积累重新开始，帝国主义和殖民主义在资本主义世界经济中推动了贸易迅速扩张。戈登等人认为，在美国，区域分散化或去中心化（regional decentralization）和大都市近郊化（metropolitan suburbanization），在污水处理、电力和城市交通方面产生了巨大的基础设施投资。戈登本人在 1978 年的经典文章中也指出："在 19 世纪美国城市中爆发的阶级斗争，是集中在市中心的工厂区域，这在 1898 年之后推动了制造业分散化的第一次浪潮，这反而导致了对电力和排污系统建设突如其来的新需求。"② 美国的这个繁荣时代，通常被认为囊括了四大产业快速发展：有轨电车、电话、电力和汽车工业，预示着经济活力，以及扩张浪潮。快速积累的恢复，既依赖也促进了一种新的 SSA，涉及美国和世界资本主义经济的多维转型。戈登认为："在世纪之交兼并浪潮中所出现的新垄断，帮助调节（regulate）了不稳定的竞争条件。帝国主义帮助降低了原材料成本，并给商品输出开辟了新市场。技术创新，特别是电力，有助于降低成本并催生新的需求。与此同时，针对劳工的政策改革和瓦解工会的咄咄逼人策略相结合，遏制了工人阶级对资本主义积累的抵抗程度。资本主义经济再次风起云涌。"③ 随着帝国主义之间竞争加剧和发达资本主义国家在全球夺取殖民地，世界市场快速转型。特别是德国和美国，大型新合并的公司获得巨大的市场力量；新的运输系统促进了自然品和中间品供应的替代来源，原材料生产体系在世纪

---

① David M. Gordon, Michael Reich, Richard Edwards, *Segmented Work, Divided Workers: The Historical Transformation of Labor in the United States*, New York: Cambridge University Press, 1982, pp. 101–102.

② 大卫·戈登：《长周期的上升与下降》，《教学与研究》2016 年第 1 期。

③ 大卫·戈登：《长周期的上升与下降》，《教学与研究》2016 年第 1 期。

之交发生了变化，采掘业更多采取了资本主义组织形式。这种积累的新阶段，关乎消费习惯和生活方式的彻底转变，而技术发展速度在加快，部分要通过公司的系统研发而获得。资本主义新阶段一旦形成，必然出现快速的资本积累。

戈登 1978 年文章给出的统计数据显示：（1）先进国家长周期中的实物产量，1880—1894 年人均实物产量的年均变化 0.89，1895—1913 年则是 1.75，几乎是前者的两倍；（2）长周期中的世界贸易，1870—1890 年世界贸易总额年均变化 2.2，1891—1913 年则是 3.7。这一时期，美国经济是与世界经济处于同步繁荣，在 1894—1914 年20 年之间，美国的实际产出平均增长率大大超过了英国、德国和法国的增长率，美国 3.8、英国 2.1、德国 2.5、法国 1.5。[1]1899—1919年，美国制造业中就业稳定增长 131.1%。[2] 值得一提的是，1903—1914 年的年平均移民人数接近 100 万，远高于美国之前或之后的任何时期。[3]

1920 年后，世界经济逐渐跌入不稳定状态，导了大萧条。引发第一次世界大战的政治不稳定并未获得解决，仍是世界贸易持续加强的不稳定基础，这种不稳定性瓦解了几乎所有发达国家的增长基础。相比欧洲国家率先遭受经济停滞，美国稍晚一些，直到 1925 年之后才

---

[1] David M. Gordon, Michael Reich, Richard Edwards, *Segmented Work, Divided Workers: The Historical Transformation of Labor in the United States*, New York: Cambridge University Press, 1982, p. 43.

[2] David M. Gordon, Michael Reich, Richard Edwards, *Segmented Work, Divided Workers: The Historical Transformation of Labor in the United States*, New York: Cambridge University Press, 1982, p. 103.

[3] David M. Gordon, Michael Reich, Richard Edwards, *Segmented Work, Divided Workers: The Historical Transformation of Labor in the United States*, New York: Cambridge University Press, 1982, p. 252.

问题频发。例如，美国农业在 20 世纪 20 年代处于萧条期；[1]1925 年之后，对建筑物和设备的实际投资，以及生产率的增长速度都开始放缓；1920—1929 年，三个连续的短期商业周期的实际产出年平均增长率（以峰值计算比较），1920—1923 年 6.2%、1923—1926 年 4.8%、1926—1929 年 2.4%。企业破产发生率急剧上升，从 1921—1929 年的 9 年间有 8 年超过 100 家破产。对于收入分配来讲，不平等现象显著增加，人口中最富有的 5% 人群的收入份额从总收入的四分之一增加到三分之一；人口中最富有的 1% 人群，其占所有收入的比例从 12.2% 增长到18.9%。[2]

第二节　垄断资本主义、兼并浪潮和大企业

　　传统马克思主义理论分析（列宁、斯威齐和巴兰等），是将"1900 年之后时期"视作"垄断资本主义"新阶段；而这一时期，恰恰处于 SSA 学派给出的，美国同质化 SSA 的巩固期（19 世纪 90 年代末——第一次世界大战）；也就是说，如何对"1900 年"进行时间划分方面的理论定位，SSA 学派的解释和传统马克思主义理论观点是有差异的。SSA 学派认为，合并之后更大的资本单位出现，对于分析劳动同质化过程而言发挥着重要作用，它有助于给生产中劳动管理新系统奠定基础。但是，人们对于兼并运动存在很多困惑，世纪之交的兼并运动给美国经济带来何种结构性变化，企业发展又如何去掉其前进障碍等问题需要回答。

---

　　[1]　艾瑞克·霍布斯鲍姆：《极端的年代：1914—1991》，郑明萱译，中信出版社 2017 年版，第 106 页。

　　[2]　David M. Gordon, Michael Reich, Richard Edwards, *Segmented Work, Divided Workers: The Historical Transformation of Labor in the United States*, New York: Cambridge University Press, 1982, p. 105.

戈登 1980 年的文章指出："至少自从列宁关于帝国主义和垄断资本主义的经典著作问世以来，马克思主义者们通常假定资本主义发展经历了连续的'积累的阶段'（一种流行的看法是把'垄断资本主义'视作现代阶段）。然而，我们发现，在列宁乃至较近的论说中都远未形成一个严格的阶段理论。"以及"列宁和希法亭都没有清晰阐明他们所论证的资本主义进入一个新的发展阶段所必要的方法论前提。对于准确理解'垄断资本主义'时期的资本主义发展，哪些内容改变了、哪些内容没有改变来讲，巴兰和斯威齐也无法提供什么帮助。对此问题持续关注一段时间后，我终于发现了日本杰出马克思主义者宇野弘藏（Kōzō Uno）相关资料的一个英文翻译，关于他的资料信息，我取自关根友彦（Thomas T. Sekine）的介绍，宇野已经形成了关于资本主义发展的'阶段理论'（theory of stages）。宇野认为，我这篇文章也是如此，我们必须形成关于马克思主义理论的'三个抽象层次'（three levels of abstraction），以及我们必须确切分析不同发展阶段的结构和动态（the structure and dynamics）。然而，至少在我所读到宇野的一本著作中，他并没有提供关于阶段之间是如何衔接的，或者每个积累阶段的内在制度的相关理论阐述"[1]。这里我们需要注意三点：（1）戈登本人对于"垄断资本主义"提法并不满意，认为这个提法并不严谨，缺乏一个严格的阶段理论；（2）宇野弘藏"阶段理论"[2]对戈登最初提出"积累的社会结构"具有重要启发，宇野"三层次分析法"，可以理解为原理论、阶段论、实证论，戈登是把"阶段"和"积累的社会结构"视作可以相互替换的概念；（3）与 SSA 学派不同，布雷弗曼《劳动与垄断资本》显然是认同"垄断资本"

---

① 大卫·戈登：《积累的阶段和长经济周期》，《当代经济研究》2019 年第 8 期。

② 关于宇野学派的理论介绍，可以参见 Thomas T. Sekine, "Uno–Riron: A Japanese Contribution to Marxian Political Economy," *Journal of Economic Literature*, September 1975, pp. 847–877; M. Itoh, *Value and Crisis*, London: Pluto Press, 1980, pp. 37–45。

提法的。

随着 19 世纪 70—80 年代经济不稳定的蔓延，企业开始寻求一些使自己免受竞争和破产威胁的方法。钢铁业巨头安德鲁·卡耐基（Andrew Carnegie）在 1889 年表达了他们的绝望："企业主们眼看多年储蓄变得越来越少，而处境没有丝毫好转的迹象。这种环境造成了任何可能的救治都是被欢迎的。企业主们处于病人状态，并多年徒劳无益地接受来自正规学校医生的治疗，而现在必将成为庸医的牺牲品。在这种条件下，他们将会尝试任何事情。"① 当时的美国企业面临一种困境，进行低价生产面临资产缩水，停止或退出生产可能会遭受毁灭性打击。

戈登等人认为，以控股公司方式进行的兼并（the holding company merger）给这种企业问题的制度性解决提供了最终基础。② 存在三方面的发展，给 1898—1902 年的兼并运动提供了一个宽松基础：（1）19 世纪 80 年代初，国家铁路网的建成，以及铁路规矩、设备、运价表和时刻表的标准化，赋予了市场规模与大规模资本集中相互兼容；而且，运费从 19 世纪 80 年代初至 19 世纪末迅速下降，使得更广泛销售成为可能，消除了地方保护和区域垄断的地理障碍。（2）投资者在铁路方面的外部投资实践，这给工业证券提供了一般性股票市场模型，最终为金融家和推动者获取更大资本来源提供了便捷可靠途径，80—90 年代工业证券市场快速发展。（3）1889 年新泽西控股公司的合法化，给公司合并提供了先例，意味着公司可以合并公司。1898—1902 年，兼并共有 3653 起，是前 3 年兼并总数的 25 倍，是后 5 年兼并总数的 6 倍；在这一时期，美国整个制造业资本存量的四分之一到三分之一经历了合并；1904 年，

---

① 大卫·戈登：《长周期的上升与下降》，《教学与研究》2016 年第 1 期。

② David M. Gordon, Michael Reich, Richard Edwards, *Segmented Work, Divided Workers: The Historical Transformation of Labor in the United States*, New York: Cambridge University Press, 1982, p. 106.

318 个重要信托公司，有 236 个是在 1898 年 1 月 1 日之后成立的。[①] 需要指出的是，兼并或合并运动并不是在 1898—1902 年发生的"孤立事件"，而是过去历史演变的结果。这种兼并运动或浪潮，是早期经济矛盾促成的结果，企业和银行之间试图进行产业合并，也是为了应对棘手的经济问题，这些问题从 19 世纪 80 年代初就开始困扰它们。

又该如何评价兼并运动的影响呢？戈登等人认为，虽然兼并运动带来企业规模和内部行为的本质性转型，但它只是解决企业的竞争问题、经济不安全问题的必要条件，并非充分条件。在 19 世纪 80 年代，超过 1000 万美元通常被视作大型企业，只有少数制造业企业、6 家即将成为信托公司的企业，以及 15 家铁路公司达到这个水平。到了 1903 年，至少 100 家工业企业资产规模超过 1500 万美元，有 10 家企业所控资产超过 1 亿美元。例如，1902 年，美国钢铁公司控制了整个钢铁市场的 60%；1904 年，新合并的国际收割机公司控制了 85% 的收割机产量。这些例子说明，兼并会带来企业的更大规模，预示着更大的市场控制力量。[②] 合并对于企业形态的影响，在 19 世纪 80 年代，企业的所有权和管理权几乎都集中在开办企业的家族或合伙人手中，要么是家族制企业，要么是合伙制企业。此时期，只有铁路公司、纺织企业，以及少量其他企业，是被更多人拥有的。由于没有有效的外部资本市场，净投资几乎总是来自企业内部的留存收益，鲜有外部借

① David M. Gordon, Michael Reich, Richard Edwards, *Segmented Work, Divided Workers: The Historical Transformation of Labor in the United States*, New York: Cambridge University Press, 1982, p. 106. 另可参见爱德华兹对"合并和大企业兴起"相关论述，Richard Edwards. *Contested Terrain: The Transformation of the Workplace in the Twentieth Century*, New York: Basic Books, 1979, pp.42–44。

② David M. Gordon, Michael Reich, Richard Edwards, *Segmented Work, Divided Workers: The Historical Transformation of Labor in the United States*, New York: Cambridge University Press, 1982, p. 108.

款或出售股票，净利润几乎总是留在家族或合伙人内部。由于公司规模小，管理人员由企业内部产生。不论是从企业资本来源结构，还是企业所有权和管理权等结构来讲，这一时期的企业正在经历"由内向外拓展发育"的历史过程，不仅要凭借企业自身内部因素，更需要各种外部市场发育。①

SSA学派认为，兼并有效改变了"创业者或业主制企业"（entrepreneurial firm）的上述特征，很少有大公司仍然完全控制在创始家族或原始合伙人手中；企业规模变大意味着管理结构问题变得复杂，招聘专业管理人员或经理人员，并发展管理系统则成为必要。外部持股或银行融资，成为决定性因素；随着企业对外借款和股权外售，内部融资与外部融资的比例，成为企业关键变量。② 也就是说，兼并或合并带来企业规模变大，会对企业资本结构（股权结构）和管理结构产生重要影响。需要指出的是，这些变化固然很重要，新合并的公司仍面临激烈和不稳定的产品市场竞争。这种集中化过程，并没有立即使公司们牢牢掌握支配各个行业，依旧面临竞争和破产威胁或持续不稳定。

大公司的发展面临来自"反托拉斯运动"的抵制，也面临资本家阶级内部分化因素的干扰。例如，小企业或小资本家的抵制。这种快速合并，以及构建产业托拉斯的意图，一定程度上会撕裂资产阶级联盟。小企业担心自己的利益会受到新巨头垄断力量的威胁。戈登等人指出，资产阶级内部的这种分裂，给其他反对因素的有效发挥创造了条件，以厄

---

① 对于美国企业结构的历史演变，可以参见钱德勒关于"经理式的资本主义"或"管理资本主义"（Managerial Capitalism）的论述。钱德勒：《看得见的手——美国企业的管理革命》，重武译、王铁生校，商务印书馆2004年版；钱德勒：《企业规模经济与范围经济：工业资本主义的原动力》，张逸人等译，中国社会科学出版社1999年版。

② David M. Gordon, Michael Reich, Richard Edwards, *Segmented Work, Divided Workers: The Historical Transformation of Labor in the United States*, New York: Cambridge University Press, 1982, p. 108.

普顿·辛克莱 (Upton Sinclair)① 和沃尔特·李普曼 (Walter Lippmann)②
为代表的中产阶级改革者和社会主义者们发起了一场运动以求遏制大公
司和金融利益集团活动，他们推动了美国进步时代的改革，包括建立联
邦储备系统、联邦贸易委员会和其他监管机构。最值得注意的是，改革
者们迫使政府启动了一项前所未有的反托拉斯立法，旨在逆转合并的结
果。在 1904 年对北方证券公司(Northern Securities) 裁决之后的十年里，
对美国最大的十家企业中的七家——标准石油、美国烟草、国际收割
机、美国钢铁和其他巨头提起了重大的反垄断诉讼，以及其他控制特定
行业的公司 (如通用电气公司和杜邦公司)。在 SSA 学派看来，一方面，
美国社会复杂的多阶级反对因素阻止了大资本建立它所企图的"全部
制度"(overall regime)；另一方面，大资本和小资本在新的 SSA 的特定
部分上是统一的，即对待劳动过程和劳动市场的态度是一致的。因此，
"新制度"(new regime) 结果并没有等到大资本的胜利，相反，这些变
化可以追溯到 20 世纪初。③1915 年以后，甚至 1920 年以后，美国的大
资本才消除了其敌对因素，反托拉斯法被降格为偶尔调节管制，以保护
那些特别贪婪公司的一般商业利益，劳工运动被彻底摧毁。20 世纪 20

① 厄普顿·辛克莱 (1878—1968)，美国现实主义作家。1906 年发表《屠宰场》(The
Jungle)，描写大企业对工人的压榨和芝加哥屠宰场的不卫生情况。这本书在发行后的几个
月内被翻译成 17 种语言，西奥多·罗斯福总统就是这本书的读者之一，他尽管厌恶辛克莱
的政治主张，还是邀请辛克莱到白宫，并下令对肉类加工业进行检查。1906 年，通过了《纯
净食品与药品法》和《肉类检验法》。参见《厄普顿·辛克莱传记》，https://www.biography.
com/writer/upton-sinclair。

② 沃尔特·李普曼 (1889—1974)，美国新闻评论家和作家，在宣传分析和舆论研究
方面享有很高的声誉。1913 年出版《政治序论》(A Preface to Politics) 并获得成功，西奥
多·罗斯福总统对此书推崇备至。参见《美国史：沃尔特·李普曼》，https://u-s-history.com/
pages/h1866.html。

③ David M. Gordon, Michael Reich, Richard Edwards, *Segmented Work, Divided Workers:
The Historical Transformation of Labor in the United States*, New York: Cambridge University Press,
1982, p. 111.

年代的高企的利润反映了这些有利环境。兼并运动之前的"创业者或业主制企业"（entrepreneurial firms）更类似于传统的新古典竞争型企业模型，在短期内将价格和其他变量作为其环境的给定参数。1919 年之后，企业开始积极寻求短期之外的经济环境变化；也就是说，大资本的新优势，允许其朝着对其内部和外部环境的未来进行系统、合理规划的方向前进。

经济历经的结构转型，并非仅仅是传统马克思主义者主张的单一维度——由"竞争资本主义"转向"垄断资本主义"，虽然企业规模和市场力量的变化，对于催生积累的新阶段而言是重要的，但仅仅凭借企业结构变化无法解释 19、20 世纪之交的诸多变革。所以，仅仅聚焦于垄断资本主义的企业结构和行为特征，无法解释第二次世界大战前后世界资本主义经济逻辑和动态的一些质的变化。世纪之交中公司结构的变化，构成资本主义新阶段的必要条件，但却无法给这个积累阶段提供充分基础，无法给 20 世纪资本主义发展过程提供充分解释。与"竞争资本主义向垄断资本主义过渡论"传统解释不同，戈登等人认为，建立在"长期波动"和"积累的社会结构"相互依存基础上，这种复杂而多维度的资本主义阶段分析，提供了一个对资本主义发展动态的丰富解释，即对劳动过程和劳动市场的转型分析。[①]SSA 分析框架，有助于认识并避免夸大 1900 年前后兼并运动（企业规模和力量方面发生变化）的历史重要性。也就是说，戈登等人批判了传统马克思主义者的分析，那种传统分析是把整个 20 世纪的资本主义历史粗糙地、机械地理解成一个单独的"垄断资本主义"发展阶段，这是"大而化之"、不够精细的分析，容易忽略第二次世界大战前几十年与战后几十年之

---

① 　David M. Gordon, Michael Reich, Richard Edwards, *Segmented Work, Divided Workers: The Historical Transformation of Labor in the United States*, New York: Cambridge University Press, 1982, p. 112.

间的一些主要差异。① 实际上，布雷弗曼《劳动与垄断资本》对于美国
工厂劳动过程、办公室劳动过程的分析，就是以"垄断资本时代"为大
的逻辑前提，并没有对美国资本主义的阶段性变革给出任何解释。相比
之下，SSA 分析框架更为丰富、更为鲜活生动，第二次世界大战是同质
化 SSA 衰退期和分割化 SSA 探索期，是一个重要分水岭。

第三节　同质化 SSA 探索期与机械化的最初发展（19 世纪 70—90 年代）

　　SSA 学派主张，19 世纪 70 年代之后逐渐出现了劳动同质化趋势，
进而支配了劳动过程和劳动市场在 20 世纪早期的发展。在 19 世纪 60
年代，美国的资本主义生产组织仍然处于原始状态，手工艺或技术工人
（craft workers）仍然控制着生产的诸多领域，即便在手工业影响范围之
外，生产节奏不规则，生产性资本投资回报无法进行预期。随着 19 世
纪 70 年代和 80 年代危机的加深，控制的相对不足，使资本家饱受问题
困扰。在价格下跌压力下，资本家被迫寻找新的、更有效降低生产成
本的方法。传统的劳动管理系统难以降低成本或强化劳动，资本家开
始探索增强劳动过程控制的新方法，主要采取了机械化的新方法（new
methods of mechanization），产业资本家在 19 世纪 80 年代初增试新生产
技术，用来清除有技能的或熟练工人，把对技能的需求降低至最低限
度，对生产节奏实施更多调控，催生劳动任务（work tasks）和产业工
人劳动条件（working conditions）更为广泛的同质化。②

　　① David M. Gordon, Michael Reich, Richard Edwards, *Segmented Work, Divided Workers: The Historical Transformation of Labor in the United States*, New York: Cambridge University Press, 1982, p. 252.

　　② David M. Gordon, Michael Reich, Richard Edwards, *Segmented Work, Divided Workers: The Historical Transformation of Labor in the United States*, New York: Cambridge University Press, 1982, p. 113.

最初迈向机械化，发生在美国内战时期，可互换的零件（通用零件）被引入钟表、缝纫机和军火行业，采用此类创新的行业，资本家可以消除对手工艺技能的依赖。内战期间及其之后，麦凯机（the McKay machine）和固特异沿边机（the Goodyear welt machine）的使用，[①] 给鞋业资本家提供了相当程度的生产节奏控制，并削弱手工劳动优势，使得无技能或非熟练操作工人也可以生产优质鞋子。19 世纪 70—80 年代初，肉类加工采用了某种原始初级的流水线装置，屠夫的工位是沿着移动钩而排列，一个屠夫不再需要拆解整只动物，大量半熟练工人根据自己工位顺序进行单次或多次切片操作即可。1886 年，塞勒斯·麦考密克（Cyrus McCormick）的新发明，普通劳动力就可上手操作的机器取代熟练制模工。80 年代，钢铁行业资本家试图引进新技术和新设备，减少对熟练搅炼工、机械工和轧钢工的依赖。有了新技术新设备，可以降低联合工会的阻挠，生产出工厂应该生产的产品。90 年代，机械化快速普及，制造业中每个工人配备"马力数额"的增长，可以反映机械化发展程度：1869—1879 年增加了 8%，1879—1889 年增加了 13%，1889—1899 年增加了 36%。[②] 戈登等人特别强调指出，不能混淆 SSA 学派在这里所使用的"机械化"和已有文献中存在的"劳动节约型技术变化速度"（the pace of "labor-saving" technical change）。已有的大多数研究，是基于对无技能或不熟练职业的替代率（the rate of displacement of the most unskilled occupations）的计算。但是，SSA 学派关于同质化的假设，

---

①　也可参见 Richard Roe 分两次刊发在《政治经济学杂志》上介绍美国联合鞋业机械公司的论文：Richard Roe, "The United Shoe Machinery Company", *Journal of Political Economy*, Vol. 21, No. 10 (December 1913), pp. 938–953; Richard Roe, "The United Shoe Machinery Company," *Journal of Political Economy*, Vol. 22, No. 1 (January 1914), pp. 43–63。

②　David M. Gordon, Michael Reich, Richard Edwards, *Segmented Work, Divided Workers: The Historical Transformation of Labor in the United States*, New York: Cambridge University Press, 1982, p. 114.

以及与之相关的许多制度文献，主张这一时期的机械化替代了有技能或熟练工人（skilled workers），并增加对半熟练劳动力（semiskilled labor）的需求，和技能水平最低或无技能工人联系不大。[①] 也就是说，戈登等人所关注的机械化的实质，是由资本家主导而从手工艺工人、有技能或熟练工人手中夺取劳动过程控制权。

在戈登等人看来，机械化过程，并不仅仅是一个完全由技术创新和扩散速度来支配的技术过程；此外，机械化初期还包括另外两个重要维度。

第一，机械化涉及了更为广阔的社会意义的技术动态。例如，英国早期工业革命中机械化的主要障碍来自组织因素（organizational），而不是技术因素；资本家必须发现和应用组织生产的系统，以适应和规范半熟练工人的劳动（the labor of semiskilled workers）和新型机器。然而，雇主们过去是依靠手工艺工人（craft workers）的协调能力和技术技能，雇主们现在必须提供新系统（new systems）来实现协调，以减少他们对手工艺工人技术技能的依赖。也就是说，机械化和技术本身不能"悬在真空中"，劳动或生产过程的技术条件发生改变，劳动或生产过程的组织条件必须相应进行变革；不仅仅是新技术的出现，更是新组织的出现。

第二，资本家寻求机械化的动机充满争议，很大程度上是为了加强生产控制，而不完全或专门为了在短期内降低单位成本。[②] 也就是说，在 SSA 学派看来，很难将"劳动控制"和"成本削减"严格区分

---

① David M. Gordon, Michael Reich, Richard Edwards, *Segmented Work, Divided Workers: The Historical Transformation of Labor in the United States*, New York: Cambridge University Press, 1982, p. 252.

② David M. Gordon, Michael Reich, Richard Edwards, *Segmented Work, Divided Workers: The Historical Transformation of Labor in the United States*, New York: Cambridge University Press, 1982, p. 115.

开来。① 例如，在钢铁产业中，作为"贝氏炼钢法"（Bessemer process）
基础的"搅炼转炉"，节约了大量"搅炼工"劳动，他们在钢铁行业中
收入最高，过去经常罢工而使生产中断，采用这种机器有助于压制这些
工人，这种机械化方法满足了资本家的主要动机。在纺织产业中，美国
内战之后，落后于波士顿周边纺织行业发展，新英格兰南部地区纺织品
制造商也开始对"包买制或散工制"进行转型，采用英国走锭纺纱设备，
他们需要英国技术工人来操作这些设备，引进技术工人或技能工人的同
时，也带来了这些工人原有的工会和劳动习惯，这些地区的劳资冲突远
比波士顿地区严重。然而，资本家为了消除麻烦，甚至"倒退使用"过
去的旧式生产方法来进行抵制。在收割机发展历史中，麦考密克为了应
对 1885 年有技能或熟练工人的罢工，开始投资发明新机器，目的是取
代国际收割机公司所有熟练工人，并于 1886 年消除制模工及其工会的
影响；工会原来在春季生产高峰时掌握的斗争武器——压低工人劳动的
能力，随着机器的引入，以及大量非熟练工人的使用，制模工的技能已
经过时，工会影响力遭到破坏。关于机器的采用，确如 SSA 学派所给
出的，是充满争议的理论命题。新机器、新设备、新技术的采用，都是
需要代价的，对于资本家来讲必然会进行计算，这种投资是否合理？从
短期来讲，很可能会增加资本家的生产成本，但是，机械化可以帮助资
本家摆脱长期困扰。② 与之不同的是，以色列马克思主义经济学家沙洛
姆·格罗探讨了马克思《资本论》中的"机器规律"，机器被资本家使
用乃至普及，是需要条件的："在合适的经济条件下，资本的积累过程

① David M. Gordon, Michael Reich, Richard Edwards, *Segmented Work, Divided Workers: The Historical Transformation of Labor in the United States*, New York: Cambridge University Press, 1982, p. 253.

② David M. Gordon, Michael Reich, Richard Edwards, *Segmented Work, Divided Workers: The Historical Transformation of Labor in the United States*, New York: Cambridge University Press, 1982, p. 253.

一定会发生，这些条件必须证明采用新设备这样的投资是正当的。因此，经济条件明确表现为，企业主在这些条件下愿意投资，即，有利可图的这些条件是关键的。马克思意识到了这个问题。他在《资本论》第1卷中表达了我们称之为'机器规律'（law of the machine）的说法。"①马克思在《资本论》第1卷中原文如下："如果只把机器看作使产品便宜的手段，那么使用机器的界限就在于：生产机器所费的劳动要少于使用机器所代替的劳动。可是对资本来说，这个界限表现得更为狭窄。因为资本支付的不是所使用的劳动，而是所使用的劳动力的价值，所以，对资本说来，只有在机器的价值和它所代替的劳动力的价值之间存在差额的情况下，机器才会被使用。"②按照格罗的解释，马克思的原文似乎仅仅针对纯粹经济条件，没有考虑阶级冲突，相比之下，SSA学派文中列举例子，内涵更为丰富。

早期的机械化发展过程，新机器伴随工厂规模的扩大，进而要求更大的生产数量来支持资本投资。19世纪60年代以后，整个美国制造业的每企业单位的工人数量急剧增加。1869—1889年，每企业单位的雇佣工人平均数量增长了48%；1860—1900年，14个主要制造业中有12个行业类别，其平均企业规模都增长了一倍以上。③戈登等人认

① 笔者已经将格罗两篇重要文章译成中文。参见沙洛姆·格罗、泽夫·B．奥泽奇：《马克思利润率下降理论中的技术进步和价值：一个注解》，《政治经济学评论》2012年第4期；Shalom Groll and Ze'ev B.Orzech,"Technical progress and Values in Marx's Theory of the Decline in the Rate of Profit: An Exegetical Approach", *History of Political Economy*, Vol. 19, No. 4 (1987), pp. 591–613. 沙洛姆·格罗：《"使用价值"在马克思经济分析中的积极作用》，《政治经济学评论》2011年第4期；Shalom Groll,"The Active Role of 'Use Value' in Marx's Economic Analysis", *History of Political Economy*, Vol. 12, No. 3 (1980), pp. 336–371。

② 《马克思恩格斯全集》第44卷，人民出版社2001年版，第451页。

③ David M. Gordon, Michael Reich, Richard Edwards, *Segmented Work, Divided Workers: The Historical Transformation of Labor in the United States*, New York: Cambridge University Press, 1982, pp. 116–117.

为，工厂规模的迅速增长，必然会对工厂的社会关系产生重大影响。19
世纪 60 年代，工厂规模仍然很小，足以维持监督者和被监督者之间相
对的个人关系。然而，随着工厂迅速扩张，亲密和特殊的关系变得难
以维系，而权威也会表现为非人格化，工人更担心被解雇或被后备军
所代替；更大的工厂规模，会破坏旧有的私人交往，工人只能与经理们
打交道了。综合来讲，早期机械化和大企业工厂非人格化的增进，共
同影响着技能削减，并造成趋向同质化发展。随着有技能或熟练工作
（skilled work）在数量和质量两个方面削减，监督关系的非人格化瓦解
了老板员工之间的密切关系，更多雇佣劳动者在制造业中体验了类似工
作经验，几乎任何人都可以在大企业工厂中工作，因为只需要象征性
的技能即可。SSA 学派认为，在手工艺系统（craft system）中，有学徒
（apprentices）、学徒期满的熟练工（journeymen）、帮手（helpers）、助手
（assistants）和手工艺大师（master craftsmen），他们的工作任务和技能
水平各不相同；现在，则只有一种半熟练的工厂操作工（semiskilled fac-
tory operatives），他们的工作几乎不需要任何技能。[1] 需要指出的是，与
SSA 学派不同，布雷弗曼文中的 "operatives" 只是例行公事、常规操作
的、程序化的任务执行者，不需要任何技能，更不会有 "半技能或半熟
练" 的技能水平；如果在 SSA 学派那里，存在三个等级（熟练、半熟练、
不熟练）的技能水平，而布雷弗曼那里只有金字塔式的两极化结构。现
代工厂中的单个工人，只需要完成规定动作、既定任务或操作，只要干
好一件事情、一件简单操作即可。过去那种生产者的独立性、自主性、
个人主义，统统被消灭掉。其本质，就是完成劳动对资本的隶属。

　　上述内容是聚焦 "机械化" 来理解同质化 SSA 探索期的劳动过

---

① 　 David M. Gordon, Michael Reich, Richard Edwards, *Segmented Work*, *Divided Workers: The Historical Transformation of Labor in the United States*, New York: Cambridge University Press, 1982, p. 118.

程。同质化的最初发展，也表现在就业结构和劳动市场相关的几个总
量指标上。劳动人口的职业分布，从事工业生产的工资收入者占经济
活动人口总数的比例，从 1870 年的 26.6% 增加到 1900 年的 35.3%；
男性操作工（male operatives）和普通工人（laborers）在制造业男性
就业的占比，由 1870 年的 38.6% 增加到 1900 年的 42.0%。[①] 实际上，
具体职业群体劳动条件的变化，反映了同质化倾向。戈登等人补充
说明道，由于 1900 年之前的数据包含了一些有技能的职业类别，[②] 这
就意味着 1870 年的初始数据被高估了，而 1870—1900 年之间的变化
幅度被低估了，同质化的真实情况应该更为显著。从工资数据来看，
1870—1900 年之间，大量非熟练无技能工人移民进入美国非技术类工
作岗位，这种劳动力供给因素会抑制非熟练工人和熟练工人之间的工
资差异，该比率从 1873 年到 1896 年增加了 5%；这也说明，美国此
时期对非熟练工人的需求增长超过了其供给增长；[③]1873—1896 年，熟
练工人集体谈判能力削弱，意味着劳动市场更具有竞争性。[④] 也就是
说，熟练或有技能工人在过去曾经具有的工资相对优势，已经明显遭
到削弱，呈现趋同化。

[①]　David M. Gordon, Michael Reich, Richard Edwards, *Segmented Work, Divided Workers: The Historical Transformation of Labor in the United States*, New York: Cambridge University Press, 1982, p. 119.

[②]　David M. Gordon, Michael Reich, Richard Edwards, *Segmented Work, Divided Workers: The Historical Transformation of Labor in the United States*, New York: Cambridge University Press, 1982, p. 253.

[③]　David M. Gordon, Michael Reich, Richard Edwards, *Segmented Work, Divided Workers: The Historical Transformation of Labor in the United States*, New York: Cambridge University Press, 1982, p. 119.

[④]　David M. Gordon, Michael Reich, Richard Edwards, *Segmented Work, Divided Workers: The Historical Transformation of Labor in the United States*, New York: Cambridge University Press, 1982, p. 254.

　　这种同质化过程意味着劳动市场流动性会提高，促进了全国范围劳动市场的形成；相比之下，处于最初的无产阶级化 SSA 巩固期的 19 世纪 60—70 年代初，劳动市场则具有建立在地方性、区域性基础上的分散特征。SSA 学派指出，具有高流动性的无技能非熟练城市劳动人口，已经形成了一个持久流动阶级，他们饱受非正规劳动市场兴衰的冲击。劳动市场的同质化，会影响并造成跨区域、跨行业的半熟练、非熟练工人的更具同质化的工资水平；也就是说，劳动市场同质化，会带来工资同质化。区域之间的工资差别，在美国内战和世纪之交几乎消失了，这种"工资差异收窄"说明劳动供给更具流动性。19 世纪下半叶，某种"阶级工资"（class wage）出现了，这是由日益同质化的劳动市场所造成，一般化劳动收入不仅在众多职业之间呈现同质化，而且多年保持不变。①

　　戈登等人认为，劳动市场的日益同质化趋势，女性工人是一个例外。虽然在 19 世纪 40 年代，女性构成纺织工业第一波雇佣劳动力，但此后几十年中，她们仍然相对集中于少数几个行业，并没有在工业就业快速增长中占有一席之地，不像她们的男性同胞那样受到早期同质化显著影响。1870—1900 年，一定程度上，女工开始离开她们的传统工作，和男工一样，开始遭受早期同质化趋势在职业构成和劳动市场结果方面的"洗礼"。例如，女性非农就业人数迅速增加，从 1870 年 150 万人增加到 1900 年 430 万人；妇女在制造业的就业，比工业就业本身增长更快；女性制造业工人占制造业就业总数的比例，从 1870 年的 13.8% 上升到 1900 年的 19.2%；女性工业就业人数的增加，不再局限于传统的服装和纺织业，从事服装和纺织业的女性制造业工人比

---

　　① 　David M. Gordon, Michael Reich, Richard Edwards, *Segmented Work, Divided Workers: The Historical Transformation of Labor in the United States*, New York: Cambridge University Press, 1982, p. 120.

例，从 1870 年的 83.8% 下降到 1900 年的 71.9%；妇女在印刷和出版行业的就业比例，从 1870 年的 15.2% 增加到 1900 年的 24.0%；等等。[①]这说明，妇女从传统行业走出来，进入到其他工业领域之中，这一趋势是显著的。

同质化的发展过程，并非一帆风顺，也会遭遇工人的抵制。19 世纪 80—90 年代早期，工人阶级抵触情绪在升级；1880—1900 年，劳动力中的工会成员数量增加了 4 倍。戈登等人把这种来自工人阶级的不安归因于同质化本身的内在矛盾，工人越是具有相同工作条件或环境，他们越有可能围绕工作进行抗争。也就是说，同质化自身固有的内在矛盾，会激发更大的工人反抗，造成工人之间的联合，强化工人阶级的阶级意识。至少在这一点上，SSA 学派强调并凸显了工人阶级的主体性，并把"劳资冲突或阶级斗争"视作资本主义发展的"双重驱动轮之一"（另一个是资本家之间的竞争），这显然不同于布雷弗曼笔下工人阶级"逆来顺受"的"无主体性状态"。SSA 学派使用"工会化"（unionization）和"罢工活动"两个方面，来描绘工人阶级的动荡不安，工人阶级的战斗性和骚乱，从 19 世纪 80 年代开始蔓延，并在 90 年代危机深化中达到新高度，直至 1903—1904 年。19 世纪 70—80 年代的经济停滞，几乎消灭了工会成员及其势力。但是，在 1893—1897 年的经济衰退中，工会在失业率不断上升的情况下，成功地保持了组织完整性，这在美国历史上是第一次。工会会员数量，从 1886—1887 年的接近 100 万，降至 1893—1897 年萧条期间的 50 万左右；1897—1904 年，工会会员从 447000 人增加到 2072700 人，增幅超过 300%。从工人罢工活动的频繁程度来讲，1902—1904 年是一个高峰期，几乎是 80—90 年代初的危机

---

① David M. Gordon, Michael Reich, Richard Edwards, *Segmented Work, Divided Workers: The Historical Transformation of Labor in the United States*, New York: Cambridge University Press, 1982, p. 121.

时期最高水平的两倍。① 关于工人罢工活动的特征，戈登等人给出了两点结论：（1）罢工人数的增速慢于罢工事件的增速，意味着罢工活动呈现出"遍地开花"的分散样式，而不是"一次罢工汇聚更大人群"的集中样式；（2）工人对非经济需求的增长，和工会赞助或支持的增长是同步的。②

戈登等人借助三个材料，对同质化矛盾进行理论说明。③ 第一，19世纪 80—90 年代的罢工活动，无论是由同业工会（craft unions）发起，还是非正式自发发起，都蔓延波及了大型工厂的全部劳动力，特别是其中的非熟练无技能工人登上劳工运动历史舞台。例如，1885—1886 年，麦考密克公司的熟练制模工就曾动员了全部劳动力；1892 年，所有劳动力都被动员起来支持熟练工人对抗卡耐基公司。值得注意的是，美国劳工联合会（American Federation of Labor）在 1886 年拒绝与操作工和普通工人的合作，而这些工人大多是无技能或非熟练工人，上述工人罢工活动就不应该归因于同业工会官方政策所主导。SSA 学派推断这些罢工活动，反映了工厂工人（无论何种技能水平）之间的团结，这是同质化"锻造"的结果。也就是说，工人之间技能等级差异在削减，更加团结一致。第二，产业工会主义（industrial unionism）的早期尝试。美国内战之后，劳工运动是由有技能或熟练工人组织所支配，用于保护其工资

---

①　David M. Gordon, Michael Reich, Richard Edwards, *Segmented Work, Divided Workers: The Historical Transformation of Labor in the United States*, New York: Cambridge University Press, 1982, p. 122.

②　David M. Gordon, Michael Reich, Richard Edwards, *Segmented Work, Divided Workers: The Historical Transformation of Labor in the United States*, New York: Cambridge University Press, 1982, p. 123.

③　David M. Gordon, Michael Reich, Richard Edwards, *Segmented Work, Divided Workers: The Historical Transformation of Labor in the United States*, New York: Cambridge University Press, 1982, pp. 125–127.

和劳动特权免遭"降级"(degradation)。美国铁路工会和矿工工会,经常被视作 1900 年之前产业工会在全国范围发展的经典个案。SSA 学派则主张,甚至在 1900 年之前,产业工会也不乏在地方发展的案例,已经体现了工人在多职业性、多种族性之间的团结统一。也就是说,这种团结联合本身,是劳动条件同质化的产物。第三,19 世纪 80—90 年代的工人阶级抗争,具有某种易传染性或易传播性,容易激发其他工人加入进来。实际上,这与当时工厂聚集在城市中心的地理区位也有一定联系。这种具有"传染性"的抗议活动,其强度和密度取决于雇佣工人劳动条件的日益同质化,增强了工人们对共同问题和条件的相同看法。在戈登等人看来,19 世纪的最后几十年中,劳动过程和劳动市场的同质化趋势,在产业工人中催生了更为广泛、更具联合统一性的反抗。

第四节　同质化 SSA 的巩固期及其三种主要特征
(19 世纪 90 年代——20 世纪 20 年代)

美国 19 世纪 80—90 年代的经济危机,要求某种制度解决方案。然而,资本家对劳动同质化的早期探索,既不能恢复盈利能力,也不能遏制工人不安。SSA 学派认为,19 世纪 90 年代中期之后,在美国形成的资本主义新阶段,既依赖并促进了劳动同质化的巩固;虽然持续的阶级冲突延缓了新 SSA 的许多其他制度特征的涌现,但劳动过程和劳动市场在持续转型中;19 世纪 90 年代——20 世纪 20 年代,劳动的同质化过程不断巩固深化,有助于恢复生产过程稳定性,以及雇主对生产工人的重新控制。1898—1902 年之后,公司运营和财务的新规模,使得很多大公司更有能力来追求同质化;在 20 世纪前 30 年中,公司把更多生产工作(production jobs)压缩精简为同质化的、半熟练操作性活动(semiskilled operative work)。针对同质化及其带来的驱动系统(drive system），戈登等人将其概括出三个主要维度：（1）通过机械化和工作重构，对劳动进行重新组织，会带来生产工人更大的同质化就业；（2）工厂规模的快速增长，特别是大企业当中，增强了雇佣劳动的非人格化；（3）工头作用的不断扩张，给这种由资本家控制的新系统、新制度注入了监督动力。[1]同质化的这三种特征，支配了1900—1930年的劳动过程和劳动市场。

　　第一，"机械化"和"任务精简"（task-compression，或"工作简化"）作为相互依存的动力而发展。一方面，技术创新——凭借在生产中植入机器控制（machine control），以及削减资本家对技术工人的依赖——来支撑劳动管理的新系统；另一方面，工作精简有助于促进新机器的推广普及。在机械化和工作精简的共同作用之下，增强了对产业后备军规训的有效性，使得那些拒绝服从资本权力增长的雇员越来越容易被替代。也就是说，工作简化或任务精简意味着同质化的劳动力更容易被替换，具有更强的流动性。1900—1930年，钢铁、电力、食品加工和汽车等产业中的机械化，具有明显的技能削减效应（skill-reducing effects），充分体现了生产过程中的同质化。在戈登等人看来，此期间制造业增长和机械化扩散相当稳定，20世纪20年代的机械化存在一个巨大飞跃，1919—1929年，每个工人的人均资本增长了36%，而每个工人的实际增加值飙升近75%。[2]除此以外，SSA学派也主张使用每个工人的人均马力数来直接衡量机械化发展程度，这是一个物量指标，而非价值量指标。例如，1899—1914年，年均增长3.3%。这种分析框架，聚焦于这

　　① David M. Gordon, Michael Reich, Richard Edwards, *Segmented Work, Divided Workers: The Historical Transformation of Labor in the United States*, New York: Cambridge University Press, 1982, p. 128.

　　② David M. Gordon, Michael Reich, Richard Edwards, *Segmented Work, Divided Workers: The Historical Transformation of Labor in the United States*, New York: Cambridge University Press, 1982, p. 129.

一时期机械化对工人技能结构的影响。为了把新合并的大公司和没有合并的、仍具有传统企业结构的小公司进行比较，SSA 学派提出由大公司占据某个行业总资产超过 25% 及其以上的比例，则视作"合并过了的"，反之则视作"未经合并的"。① 这样一来，机械化在合并过的产业中发展更快，因为兼并运动产生的新合并会带来更多流动资本用于投资，这是一种优势。例如，1899—1919 年，合并行业的工人人均马力增长比非合并行业快 56%。②

汽车装配线的发展是这一时期机械化的经典案例。但是，许多人将装配线视为美国工业的新起点，主张所谓"福特主义或福特制"（Fordism）是现代技术发展的一个重要转折，在 SSA 学派看来，法国学者阿格列塔就是持有这种观点。与之不同的是，戈登等人认为，装配线的纯粹技术维度无法体现较之早期系统的重大进展，而装配线体现的则是自美国内战之后带来同质化效果的机械化连续发展的一个顶点而已。1913 年完成的装配线与福特本人使用的早期系统之间的主要区别，在于将物料处理方法从可移动的重力滑道扩展到连续的生产线操作。因此，装配线仅仅是完成了技术组织（organization of technology）——这是从可互换部件开始，一直延续到 19 世纪 70—80 年代屠宰场原始的移动挂钩——的某种逻辑发展。③ 这是否意味着，在 SSA 学派看来，阿格

---

① David M. Gordon, Michael Reich, Richard Edwards, *Segmented Work, Divided Workers: The Historical Transformation of Labor in the United States*, New York: Cambridge University Press, 1982, p. 255.

② David M. Gordon, Michael Reich, Richard Edwards, *Segmented Work, Divided Workers: The Historical Transformation of Labor in the United States*, New York: Cambridge University Press, 1982, p. 129.

③ David M. Gordon, Michael Reich, Richard Edwards, *Segmented Work, Divided Workers: The Historical Transformation of Labor in the United States*, New York: Cambridge University Press, 1982, p. 131.

列塔过分突出强调了"福特制"的历史地位？前文已经指出，阿格列塔过分关注资本家的能动性，没有给予工人阶级的能动作用以应有的关注。和早期机械化的趋向一样，汽车装配线的采用，部分起因于公司要对生产争取更大控制。值得一提的是，在福特本人看来，对劳资纠纷的担忧激发了"大规模生产"方面的系列创新，1909—1912年底特律劳资纠纷的增长，促动了福特以装配线来削减熟练工人对生产的控制，并消除半熟练操作工之间的社会接触。实际上，福特在大规模生产中的创新本质是一种同质化的趋向。如果劳动管理实践方面也发生变化，在此背景之下的机械化就会更为有效。也就是说，不仅要关注生产过程中的技术方面、生产资料方面等客观因素，更要关注人的因素、对劳动的管理；不仅要关注生产力，更要关注生产关系；不仅要关注技术创新，更要关注组织或管理方面的创新，从而提高企业生产效率。

　　除了大规模生产中的技术和机械化方面的研究，戈登等人给出了福特公司同时进行着的工作精简或工作简化方面的证据，将福特公司生产工人分成三类：熟练工、半熟练操作工、非熟练工。1910年，三种类型工人就业人数比例为31.8％、29.5％、38.6％；1913年，福特公司装配线最终建立，而三种类型工人就业人数比例为28％、51％、21％；1917年，大规模生产最终确立，而三种类型工人就业人数比例为21.6％、62％、16.4％。[①] 显然，这些数据充分反映了同质化对工作结构的影响，中间等级占比是逐步提高；一个由半熟练操作工组成的、新的同质化阶级，在大规模生产工人中占据支配地位。需要说明的是，关于工作或职业结构，SSA学派主张的是"三个等级结构"（熟练工、半熟练工或操作工、非熟练工），而布雷弗曼则主张"两极化结构"（一

---

　　① David M. Gordon, Michael Reich, Richard Edwards, *Segmented Work, Divided Workers: The Historical Transformation of Labor in the United States*, New York: Cambridge University Press, 1982, p. 133.

是有技能或熟练工；二是无技能或非熟练工）。

第二，机械化的发展导致工厂规模不断增长。在 1898—1902 年兼并浪潮之后，使得大企业的规模能够在 20 世纪前 20 年中更快扩大。在这些大企业中，1880 年每个工厂约 1500 名工人，1920 年每个工厂 20000—60000 名工人。与此同时，这种规模扩张本身，也反映了这些大公司财务和管理能力的提高。戈登等人给出的数据显示，1900 年，合并后的行业中每个工厂的平均工人数量是未经合并行业的两倍多；1899—1919 年，合并后的行业中的平均工厂规模增长了近 100%，而未经合并行业中的工厂平均规模几乎没有变化。[1]

第三，为了获得对劳动过程的更大控制，公司使用了更多工头和监督人员。随着技能削减，技术工人在很多行业中被替代，工头承担了过去由技术工人掌握的协调和管理职能。在戈登等人看来，1900—1930 年，可以被视作"工头帝国的 30 年"。监管人员权力增长，致使半熟练操作工的劳动条件进一步趋同，所有工人都要面对老板代表们的权力和任性。制造业对工头和监管人员的依赖增强，例如，制造业中的工头在 1900 年是 90000 人，1920 年是 296000 人，增长了 300% 多；然而，同期制造业中的总就业仅增长了 96%。这种增长更多来自制造业中有较高级别的"薪资职业"（salaried occupations）扩张，1899 年每一百个"工资收入者"（wage earners）中有 8.76 个"薪资职业者"，1919 年每一百个"工资收入者"中有 16.32 个"薪资职业者"。[2]1900 年，1 个工头对

---

[1] David M. Gordon, Michael Reich, Richard Edwards, *Segmented Work, Divided Workers: The Historical Transformation of Labor in the United States*, New York: Cambridge University Press, 1982, pp. 133–134.

[2] David M. Gordon, Michael Reich, Richard Edwards, *Segmented Work, Divided Workers: The Historical Transformation of Labor in the United States*, New York: Cambridge University Press, 1982, p. 135.

应 2 个经理；1920 年，3 个工头对应 4 个经理。① 这种职业结构变化是明显的。

第五节　大公司在同质化巩固期的八种策略

SSA 学派认为，同质化的上述三个主要维度特征，从 19 世纪 80 年代已经开始出现。同质化的早期探索（机械化、工作简化；企业大型化；工头帝国），在 19、20 世纪之交激发了工人的反抗和抵制，公司已构建控制劳动过程的新系统并能防止工人反抗。同质化的最终确立，部分取决于公司为了增强劳动的同质化而采取多种直接的、有意识的策略，这些未经协调且风格迥异的策略在 1900 年前后就开始付诸行动，试图降低由工人不满造成的破坏性。资本家对劳动过程的重构，使生产工人面对更为普遍相似的劳动条件，这些劳动条件的共同性会造成工人不满的蔓延或者扩大。也就是说，劳动的同质化，容易造成工人之间的团结统一。SSA 学派认为，1900 年前后，所有主要的公司策略创新有两点：一是把产业后备军作为在岗生产工人的一种威胁，提高规训的有效性；二是分化瓦解工人阶级在工作中的团结统一。②

第一，人事经理和人事部门的兴起。兼并运动之后，很多公司成立了集中化的人事办公室，有助于灵活应对劳工问题。19 世纪末，工头在车间的权威越来越大，既会维护车间的纪律，也会导致宗派主义（例如以个人喜好、种族背景等招聘员工）。实际上，工头作为资本家

---

① David M. Gordon, Michael Reich, Richard Edwards, *Segmented Work, Divided Workers: The Historical Transformation of Labor in the United States*, New York: Cambridge University Press, 1982, p. 256.

② David M. Gordon, Michael Reich, Richard Edwards, *Segmented Work, Divided Workers: The Historical Transformation of Labor in the United States*, New York: Cambridge University Press, 1982, p. 136.

的代表，一方面有助于实现资本家对劳动过程的控制，另一方面也会出于个人私利而背离老板们的初衷。很多大公司开始设置人事经理或人事部门来解决上述问题，把工头手中的"部分特权"（招聘、调动、开除辞退员工等）取走，但这并未影响工头在车间的规训职能；同时，这也会瓦解工人阶级之间的团结，清除"捣乱异己分子"以及社会主义者。1900 年之后，集中化的人事部门应运而生，这种集中化的人事部门就成为带来规训效应的关键方法，使劳动大军忍受日益同质化和可替代性劳动力的规训效应。也就是说，工作岗位日益简化，劳动力的可替代性是非常强的，只有努力工作才能防止被替换。当然，只有公司业务达到一定规模，才能够设置这样的部门。1928 年，所有公司中的 12%有人事部门，有 34%的员工数量超过 250 人的公司配备了集中人事办公室。①

第二，人为构造职业阶梯，分化工人阶级团结。劳动过程的同质化，把劳动任务削减为日益类似的工作活动，会导致工人劳动条件的趋同，进而塑造工人的团结统一。为了削减工人团结联合，许多资本家人为制造工作分化和差别，通过界定各种职称、工作头衔和制造职业阶梯来创造差别；不论工人从事何种具体操作，都可以沿着职业阶梯晋升。这种来自资本家方面对工人职位进行"差异化的不平衡确认"，必定会阻碍或瓦解工人之间团队精神的培养，更会阻碍阶级意识的塑造。这些方法会加剧工人对公司管理的依赖，也会使得工人之间的共同行动变得十分困难。在这里需要指出，不同于布雷弗曼对工人阶级在工厂劳动过程和办公室劳动过程存在的"劳动退化"（本质上也就是 SSA 给出的美国劳动同质化时期），布雷弗曼的逻辑或方法论是一种"表现因果观"，

---

① David M. Gordon, Michael Reich, Richard Edwards, *Segmented Work, Divided Workers: The Historical Transformation of Labor in the United States*, New York: Cambridge University Press, 1982, p. 138.

而 SSA 学派具有"结构因果观"或"多元决定"的理论品质。

第三，工厂选址体现了对工人的分而治之策略。戈登等人指出，在中心城市工厂区集中大量工厂的发展持续几十年之后，19世纪90年代末期，资本家开始将工厂搬迁至"工业卫星城"，这种制造业就业的"去中心化或分散化"（decentralization）在第一次世界大战期间快速发展，并给战后汽车出行交通方式的发展奠定了基础。在戈登等人看来，资本家对劳动纪律的关注，应该是"去中心化或分散化"工厂选址早期发展的合理解释，资本家担心罢工示威活动容易感染影响市区工厂工人，把工厂迁至郊区从而远离市区似乎更安全，并且能够避免工会化发展的影响。① 对于资本家来讲，工厂迁移要远离劳工骚乱和工会主义。工厂选址或搬迁至郊区之后，工人之间的沟通没有以往方便快捷，不同工厂的工人对各自劳动条件的比较也不像以往那样频繁，这样的效果是资本家期待的。

第四，大公司变革工厂设计。随着工厂规模变大，伴之以钢筋混凝土建筑、电力移动式起重机、铁路，以及其他装卸设备，企业逐渐摒弃19世纪经典的单一露天棚方式，转而使工厂设计更具灵活弹性。大多数现代工厂是由一系列相互联系的建筑群构成，而非单一的大型建筑物。这种工厂设计，更多体现了细分和功能分区，工厂内的生产活动分散在不同车间和建筑物中。戈登等人认为，工厂各部门之间的分离，要求更为集中的人事管理，工厂设计的物理分离细分则需要和新的集中化人事策略相匹配。② 也就是说，工业建筑师的工厂设计体现"部门划分"

<hr>

① David M. Gordon, Michael Reich, Richard Edwards, *Segmented Work, Divided Workers: The Historical Transformation of Labor in the United States*, New York: Cambridge University Press, 1982, p. 139.

② David M. Gordon, Michael Reich, Richard Edwards, *Segmented Work, Divided Workers: The Historical Transformation of Labor in the United States*, New York: Cambridge University Press, 1982, p. 140.

（departmentalization of factory design），一定程度上会考虑劳资冲突的化解，更好地遵循资本家对劳动控制的要求。

第五，大公司实行工资激励计划，在员工之间制造差异化奖励，并带来员工之间的竞争。在美国19世纪90年代之前，主要采用日工资形式；90年代中期之后，引入计件工资制度和更为复杂的激励计划，目的是提高产出水平。但是，无论产出怎样增加，由于公司经常调整计件工资单价，致使工人仅仅能够获得比日工资稍高的工资水平。工人对这些调整越发不满，同时激发了人事管理专家开始设计更为复杂的激励计划。例如，福特公司把生产工人分成6个工资薪酬小组，每个小组再分成3个等级；这是一种系统化的工资制度。SSA学派认为，这些激励计划有两个特征值得关注：一是工资制度无法独自发挥作用，依赖于人事办公室的构建、更大的监督权力，以及同质化带来的劳动活动标准化，也要求生产车间组织变革、车间操作及流程标准化，等等；二是工资制度的设计，并非仅仅通过累进计件工资激励来影响单个工人产出，同样甚或更为重要的是，这种工资制度旨在分化工人并降低工人集体行动。[1] 当工人各自根据自己的"劳动记录"来获取差异化报酬的时候，工人之间的共同利益就会受损，工会化的发展趋势就会受到阻碍。

第六，资本家试行所谓"福利计划"。公司通过将工人和退休金、福利计划相联系，进而激发工人的积极性，并在工人之间造成竞争和分化，这些计划有助于对工人进行分而治之，能够"享受福利计划"的毕竟是少数。

第七，公司对工人之间种族差异的操纵策略。戈登等人认为，公司对待劳工的这种独特策略包括以下几个方面特征：（1）公司偏好于

---

① David M. Gordon, Michael Reich, Richard Edwards, *Segmented Work, Divided Workers: The Historical Transformation of Labor in the United States*, New York: Cambridge University Press, 1982, pp. 140–141.

轮换交替招聘不同的种族工人群体，以便在不同的族裔工人之间制造竞争；但是，招聘结束之后，在工厂内各部门和工作类别之间是按种族来配置工人从而保持职业隔离（occupational segregation），种族差异化策略也是为了分化工人，防止工人统一行动。（2）当黑人最初被引入美国北部工厂，他们和南欧、东欧移民并行分配进入各种工作岗位，而东欧各族裔的工人处于同质化时期制造业中职业阶梯的底部。[①]（3）资本家运用的这种分而治之策略，对移民劳工的使用，会瓦解削弱工人抵抗以及工会化发展。（4）19世纪40—90年代，大量移民劳工涌入美国，提供了一个极具种族差异化的劳动力供给，美国资本家后来通过操纵种族差异的分而治之策略，体现了同质化SSA巩固期的新的策略创新。例如，戈登等人认为，这种策略在同质化SSA早期探索时期并没有使用，这个时期的资本家并没有明确利用种族差异来促进工人之间竞争或遏制骚乱。也就是说，种族差异化的劳动力供给在时间顺序上"在前"，而资本家或公司操纵利用种族差异的分而治之策略在时间顺序上"在后"，存在一个时间上的"滞后"。早期的政策，资本家利用产业后备军（其中包括大量移民劳工），来抑制工人的集体谈判能力；与之不同的是，在1900年之后，也就是处于同质化SSA巩固期，资本家明确利用产业后备军具有的种族差异化特征，来对工人阶级进行分化。

第八，激进的反工会主义。SSA学派认为，在1902年之后，美国公司发动了一场反对工会和社会主义者的"雇主攻势"，来打击工人阶级运动中蔓延的激进主义。例如，很多公司和工会运动中以美国劳工联合会（American Federation of Labor）为代表的保守势力进行合作，

[①]　David M. Gordon, Michael Reich, Richard Edwards, *Segmented Work, Divided Workers: The Historical Transformation of Labor in the United States*, New York: Cambridge University Press, 1982, p. 142.

使其能够摆脱产业工会会员（industrial unionists）和社会主义者。① 值得一提的是，美国劳工联合会最早是代表有技能的熟练工人利益的工会组织，其最初定位不同于涵盖各种技能水平的"产业工会"。综合来讲，这种来自资本家的激进反工会主义策略，分化削弱了工人阶级运动有效性。

在戈登等人看来，大公司在制定和运用上述策略中发挥了关键作用。在 1898—1902 年兼并运动之前，很少有公司发展这些策略，诸如集中化的人事部门的构建是代价昂贵的；然而，在合并之后，大企业相对于小企业具有更多资源和手段，来解决劳工问题以及同质化的种种矛盾，只有大公司能够运用诸多分化策略手段来强化劳动管理的新系统。② 显而易见，在 20 世纪资本集中过程中，大公司的这种优势发挥了重要作用。这些劳动管理新策略的出现及其走向，除了大公司，美国劳工联合会的一些保守领袖反对工人阶级运动的激进表现，转向以追求物质利益为宗旨的经济工会主义（business unionism），这种理念影响并支配了很多工会组织。这种经济工会主义，不主张社会变革，而是在资本主义制度框架之中寻求和公司或资本家势力进行谈判。

关于公司策略的两点补充评论。第一，大型的、合并后的公司在构建同质化基础上发挥的作用需要澄清。SSA 学派主张，最初的无产阶级化包含尚未转型的劳动，而同质化的巩固期凭借一种驱动系统的制度化（the institutionalization of a drive system）从根本上转变了劳动过程；在 1900—1930 年之间，这种驱动系统被普遍应用于资本主义各

---

① David M. Gordon, Michael Reich, Richard Edwards, *Segmented Work, Divided Workers: The Historical Transformation of Labor in the United States*, New York: Cambridge University Press, 1982, p. 144.

② David M. Gordon, Michael Reich, Richard Edwards, *Segmented Work, Divided Workers: The Historical Transformation of Labor in the United States*, New York: Cambridge University Press, 1982, p. 144.

部门、各地区，以及各种大小公司之中；在大公司中，同质化的巩固
更为有效，在生产的技术结构中有意识植入驱动系统，实现了"技术
控制"（technical control）。[①] 值得注意的是，这并不是说大公司采取了
和小公司相对比根本不同的劳动管理实践；只不过，大公司更容易从
这种驱动系统的有效应用中，获取更多利润而已。也就是说，同质化
时期的大、小两类公司之间的区别不是根本性质的，不同于分割化时
期"核心和外围企业"之间的本质上的差异关系。第二，SSA 分析框
架中的"劳动的同质化"和"驱动系统"是紧密联系的，并给出一个
关于公司劳动管理策略的推定。在戈登等人看来，其他很多学者关于
"科学管理"和"福特制"的考察具有历史误导性，这些学者误认为，
1900 年前后至 1920 年之间，公司策略发生了重大本质性变革；与之不
同的是，SSA 分析框架主张，直到 20 世纪 20 年代末期至 30 年代早期
在开始探索"新的内部控制系统"（new systems of internal control）之
前，"科学管理"和"福特制"都无法视作对上述那种"驱动系统"的
本质改变。[②] 结合前文，与法国调节学派阿格列塔不同，戈登等人不主
张过分夸大"装配线"和"福特制"的历史地位；同时，SSA 学派对"科
学管理"的定位，与布雷弗曼对泰罗"科学管理"的关注也是不同的。
在戈登等人看来，布雷弗曼笔下的泰罗、吉尔布雷斯（"塞布利格"的
发明者）等人物，都对同质化带来的简单系统进行了资本家方面的尝
试、实践或应用。例如 1914 年，在总数高达 268436 家制造业企业中，
只有 120 家工厂应用了"科学管理"，而这 120 家工厂中有不到 1%的

[①]　David M. Gordon, Michael Reich, Richard Edwards, *Segmented Work, Divided Workers: The Historical Transformation of Labor in the United States*, New York: Cambridge University Press, 1982, p. 145.

[②]　David M. Gordon, Michael Reich, Richard Edwards, *Segmented Work, Divided Workers: The Historical Transformation of Labor in the United States*, New York: Cambridge University Press, 1982, pp. 145–146.

工厂雇用了超过 100 名工人。① 也就是说，在 SSA 学派看来，以布雷弗曼为代表的学者们对美国公司采用泰罗"科学管理"的实际情况，高估太多甚或夸大其词了。由此可见，在 SSA 分析框架之中，美国 20 世纪最初的 30 年，这种"驱动系统"构成了劳动管理的支配性系统，它在 20 世纪 20 年代持续有效。

第六节　同质化巩固之后的七种影响

在 20 世纪的前 30 年，同质化一直在持续进行中，而美国公司采取的创新策略在 1900 年之后帮助同质化实现其自身的巩固。同质化过程对劳动过程和劳动市场的影响深远。戈登等人从公司盈利能力、事故发生、换工率、职业构成、工资、劳动力构成、工人阶级斗争动态等因素，来考察同质化影响。

第一，公司盈利能力的恢复。SSA 分析框架曾指出，美国经济在 19 世纪 80—90 年代处于停滞状态，意味着公司盈利能力危机。戈登等人通过计算制造业中的"总盈余"（gross surplus）——扣除生产工人工资之后的价值增加份额，来描绘同质化时期公司盈利能力的变化。总盈余从处于最初的无产阶级化 SSA 衰退期 1869 年的 62.7%，跌至 1889 年的 55.6%，而在同质化 SSA 巩固期的 1889—1929 年之间提高并处于 64.4%。这种盈利能力的恢复，说明资本家或企业重新获得了积累所需的结构稳定性。②

---

① David M. Gordon, Michael Reich, Richard Edwards, *Segmented Work, Divided Workers: The Historical Transformation of Labor in the United States*, New York: Cambridge University Press, 1982, p. 146.

② David M. Gordon, Michael Reich, Richard Edwards, *Segmented Work, Divided Workers: The Historical Transformation of Labor in the United States*, New York: Cambridge University Press, 1982, p. 147. 关于资本积累需要结构稳定性的细致讨论，可参见大卫·戈登：《积累的阶段和长经济周期》，《当代经济研究》2019 年第 8 期。

　　第二，工业生产中事故激增。戈登等人认为，同质化使得劳动节奏加强，正如"驱动系统"这个概念本身所揭示的，当机器以更快速度驱动工人，工人不得不更努力工作，动力机械事故率飙升。受制于前期历史数据的不可获得，处于同质化巩固期末端的 1926—1929 年的事故发生平均水平，是分割化巩固期的 1950—1970 年（同质化时期的"驱动系统"已经寿终正寝）的事故发生平均水平的两倍。[①] 在这里，值得注意的是，SSA 分析框架之中，是把"驱动系统"（drive system）作为专门从属于劳动的同质化时期的特有概念，也是和机械化、劳动节奏或速度提高紧密联系的一种形象表达。

　　第三，工人的换工率提高。1900 年前后，换工率明显加速，其根本原因在于绝大多数操作性工作对技能的要求降低了，工厂工人之间容易相互替代流动，大量工作岗位本身单调且没有吸引力。例如，1913—1915 年，进行调查的 105 家工厂每年平均雇佣 226038 名工人，其中五分之二员工的换工率超过 100%，这些企业中每年终止聘用的员工人数高于平均就业总数。[②] 戈登等人主张，半熟练工和非熟练工的换工率明显高于熟练工；同质化过程带来快速的换工率以及大规模劳动市场运动。

　　第四，半熟练操作工和普通工人比重提高。伴随同质化过程的是工人技能退化，半熟练操作工和普通工人则在工厂劳动力比重提高。例如，男性操作工和普通工人占制造业中男性就业总数的比例，1870 年 38.6%，1900 年 42.0%，1930 年 55.0%，是显著提高的；未分类的一

　　① David M. Gordon, Michael Reich, Richard Edwards, *Segmented Work, Divided Workers: The Historical Transformation of Labor in the United States*, New York: Cambridge University Press, 1982, p. 148.

　　② David M. Gordon, Michael Reich, Richard Edwards, *Segmented Work, Divided Workers: The Historical Transformation of Labor in the United States*, New York: Cambridge University Press, 1982, p. 148.

般操作工和普通工人占制造业总就业的比重，1900 年 36.7%，1930 年 52.1%。[①] 这些数据说明，劳动的同质化过程对工人职业结构的显著影响。需要指出的是，与 SSA 学派不同，布雷弗曼在《劳动与垄断资本》中并不赞同把"操作工"（operatives）视作"有一定技能的、半技能或半熟练"等提法，也反对阿尔巴·爱德华兹（Alba Edwards）的统计分类数据，特别是明确反对其主张的"三种等级技能论"。[②]

第五，对工人工资差异的影响。1873—1896 年，虽然移民劳工大量涌入美国，大幅增加了非熟练劳动力供给，但此时期对非熟练劳动力的需求更为强烈，非熟练工人工资和熟练工人之间的工资差异在收窄。戈登等人认为，此种"收窄趋势"遭遇后续的抵消因素影响，1901—1914 年年均移民 923000 人，1881—1900 年年均移民 446000 人，前者是后者的两倍多；[③] 这意味着，更大规模的移民劳工进入美国劳动力市场，大公司通过操纵种族差异和对美国劳工联合会中技术工人的收买，提高熟练工人的相对工资，削弱了非熟练工人的谈判能力，最后扩大了工资差异，直至 20 世纪 20 年代。[④] 也就是说，在 SSA 学派看来，在此期间的同质化对工人工资结构差异的影响是复杂的，呈现出了某种先收窄、后扩大的变动趋势。

---

① David M. Gordon, Michael Reich, Richard Edwards, *Segmented Work, Divided Workers: The Historical Transformation of Labor in the United States*, New York: Cambridge University Press, 1982, p. 149.

② 哈里·布雷弗曼：《劳动与垄断资本——二十世纪中劳动的退化》，方生等译，商务印书馆 1979 年版，第 383 页。

③ David M. Gordon, Michael Reich, Richard Edwards, *Segmented Work, Divided Workers: The Historical Transformation of Labor in the United States*, New York: Cambridge University Press, 1982, p. 258.

④ David M. Gordon, Michael Reich, Richard Edwards, *Segmented Work, Divided Workers: The Historical Transformation of Labor in the United States*, New York: Cambridge University Press, 1982, pp. 149–150.

　　第六，劳动力构成的变化。同质化过程和公司的新策略，也会影响妇女和少数族裔的就业情况。女性劳动力的参与率，从 1890 年的 17.4% 增加到 1930 年的 22.0%，越来越多的妇女进入雇佣劳动大军；此期间的已婚妇女占比增加了一倍多。[①] 但是，职业隔离影响着妇女进入劳动力市场的种种路径。例如，制造业中操作工和普通工人的女性比重，从 1900 年的 19.1% 降至 1930 年的 15.6%。妇女就业并没有随着制造业就业的扩张而同比例扩张，而是被限制在少数几个产业之中。例如，1930 年，制造业中妇女就业总规模的一半以上仍然集中在服装行业。在戈登等人看来，此时期制造业中妇女就业份额难以增加的原因在于，同业工会对竞争性就业的某种排斥。相反，妇女在白领工作就业中的比重，由 1900 年占所有文职人员的不到四分之一，提高到 1930 年的一半以上；1930 年 980 万非农女性雇员中，其中有 79% 的人员从事教师、文职工作、零售、服装行业中操作工、家政或个人服务工作。[②] 妇女从事的女性职业，在某种更为狭小的职业空间活动；相比之下，男性工人则更为容易遭受同质化过程以及公司种种策略的影响。实际上，女性工人遭遇了比种族歧视更为严重的性别歧视，具有较弱的谈判能力，并被男性统治的工会所忽略。

　　SSA 学派认为，直至 20 世纪 20 年代初，黑人一直被排除在资本主义生产部门之外。1910 年，70.2% 的美国黑人仍然生活在南方农村，不足 19 万黑人在北方制造业中就业，黑人只占北部和西部地区非农就业的 2.2%。黑人走进美国制造业，也是通过了"特定的狭窄通道"。19

---

　　① David M. Gordon, Michael Reich, Richard Edwards, *Segmented Work, Divided Workers: The Historical Transformation of Labor in the United States*, New York: Cambridge University Press, 1982, p. 150.

　　② David M. Gordon, Michael Reich, Richard Edwards, *Segmented Work, Divided Workers: The Historical Transformation of Labor in the United States*, New York: Cambridge University Press, 1982, p. 151.

世纪 90 年代，美国北方煤矿老板开始以"罢工破坏者"（strikebreakers）的角色来使用黑人。1894 年，第一批黑人"罢工破坏者"被带到芝加哥牲畜饲养场，1904 年以更大规模被再次使用；1919 年，北方钢铁行业老板将 3 万—4 万名黑人用于终结罢工。[①] 由此可见，黑人最初接近或进入美国制造业雇佣劳动大军，是以独特的历史方式开始，这也解释了戈登等人为何没有将美国南方黑人奴隶解放视作"最初的无产阶级化 SSA"构建之中的一个重要事件或因素，解放后的黑人作为影响劳动市场结构变化的因素，在时间上存在"滞后"。20 世纪 20 年代，黑人朝着美国北方转移明显加速；其中，黑人离开美国南部地区的人数是：1900—1910 年 221000 人，1910—1920 年 408000 人，1920—1930 年 689000 人。[②]

第七，对工人阶级运动的影响。很多劳工史学家把 1898 年至第一次世界大战整个时间段视作一个没有差别的历史时期，工人阶级反抗蔓延和斗争加剧的时期，直到遭遇战争以及战后公司进攻态势为止。在 SSA 学派看来，这种观点忽略了在此期间美国劳工运动特征的重要变化或分水岭。SSA 学派主张，19 世纪 90 年代和 1902—1904 年处于同质化 SSA 的探索期，1903 年之后的资本家加强了他们对工人的进攻态势，移民劳工增加和高企的换工率会带来产业后备军的规训效应，以及公司劳动管理策略的创新，两方面都会抑制同质化工人阶级反抗的蔓延。也就是说，不同于劳工史学家的分期，戈登等人是把 1903—1929 年工人阶级斗争的形态特征，和同质化 SSA 巩固期的

---

① David M. Gordon, Michael Reich, Richard Edwards, *Segmented Work, Divided Workers: The Historical Transformation of Labor in the United States*, New York: Cambridge University Press, 1982, p. 152.

② David M. Gordon, Michael Reich, Richard Edwards, *Segmented Work, Divided Workers: The Historical Transformation of Labor in the United States*, New York: Cambridge University Press, 1982, p. 153.

理论假定相联系来理解，而且能够证明同质化巩固期对工人阶级运动的重要影响。例如，工会会员的变动可以反映工人阶级运动的历史特征：1897—1904 年，工会会员增加了 300%；1904—1910 年，工会会员人数变化很小，1906 年是 190.7 万人，1910 年是 214 万人；1910—1916 年，温和增长了 30%，达到 277.3 万人。资本家受战时紧张的市场和来自政府压力双重影响之下被迫做出妥协，工会会员从 1916 年 280 万人增加至 1920 年 500 万人；资本家努力"补偿"战争期间的"劳资关系损失"，力图以工厂为单位实施劳动管理策略，强力推进同质化过程，工会会员从 1920 年 500 万人跌至 1924 年 350 万人，直至同质化巩固期结束。[①] 除了工会会员的变动情况，工人阶级罢工活动的频繁程度也是 SSA 分析框架之中用于描述工人阶级历史运动的指标，1903—1929 年工人罢工活动总体呈现缓和和温和特征。一方面，快速资本积累要求一个相对稳定温和的阶级关系，同质化巩固期也要求具有相对缓和的阶级关系；另一方面，SSA 分析框架凸显了工人阶级活动的"能动性或主体性"。

　　产业工会主义。SSA 学派认为，在 1900 年之后，大公司的策略创新集中于瓦解消除由同质化探索期造成的工人阶级抵制和不满，而工人努力寻求产业工会主义（industrial unionism），能否构建产业工会取决于两者之间的力量对比。20 世纪前 30 年中，产业工会发展主要集中于采矿业、服装业、钢铁行业，虽然三个行业中的工人都经历了很大程度的劳动过程同质化，由于产业结构不同和公司策略有效性不同，产业工会运动在采矿业和服装业获得了成功。例如，采矿业资本家在 19 世纪末成功实现生产过程的同质化，在一定意义上，推动了美国矿工联合会

　　① 　David M. Gordon, Michael Reich, Richard Edwards, *Segmented Work, Divided Workers: The Historical Transformation of Labor in the United States*, New York: Cambridge University Press, 1982, pp. 153–155.

的率先成立。① 也就是说，劳动的同质化，一方面，意味着技术工人对生产过程的控制被削弱或消除；另一方面，意味着工人劳动条件趋于一致，更容易团结统一来构建产业工会采取广泛抵制。在戈登等人看来，因为采矿企业规模仍旧较小且高度竞争，同时无法搬迁转移、地理位置相对受限固定，而其他大公司可以外迁至"工业卫星城"。所以，这些公司反对工会的策略手段极为有限，采矿业中产业工会的发展紧随同质化进程，1905 年约 80% 的中西部采矿工人加入了美国矿工联合会。② 在 SSA 分析框架之中，美国服装业和采矿业的产业工会发展情况大体相当，19 世纪末服装行业的同质化过程快速推进，公司规模较小且具竞争性，服装行业的竞争性产业结构，使其无法像其他合并之后的大公司那样采用分而治之的策略创新，企业通常坐落于中心城区，各种因素汇聚之后增强了工人阶级的力量。与上述两个行业的产业工会较为顺利发展形成对照，钢铁行业的产业工会发展是失败的，大型钢铁企业能够强力推进同质化和分化日益同质化工人的各种策略，操纵种族差异分化策略，以及从美国南方引入数千名黑人"罢工破坏者"，成功遏制了钢铁行业的产业工会发展。SSA 学派对于产业工会发展的解释，特别是上述三个行业各具特征，体现了某种"多元决定"。

两点补论。第一，很多劳工史学家认为，例如 1905—1913 年美国工人阶级运动富有战斗性，甚至彰显了社会主义或工团主义运动（syndicalist movements）倾向。因为，这个时间段是 SSA 分析框架之中的同质化巩固期，而任何一个 SSA 巩固期应该具有相对温和缓和的劳资关

---

① David M. Gordon, Michael Reich, Richard Edwards, *Segmented Work, Divided Workers: The Historical Transformation of Labor in the United States*, New York: Cambridge University Press, 1982, p. 157.

② David M. Gordon, Michael Reich, Richard Edwards, *Segmented Work, Divided Workers: The Historical Transformation of Labor in the United States*, New York: Cambridge University Press, 1982, p. 158.

系、阶级关系，戈登等人不得不对流行的劳工史学家们对这段历史的
"相对激进化图景描绘"进行反驳质疑。一方面，蒙哥马利认为同业工
会朝着"准工团主义"（quasi-syndicalism）方向运动，[①]SSA 学派则对蒙
哥马利的这种"夸张观点"进行了质疑；SSA 学派认为此时期的工会运
动更多体现了经济主义色彩、工资和劳动时间方面的物质诉求，例如，
同业工会中的很多领袖和大公司达成和解并倾向于经济工会主义；然
而，1920 年之后工会运动和工人罢工则逐渐脱离这种"浓厚经济主义
色彩"，开始关注招聘或解雇等权利。另一方面，SSA 学派认为，在 20
世纪以后，美国大公司确立并巩固了新的劳动管理结构，能够缓和、分
化、压制各种类型工人阶级斗争对于这种巩固来讲是重要的。瓦解工人
阶级抵抗的那些因素包括，由于半熟练工人可替代性的增加，导致了对
产业后备军规训有效性的增强，以及旨在从内部分化瓦解工人力量的新
劳动管理策略的实施。

　　第二，很多马克思主义经济历史学家，都特别强调产业后备军的
规训作用。特别是在 1900—1914 年，随着移民劳工大规模进入美国并
充实产业后备军队伍，这个"单一因素"就会显得更为重要。但是戈登
等人认为，这种"单因素解释"只是必要条件，而非充分条件，不足以
解释这一时期的所有重大事件。[②]例如，美国 20 世纪前 20 年中的三个
主要产业，采矿业、服装业、钢铁行业都面临相同的产业后备军条件，
但是，工人运动以及产业工会发展情况却是不同的；所以，SSA 分析框
架主张，产业后备军规训有效性在公司策略作用之下获得增强，不同的

---

　　①　David M. Gordon, Michael Reich, Richard Edwards, *Segmented Work, Divided Workers: The Historical Transformation of Labor in the United States*, New York: Cambridge University Press, 1982, p. 160.

　　②　David M. Gordon, Michael Reich, Richard Edwards, *Segmented Work, Divided Workers: The Historical Transformation of Labor in the United States*, New York: Cambridge University Press, 1982, p. 161.

产业结构和公司策略差异性（诸如种族差异操纵策略、企业搬迁至郊区远离城市中心的工人运动密集区、人事策略、人为构造职业阶梯、激励计划等）也会一并起作用，这是"多因素决定论"，而不是很多马克思主义经济历史学家的"单因素决定论"。可以说，SSA 分析框架具有某种鲜明的"阿尔都塞多元决定论色彩"。有趣的是，阿尔都塞构建自己的"多元决定论"的时候，是以俄国为何率先于欧洲先进资本主义国家而爆发社会主义革命发问的，因为俄国革命是一系列矛盾的集聚和汇合的产物，是帝国主义链条上最薄弱的环节，"有许许多多的矛盾在起作用，而且为同一个目的在起作用，尽管这些矛盾的产生原因、意义、活动场合和范围不尽相同，有些矛盾甚至根本不同，但它们却'汇合'成为一个促使革命爆发的统一体，因而不能再说只是一般矛盾单独在起作用"①。

第七节 同质化 SSA 的衰退期（20 世纪 20 年代——第二次世界大战）

同质化 SSA 的衰退从 20 世纪 20 年代末开始，在大萧条时期得以充分爆发。曾经受益于劳动力的不断同质化进程以及对工会运动成功遏制的资本家，已经无法再像第一次世界大战之后那样强大。这在戈登等人看来，劳动管理系统已经出现衰败。随着大萧条的开始及其"刺激之下"，对劳动管理新系统的需要充分彰显。20 世纪 20 年代最初的那几年，机械化加速发展，劳动生产率在 1921—1923 年增长迅速。虽然这体现了同质化时期"驱动系统"巩固之后给资本家带来胜利，但这种成功已经无法掩盖其在劳动管理系统上表现出两方面问题：

---

① 路易·阿尔都塞：《保卫马克思》，顾良译，商务印书馆 2006 年版，第 88 页。

第一个问题，20 世纪 20 年代初期的换工率已经很高。在 SSA 分析框架之中，较高的换工率，一方面是"驱动系统"运转不畅的标志，劳动力需求的波动和混乱是企业内部各种管理出现紊乱的外在表现；另一方面也是工厂内部员工不满程度高低的标志，是工人对现代工厂劳动的重复性或单调乏味不满的某种反抗。第二个问题，是对早期同质化系统的成功以及资本家遏制工会运动的某种反馈。在早期工艺体系（craft system）中，工人之间是通过生产中的社会关系而获得联系，工人通过工会保护这些社会关系以及自身利益。戈登等人认为，随着同质化的推进以及工会发展存在的缺陷，特别是在第一次世界大战之后，工人抵制被"有效清场"，而资本家开始发现很多"非正式劳动小组"（informal work groups）已发展起来了，已经形成对产出产能的某种"隐蔽限制"。[1]从表面看来，"驱动系统"强化了生产；而其隐藏着的背后，工人已经发展了某种非正式方法用来保护自己减轻该系统的侵害。在 SSA 学派看来，这就意味着一个矛盾的产生：雇主权力越大，会使工人隐蔽反抗越强烈；工人隐蔽反抗越强烈，会激发雇主越警惕进而权力越大。如此反复。也就是说，工人阶级为了减轻"驱动系统"的侵害，已经形成某种隐蔽斗争（诸如约定俗成、广为接受的劳动习惯等）用来压制实际生产能力。显而易见，SSA 学派分析框架之中的工人阶级，即便是处于同质化时期，而且已经形成了更为趋同的劳动条件，但是他们仍旧可以进行"隐蔽斗争"，形成各种劳动习惯，从而压制实际产能来和资本家进行斗争。这种对工人阶级的描绘，不同于布雷弗曼笔下的工人阶级。

由于此时期的福特公司具有独特研究价值，引发了葛兰西和阿格列塔的理论关注。福特公司于 1914—1917 年推行了相当自由的人事政

---

[1]　David M. Gordon, Michael Reich, Richard Edwards, *Segmented Work, Divided Workers: The Historical Transformation of Labor in the United States*, New York: Cambridge University Press, 1982, p. 163.

策 (extremely "liberal" personnel policies)。葛兰西和阿格列塔认为,"福特制"是一种新的、更现代的劳动管理方法;然而,戈登等人对这种理解提出了批评。在 SSA 学派看来,20 世纪 20 年代美国公司及其"驱动系统"的总体性、一般性胜利,实际上已经使得福特公司的很多创新显得多余,而福特本人也转向了更为苛刻严厉的公司策略,包括使用"工业间谍"和"清除异己者"。例如,为了对福特公司劳动力进行有效控制,采取了"臭名昭著的服务部"(notorious Service Department) 和工厂间谍网络。① 综合前文所讲,SSA 学派不仅在历史阶段划分方面不同于调节学派,而且对"福特制"的理解也是不同的;也就是说,阿格列塔作为调节学派创始人,高估了"福特制"。

20 世纪 20 年代的经济增长以及高利润率,使得很多资本家误以为"驱动系统"仍旧完好无损。但在 SSA 学派看来,工人工资的停滞、高企的劳动生产率、飙升的利润之间的不平衡,将很快使经济陷入危机,特别是大萧条期间,产业工会的发展给"驱动系统"以致命性重创。伴随产业工会新发展的,是工会代表(shop stewards)、合同权利、申诉程序陆续登场,这些都体现了工人的组织力量,同时限制了工头势力。② 同质化时期的"驱动系统"、劳动管理系统已经陈旧,不堪重负并处于衰败之中。

---

① David M. Gordon, Michael Reich, Richard Edwards, *Segmented Work, Divided Workers: The Historical Transformation of Labor in the United States*, New York: Cambridge University Press, 1982, p. 259.

② David M. Gordon, Michael Reich, Richard Edwards, *Segmented Work, Divided Workers: The Historical Transformation of Labor in the United States*, New York: Cambridge University Press, 1982, p. 164.

第 六 章

劳动的分割化（20 世纪 20 年代至今）

同质化时期的劳动管理驱动策略孕育着矛盾，工人不会完全处于被动屈服状态，这种"驱动策略"会招致工人抵制，在"高换工率"和"非正式劳动小组抵制"两方面问题集中体现出来，无法满足企业解决化解内部控制问题和外部压力的需要。分割化 SSA 的探索期，可以追溯至20 世纪 20—30 年代，劳动过程的新控制系统和与之对应的劳动市场结构，在第二次世界大战之后的美国得以巩固，美国的大型公司承担起了某种"开拓者或实验者"的角色。公司的运转和劳动管理更多依赖于一整套规则和程序，而不是监督者的任意性或武断干涉。这种新的劳动管理结构或控制系统在大公司确立之后的主要内容：一是对工作岗位进行细致划分，这些工作岗位处于复杂的职业阶梯和内部晋升系统之中；二是技术不仅对劳动的速度和质量发挥实质性调节作用，而且服务于劳动管理策略的更广泛目标；三是公司通过加班和劳动储备在存货和投资周期之间稳定就业，从而使招聘、晋升和辞退正规化；四是随着集体谈判聚焦于工资及其附加补贴，而把劳动条件的决定权交给工程师和劳资关系专家。综合来讲，有两个分化过程造成了劳动分割：一是"一级部门"中的结构化劳动过程，使其不同于"二级部门"中的劳动过程；二是在"一级部门"之内，更具"独立性劳动"的那些工作岗位越来越不同于更具"从属性劳动"的那些工作岗位。这会带来三种不同的"工作岗位类别"和"劳动市场机制"，以及三种不同的"劳动部分"："独立性一级部分"、"从属性一级部分"，以及"二级部分"。

第一节 美国经济的增长和停滞（20 世纪 20 年代至今）

劳动管理系统在 19、20 世纪之交确立并制度化，在 20 世纪二三十年代出现了日益严重的问题；但是，很多问题在 20 世纪 50 年代末已经解决，劳资矛盾缓和、制造业和服务业中的生产率快速增长，美国大公司在世界市场风生水起。在 SSA 学派看来，劳工问题的解决是在两个不同层面上得以展开：（1）从宏观总体视角来看，在 20 世纪 40 年代末 50 年代初，美国和世界经济经历了严重萧条、世界战争、政府对经济活动管理的增加、世界资本主义经济重建；（2）从微观视角来看，美国公司寻求解决劳动管理中所出现问题的新方法，而工人最终建立了强大的产业工会，公司和工会在 40 年代围绕两者相互依存关系的结构而斗争。① 总体来说，宏观层面的发展变迁与微观经济活动无法分割，两方面是相互作用的。与此同时，"劳动过程的新控制系统"和"劳动市场的新结构"在美国得以确立并得到巩固。

在 SSA 分析框架中，塑造劳动过程和劳动市场的这些"新结构"（new structures），造成了劳动分割，使得工作岗位和劳动市场具有本质不同。具体来讲，有两个分化过程造成了劳动分割：（1）"一级部门"（"primary" sector）中的结构化劳动过程，使其不同于"二级部门"（"secondary" sectors）中的劳动过程；（2）在"一级部门"之内，更具"独立性劳动"（more "independent" work）的那些工作岗位，越来越不同于，更具"从属性劳动"（more "subordinate" work）的那些工

① David M. Gordon, Michael Reich, Richard Edwards, *Segmented Work, Divided Workers: The Historical Transformation of Labor in the United States*, New York: Cambridge University Press, 1982, p. 165.

作岗位。① 也就是说，在这两个分化过程的"二次划分"或"二次分化"作用之下，带来三种不同的"工作岗位类别"和"劳动市场机制"，以及三种不同的"劳动部分"（three divergent labor segments）："独立性一级部分""从属性一级部分""二级部分"。实际上，SSA 学派对工作岗位和劳动市场的这种"二次划分"，既包括了劳动过程，也包括了劳动市场。需要指出的是，在戈登最初提出"分割"术语的时候，是专门针对美国劳动市场的理论分析，并没有涉及劳动过程方面，这在《劳动分割》书稿中的《序言》有相关介绍。② 有趣的是，在我国政治经济学发展史上，张闻天曾提出"生产关系两重性"，也是类似的"二次划分法"，首先对生产力和生产关系进行第一次划分，然后对生产关系本身进行再次划分，进而得到"生产关系一般"和"生产关系特殊"，前者伴随生产力的永恒性，后者从属于历史阶段性或有限性。③

分割化 SSA 时期，大公司自觉的、有目的的战略计划，以及与之对应的来自劳工或工会的反应、反制、反计划，两方面的相互作用关系在 SSA 理论分析框架之中发挥着关键作用。但是，戈登等人也认为，这两个方面的作用关系、作用效果，是由经济运行的实际情况来约束；更为广泛的系统性力量催生美国资本主义发展动态，并限制了公司和工会寻求问题解决方案的空间范围。④ 也就是说，两个主体之间的相互作

---

① David M. Gordon, Michael Reich, Richard Edwards, *Segmented Work, Divided Workers: The Historical Transformation of Labor in the United States*, New York: Cambridge University Press, 1982, p. 165.

② David M. Gordon, Michael Reich, Richard Edwards, *Segmented Work, Divided Workers: The Historical Transformation of Labor in the United States*, New York: Cambridge University Press, 1982, pp. 1–2.

③ 《张闻天社会主义论稿》，中共党史出版社 2010 年版，第 219—237 页。

④ David M. Gordon, Michael Reich, Richard Edwards, *Segmented Work, Divided Workers: The Historical Transformation of Labor in the United States*, New York: Cambridge University Press, 1982, p. 166.

用关系，也有着广泛的限制条件。戈登等人给出的关于劳动分割化的理论解释意指在于，劳动过程和劳动市场的演进结构，造成日益分化、差异化的劳动部门或劳动部分。但是，不能将这种理论假设进行教条化"生搬硬套"，不能认为此时期美国所有工人和工作岗位都能够"对号入座"分别放置在三种不同的劳动部门。

在戈登等人看来，20 世纪 20 年代经济不稳定性的蔓延，导致了 30 年代的大萧条，而大萧条具有四个特征需要确认：（1）大萧条带来的经济停滞和不稳定，需要非同寻常的、部分来讲是基于阶级利益的集体或共同政治干预，这种干预要在资本主义正常经济活动中进行；（2），大萧条持续时间如此之长，是由于公司、工人、国家三方找到这种集体干预的办法需要耗费几年时间；（3）从大萧条中的复苏，第二次世界大战扮演了重要角色，战争时期构成了解决危机期间的重要部分；（4）新制度结构的内容，也会由在此之前的危机时期（20 世纪 30 年代中期至 40 年代末）阶级斗争的特征和强度来塑造。①

得益于美国经济的实力和中介作用，世界资本主义体系在 20 世纪 50 年代初已经重建并稳定下来，资本积累所必要的那些制度已不同于过去。戈登等人给出了新出现的制度条件：例如，1944 年在美国领导下建立布雷顿森林货币体系为国际贸易复苏创造了条件；美国很多大公司扩大了其国际角色，在工业化国家和不发达国家中开辟新市场并安排生产；这些大型公司凭借增强了的实力和稳定性，相对银行更具财务独立性，主要依赖于内部投资基金；在工业化国家普遍流行的，是一种兼顾工会并缓和工人抵制的集体谈判结构（a collective bargaining structure）；在引导经济以及促进发达资本主义社会的制度合法化方面，国家发挥

---

① David M. Gordon, Michael Reich, Richard Edwards, *Segmented Work*, *Divided Workers: The Historical Transformation of Labor in the United States*, New York: Cambridge University Press, 1982, pp. 166–167.

了更为重要积极的作用；以石油化工产业为基础的新能源和新中间产品
的出现，促进了石油化工产业快速发展以及新产品系列的出现；特别是
在美国，最终需求围绕汽车产业和郊区独栋住宅而进行重构。[①] 这样一
来，塑造劳动过程或劳动管理以及劳动市场的这些制度，必然会经历根
本转型。值得注意的是，戈登等人这里所给出积累的社会结构所包含的
各种制度条件，很难清晰界定是否具有"国别或国度特征"。也就是说，
尽管他们明确 SSA 具有国别性质，但也未曾拒绝世界资本主义体系的
存在；特别是随着世界经济关系的增强，是否会有一个世界范围或全球
范围的 SSA 的演变，这种世界范围 SSA 将会统摄包含各个民族国家的
SSA，这值得探讨。例如，关于美国战后 SSA（分割化 SSA）的衰退问
题，戈登等人就特别强调整个世界经济重大变革的基础性作用，美国战
后 SSA 的衰退是其国家实力在全球范围衰减的某种表现形式，同时必
须立足世界范围来审视美国战后 SSA 的衰退情况。[②]

　　上述制度转型的决定性意义，在第二次世界大战后总量经济数据
中得以体现：1947—1966 年，美国工业产值以年均 5.0％的复合增长

[①]　David M. Gordon, Michael Reich, Richard Edwards, *Segmented Work, Divided Workers: The Historical Transformation of Labor in the United States*, New York: Cambridge University Press, 1982, p. 167. 关于第二次世界大战之后的这些新制度条件，亦可参见戈登 1978 年文章对美国"战后积累的社会结构"的"11 条概括"。大卫·戈登：《长周期的上升与下降》，《教学与研究》2016 年第 1 期。

[②]　David M. Gordon, Michael Reich, Richard Edwards, *Segmented Work, Divided Workers: The Historical Transformation of Labor in the United States*, New York: Cambridge University Press, 1982, p. 260. 关于 SSA 是否具有"国际维度"的相关讨论，可以参阅 1994 年论文集的"第四部分"，David M. Kotz, Terrence McDonough, Michael Reich (eds.), *Social Structures of Accumulation: the Political Economy of Growth and Crisis*, New York: Cambridge University Press, 1994。在 2010 年论文集中，麦克唐纳撰写的 1 章《积累的社会结构理论的进展》也有涉及，Terrence McDonough, Michael Reich, David M. Kotz (eds.), *Contemporary Capitalism and Its Crises: Social Structure of Accumulation Theory for the 21st Century*, New York: Cambridge University Press, 2010。

率增长，共同市场的最初 6 个国家是 8.9%，而日本是 9.6%；1938—1967 年，世界贸易总量每年累进增长 4.8%，是 1913—1937 年增长速度的 12 倍；1947—1968 年，美国制造业中建筑物和设备的实际净价值以 1958 年价格计算增长了 107%，美国私有经济中每个工人产出翻了一番多，实际人均收入在 22 年间以 1958 年价格计算增长了 70%。① 这一时期美国经济，充分彰显了繁荣景象。然而，在 20 世纪 70 年代初，世界经济繁荣时代开始终结，世界经济的稳定结构开始瓦解；1973 年之后，所有工业化国家增速放缓，滞胀出现并困扰发达资本主义经济。戈登等人认为，大约从 1967 年开始，有组织的罢工日益频繁开始动摇曾经支配 50 年代和 60 年代的"劳动和平"（labor peace），接踵而至的是围绕发达国家税收和社会服务水平的激烈争论，体现了政治不稳定性。繁荣时期的终结，在总量经济数据上也得以体现：60 年代晚期以来，所有发达资本主义国家的工业产出增速已经放缓；1975 年，世界贸易规模出现 20 世纪 30 年代以来的首次收缩；美国工人实际可支配收入的中位数，从 1973 年开始停滞，1981 年降至 1961—1962 年的水平。② 与此同时，世界经济不稳定性在蔓延，保护主义在发达国家不断涌现，第三世界欠发达国家债务继续增加，油价上涨对整个发达世界传统贸易和消费方式造成极大破坏。③ 美国劳动分割分析框架的提出，正是以这种经济增长和停滞的方式为背景；更重要的是，经济活动中的长期波动，要涉及制

① David M. Gordon, Michael Reich, Richard Edwards, *Segmented Work, Divided Workers: The Historical Transformation of Labor in the United States*, New York: Cambridge University Press, 1982, pp. 167–168.

② David M. Gordon, Michael Reich, Richard Edwards, *Segmented Work, Divided Workers: The Historical Transformation of Labor in the United States*, New York: Cambridge University Press, 1982, p. 168.

③ 关于 20 世纪 70 年代经济危机和制度结构瓦解的论述，可参见戈登 1978 年文章的"12 条概括"。大卫·戈登：《长周期的上升与下降》，《教学与研究》2016 年第 1 期。

度的根本转型，预示着新 SSA 的出现。

第二节　分割化 SSA 的探索期（20 世纪 20 年代——第二次世界大战）

分割化探索期，可以追溯至 20 世纪 20—30 年代，劳动过程的新控制体系（a new system of control）和与之对应的劳动市场结构，在第二次世界大战之后得以巩固。20 世纪 20 年代初，大公司实力相比过去格外强大，那些领先的公司最终实现了缓和的产品市场竞争稳定性，这种外部稳定有助于公司结构从内部进行重组；第一次世界大战之后对激进分子的镇压，以及 20 年代初对工会运动的有效抵制，公司可以对劳动进行更有效榨取。[①] 实际上，"劳动管理的驱动策略"（the drive policy of labor management）已经孕育着矛盾，工人不会完全处于被动屈服状态，这种"驱动策略"会招致工人反感和抵制，已经在"高换工率"和"非正式劳动小组抵制"两方面问题集中体现出来，已经无法满足企业解决化解内部控制问题和外部压力的需要。这些问题源自"驱动系统"自身矛盾，是由"劳动管理系统"所造成的。戈登等人认为，这种"高换工率"在很大程度上是自愿离职的结果，"分而治之策略"在短期有效，而长期则会推动工人以更快速度拥抱产业工会主义来抵制种种分化。显然，SSA 分析框架之中的"工人"，是具有能动性、斗争性、主体性的工人。为了解决上述问题，在新的"自由主义"人事管理学派（the new "liberal" school of personnel management）指导下，美国很多大公司在第一次世界大战和 20 世纪 20 年代进行了劳动管理方面的多种实验探索，尝试新

---

① David M. Gordon, Michael Reich, Richard Edwards, *Segmented Work, Divided Workers: The Historical Transformation of Labor in the United States*, New York: Cambridge University Press, 1982, p. 171.

的生产组织方法（new methods of organizing production），戈登等人总结如下：①

第一，以需求管理促进劳动管理。很多大公司及人事管理专家认为，"有效的劳动管理系统"依赖于"成功的需求管理系统"，既然工人抵制"非正式或不固定就业"（irregular employment），为了稳定劳资关系就需要创造更多"正式或固定就业"（regular employment）。但是，固定就业依赖于稳定的生产规模，进而依赖于稳定的产品需求。例如，此时期出现了"销售工程"（sales engineering）这样一种提法，并将之视作系统化劳动管理策略的必要补充。所以，为了使工人的就业正式化、正规化、固定化，就需要稳定的产品市场需求，对产品需求和产品销售以新的方法进行管理，一定程度上就会促进固定就业，稳定劳资关系。第二，对劳动生产系统的合理化。很多大公司开始对其生产过程的运转进行合理化（rationalize）调整，目的是获得对生产设计和知识的更多控制，以及更为详细地对工人的个人劳动活动进行计划或安排。在 SSA 学派看来，大公司的此种努力是和泰罗的"科学管理"相联系的，科学管理运动在 20 世纪初"萌发"，而在 20 世纪 20—30 年代快速发展。第三，更加重视发展人事和劳动管理部门。人事和劳动管理部门（personnel and labor-management departments）的发展，可以对生产操作进行计划和重新设计。20 世纪 20 年代，人事管理部门的扩张是通过将监督职能从工头手中转移到人事管理人员手中完成的。需要指出的是，非生产工人和生产工人之间的比率，在 1899—1919 年显著快速增长之后，在 1920—1929 年保持不变。由此可见，20 年代发生的变化，是集中在非生产工人内部的比例结构发生的变化，是两种人员的"此消彼长"。第

---

① David M. Gordon, Michael Reich, Richard Edwards, *Segmented Work, Divided Workers: The Historical Transformation of Labor in the United States*, New York: Cambridge University Press, 1982, pp. 172–174.

四，公司管理人员更系统地组织工作任务。这样一来，可以获得更多控制、对工人任务更多差异化区分，以及对"非正式劳动小组"进行更大限度的破坏瓦解。实际上，把工厂劳动组织成更细致、细分的工作任务，这是对抗工会主义的有效手段。为了避免劳工不满，在引入新技术或新设备的时候，重新设计工作任务是必要的。第五，给员工提供更多稳定工作，而非直接解雇，管理人员可以获得员工就业方面固定化或正规化的好处。管理人员为了稳定就业而付出的努力，不仅是为了降低劳工流失或换工成本，更是为了制约"非正式劳动小组"，使工人隐藏的生产潜能释放出来，如著名的"霍桑实验"（Hawthorne experiments）。第六，为了和系统化劳动管理的取向保持协调，很多大公司取消了高成本部门和工厂。例如，20世纪20年代，制造业中的平均工厂规模略有下降。第七，解决早期对工艺体系破坏造成的熟练工人短缺问题。手工作坊，曾经是19世纪技能工人或熟练工人的最主要来源地。然而，由于同质化对工艺体系的破坏，越来越少的熟练工人能够从工艺体系本身中产生。实际上，早在1894年，最早经受手工艺劳动退化的纺织业已经建立了职业培训机构。19、20世纪之交，大型钢铁公司也开始注意到这个问题。但是，直到20世纪20年代，公司和教育规划者都没有系统性地关注培养更多熟练工人。此后，公司在20年代不仅创办其私人职业培训机构，并且支持公立学校体系中的职业培训发展。例如，工程专业就是在第一次世界大战之后和20世纪20年代获得了快速发展。这就说明，在SSA分析框架之中，是包含了技能升级、再培训等内容，明显不同于布雷弗曼给出的那种纯粹"技能退化"。第八，很多大公司开始在部门和办公室之间进行系统性职能划分。20世纪20年代，一些资本家尝试把不同的工人群体系统分配到不同的工厂部门，目的是将工作隔离嵌入工作结构之中。例如，在20年代初，福特公司把黑人分配到铸造厂，美国钢铁公司把黑人分配到钢铁厂的特定车间，橡胶公司对黑人的分配和使用手法一致。除此以外，办公室就业中呈现出"女性化"，雇主把女性员工分配到特定的办公室工作类别，有助于办公室工作岗位程序化以及技能退化。

上述八个方面的探索实践，具有如下两个特征：一是主要集中于美国的大型公司，是大公司在 20 世纪 20—30 年代初，承担起了某种"开拓者或实验者"的角色。实际上，在同质化 SSA 巩固期，戈登等人已经涉及了大公司所推行的各种策略。在他们看来，小公司无法承担各种实验探索的成本，诸如集中化的人事计划，公司主导的职业培训机构，在小公司实行种族、性别等方面的职业隔离也是不现实的。由此可见，只有公司发展到一定规模，才有能力或必要来担负各种探索费用。二是大公司这些早期探索具有"实验性质"。早在第一次世界大战时期，这种"自由主义"劳动管理策略（more "liberal" labor-management policies）就被人事关系运动（personnel relations movement）倡导者所推崇；但受制于同质化时期"驱动系统"威力作用尚存，上述早期实验并没有在 20 世纪 20 年代广泛传播。[①] 然而，同质化时期那种旧的"驱动系统"或"驱动策略"终将要发生转型，因为其造成了相当程度的阶级冲突和工人抵制；要对生产过程进行更多控制以及降低成本，从而使资本家作为一个阶级整体而受益，就必须实现旧的"驱动策略"向新的"自由主义策略"的转型。

1929 年，大萧条重创美国经济，旧的同质化 SSA 影响明显消退。戈登等人认为，大萧条的两方面影响引起了人们的极大关注，要求建立新的劳动管理系统。这两种影响包括：一是利润本身的崩溃，迫使公司开始考虑，任何能够恢复盈利能力和改善对劳动过程控制的方法；二

---

① David M. Gordon, Michael Reich, Richard Edwards, *Segmented Work, Divided Workers: The Historical Transformation of Labor in the United States*, New York: Cambridge University Press, 1982, p. 175.

是大萧条很快导致工人不满，进而导致产业工会出现，产业工会对大企业来讲，是一种新的挑战。① 需要指出的是，公司对新方法探索的普遍流行，工人抵制和工会化发展的增长，两种影响、两个方面是同步发生的。

　　20 世纪 30 年代初开始，公司对新人事策略（new personnel policies）的探索非常迅速。例如，1929—1935 年，组建人事部门、员工数量超过 250 人的大企业占比几乎翻了一番，采用集中化就业招聘选拔方式的大企业增加了一半，内部晋升采用评级系统的大企业增加了近四分之三。最值得注意的是，这种新人事策略的扩散传播非常迅速，与 20 年代末的迟滞形成鲜明对比。实际上，在 SSA 分析框架之中，"经济危机"某种程度上担任了"助产婆"角色，只有遭遇严酷危机以及工人阶级的反应，才诱使资本家真正探索和采用新的劳动管理系统。罢工频繁程度，是体现工人阶级活动的一个指标：1927—1932 年年均 753 次，1933—1938 年年均 2542 次，1937 年高达 4740 次；参与罢工工人占总就业比重，1927—1932 年年均 1.35%，1933—1938 年年均 5.3%。此外，工会会员总人数，在 1940 年达到 728 万人，加入工会的制造业工人比例从 1930 年的 9%增至 1940 年的 34%。② 与此同时，工人罢工的影响程度和波及范围也明显扩大了，采取"留厂罢工"形式来提高罢工或抗议的效果。戈登等人认为，美国 20 世纪 30 年代的工会运动和发展，主要在于争取产业工会的组织发展权利，而《瓦格纳法》发挥了积极作用。

---

① David M. Gordon, Michael Reich, Richard Edwards, *Segmented Work, Divided Workers: The Historical Transformation of Labor in the United States*, New York: Cambridge University Press, 1982, p. 176.

② David M. Gordon, Michael Reich, Richard Edwards, *Segmented Work, Divided Workers: The Historical Transformation of Labor in the United States*, New York: Cambridge University Press, 1982, p. 177.

20世纪30年代，处于同质化SSA衰退期和分割化SSA探索期，美国资本主义发展的这两个阶段在此时期是交叉的、相互重叠的。30年代，工人面对机械化的速度和特点不得不做出反应，这也是同质化时期的特点；这不仅会困扰拥有相对职业安全和地位的技术工人，也会困扰那些劳动节奏由机械化技术控制（regulated by mechanized technology）、工作任务围绕新技术进行重构的操作工。这种担忧，被SSA学派称为工人对"技术控制"（technical control）的担忧，技术将会重新定义劳资关系。[①] 工人对技术变革的抵制，主要是担心他们的劳动常规，以及他们所依赖的"非正式劳动小组关系"被打乱；大型企业中的工人相对小型企业中的工人，对技术变革更为敏感。特别是在1933年之后的工会运动快速发展条件下，产业工会对技术变革给予了充分关注。比较而言，技术工人、同业工会是反对机器对工作特权的破坏影响，产业工会则反对新机器对工人工作分配方面将会产生的影响。

20世纪30年代，工人阶级遭遇围绕劳动条件的"双重挤压"：一方面，来自旧的、同质化SSA所特有的"驱动系统"的严格支配；另一方面，来自新的劳动管理各种实验方法的压力，因为管理层掌握着对工作任务的评价、对劳动的速度和质量拥有裁量权。在戈登等人看来，新工会发展的最大成绩，就是建立"申诉程序"（grievance procedures）。[②]30年代，工人也反对管理层在晋升和岗位分配方面的专断，这些需求促进了"年资或工龄制度"（seniority systems）的普及推广。有趣的是，相对于10年代来讲，30年代的"工会合同"（union contracts）已经明显

---

① David M. Gordon, Michael Reich, Richard Edwards, *Segmented Work, Divided Workers: The Historical Transformation of Labor in the United States*, New York: Cambridge University Press, 1982, p. 178.

② David M. Gordon, Michael Reich, Richard Edwards, *Segmented Work, Divided Workers: The Historical Transformation of Labor in the United States*, New York: Cambridge University Press, 1982, p. 179.

体现了对公司管理层在招聘解雇等方面特权的限制，也体现了对"老员工"的保护。30 年代，大公司对新的劳动管理系统的探索，这些公司恰恰处于大规模生产的那些行业之中，而这些行业的产业工会主义急剧发展变化。也就是说，进行大规模生产的大公司，既是产业工会主义的中心，也是新的劳动管理系统的试验田。值得一提的是，戈登等人认为，美国 1933 年的产业工会推进，集中在那些具有竞争性产品市场结构的行业或公司之中；而 1935 年之后的产业工会发展、主要的产业工会罢工，是集中在不具有竞争性产品市场结构的公司之中，这些公司同时进行了"自由主义"劳动管理策略方面的探索实验。[①] 这种观点实则体现了某种"历史偶然性"或"多元决定"方法论意蕴。由大公司掌握而历经合并的产业部门，以及在第一次世界大战至 20 世纪 30 年代初尝试过系统性劳动管理方法的那些行业，在 30 年代美国制造业中更容易出现产业工会主义。生产工人面对"双重挤压"，特别是在公司进行的新劳动管理策略实验（或"新的自由主义实验探索"，new liberal experiments）的影响之下，会促进工人对集体谈判的期望与追求。实际上，SSA 学派给出了两大主体，公司（资本家）和产业工会（工人）二者之间互相制约和相互塑造的历史运动：大公司越是进行新劳动管理策略探索实验，工人就越是表现出产业工会主义倾向；产业工会越是快速发展，各种大小公司、各种是否具有工会组织的公司就会越来越主动积极进行劳动管理新探索；最后的结果，表现在新的人事策略和集中化人事部门的快速发展。

　　对于分割化 SSA 的探索乃至确立，第二次世界大战也发挥了重要作用。公司和工人围绕经济危机解决方案的斗争在持续，第二次世界大战

---

　　① 　David M. Gordon, Michael Reich, Richard Edwards, *Segmented Work*, *Divided Workers: The Historical Transformation of Labor in the United States*, New York: Cambridge University Press, 1982, p. 181.

对于新的劳动管理结构的形成同样重要。在 SSA 学派看来，公司或资本家充分利用 1941 年之后"战时纪律"优势，试图夺回他们在大萧条末期让渡给产业工会的某些主动权和控制权，公司们主张对申诉争议进行仲裁，目的是把"申诉程序或申诉机器"赶出车间，公司通过增加监管人员数量和加大监督工作来限制工会的"新特权"（申诉程序和年资制度），从而加快生产节奏。与此同时，公司利用战争形势迫使工会和政府清除工会中的激进分子。例如，1940—1941 年，企业、媒体甚至政府官员，把未经工会批准的"自发式罢工"（wildcat strikes）诋毁成"红色背景"或"共产主义取向"，进而在产业工会组织中进行"红色清洗"。战争形势，特殊的历史条件，使得公司占据优势。与公司相对应的是工人和工会的各种反应，戈登等人认为，1940—1945 年，工会开始与企业和政府达成和解并合作，这种和解对于工人来讲也是有代价的。工会会员，从 1940 年的 890 万人增加到 1945 年的 1480 万人；非农总就业中的工会成员比例持续增长，1935 年 13.2%，1940 年 26.9%，1945 年 35.5%。[1] 美国产业工会联合会领导层，通过对"自发式罢工"和激进式工会活动的反对来谋求与企业和解，车间的工会代表也配合行动，工会对仲裁和多级申诉程序的认可在战争期间得以确立；其结果是，工会领导和普通会员之间的鸿沟从 1941 年之后迅速拉大。[2] 实际上，工会领导层转而和企业或政府谋求合作，一定程度上是第二次世界大战特殊历史条件下的产物，也会影响工会后续的策略安排。

---

[1]　David M. Gordon, Michael Reich, Richard Edwards, *Segmented Work, Divided Workers: The Historical Transformation of Labor in the United States*, New York: Cambridge University Press, 1982, p. 183.

[2]　David M. Gordon, Michael Reich, Richard Edwards, *Segmented Work, Divided Workers: The Historical Transformation of Labor in the United States*, New York: Cambridge University Press, 1982, p. 184.

第三节　分割化 SSA 的巩固期（第二次世界大战——
　　20 世纪 70 年代)

　　第二次世界大战之后，分割化 SSA 得以快速巩固。戈登等人从三个方面对分割化阶段的具体特征进行分析：（1）劳动过程和劳动市场的新结构得以巩固所需要的必要条件；（2）很多大公司的结构化内部劳动市场（structured internal labor markets）的发展情况；（3）对劳动过程和劳动市场分化发展（divergent development）的实际方式进行研究。

　　对于分割化 SSA 的巩固，在戈登等人看来有两个必要条件。第一，发迹于第二次世界大战的美国大型公司傲视全球，其内部公司结构使其可以在全球范围进行计划，这些公司的规模、对产品市场的统治以及计划能力根本不同于以往，在形成新的劳动管理结构方面更具影响力和灵活性。第二，第二次世界大战结束之后，冷战拉开序幕，为了应对 1945 年年底和 1946 年大规模罢工，杜鲁门总统建议立法将关键行业中的罢工者收编充实军队，国会批准了主要由美国制造商协会起草的《塔夫脱—哈特利法案》，对工会权力进行极大限制，而 1946—1950 年在产业工会联合会中发起了"反共清洗"，谁若反对合作性集体谈判策略（cooperative collective bargaining policies）就被视作共产主义分子。[①] 也就是说，国际冷战背景下，美国不仅反对苏共，也反对国内具有共产主义倾向的工会成员。工会实力受到削弱，公司重新获得对抗劳工运动的强大优势，进而可以在美国很多产业中推行新的劳动管理系统并将其制度化。

---

① David M. Gordon, Michael Reich, Richard Edwards, *Segmented Work, Divided Workers: The Historical Transformation of Labor in the United States*, New York: Cambridge University Press, 1982, p. 185.

对于结构化内部劳动市场而言，大公司凭借自身实力和灵活性，可以对劳动过程进行全面规划，进而形成相对完整、更具整体性的劳动管理方法。在 SSA 学派看来，这种分割化阶段的劳动管理方法，继承并结合了过去那些策略以及驱动系统的有利条件。20 世纪 30—40 年代，劳资关系日益受到高层管理方面的关注，随着新技术的采用，劳资关系部门员工和项目占用了公司预算和人工成本更大比例，当人事关系技巧（human relations techniques）被应用于企业实践，"劝说"和"参与"就会代替工厂中专制主义的管理方法，管理部门也会更深入了解工会。[1] 面对新的产业工会发展，很多大公司被迫将其集体谈判策略系统化。需要指出，有两种版本的集体谈判，欧洲政府对谈判过程的规则和结果有更详细的规定，美国政府以及法律仅预先提供总体框架，公司和工会则对所有议题达成具体约定，这种方法给美国公司后续发展具有主动权和灵活性的"计划或规划部门"（planning departments）提供了便利条件。

在戈登等人看来，公司计划（corporate planning）也聚焦技术方面，同质化时期的"机械化"并没有终结，技术对生产工人活动施加了相比过去更大的控制，"技术控制"（technical control）扩展到了更多行业，进而削弱工人对其自身劳动速度和质量的掌控能力。例如，汽车行业的装配线操作形式似乎没有变化，但 1946 年新的技术创新——把机床操作（machine tools operations）连接成某种装配线操作方式，这种新技术从根本上会大大降低生产工人在技术方面的自主性。[2] 为了获得最大限度的工人顺从和生产率，公司也会采用"官僚控制"（bureaucratic con-

---

① David M. Gordon, Michael Reich, Richard Edwards, *Segmented Work, Divided Workers: The Historical Transformation of Labor in the United States*, New York: Cambridge University Press, 1982, p. 186.

② David M. Gordon, Michael Reich, Richard Edwards, *Segmented Work, Divided Workers: The Historical Transformation of Labor in the United States*, New York: Cambridge University Press, 1982, p. 187.

trol），公司给生产活动制定一系列的正式规则，这些规则不仅明确工人要完成的生产任务，而且要求工人遵守劳动管理系统的规范和标准。值得一提的是，在爱德华兹《竞争地带——20 世纪工作场所的转型》一书中，主要区分了三种控制形式或控制系统：简单控制、技术控制和官僚控制，后两个也被爱德华兹归并成"结构化控制形式"，"技术控制"产生于劳动过程的"物理结构"（physical structure），"官僚控制"产生于劳动过程的"社会结构"（social structure），"技术控制"源自对蓝领工人的控制需要，"官僚控制"源自对非生产工人或白领的控制需要。从时间角度来看，"技术控制"更早并持续到 20 世纪 30 年代，而"官僚控制"在第二次世界大战以后发展。① 我们在本书后面介绍"空间化学派"思想的时候，还要涉及爱德华兹的"三种控制形式"。遗憾的是，在戈登等人 1982 年的书稿中，并没有严格采用爱德华兹 1979 年提出的"三种控制形式"，并分别对应美国劳动转型的三个阶段或三个 SSA，这样一来，爱德华兹所延续的布雷弗曼劳动过程理论"微观视角"特色，在戈登等人书稿中没有给予充分的理论关注。在"技术控制"和"官僚控制"两种情况下，要根据对劳动控制的需要并符合结构化内部劳动过程一般逻辑来制定公司计划。例如，工程师对机器装置的设计，要符合工作结构（job structure）的需要，而不是相反。为了使公司能够对付"非正式劳动小组"，工作设计（job design）会经常变更；为了降低工人之间在工作期间的社会接触，工作任务（job tasks）的安排使工人之间相互隔离。②

---

①　Richard Edwards. *Contested Terrain: The Transformation of the Workplace in the Twentieth Century.* New York: Basic Books, 1979, p. 20.

②　David M. Gordon, Michael Reich, Richard Edwards, *Segmented Work, Divided Workers: The Historical Transformation of Labor in the United States*, New York: Cambridge University Press, 1982, p. 187.

上述内容体现了公司为夺回 20 世纪 30 年代末至第二次世界大战期间失去的主动权而做出的战略努力,而工会在 40 年代已经具备足够力量来对抗公司对生产扩大影响而做出的努力。但是,在 SSA 学派看来,公司和工人或工会相互作用的过程中,美国产业工会已经呈现某种妥协主义或折中主义。1946 年——20 世纪 50 年代初,很多产业工会政策都与公司劳动管理策略进行明确合作,同意取消"工会合同"中对公司管理权的限制条款,并仿效 1946 年美国通用汽车和汽车工人联合会之间的合同版本;工会同意将申诉程序制度化,从而使申诉程序远离车间;在将之前的收入分配视作基础的前提下,工会也同意一种"生产率红利分配机制",围绕工资的集体谈判将会聚焦由工人生产率提高带来的红利分配。[1] 由此可见,工会对公司的劳动管理新系统进行了充分适应。

20 世纪 50 年代初,这种新的劳动管理结构或控制系统在大公司已经成功确立,主要内容如下:(1)对工作岗位进行细致划分,这些工作岗位处于复杂的职业阶梯和内部晋升系统之中;(2)技术不仅对劳动的速度和质量发挥实质性调节作用,而且服务于劳动管理策略的更广泛目标;(3)公司通过加班和劳动储备在存货和投资周期之间稳定就业,从而使招聘、晋升和辞退正规化;(4)随着集体谈判聚焦于工资及其附加补贴,而把劳动条件的决定权交给工程师和劳资关系专家。[2] 所以,公司的运转和劳动管理,更多依赖于一整套规则和程序,而不是监督者的任意性或武断干涉。在戈登等人看来,这种新的劳动管理系统体现了"劳动"和"资本"之间的妥协:一方面,公司计划部门促进了这种新

---

① David M. Gordon, Michael Reich, Richard Edwards, *Segmented Work, Divided Workers: The Historical Transformation of Labor in the United States*, New York: Cambridge University Press, 1982, p. 188.

② David M. Gordon, Michael Reich, Richard Edwards, *Segmented Work, Divided Workers: The Historical Transformation of Labor in the United States*, New York: Cambridge University Press, 1982, p. 189.

系统的形成；另一方面，产业工会运动给公司管理部门带来的，是集体谈判、申诉程序、年资制度，这些制度会限制管理层对劳动分配的裁量权。也就是说，第二次世界大战后这种新劳动管理系统的形成，是公司和工人（工会）之间相互斗争、相互妥协、相互合作的产物。值得强调的是，这种新劳动管理系统并不意味着大公司和产业工会之间"高度和谐"或"势均力敌"，两个主体之间的妥协有可能倾向于一方势力，而偏离于另一方势力。

　　劳动过程和劳动市场分化发展的实际方式，集中体现在"一级工作岗位"和"二级工作岗位"之间的分化发展（divergence between primary and secondary jobs）。第二次世界大战之后出现的大公司，通常被称作"核心企业"（core firms）或"中心企业"（center firms），大企业的规模本身不足以改变企业盈利能力和计划能力。但是，SSA 学派认为，大企业的规模结合产业集中就会从根本上创造出高利润率，"核心企业"具有显著的抗风险能力，"高利润"和"低风险"会使得"核心企业"最有可能承担劳动控制的新系统（new systems of labor control），并认识到其必要性。[1] 当然，并不是所有核心企业都面临工会，如果有工会介入，核心企业面对的是组织化的或有工会的劳动力，公司和工会的谈判过程塑造了这些新系统；如果没有工会介入，对劳动过程的组织会从根本上体现这些新系统，而公司无非是想给其工人证明没有工会存在对大家也是很不错的安排。

　　这些大公司构成整个经济的核心，支配着关键产业部门，占领迅速扩张的市场，并引领技术变革。与大企业或核心企业不同，小企业通常处于经济的外围或边缘地带，这些小企业往往保留着或类似于 19 世

---

[1] David M. Gordon, Michael Reich, Richard Edwards, *Segmented Work, Divided Workers: The Historical Transformation of Labor in the United States*, New York: Cambridge University Press, 1982, p. 190.

纪"业主制企业"（entrepreneurial firms）风格特征。这些小企业主要特征如下：一是这些小企业通常由个人或家庭来掌控；二是其销售只能在有限市场中完成；三是其利润和留存收益通常低于核心企业水平；四是这些小企业难以获得长期借款和融资；五是经济危机时常常造成这些小企业破产或严重财务危机；六是其生产技术和营销能力难以达到核心企业水平；七是这些小企业通常是技术跟随者。部分这类小企业，很容易被核心企业接管和加以改造，然而，那些幸存下来的"外围企业"仍然构成美国经济的重要组成部分。为什么核心企业的扩张，并没有彻底或完全吞并外围企业？戈登等人认为，"中心企业"对"外围企业"进行直接投资是不划算的，实际上，"外围企业"的存在能够提高"中心企业"的盈利能力。避免实际收购外围企业，两类企业之间处于"若即若离"的关系，这给中心企业带来如下优势：（1）最不稳定的产品需求领域，业务风险可以转嫁给外围企业；（2）把业务分包给外围企业，可以提高中心企业的灵活性；（3）为了使萧条期间过剩产能存续下来，外围企业提供了某种低成本的选择；（4）中心企业可以间接雇佣外围企业中的工人，来绕开潜在的工会麻烦，节约在员工方面的花销；（5）中心企业能够避免从事那些难以标准化的产品生产，难以对这类产品生产的工人进行监督；（6）外围产业门槛低，竞争激烈，通常处于拥挤状态，这些小企业外围企业容易遭受中心企业的垄断性压榨。① 我们若把 SSA 分析框架延伸拓展至全球经济体系之中，经济全球化就是资本的全球化，"中心企业"和"外围企业"之间的不平等非对称经济关系，某种程度上，也是"中心国家"和"外围国家"之间的不平等非对称经济关系；这些"中心企业"通常集中在"中心国家"，那些"外围企业"往往集中在"外

---

① David M. Gordon, Michael Reich, Richard Edwards, *Segmented Work, Divided Workers: The Historical Transformation of Labor in the United States*, New York: Cambridge University Press, 1982, p. 191.

围国家"。① 值得注意的是，在戈登等人看来，美国机床产业（machine tools industry）却属于外围产业结构的典型案例，对机床行业的产品需求具有高度敏感的周期性，经济繁荣和衰退会造成机床产品等资本品的需求大幅波动，而中心企业会"绕道而行"。

从历史的先后发展顺序来讲，"核心企业"和"外围企业"之间企业结构方面的差异化或分化是从 1900 年就已经开始了，那个时间正处于美国公司兼并浪潮。20 世纪 20 年代，大公司能够对劳动过程进行同质化，并探索实践"自由主义"劳动管理策略。值得注意的是，"劳动过程"和"劳动市场"两方面各自内在的分化，直到第二次世界大战后新劳动管理系统的真正系统化之后才开始。

第四节 五种类型的分割化

在 SSA 学派看来，现有关于"一级劳动市场"和"二级劳动市场"之间分割化的研究差强人意，已有的研究聚焦不同劳动市场部分之间的边界特征，或聚焦于说明每个劳动市场部分内部的不同行为特征，以及不同部分之间的流动性程度。一方面，分割化假设需要进一步证明；另一方面，新古典模型优越性值得怀疑。戈登等人主张，使用时间序列数据进行一个相对长时段的验证分析，足以检验不同劳动市场部分之间的分化存在情况。为此，需要把制造业细分为"核心部门"和"外围部门"（core and periphery sectors），并将美国经济中 28 个产业视作核心，55 个视作外围。从而，对劳动过程和劳动市场的关键经济指标差异化或分化进行验证。这些变量包括：每个生产工人的增加值、工资、生产工人数

① 关于发达和不发达和依附论等经济关系问题的讨论，可以参阅查尔斯·威尔伯编：《发达与不发达问题的政治经济学》，高铦等译，商务印书馆 2015 年版。

量、总就业和离职率（separation rates）。①

第一类，围绕"核心外围分化"的探讨，SSA 学派给出了四个假设：（1）相对于外围部门，核心制造业部门中每个生产工人的增加值有所增加；核心企业利润率越高和资本来源越充分，持续的技术创新和投资就会越高；产业工会在核心企业谈判能力越强会提高工资成本，推动劳动节约型技术代替工人。（2）随着核心部门资本劳动比率相对提高，同时工会在核心行业运用其谈判能力，核心部门中生产工人的收入相对于外围部门工人收入有所增加。（3）随着核心企业在计划、监督、销售方面占自身资源比重相对上升，核心部门中生产工人占总员工数量比重相对外围部门而言出现下降。（4）由于核心企业更强调企业内部的晋升阶梯和持续就业，使得核心企业员工相对于外围企业员工能够获得更多保护免遭裁员，最终使得核心企业中每 100 名员工的裁员率低于外围企业。②实际上，SSA 学派给出的这四条假设，用来分析当今世界资本全球化生产网络也是大有益处的。美国制造业从 20 世纪出现的所谓"空心化"，其本质是美国跨国公司在落后国家找到了新的生产场所，核心和外围分析框架不仅适合于美国国内产业部门之间的分化、企业之间的分化、工人之间的分化，也同样适合核心、外围国家之间的国际分工情况。可以列举一个突出例子，发达国家工会组织实力强大，而发展中国家的工会组织是相当软弱涣散的。

上述四条假设，是针对长期发展趋势而给定；若考虑到商业周期的短期波动，这些长期发展趋势也会出现一定的偏差。戈登等人认为，在

---

① David M. Gordon, Michael Reich, Richard Edwards, *Segmented Work, Divided Workers: The Historical Transformation of Labor in the United States*, New York: Cambridge University Press, 1982, p. 193.

② David M. Gordon, Michael Reich, Richard Edwards, *Segmented Work, Divided Workers: The Historical Transformation of Labor in the United States*, New York: Cambridge University Press, 1982, pp. 193–194.

周期性扩张期间短期增长率高于长期趋势，核心企业仍关注长期扩张，而使外围企业扩大市场份额，核心和外围之间的分化在周期性扩张期间是衰减的。同样道理，核心和外围之间的分化在周期性衰退期间是加剧的，因为外围企业更容易遭受衰退折磨。1914—1929 年，制造业中"核心部门"和"外围部门"的生产工人人均价值增加值的比率几乎未变（比率取值约 1.1），直到 1929 年核心外围之间的分化尚不显著。但是，第一次世界大战期间，外围部门生产工人人均增加值出现快速增长，这源自战争时期对外围部门生产产品（食品和纺织品）的独特需求急剧增长的结果。1914—1930 年，制造业中"核心部门"和"外围部门"工人的平均小时工资的比率几乎未变（比率取值约 1.2），直到 1930 年核心外围之间尚未形成某种"制度化分化"（an institutionalized divergence）。[①] 这说明，核心外围分化在第二次世界大战之前并不显著，尚未真正确立。1947—1977 年，制造业中"核心部门"和"外围部门"的生产工人人均价值增加值的比率取值从 1947 年的 1.14 升至 1977 年的 1.56，说明核心部门生产工人人均增加值增长更迅速；但是，20 世纪 60 年代周期性商业扩张期间，核心外围两部门比率收窄，说明此期间外围部门生产工人人均增加值增长更迅速。1947—1979 年，制造业中生产工人（非监管人员）平均周工资的核心外围比率（core-periphery ratio），以及生产工人占总就业份额的核心外围比率，这两个比率都体现了第二次世界大战后显著的分化趋势；核心部门工人平均周工资相对于外围部门增长迅速，并在 20 世纪 70 年代初呈现加速趋势；核心部门生产工人占总就业份额相对于外围部门下降更快，主要下降集中在 1960 年之前。1958—1979 年，其中的商业周期在影响核心部门裁

---

① 　David M. Gordon, Michael Reich, Richard Edwards, *Segmented Work, Divided Workers: The Historical Transformation of Labor in the United States*, New York: Cambridge University Press, 1982, p. 195.

员率、外围部门裁员率、核心外围比率水平是显著的，核心外围比率从 1958 年的 0.860 降至 1979 年的 0.556，说明核心外围裁员方面存在的分化。[1] 制造业中核心部门和外围部门生产工人的工会化率（unionization rates）也存在分化，1958 年核心部门的工会化率是 76.6%，外围是 58.4%，核心外围比率是 1.31；1968—1972 年，核心部门的工会化率是 70.0%，外围是 52.3%，核心外围比率是 1.34；1973—1975 年，核心是 56.7%，外围是 39.7%，核心外围比率是 1.43。[2] 这说明，核心部门工会发展相对来讲要好一些，但核心外围的工会覆盖程度都在下降。

第二类，核心企业也存在二级劳动过程（secondary labor processes）。戈登等人认为，小型外围企业，并非是二级劳动过程的唯一代表，大公司也会在二级劳动市场组织部分运营，大公司可以同时灵活利用两个劳动市场。在产业工会未能夯实基础而由大公司主导的那些产业中，大公司缺乏改变内部劳动市场结构的动力。这些行业往往是劳动密集型，而且在地理上具有灵活性、移动性，公司容易把部分操作转移至低工资区域，乃至美国以外的海外。在戈登等人看来，美国的烟草巨头能够把产业集中在美国南部地区并远离工会组织，其工资水平能够持续低于其他核心产业中的工资水平。很多核心产业中的大企业，将其部分生产活动集中在二级劳动市场可以降低劳动成本；通过大量业务分包，大公司可以把不可预期的投资风险转嫁给小企业，特别是在对周期性敏感的那些行业之中；为了抵御周期性风险，有的企业开始使用大量临时工

---

[1] David M. Gordon, Michael Reich, Richard Edwards, *Segmented Work, Divided Workers: The Historical Transformation of Labor in the United States*, New York: Cambridge University Press, 1982, pp. 197–198.

[2] David M. Gordon, Michael Reich, Richard Edwards, *Segmented Work, Divided Workers: The Historical Transformation of Labor in the United States*, New York: Cambridge University Press, 1982, p. 199.

来降低风险。随着大公司行政职能的快速扩张，很多企业也将部分行政业务放置在二级劳动市场进行。例如，大公司把原来标准化的打字工作降级处理，按照二级劳动过程原则组织成"打字小组"（typing pools），这种工作没有晋升机会，换工率高，缺乏在岗培训。[①] 实际上，这种对文职工作、秘书工作的"分解"，并将其部分职能操作独立化为"打字小组"，完全符合布雷弗曼笔下的"巴贝奇原理"，可以降低用工成本；不再需要过去那种"全能型、多面手"的秘书，而是需要"片面的、局部的"秘书即可，从而迎来了文职工作领域的临时工。综上所述，核心企业中的二级劳动过程，既可以发生在大公司的内部，也可以发生在大公司的外部；其主要特点是降低劳动成本，或转嫁周期性或投资风险。

第三类，一级部门存在的分割化。随着一级劳动市场自身发展，这种发展进一步分化为两个部分，"独立性一级部分"和"从属性一级部分"。在这两个部分中的就业或工作岗位具有一级市场的共同特征：（1）它们主要由大公司来主导；（2）可以获得相对于二级劳动市场更多的工资薪水；（3）有一定的工作保障；（4）有一定的晋升机会。这两个部分的不同点在于：（1）支配它们任务表现或工作绩效的行为准则具有很大不同；（2）能够获得和应用必要技能的相关机制不同；（3）把工人在不同工作岗位进行分配的劳动市场中介机制不同。

这种"独立性一级部门"包括很多专业性、管理性和技术性工作岗位，专业标准支配工作绩效，这类工作岗位上的从业人员通常不受特定指令和权威的约束。"独立性一级工人"通过正规教育获得一般技能，并在各种工作情况中运用这些规则或能力；他们通过学习和实践获得更大回报，能够把其所在组织的正式目标内化；他们通常可以在企业内部

---

① David M. Gordon, Michael Reich, Richard Edwards, *Segmented Work*, *Divided Workers: The Historical Transformation of Labor in the United States*, New York: Cambridge University Press, 1982, p. 201.

和企业之间进行职业流动。戈登等人认为，这种"独立性一级工人"中的 70% 是白人男性。"独立性一级部分"的发展，源自并伴随着生产技艺和技术创新控制权的转移过程，19 世纪生产中技术创新主要源自工匠的实践。戈登等人认为，20 世纪 20 年代左右，公司试图通过把科学和研究掌握在自己手中，来控制创新的方向和鼓励新发明；公司组建研发部门，资助科研机构，推进工程学院和专业工程标准的发展；更为重要的是，技术创新更多来自公司内部领取薪酬的专业人员。[①] 也就是说，技术创新发展已经完全"内化为"公司内部活动，这样更有利于公司控制整个技术前进的方向。科学的这种发展模式，马克思早在《资本论》中就有过精彩论断："大工业则把科学作为一种独立的生产能力与劳动分离开来，并迫使科学为资本服务。"[②] 在手工艺系统中，工匠掌握生产过程的广泛知识，并能够完成复杂的技术任务。但是，随着工艺体系的瓦解，生产工人无法在实践中获得技术技能，绝大多数沦为半熟练操作工。这在 SSA 学派看来存在一个矛盾：公司仍旧需要一定的有技术能力的工人，但又不能退回到手工艺系统来实现培训学习或能力获得，这就需要新机制来解决这个矛盾；公司开始着手构建或推动职业培训机构发展，这些机构在顾及企业就业形式要求的同时给工人提供一般性技能培训。[③] 当公司有意识来创造具有一般技能的工人群体时，企业可以控制对他们的使用；而过去那些独立的专业技术工人则反对企业组织对他们劳动活动的控制，这些技术人员成立了专业协会来保护其工作的完整

---

① David M. Gordon, Michael Reich, Richard Edwards, *Segmented Work, Divided Workers: The Historical Transformation of Labor in the United States*, New York: Cambridge University Press, 1982, p. 202.

② 《马克思恩格斯全集》第 44 卷，人民出版社 2001 年版，第 418 页。

③ David M. Gordon, Michael Reich, Richard Edwards, *Segmented Work, Divided Workers: The Historical Transformation of Labor in the United States*, New York: Cambridge University Press, 1982, p. 203.

性不被侵蚀。在戈登等人看来，专业技术工人或技术人员的种种努力，使其成为"独立性一级工人"，而有别于"从属性一级工人"。

除了工人是否具有能动性或主体性的解释存在本质差异之外，我们对比 SSA 学派和布雷弗曼关于工人技能方面的解释，存在以下差别：（1）布雷弗曼反对"半熟练操作工"或"半技能论调"提法，而 SSA 学派则认可"半熟练操作工"提法；（2）布雷弗曼笔下的工人技能"持续不断地退化"或"一退到底"，对资本主义社会中的各种学校教育等制度持有批判态度，而 SSA 学派则认可培训机构给工人带来的"再技能化"或"技能升级"；（3）布雷弗曼笔下人数规模较小的"工程师"应该是有技能的，但他并没有对这些人技能的由来给出任何解释，而 SSA 学派则谈及了管理或设计方面的技术技能的再造问题；（4）布雷弗曼著作中其本人从没有使用"deskilling"（去技能化）概念，而 SSA 学派使用了"deskilling"和"reskilling"（再培训或技能恢复升级）。一句话，布雷弗曼是"表现主义方法论"，SSA 学派是"结构主义方法论"。

与"独立性一级部门"不同，"从属性一级部门"包括很多半熟练工人、一级部门中的蓝领岗位，以及很多半熟练白领岗位。这类从属性一级工作岗位，通常是程序化的、相对重复性的工作任务，并受企业内部特定监督和工作规则的约束。很多从属性一级工人，是在企业工作岗位上获得特定技能，他们很少学习一般技能，通常终身供职于单个企业或行业。SSA 学派对一级部门的这两个细分劳动市场部分进行了统计学检验，"独立性一级职业"和"从属性一级职业"之间的年收入差距是显著存在的；而且，一级部门两个细分部分之间的差异分化，要大于并且快于各个细分部分内部所存在的差异分化变动趋势。也就是说，戈登等人对于一级劳动市场细分出的两个部分进行了比对，从而证明美国自20世纪50年代开始出现的工人收入由所处分割化的劳动市场决定。

第四类，由性别带来的分割化。第二次世界大战后，越来越多的妇女和各种族人口进入美国劳动大军，与劳动人口增长相伴而生的是这些不同劳动群体的分割化趋势。劳动分割化会限制妇女和少数族裔工人的就业机会，而造成歧视和职业隔离的那些机制也会催生分割化。所以，"职业隔离"和"劳动分割化"二者之间相互作用的历史关系，在 SSA 分析框架之中是重要的。20 世纪 40 年代以后，妇女、特别是已婚妇女参与就业的规模大幅飙升，女性就业方式体现了分割化探索期和巩固期的特点，戈登等人认为有四个方面的发展特征：（1）随着公司对办公室工作人员需求的持续飙升，公司开始招募女性来填充文职岗位。文职总就业规模，从 1920 年的 340 万增至 1970 年的 1260 万，其中女性文职就业规模从 1920 年的 160 万增至 1970 年的 950 万，女性占文职总规模比重由 1920 年的 47% 增至 1970 年的 75%。女性文职就业绝对水平和相对比重，在 1940 年之后的巩固期明显快于之前的探索期。[①] 更为重要的是，公司在白领职业方面对男性和女性进行系统性隔离，将女性分流到低等级文职岗位（"二级白领职位"或"从属性一级文职岗位"），有助于对白领工作进行分割；其中的已婚妇女换工率明显低于年轻或单身女性，这对公司是大有益处的。（2）经济中的服务性就业岗位迅猛发展。1945—1970 年，妇女在护士、保健技师、教师职业上快速发展；1920 年，80 万妇女从事教师和护士职业；1970 年，从事教师、护士、保健技师的女性达到 600 万。虽然妇女在服务业就业中扩大了其发展机会，但只能在有限的、狭窄的、低水平的工作岗位中活动。（3）随着"一级劳动部分"把"二级劳动部分"甩在身后，外围产业中的资本家转而将女性劳动力视作潜在低工资员工可以开发利用，外围商品生产部门中的女性劳动力占比提高，从 1950 年的 19.7% 提高至 1970 年的 24.3%。也就是说，

---

① David M. Gordon, Michael Reich, Richard Edwards, *Segmented Work, Divided Workers: The Historical Transformation of Labor in the United States*, New York: Cambridge University Press, 1982, p. 205.

外围产业部门资本家为了提高盈利水平，通过降低劳动力费用支出，更多使用相对廉价的女性劳动力。（4）作为服务业代表性行业的零售业，这种外围行业的资本家开始使用更多女性劳动力，1920—1970 年，总就业规模从 450 万增至 1110 万，女性员工从 70 万增至 510 万，新增就业的三分之二来自女性员工。在外围制造业、零售业、文职就业、卫生教育部门中的四种女性劳动力，1970 年占女性总就业规模的 95%。①

第五类，由种族造成的分割化。第二次世界大战期间劳动力短缺，美国黑人从南方加速迁移出来，20 世纪 40 年代末至 50 年代，南方农场农业的机械化使这一转移过程持续推进，黑人工人数量很快超过了就业机会，其结果是，黑人补充了北方城市的劳动后备军，主要集中在外围产业，集中在二级劳动市场中的低薪岗位上。居住在北方的黑人比例，由 1940 年的 23.0% 增至 1960 年的 40.1%；同期，居住在北方城市的黑人比例，由 1940 年的 20% 增至 1960 年的 38%。② 沿着传统的北部迁移通道，美国黑人在北方城市定居，具有"居住上的种族隔离"（racial segregation in housing）特点。随着很多制造业就业的"去中心化或分散化"，白人加速外迁至城郊，黑人陷入破旧老城而隔绝于一级劳动市场。对于外围产业资本家来讲，其产业活动通常集中在老旧中心城市，黑人劳动力大军成为低工资劳力的重要来源，黑人开始进入第二次世界大战之前被拒之门外的外围产业。例如，1940—1960 年服装、食品加工、肉制品行业中的黑人就业快速增加，制造业中二级劳动市场的黑人就业份额提高了。1950—1970 年，黑人在外围制造业就业比重，从 7% 上

---

① David M. Gordon, Michael Reich, Richard Edwards, *Segmented Work, Divided Workers: The Historical Transformation of Labor in the United States*, New York: Cambridge University Press, 1982, p. 206.

② David M. Gordon, Michael Reich, Richard Edwards, *Segmented Work, Divided Workers: The Historical Transformation of Labor in the United States*, New York: Cambridge University Press, 1982, p. 207.

升到 10%。① 和外围制造业情况类似，很多服务业中资本家所经营的小企业，通常也将黑人视作低工资劳动力供给的重要来源，诸如，医院护理工和食品柜台人员，等等。与此同时，在大型机构中随着生产的再组织和分层，那些不断增长的服务性岗位从属于并在劳动过程的各个细分部分之间进行分配。例如，公司中很多办公室岗位（档案员、办公设备操作员）是由二级劳动力市场来填充，医院中的厨房卫生岗位也是根植于二级劳动市场，黑人大量进入这些岗位中。对于核心产业而言，黑人进入的通道是狭窄的且充满各种障碍，往往集中在职业等级阶梯的底部，处在低技能和低报酬工作岗位上，职业隔离是持续存在的。与布雷弗曼笔下逆来顺受的无主体性工人不同，在戈登等人看来，美国黑人的积极斗争在改变上述种族差异带来的分割化趋势是有一定效果的，1960 年之后，存在以下几方面变化：（1）20 世纪 60 年代的经济繁荣和众多黑人劳工对就业歧视的抗议，扩大了核心制造业中一级劳动市场的就业机会；黑人男性在核心产业中的就业，从 1960 年的 50.2 万人增至 1970 年的 68.2 万人。（2）在黑人抗议的作用下，黑人可以获得过去被长期排斥的"独立性一级部门"中的一些工作机会。（3）美国 60 年代福利支出的快速扩大，黑人家庭可以获得更多儿童抚恤补贴，使得外围产业资本家对 20 世纪 40 年代和 50 年代黑人作为主要廉价劳动力供给方式的习惯性方式发生转变，开始物色其他廉价劳工。（4）很多黑人对二级劳动市场的低薪岗位和发展前景匮乏感到不满，60 年代的抗议和年轻黑人换工率高企就是表现形式，外围产业资本家开始面临更多劳动纪律问题。② 总体来讲，

---

① David M. Gordon, Michael Reich, Richard Edwards, *Segmented Work, Divided Workers: The Historical Transformation of Labor in the United States*, New York: Cambridge University Press, 1982, p. 208.

② David M. Gordon, Michael Reich, Richard Edwards, *Segmented Work, Divided Workers: The Historical Transformation of Labor in the United States*, New York: Cambridge University Press, 1982, p. 209.

在多种因素共同作用之下，黑人被非均衡限制在各种二级岗位之中。

有趣的是，SSA 学派给出了从失业率角度来观察性别和种族带来的分割化：1949—1979 年，工人总体、白人男性、非白人男性、白人女性、非白人女性五种失业率，将后三种失业率分别除以白人男性失业率，再把三个比值相乘得出分割化指数，1949 年是 2.5，1979 年是 8.8，后者是前者的 3 倍多。[①] 这种由失业率计算得出的分割化指数，说明第二次世界大战之后美国劳动市场存在由性别和种族造成的分割化。

第五节 劳动分割化的结构及其影响

不同于过去"二元劳动市场"解释，SSA 学派提出"三元劳动市场"。根据给定的产业分类和职业分类标准，对美国第二次世界大战后 1950 年和 1970 年非农就业中的劳动市场三个分割部分（独立性一级、从属性一级、二级劳动市场）进行定量分析。值得一提的是，早在 1973 年，戈登等人就在《美国经济评论》撰文《劳动市场分割化理论》，提出了"三元劳动市场"：一级劳动市场和二级劳动市场，其中一级劳动市场再细分为"独立性一级"和"从属性一级"两个部分，合在一起一共三个细分部分；与此同时，也提到了"种族分割化"和"性别分割化"。[②] 三个细分部分，1950—1970 年结构比例大体上保持稳定：独立性一级部分 1950 年占非农总就业比重 27.8%，1970 年占比 32.8%；从属性一级部分 1950 年占比为 37.2%，1970 年占比为 31.0%；二级部分 1950 年

① David M. Gordon, Michael Reich, Richard Edwards, *Segmented Work, Divided Workers: The Historical Transformation of Labor in the United States*, New York: Cambridge University Press, 1982, p. 210.

② Michael Reich, David M. Gordon, Richard C. Edwards, "A Theory of Labor Market Segmentation", *The American Economic Review*, Vol, 63, No. 2 (1973), pp. 359–365.

占比 35.0%，1970 年占比 36.2%。值得注意的是，独立性一级劳动市场中的手工艺或技术工人比例降低，由 1950 年的 13.0%降至 1970 年的 10.4%；而在独立性一级劳动市场中，戈登等人特别提到了"对工人控制人员"（"control"workers），这是包括领取薪水的经理和监管人员，由 1950 年的 5.7%升至 1970 年的 6.9%。[①] 这些变化趋势，说明公司雇佣了更多监管人员，也更多使用了二级劳动市场中的工人。另一个值得注意的现象是，1970 年私人部门中对二级劳动市场工人的使用，明显高于所有公共和私人部门综合水平，1950—1970 年独立性一级劳动市场就业增长主要来自公共部门，而非私人部门。

劳动的分割化，对于工人阶级团结统一具有怎样的破坏作用？SSA 学派认为，二者之间有三种作用机制或传播通道：（1）处于三种不同劳动市场的工人，会经历不同的生产关系（与其雇主、工友、工会之间），这些不同的工作实践极有可能造成不同的态度以及政治倾向；（2）劳动分割化会影响种族和性别之间业已存在的差异，并塑造这些分化发展和再现的方式；（3）战后时期家庭、学校教育、社区机构的异质性结构，日益符合劳动市场各部分之间的本质差别。[②] 很显然，家庭、学校、社区不能直接归入商品生产领域，但是，"非生产领域"（非劳动市场结构）和"生产领域"（劳动市场结构）之间具有对应关系，这是对马克思主义唯物史观的具体运用。戈登等人进一步推论，处于不同劳动市场部分的工人（包括其家庭成员）和各自政治倾向之间具有密切联系或平行关系：（1）独立性一级劳动市场中的工人及其家庭成员，更关注生活

---

① David M. Gordon, Michael Reich, Richard Edwards, *Segmented Work, Divided Workers: The Historical Transformation of Labor in the United States*, New York: Cambridge University Press, 1982, p. 211.

② David M. Gordon, Michael Reich, Richard Edwards, *Segmented Work, Divided Workers: The Historical Transformation of Labor in the United States*, New York: Cambridge University Press, 1982, p. 213.

质量和工作空间自主性相关的政治议题，关注环境、公民自由、个人权利并要求摆脱政治和社会压制。（2）从属性一级劳动市场中的工人及其家庭成员，根据其收入和就业的相对安全和稳定性，更关心促进实际工资上涨、维护美国经济增长的国际支配地位、充分就业等制度稳定性。（3）二级劳动市场中的工人及其家庭成员，更关心政府服务和资助的可获得性。也就是说，不同于美国 20 世纪 30 年代的工人运动特点，第二次世界大战之后的劳动分割化阻碍了阶级运动的团结统一，这是一种"阶级碎片"（class-fraction）而非"阶级整体"（class-wide）的发展方式，工人阶级的整体性遭到削弱。劳动过程领域和劳动市场领域的碎片化分割化，经济系统的分化决定政治系统的分化，体现为工人阶级政治领域的分裂性，这在一定程度上决定了美国难以出现工人阶级政党，劳动分割系统极其深刻地影响了美国新兴政治力量的塑造过程。在戈登等人看来，新 SSA 所蕴含的"资本—劳动协调"，就是以"阶级碎片"为前提条件，这意味着难以出现大规模大范围罢工，以及"阶级整体"式的集体谈判。

第六节　分割化 SSA 的衰退期（20 世纪 70 年代至今）

20 世纪 70 年代初，世界经济陷入持久性危机，SSA 分析框架主张第二次世界大战后美国经济的劳动过程组织和劳动市场也会遭受侵蚀，现存的劳动管理结构会相应陷入衰退。需要强调的是，虽然戈登等人主张 SSA 理论分析框架具有"国别性质"，特别是针对美国劳动历史转型给出的理论判断，但他们是把世界经济体系在第二次世界大战后的重大变革视作美国 SSA 演变可能趋向的一个前提条件。虽然他们对美国战后 SSA（分割化 SSA）衰退的理论阐释聚焦于美国劳动关系的演变，但这并不意味着劳动关系变革是美国 SSA 未来走向的唯一决定因素。在 SSA

学派看来，其他人的解释未能把衰退的种种证据和美国经济中占支配地位的劳动管理结构的衰退相联系。与之不同的是，戈登等人对美国战后分割化过程的分析，已经提出美国公司开始对劳动过程新组织方法和劳动市场的种种探索，SSA 的重构也要涉及国家的作用以及资本主义主要国家之间的关系等因素。美国战后 SSA 的崩溃，开始侵蚀挤压劳动市场的三个主要部分；特别是，从属性一级劳动市场曾在第二次世界大战后美国经济重构中发挥了关键作用。

第一，从属性一级劳动市场的可能趋势。在戈登等人看来，美国第二次世界大战后资本（公司）和劳动（产业工会）之间达成了某种具体的妥协、协调、约定、谈判、让步，形成了第二次世界大战后的"劳动和平"。（1）工会和工人默许了公司管理方对生产组织相对自由的裁量权，公司凭借这种"管理特权"可以塑造内部生产组织，可以对工人施加更大影响力；（2）公司承诺三方面优厚条件来收买工人，提高实际工资、可靠的就业保障、改善劳动条件；（3）政府通过对工会管理关系进行立法调节和社会福利计划两种举措用来缓解劳资冲突。① 实际上，戈登等人这里的论述，其本质就是国家（政府）、资本、劳动三大主体之间的结构化关系，我们认为"三主体范式"是理解当代资本主义实践的很有价值的分析框架，也是理解中国特色社会主义市场经济必不可少的分析框架。只不过，两大经济社会形态下的"三主体"具有各自特征，中国处于初级阶段的社会主义，既要充分利用市场或资本（国有资本、集体资本、非公资本）来发展经济，又要坚持社会主义前进方向。笔者在 2016 年的文章中提出用"三主体范式"来理解中国特色社会主义政治经济学，并在 2018 年的文章中否定了"市场中性论"那种错误

---

① David M. Gordon, Michael Reich, Richard Edwards, *Segmented Work, Divided Workers: The Historical Transformation of Labor in the United States*, New York: Cambridge University Press, 1982, p. 216.

提法，提出"市场二重性"——手段属性和生产关系属性，并且论证了社会主义市场经济内在矛盾，就是市场二重性两个方面、两重属性之间的矛盾。① 值得一提的是，有学者认为马克思《资本论》中就已经存在国家、资本、劳动的"三元结构"，② 我们认为这种判断并不准确甚至是错误的，马克思最初在"六册计划"中打算在第四册专门研究"国家"，③ 如《资本论》是专门研究"资本一般"，其前提是抽象掉资本之间的竞争、同时也抽象掉了国家，怎么可能从《资本论》中直接得出"三元结构"呢？在笔者看来，至少在《资本论》中，马克思是典型的"资本劳动两主体范式"。有趣的是，法国马克思主义哲学家列菲弗尔认为："如果有人想在马克思的著作中寻找一种国家理论，也就是说想寻找一种连贯和完全的国家学说体系，我们可以毫不犹豫地告诉他，这种学说体系是不存在的。反之，如果有人认为马克思忽视了国家，我们也可以告诉他，国家问题是马克思经常关注的问题。在他的著作中，有关于国家的一系列论述和一种显然已经确定了方向。"④ 除此以外，另一个需要注意的问题是，中国特色社会主义政治经济学必须对社会主义初级阶段历史条件下的"资本范畴"做出理论分析，笔者顺延"市场二重性"，进一步论证了"资本二重性"这一重大理论命题，所撰文章《如何理解资本二重性——兼论新型政商关系的"政治经济学基础"》即将刊发。只有具备了市场二重性、资本二重性的充分理论准备，才能对中国特色的"国家

---

① 张开：《三主体范式与中国特色社会主义政治经济学》，《理论视野》2016 年第 5 期；张开：《试论社会主义市场经济内在矛盾——基于中国特色社会主义政治经济学的思考》，《教学与研究》2018 年第 3 期。

② 王东：《中国道路哲学创新的源头活水——〈资本论〉中蕴涵的"劳动、资本、国家"三元结构论》，《武汉大学学报》2018 年第 6 期。

③ 《马克思恩格斯全集》第 31 卷，人民出版社 1998 年版，第 411 页。

④ 亨利·列菲弗尔：《论国家——从黑格尔到斯大林和毛泽东》，李青宜等译，重庆出版社 1988 年版，第 122 页。

理论"进行解释，才能给中国特色的"国家职能二重性"奠定理论基础。在美国这种"协调"框架之下，稳定的生产条件或生产关系促进了美国第二次世界大战后的经济繁荣。

公司能够利用其在生产中的特权，大幅增加管理作用力度。戈登等人认为，在私人非农经济中，监管人员和非监管人员比例，可以近似衡量公司监督管理力度。在 20 世纪 40 年代末期，每 100 名非监管人员对应 13 个监管人员，60 年代末期则是 100 名对应 23 个。① 这种变化趋势反映了公司结构中行政管理机构的扩张，戈登本人在《臃肿与卑劣——对美国工人的公司压榨和管理"精简"的神话》（1996）进行了后续详尽研究。②SSA 学派认为，第二次世界大战后的从属性一级劳动市场工人在三个方面获得一定好处：（1）核心制造业工人的实际周工资，1947—1967 年年均增长超过 3%；（2）成年男性失业率，在 20 世纪 60 年代中期繁盛时期降至 2%以下，工人开始把年资制度中的就业保护视作某种必然的事情；（3）劳动条件大幅改善，制造业中的事故率自第二次世界大战后稳步下降。60 年代中期，资本和劳动之间达成妥协，劳动和平得以显现，工人罢工活动趋缓，非农就业中的工会成员数量下降。但是，好景不长。戈登等人认为，从属性一级劳动市场中的劳动和平基础趋于瓦解，工人与公司相妥协而获得的三项好处在 60 年代末 70 年代初开始逆转，并采用实际工资年平均变化、失业率年平均变化、事故率年平均变化三项指标来衡量从属性一级劳动市场中工人工资、失业、劳动条件的战后变化趋势：1948—1966 年三项指标分别

① David M. Gordon, Michael Reich, Richard Edwards, *Segmented Work, Divided Workers: The Historical Transformation of Labor in the United States*, New York: Cambridge University Press, 1982, p. 216.

② David M. Gordon, *Fat and Mean: The Corporate Squeeze of Working Americans and the Myth of Managerial "Downsizing"*, New York: The Free Press, 1996.

为 +3.52、−6.02、−1.54；1966—1973 年三项指标分别为 +1.14、+4.22、
+2.94；1973—1979 年三项指标分别为 +0.26、+8.77、+3.33。[①] 在 20 世
纪 60 年代末危机开始之后，所有三项指标都表明了从属性一级劳动市
场中的工人遭遇了逆转。

在戈登等人看来，美国的资本势力和公司管理方面并没有试图恢
复战后的劳动和平，而是采取了四种进攻策略来对付生产工人：（1）公
司强化监督和管理力度，增大监管人员比重；（2）公司加快对制造业固
定资本的转移，减少对美国东北部地区投资，加大对美国南部阳光地带
投资，或者转移至海外；（3）强化反工会活动，雇佣私人管理咨询公司
对抗工会，利用商业圆桌会议抵制维护劳工的立法改革，南部新建工厂
坚决反对工会主义；（4）越来越多的全国和地方工会被公司要求"退还"
曾经得到的工资等好处。[②] 实际上，美国不同区域的工会发展情况不同，
资本投资的空间转移的其中一个目的就是规避工会风险。这些新变化是
否意味着美国第二次世界大战后 SSA 的衰退，或生产关系的衰退？戈
登等人尝试给出一个更明确、更有力的结论：战后劳动和平或劳资协调
已经逐渐瓦解，进一步引发从属性一级劳动市场中结构化生产关系的稳
定性和有效性的瓦解，这种瓦解或侵蚀是造成生产率放缓的主要原因。
值得注意的是，在谈论美国第二次世界大战后 SSA 衰退和新 SSA 探索
时，戈登等人再次提及了由爱德华兹《竞争地带——20 世纪工作场所
的转型》论及的"官僚控制"，他们尝试性或审慎地提出战后"官僚控
制系统"（system of bureaucratic control）有效性的衰减，似乎是导致美

---

① David M. Gordon, Michael Reich, Richard Edwards, *Segmented Work, Divided Workers: The Historical Transformation of Labor in the United States*, New York: Cambridge University Press, 1982, pp. 217–218.

② David M. Gordon, Michael Reich, Richard Edwards, *Segmented Work, Divided Workers: The Historical Transformation of Labor in the United States*, New York: Cambridge University Press, 1982, pp. 218–219.

国经济劳动生产率增长放缓的重要原因。① 对于我们来理解 SSA 学派经济思想而言，为何戈登等人在 1982 年的书稿中没有直接采纳爱德华兹《竞争地带——20世纪工作场所的转型》(1979) 给出的"三种控制形式"，一个可能的解释在于"三种控制形式"缺乏经验数据支持，另一个可能的解释在于 1982 年三人合作的书稿对于美国劳动历史转型的时间阶段划分可能有别于爱德华兹 1979 年的解释，这个问题值得继续探讨。但是，在戈登等人看来，在任何给定的制度结构中预测未来趋势是非常困难的，预测未来的生产组织也是困难的；预测从属性一级劳动市场中的未来生产组织还为时尚早，SSA 分析框架主张，未来的变化在很大程度上取决于资本家和工人之间的冲突过程。

虽然不容易预测未来 SSA 的具体特征，但戈登等人认为，指出公司开始探索组织生产的新方法的新迹象是必要的，探索的这些方面或特征，将会在余下 10 年或 20 年之间重构美国经济。主要包括五个方面：(1) 自动化和微电子设备的普及等技术发展，将会深刻影响生产组织或劳动组织，也会对管理人员和工人之间的相对权利关系产生深刻影响。(2) 在竞争加剧和市场增长缓慢的压力下，公司管理者尝试了多种形式的工人"参与"管理，开始探索新生产关系。(3) 美国很多公司管理者对劳动管理系统的"日本模式"兴趣浓厚。(4) 大公司卷入围绕未来工会角色的讨论。(5) 探索的种种努力已经超越了单个企业范围，通过收入政策来讨论工资决定的新形式，体现了政府对劳资关系的干预；基于法国和日本模式的政府产业政策和计划，也体现了种种探索尝试。② 需

---

① David M. Gordon, Michael Reich, Richard Edwards, *Segmented Work, Divided Workers: The Historical Transformation of Labor in the United States*, New York: Cambridge University Press, 1982, p. 220.

② David M. Gordon, Michael Reich, Richard Edwards, *Segmented Work, Divided Workers: The Historical Transformation of Labor in the United States*, New York: Cambridge University Press, 1982, pp. 221–222.

要注意的是，这里再次体现国家（政府）、资本、劳动之间的"三主体范式"。

第二，独立性一级劳动市场的可能趋势。在 SSA 学派看来，独立性一级劳动市场的出现，是旧的手工艺生产系统瓦解之后的替代物，资本主义生产过程不能完全没有技术工人，一定比例的技术工人的存在是必要的。独立性一级劳动市场的巩固依赖于某种"隐性契约"（implicit contract），这种契约已经开始瓦解，对这个细分部分的生产进行组织的结构化关系也开始瓦解。对于公司来讲，独立性一级劳动市场中的工人，在尊重公司权威的前提下，能够发挥主动性并解决问题。公司管理层和独立性一级工人之间处于微妙平衡状态，工人尊重公司权威，同时获得三种优厚条件：（1）相对于从属性一级劳动市场工人而言，独立性一级劳动市场工人收入具有优势和差异性；（2）拥有技能发展的机会，以及相对自主的工作控制（job control）；（3）具有稳定的就业和职业晋升机会。① 在戈登等人看来，独立性一级劳动市场中工人的这三种优厚条件也遭遇了逆转或瓦解。例如，独立性一级劳动市场和从属性一级劳动市场中工人收入缺口在 1950—1970 年是扩大的，但在 20 世纪 70 年代开始出现收窄；60 年代中期至 70 年代中期，要求学历高和职业培训周期长的工作岗位数量下降，这意味着独立性一级劳动市场工人的技能发展机会削减，而很多工作岗位职能标准化或程序化，意味着工作控制自主性降低；职业不安全感和失业率相对上升。所有这些逆转或变化，最集中体现在独立性一级劳动市场中工会发展呈现出"异军突起"的势头，显然这与公司对独立性一级劳动市场的期望是矛盾的。也就是说，在公司管理层看来，最不容易出现工会组织的就是独立性一级劳动市

---

① David M. Gordon, Michael Reich, Richard Edwards, *Segmented Work, Divided Workers: The Historical Transformation of Labor in the United States*, New York: Cambridge University Press, 1982, p. 222.

场。此外，独立性一级劳动市场工人，最初在公司中所处的等级结构是
与工作表现或工作绩效相关的，但当原有激励结构的有效性出现问题之
后，员工无法从工作结构中获得足够激励来改善其工作表现。

对于劳动市场的这个部分，戈登等人认为，其未来发展取决于相
互冲突的两种力量或两种态度的对比：一方面，公司管理者尝试把很多
独立性工作进行分解和程序化，他们甚至认为公共部门的结构化内部系
统也过于僵化（例如大学中的终身制）；另一方面，管理高层也关注到
团队管理和团队合作制度，主张从金字塔式等级制转向决策和工作分配
上的"合议制"（collegial systems）。①SSA 学派认为，上述两种取向根
植于独立性一级劳动市场的内在矛盾，公司既希望确保一定的独立性创
造力，又希望把公司目标持续内部化方面能够再现。公司的这"两种希
望"是相互矛盾的。也就是说，未来对高技能和具有问题解决能力的劳
动力在技术方面的需求演变，以及雇主雇员对劳动组织方面的主动性，
两方面决定着独立性一级劳动市场的演变趋势。

第三,二级劳动市场的可能趋势。在二级劳动市场中对生产进行组
织，在戈登等人看来，其在第二次世界大战前后变化相对最小。在这
部分劳动市场中活动的企业，仍然采用在劳动同质化时期发展起来的
劳动管理结构。这部分劳动市场中的工人，其劳动条件和相对收入在
20 世纪 70 年代初的"衰退证明不足"，也就是说，这些工人拥有的各
种资源和条件已经最差，难以再差了。但是，戈登等人给出了这部分
劳动市场中发生的两个重要变化：(1) 这部分劳动市场的劳动供给发
生变化，在 20 世纪 60 年代末 70 年代初，众多本土出生的少数族裔劳
工难以忍受二级工资和劳动条件，二级工人的劳动力供给转而瞄准来

---

① David M. Gordon, Michael Reich, Richard Edwards, *Segmented Work, Divided Workers: The Historical Transformation of Labor in the United States*, New York: Cambridge University Press, 1982, p. 224.

自加勒比地区和墨西哥的移民劳工，他们往往缺乏正常的公民权利而处于弱势，这会影响二级劳动市场对生产进行组织以及生产关系的具体情况。（2）美国制造业中很多外围产业容易遭受外部竞争影响，特别是劳动密集型产业，二级劳动市场深受国际分工、国际调整、世界经济重构的影响。①

在 SSA 学派看来，美国从 20 世纪 70 年代初开始，这种"分割化结构"（the structure of segmentation）出现衰退，新的探索正在进行，并明显改变着三个主要劳动市场部分中的现存制度。分割化的衰退，并不意味着"新的同质化时期"（a new period of homogenization）的复归，而是意味着不同劳动市场部分边界的重构以及各自内部结构变革的发生。② 值得注意的是，戈登等人显然是把美国第三个 SSA 理解成"分割化 SSA"，这主要是由劳动市场分化特征来确定的。但是，他们分析框架中的"劳动市场"也不能简单等同于"劳动力的供给和需求"，而是在其中包含了一定的劳动过程内容。当然，SSA 分析框架中对劳动过程的论述，明显不同于布雷弗曼笔下的劳动过程，SSA 学派更多凭借公司策略、工会发展、劳资冲突、罢工活动来描绘劳动过程，而布雷弗曼更多使用"技术分工"来刻画劳动过程的微观细节。在戈登等人看来，第二次世界大战后美国经济繁荣依赖于导致劳动过程和劳动市场分割化的特定制度结构，经济危机和经济不稳定性会瓦解第二次世界大战后的这些制度结构；美国未来劳动的具体特征，取决于对生产组织发挥影响的公司、工人、其他集团之间的相对实力和战略举措；与布雷弗曼笔下

---

① David M. Gordon, Michael Reich, Richard Edwards, *Segmented Work, Divided Workers: The Historical Transformation of Labor in the United States*, New York: Cambridge University Press, 1982, pp. 225–226.

② David M. Gordon, Michael Reich, Richard Edwards, *Segmented Work, Divided Workers: The Historical Transformation of Labor in the United States*, New York: Cambridge University Press, 1982, p. 226.

工人阶级的"无主体性逆来顺受"不同，SSA 学派主张工人要积极了解这些变化的结构性因素，以及劳动市场各部分之间分化的结构性基础，工人就会对未来劳动的趋势和特征施加更大影响，从而克服其缺陷。

第七章
后续讨论以及空间化 SSA 的前景

　　戈登和鲍尔斯、韦斯考普夫在 20 世纪 80 年代的合作，主要关注的是积累的社会结构和长期经济波动，而作为 SSA 的核心构成制度之一的劳动过程被淡化处理掉了。"新的三人组合"主要以"公司盈利能力"为中心线索来解释美国战后 SSA 具体特征。对比 SSA 学派在两个时期的不同研究，至少在美国战后 SSA 的解释上，发生了重大修改，从"劳动市场"转向了"公司盈利能力"。他们尝试用具有四大制度性支柱的战后 SSA 兴衰，来解释美国战后公司盈利能力变化，这种盈利能力直接体现为税后平均利润率，这是一种"制度解释"。除此以外，鲍尔斯和爱德华兹在《理解资本主义》教科书中，给出了一个颇具"逻辑一以贯之"特色的分类框架，主张从一般性角度出发，所有积累的社会结构都由四组关系来描绘：一是，雇主之间的关系；二是，雇主和工人之间的关系；三是，工人之间的关系；四是，政府和主要的私人经济角色之间的关系。空间化学派发端于 20 世纪 90 年代，是基于积累的社会结构理论的延伸学派，立足资本主义生产和积累的空间维度，提出"空间化 SSA"和"技术官僚控制"两个核心概念，阐述了劳动过程和劳动市场结构从"分割化"向"空间化"的演变过程；这种解释，完全不同于科茨的"新自由主义 SSA"提法。

第一节 围绕美国第二次世界大战后 SSA 的再讨论——以公司盈利能力为中心

美国历史上第 3 个 SSA 产生于 1935 年之后十几年的阶级冲突和政治重组，其结果是支配积累的一套新制度的出现。在 SSA 学派看来，虽然转型发生于世界背景之中，但其分析聚焦于美国国内维度。特别是 20 世纪以来，很难将美国国内发展演变和世界体系相互割裂，不得不承认美国通过在世界范围构建各种制度结构、制度条件，实现了对世界经济体系的掌控。这些新制度在美国的出现，大致可以划分成两个不同时段：（1）美国工人阶级在 1935—1941 年获得历史性胜利，首先表现为产业工会联合会于 1935 年成立（Congress of Industrial Organizations，CIO），以及大规模生产行业之中的工会化发展，这是美国劳工运动半个世纪以来追求的目标；与之相关的其他变化包括，劳工力量在民主党政治活动中的中心地位，为福利国家提供基础的社会保障法，赋予工人组织和加入工会权利的《瓦格纳法》于 1935 通过，等等。这些发展或进步使得新 SSA 的形成构建必须充分适应工人阶级的新实力，特别是在美国产业工会联合会组建之后，任何新的安排如果不考虑阶级关系妥协，则难以顺利推进。（2）1946 年罢工浪潮模棱两可的结果标志着工人阶级积极争取利益阶段的结束，反劳工力量推动了对共产党的迫害，1947 年通过的《塔夫脱—哈特利法案》包含对工会权力的削减以及清除共产党背景工会领导等内容，劳资关系平衡转向资本家。[1] 在戈登等人看来，这种背景之下催生的新 SSA 必然会体现工人阶级新力量和阶

[1] David M. Gordon, Michael Reich, Richard Edwards, *Segmented Work, Divided Workers: The Historical Transformation of Labor in the United States*, New York: Cambridge University Press, 1982, p. 169.

级妥协。综合来讲，给美国第二次世界大战后 SSA 提供法律或协议基础的主要包括五个方面：《社会保障法》《瓦格纳法》《塔夫脱—哈特利法案》《1946 年的就业法案》，以及布雷顿森林体系。此外，新 SSA 也包含了其他关键安排，引导工人兴趣（例如最低工资标准），从产业层面"直接罢工等方式"转向国家层面"政策讨论方式"。

戈登等人在 1982 年《劳动分割》中，把美国第二次世界大战后积累的社会结构，也称为"分割化结构"，对应之前的最初的无产阶级化和同质化；我们完全可以将这三种类型 SSA 或三个阶段"打包概括"为最初的无产阶级化 SSA、同质化 SSA、分割化 SSA。与此同时，关于美国第二次世界大战之后的 SSA，《劳动分割》也提出用"战后协调"（postwar accord）来命名，战后经济繁荣产生于法律、制度、习俗安排的复杂整体，这种 SSA 根植于上述五项法律或协议基础，同时包含了分割化的劳动市场、劳动过程的各种控制系统（简单控制、技术控制、官僚控制）、阶级冲突进入政治领域、政府的广泛经济职能、保护美国公司海外投资的军事霸权。[1] 值得注意的是，在《劳动分割》中，戈登等人是把"分割化"用以刻画美国第二次世界大战后 SSA 的主要特征，"分割化"主要针对劳动市场的分割化，但也没有排除对劳动过程分割化的理解，是把"劳动过程"和"劳动市场"两个方面归并到"劳动分割化"提法。例如，他们就使用过"劳动过程和劳动市场的分割化"这样一种表达。[2] 需要注意的是，对于美国第二次世界大战后劳动过程的控制系统的具体界定，戈登等人的表述是含混不清的，似乎可以使用"分割化"来统称劳动过

---

① David M. Gordon, Michael Reich, Richard Edwards, *Segmented Work, Divided Workers: The Historical Transformation of Labor in the United States*, New York: Cambridge University Press, 1982, p. 240.

② David M. Gordon, Michael Reich, Richard Edwards, *Segmented Work, Divided Workers: The Historical Transformation of Labor in the United States*, New York: Cambridge University Press, 1982, p. 226.

程的控制系统。但是,《劳动分割》又提出与"劳动市场分割化"相对应的是"多样化的控制系统"(diversified systems of control),不仅涉及"官僚控制",也涉及从属性一级劳动部门中的"技术控制"的继续存在问题。①尽管他们在较长的历史阶段分期方面使用的是"劳动的分割化"(包括劳动过程和劳动市场两个方面),然而这种"分割化阶段"到底应该使用哪种"名称"来界定战后 SSA 的控制系统,至少在《劳动分割》一书中是没有明确答案的。这就给后来的读者造成了一定的麻烦和困惑,如果我们仅仅研读《劳动分割》第 2 章(纯粹理论阐述部分),就会留下一种印象:SSA 学派是高度重视"劳动过程"研究的,但实际上,即便是《劳动分割》第 2 章以外的主体内容阐述,和布雷弗曼的劳动过程理论具有极大差异,二者之间的差异不仅仅是工人是否具有主体性问题,《劳动分割》对待爱德华兹的三种控制形式的处理方法显得十分尴尬。进入 20 世纪 80 年代之后,戈登与鲍尔斯和韦斯考普夫进行了长达十年的合作,原本就不牢固的"劳动过程"更是慢慢淡出了 SSA 学派分析框架。实际上,在戈登最初创建 SSA 理论分析框架的两篇经典文章中(1978、1980),戈登本人更多关注的是"积累的社会结构"和"长期波动"(或"长经济周期")两者之间的关系,后来在《劳动分割》(1982)书稿中,吸收爱德华兹、里奇和戈登本人 20 世纪 70 年代对劳动市场的研究兴趣,并结合劳动过程理论,构建了涵盖三个方面的分析框架:一是劳动过程和劳动市场;二是积累的社会结构;三是长期经济波动。戈登和鲍尔斯、韦斯考普夫在 80 年代的合作,重点关注的是后两个方面,并且作为 SSA 的核心构成制度之一的劳动过程被淡化处理掉了。接下来,我们精选几个直接涉及美国第二次世界大战后 SSA 的文献,来细致考证一下 20 世纪 80 年代"新

---

① David M. Gordon, Michael Reich, Richard Edwards, *Segmented Work, Divided Workers: The Historical Transformation of Labor in the United States*, New York: Cambridge University Press, 1982, p. 241.

的三人组合"对 SSA 研究的相关特征。

　　戈登、鲍尔斯、韦斯考普夫合著《超越荒原——经济衰退的民主替代》（1983）中的第 4 章"战后公司制的兴衰"，集中阐述了美国战后积累的社会结构的特征。以戈登为代表的"新的三人组合"认为，美国第二次世界大战后出现了公司资本主义（corporate capitalism）的复兴，它不是凭空兴起，而是源自之前资本主义秩序的深刻改变，这种制度变迁根植于第二次世界大战后新的经济图景，这是一种不同类型的资本主义，并将这种新的制度结构界定成"战后公司制"（postwar corporate system）。[1] 这种制度或系统具有某种内部凝聚力，它所包含的各个主要制度之间能够相互配合并支持"公司帝国"（corporate empire），可以将这些制度概括成三大制度性支柱，其中的每一个支柱都是一套"力量或权力关系"（power relations）的制度化：一是美国资本与外国竞争者和供应商之间的关系；二是公司和劳动力各个部分之间的结构化关系；三是企业追求利润，而民众要求企业的社会责任，二者之间存在持续性冲突。这三种制度关系或统治结构，保证了私人公司的权力或优势免遭挑战，保证了公司的高利润。但是，这三种统治结构或支配结构不会长期有效，对美国公司的挑战会沿着这三个方面或三条线索而展开，种种挑战会导致美国政治和经济权力的重组，进而削减公司权力实力的有效性。例如，进口原料商品价格的提高，美国公司劳动力成本提高，美国国内民众对私人资本主义发展的社会负担或社会代价提高。最后结果是，公司盈利能力（profitability）的下降。[2] 实际上，戈登、鲍尔斯、

---

[1]　Samuel Bowles, David M. Gordon, Thomas E.Weisskopf, *Beyond the Waste Land: A Democratic Alternative to Economic Decline*, Garden City, New York: Anchor Press/Doubleday, 1983, p. 63.

[2]　Samuel Bowles, David M. Gordon, Thomas E.Weisskopf, *Beyond the Waste Land: A Democratic Alternative to Economic Decline*, Garden City, New York: Anchor Press/Doubleday, 1983, pp. 63–64.

韦斯考普夫新的三人组合，是打算把美国第二次世界大战后围绕公司盈利能力而构建起来的制度结构或组合称作"战后公司制"。美国"战后公司制"的兴衰，美国公司盈利能力的起伏波动，两个方面"同频共振"；而这种"战后公司制"的特征，被他们概括成三个制度支柱。他们在后来的研究中，又修改调整成四个制度支柱，增补了"有限温和的资本之间竞争"。[①] 在 SSA 学派看来，这三种主要的制度结构或结构化关系，看似抽象、全无单个人的历史活动；但是，这种"战后公司制"的兴衰，却是现实的人们为应对环境变化而进行斗争的产物。1983 年《超越荒原——经济衰退的民主替代》第 4 章和 1990 年《荒原之后——2000 年的民主经济学》第 5 章内容几乎一致，有两个主要差别：一是《荒原之后——2000 年的民主经济学》使用"战后 SSA"来代替《超越荒原——经济衰退的民主替代》中的"战后公司制"提法；二是对于美国第二次世界大战之后的积累的社会结构，使用"四大支柱"来代替原来的"三大支柱"解释，增补了"有限的资本间竞争"作为第四个制度性支柱。所以，我们完全可以将《荒原之后——2000 年的民主经济学》中的第 5 章视作以戈登为代表的"新的三人组合"对美国第二次世界大战后 SSA 进行再讨论的经典文献。在 SSA 学派看来，美国"战后 SSA"包括四大制度性支柱。

战后结构之一，美式和平（Pax Americana）。1944 年，在美国主导之下召开布雷顿森林会议并着手构建国际货币秩序，国际货币基金组织

---

① 例如，在 1987 年文章中，他们已经进行了增补。参见戈登、韦斯考普夫、鲍尔斯：《力量、积累和危机：战后积累的社会结构的兴衰》，张蕴岭译，载《现代国外经济学论文选》第 15 辑，商务印书馆 1992 年版，第 102—123 页。英文版题目是：*Power, Accumulation and Crisis: The Rise and Demise of the Postwar Social Structure of Accumulation* (1987)，收录进入戈登去世后的纪念文集，Samuel Bowles, Thomas Weisskopf (eds.), *Economics and Social Justice: Essays on Power, Labor and Institutional Change*, Cheltenham: Edward Elgar, 1998, pp. 267–282。

和世界银行应运而生，宣布美元作为国际货币体系中的主要货币，并将总部设在华盛顿，接受美国控制并符合其国家利益。美国在第二次世界大战之后掌握了世界经济和军事霸权，布雷顿森林体系帮助其掌握了世界经济霸权并构建了资本主义世界经济新秩序，华尔街代替了伦敦城成为世界金融中心。随后，美国获得了一种相对稳定的世界环境，其资本主义的贸易、投资和产出均快速增长。对于美国公司来讲，有两大好处：第一，美国资本以更加有利的条件获得外国原材料和能源供应，[①]进口原材料的成本价格一直到 20 世纪 60 年代中期都处于下跌趋势，而廉价能源推动了美国汽车产业和城郊住宅的繁荣发展；第二，美国的"卖家"是以"卖方市场"进行售卖，而美国的"买家"是以"买方市场"进行购买，1951—1966 年，美国的贸易条件（出口产品的平均价格相对于进口产品的平均价格）提高了 24%。与此同时，美国税法修订用于支持对国外进行投资，而军事支出在 1955 年达到美国 GNP 的10%。[②] 由此可见，作为战后结构之一的"美式和平"，是一个统摄经济、军事、政治的制度结构。

战后结构之二，有限的"资本—劳动协调"（the limited capital-labor accord）。仅仅凭借国际霸权无法确保经济繁荣，公司和劳动之间的妥协或协调，是战后 SSA 的第二个重要因素或制度结构。"资本—劳动协调"，虽然没有布雷顿森林体系那样正式，也没有涵盖所有劳动力，但确实建立在公司资本家和有组织劳工运动之间的协定基础之上，从而指导战后

① 戈登等人特别提到，1953 年，美国中央情报局针对伊朗的政变，培植亲美势力，反对伊朗石油公司的国有化；1954 年，美国政府推动了针对危地马拉的政变，反对危地马拉土地改革和亲社会主义取向。Samuel Bowles, David M. Gordon, Thomas E.Weisskopf, *After the Waste Land: A Democratic Economics for the Year 2000*, Armonk, New York: M.E. Sharpe, Inc., 1990, pp. 50–51.

② Samuel Bowles, David M. Gordon, Thomas E.Weisskopf, *After the Waste Land: A Democratic Economics for the Year 2000*, Armonk, New York: M.E. Sharpe, Inc., 1990, pp. 52–53.

生产实践。20 世纪 40 年代末，这种"协调"要求把工会领导岗位上的激进分子清除掉，诸如 1947 年通过的《塔夫脱—哈特利法案》限制了工会行动，工会倾向于和大公司之间达成明确的交换条件。一方面，对于公司来讲，能够保持对企业经营管理活动重要决策（包括生产、技术、选址、投资、营销）的绝对控制，这一套公司特权在很多集体谈判协定中被汇编成"管理权限"种种条款；另一方面，对于工会来讲，工会被承认是工人利益的合法代表，工会只能针对工人的直接经济利益来进行谈判，但不允许挑战资本家对企业的控制权，更不允许挑战资本主义制度的合法性本身。工会将维持一种有秩序和遵守劳动纪律的劳动力，而公司则对工人由于提高劳动生产率进行奖励，并给予工人更大就业保障以及改善劳动条件。在 SSA 学派看来，上述三种优厚条件（前文关于"从属性一级劳动市场"论述也有涉及）是诱惑工人妥协服从的"胡萝卜"，而那种持续不断的周期性失业威胁则是被资本家充分利用不时挥舞着的"大棒"，二者结合在一起造成了工人的合作倾向。例如，钢铁和汽车产业的"工会合同"追加了限制或禁止罢工条款。[1]公司为了能够充分利用这种恢复之后的控制并收获生产红利，开始扩张监管机构及其从业人员规模，并发展起具有密切监督性质的"官僚控制系统"，充分掌握员工的产出并筛选出个体标准，通过差异化激励举措、晋升奖励、工资补贴来诱使工人努力工作。这种"官僚控制系统"，是由经理和监管人员来掌管。在 SSA 学派看来，1950—1970 年，这种新的职业划分类别"劳资关系从业人员"（labor-relations personnel）规模显著增加；在 20 世纪 60 年代末，私人企业部门总收益的 20% 要由经理和监管人员薪水所占据。[2]由

---

① Samuel Bowles, David M. Gordon, Thomas E.Weisskopf, *After the Waste Land: A Democratic Economics for the Year 2000*, Armonk, New York: M.E. Sharpe, Inc., 1990, p. 56.

② Samuel Bowles, David M. Gordon, Thomas E.Weisskopf, *After the Waste Land: A Democratic Economics for the Year 2000*, Armonk, New York: M.E. Sharpe, Inc., 1990, p. 57.

此可见，战后 SSA 的内部成本费用是稳定增长的。另一个需要指出的是，这种"协调"只是让一部分工人获益，而那些没有加入工会组织的工人、妇女劳工、少数族裔，是无法获得生产率红利带来的好处。

战后结构之三，"资本—市民协调"（the capitalist-citizen accord）。大萧条造成的不仅仅是劳动斗争，很多美国民众还为租户权利和公共住房、社会保障、公共援助、为抵御资本主义经济中变幻莫测的生活保护而斗争。在 SSA 学派看来，这类需要并不是新鲜事物，但是国家过去未曾在危机和不稳定时期给予关注，所谓"自由企业制度"迫使人们和企业自力更生，政府没有对经济震荡提供足够缓冲举措。但是，在不损害利润优先原则的前提下，国家已经开始对市场经济的粗糙边缘进行平复。例如，1935 年的《社会保障法》和 1946 年的《就业法案》就是重要里程碑。戈登、鲍尔斯、韦斯考普夫三人，将这种扩大的国家职能概括成三个主要方面[①]：（1）政府试图降低宏观经济不稳定性，希望避免 20 世纪 30 年代经济下滑对主要资本主义企业的那种生存威胁。政府不会消除商业周期，更没有提供持续性充分就业，因为周期性收缩有助于限制劳工力量并清除低效率企业，宏观政策取向是某种政治稳定和盈利能力之间的妥协形式。除了政府有意的经济稳定政策之外，累进所得税和失业保险充当了自动稳定器（经济过热时削减需求，经济冷清时刺激需求）；美国第二次世界大战后巨大的军事支出，也提高或刺激了总需求。（2）支持企业的那种直接性公共支出（联邦、州、地方政府三个层面）都大幅提高。政府合同给很多大公司提供了有保障的市场，政府补贴给很多私人企业提供了帮助。更为重要的是，在交通、通信和其他基础设施方面的政府支出，也包括教育和研究领域，降低了所有私人企业

① Samuel Bowles, David M. Gordon, Thomas E.Weisskopf, *After the Waste Land: A Democratic Economics for the Year 2000*, Armonk, New York: M.E. Sharpe, Inc., 1990, pp. 59–60.

的商业成本，这种经济好处不仅通过商品相对廉价惠及消费者，更使得企业从这种"公共恩惠"中获益。（3）国家在一定程度上给所有美国人提供了经济安全。需要强调的是，战后失业保险覆盖面和规模、社会保险计划、教育、医疗、一般性救助作为国民收入一个小部分缓慢增长。戈登等人认为，这些计划或项目确实提高了很多民众利益，但其存在的"上限"是资本主义优先权；这种新的国家职能，在不损害公司盈利能力的同时，构建起国家和民众之间的一种新的重要关系。[1] 虽然，这里谈及的制度结构是"资本—市民协调"，而 SSA 学派实际给出的分析主体是三个：国家、资本（企业）、市民（民众）；在国家或政府积极协调之下，在以利润优先或利润为导向的原则前提下，开始给予民众市民更多关注。

战后结构之四，有限的资本间竞争（the containment of intercapitalist rivalry）。在 SSA 学派看来，美国第一次公司兼并浪潮发生在 19 世纪 90 年代末 20 世纪初，这是通过直接吞并对手并构建寡头垄断，少数几家大型公司统治了某个产业或产品市场，这次兼并浪潮是美国第二次世界大战后 SSA 之前的那个 SSA 的重要内容；第二次兼并浪潮发生在 20 世纪 20 年代，这是对企业生产活动的纵向垂直兼并，除了农业和服务业具有相对竞争特点以外，在经济的核心产业中，通常是少数几个主要参与者在大部分经济决策中发号施令并暗中勾结。[2] 实际上，政府和产业之间的合作增强了很多大企业的经济地位，当产品市场竞争受到限制，企业能够凭借其寡头或垄断地位来提高价格并获得更高利润。

公司权力（力量）和特权的这些制度基础，促进了美国战后经济

---

[1]　Samuel Bowles, David M. Gordon, Thomas E.Weisskopf, *After the Waste Land: A Democratic Economics for the Year 2000*, Armonk, New York: M.E. Sharpe, Inc., 1990, p. 60.

[2]　Samuel Bowles, David M. Gordon, Thomas E.Weisskopf, *After the Waste Land: A Democratic Economics for the Year 2000*, Armonk, New York: M.E. Sharpe, Inc., 1990, p. 62.

繁荣。戈登等人认为，四大支柱之所以奏效，是因为它们确保了私人盈利（private profit-making）和资本积累逻辑（capital-accumulating logic）在整个经济中的主导地位。[1] 但是，冲突终将在每个制度结构中涌现出来，最终侵蚀瓦解美国战后 SSA。

　　第一，美国国际统治力和支配力的下降。20 世纪 60 年代中期，"美式和平"这种制度结构步履蹒跚，美国公司、美国资本、美国国际支配力遭遇三方面的挑战。第一种挑战来自发达经济体的竞争性挑战，第二次世界大战后日本和欧洲企业，不仅在国际市场，而且在美国国内市场增大了其市场份额。需要指出的是，戈登等人认为，美国竞争实力的衰减，部分原因在于美国军事机器的不断扩张；最初的布雷顿森林体系，是要求强大的美国经济和强大的美国军事相配套，但是，二者之间是一种既互为补充，又相互竞争的矛盾关系，过大的军事支出会消耗国内生产能力并最终挤占损害美国国内"生产性资本的形成"（productive capital formation）。[2] 与此同时，从对美国出口产品的需求下降开始，再到越南战争不断增加的费用，世界货币市场上的美元供过于求的情况越来越严重，最终导致国际货币稳定性瓦解。第二种挑战来自第三世界国家民族独立运动，极大削弱了美国政府保护其私人企业的能力。第三种挑战来自原料能源出口国，主要集中在第三世界国家，通过自然资源的国家控制来提高这些国家在世界经济中的经济收益，例如石油输出国组织。这三种挑战汇集在一起，极大影响了美国的国际贸易条件。有趣的是，戈登等人给出了美国贸易条件变化趋势图（1948—1979 年），用美国出口价格平减指数和进口价格平减指数之间的比率，来测算美国贸

---

　　① Samuel Bowles, David M. Gordon, Thomas E.Weisskopf, *After the Waste Land: A Democratic Economics for the Year 2000*, Armonk, New York: M.E. Sharpe, Inc., 1990, p. 63.

　　② Samuel Bowles, David M. Gordon, Thomas E.Weisskopf, *After the Waste Land: A Democratic Economics for the Year 2000*, Armonk, New York: M.E. Sharpe, Inc., 1990, p. 64.

易条件变动趋势，更为有利的贸易条件意味着美国国内一单位实际产出可以购得国外更大数量的产品或服务。[①]1951 年至 20 世纪 60 年代中期，美国贸易条件稳步提高；60 年代末 70 年代初，贸易条件平稳发展，1973 年开始急剧下滑。

第二，"资本—劳动协调"的终结。戈登等人认为，美国战后 SSA 根植于国内在三个方面相统一而形成某种政治"增长联盟"（political "growth coalition"），以利润导向的增长原则（principles of profit-led growth），在确立社会目标时优先考虑盈利能力（priority of profitability），在分配经济红利时互不侵犯。这种政治联盟最初运行良好，跨国公司（大型公司）和工会工人是两大主体。[②] 这种"政治联盟"，实际上就是某种"政治合意"，从本质上是把非主体排除在外的，意味着并不包含所有资本或所有劳工。"资本—劳动协调"的外部挑战，主要源自被排除在"政治联盟"之外的小资本或小企业，以及非工会劳工或二级劳动市场工人的不满或抵制，最终形成对这种战后协调的"外部瓦解因素"。美国雇佣劳动力近 40% 是处于二级劳动市场，他们的工资收入和就业稳定性明显弱于一级劳动市场，核心和外围部门之间的工资缺口在战后时期持续扩大，若结合种族和性别因素会更大。"资本—劳动协调"的内部挑战或"内部瓦解因素"，加入工会的工人通常是处于一级劳动市场的工人，他们相比第二次世界大战之前大萧条期间的工人更具有活力创造力，更为关注对工作场所决策的影响，以及关注更有意义和挑战性创造性工作的机会，他们对于"官僚控制"所具有的专制主义和僵化威权特征颇为不满。另一个非常重要的内部瓦解因素是，资本对劳

---

① Samuel Bowles, David M. Gordon, Thomas E.Weisskopf, *After the Waste Land: A Democratic Economics for the Year 2000*, Armonk, New York: M.E. Sharpe, Inc., 1990, p. 66.

② Samuel Bowles, David M. Gordon, Thomas E.Weisskopf, *After the Waste Land: A Democratic Economics for the Year 2000*, Armonk, New York: M.E. Sharpe, Inc., 1990, pp. 66–67.

动力施加影响的传统手段是"失业威胁",这是一种传统的"胁迫机制"。对工人的这种威胁或胁迫机制遭遇两方面挑战:(1)战后时期的失业率相对较低,在 1960 年代中期处于非常低的水平;(2)20 世纪 30 年代各种社会斗争带来的社会事业项目的发展,社会保险、失业救济金、有子女家庭救助计划等,这些社会事业项目综合在一起给失业提供了某种缓冲,其本质是一种失业缓冲机制。有趣的是,戈登等人将"低失业率"和"社会项目缓冲"两个方面整合在一起,制定了一个"失业成本"(cost of job loss)测量方法。其含义是,失业工人总收入损失的周平均值,与失业率上升时的长期失业可能性,以及和失业时的相对收入损失有关,其数值越高,失业成本就越大,公司对员工的潜在影响力也就越大。战后时期的"失业成本"数值,在 1948—1966 年经济繁荣期最高,在 1966—1979 年经济危机期间相对较低。[①] 也就是说,资本家在经济危机期间对工人的影响力和控制力是下降的,而资本家对生产盈利进行维持的能力也遭到削弱。20 世纪 60 年代中期之后,公司对劳工控制的有效性降低了,这是上述两个具体内部瓦解因素造成的必然结果;公司影响力控制力的衰弱,必然会造成资本家在提高工人劳动强度和压低工人工资方面能力的下降;当每小时的实际产出,没有每小时的实际报酬增长得快时,资本的实际劳动力成本就开始上升,而这反过来又

---

① Samuel Bowles, David M. Gordon, Thomas E.Weisskopf, *After the Waste Land: A Democratic Economics for the Year 2000*, Armonk, New York: M.E. Sharpe, Inc., 1990, p. 70. 也可参见涉及"失业成本"问题的下列文献,戈登、韦斯考普夫、鲍尔斯:《力量、积累和危机:战后积累的社会结构的兴衰》,张蕴岭译,载《现代国外经济学论文选》第 15 辑,商务印书馆 1992 年版,第 102—123 页。英文版题目是:*Power, Accumulation and Crisis: The Rise and Demise of the Postwar Social Structure of Accumulation* (1987),收录进戈登去世后的纪念文集,Samuel Bowles, Thomas Weisskopf (eds.), *Economics and Social Justice: Essays on Power, Labor and Institutional Change*, Cheltenham: Edward Elgar, 1998, pp. 267–282, 以及 Thomas E. Weisskopf, Samuel Bowles, David M. Gordon, "Hearts and Minds: A Social Model of U.S. Productivity Growth", *Brookings Papers on Economic Activity*, Vol. 1983, No. 2 (1983), pp. 381–450。

会增加劳动在总收入中的份额，减少资本在总收入中的份额。[①] 也就是说，战后这种"资本—劳动协调"的削弱或终结，会带来公司盈利能力的下降。值得注意的是，戈登、爱德华兹、里奇三人在 1982 年《劳动分割》书稿中，主要是以"劳动市场"为中心线索来划分美国历史上的三个 SSA，相比对劳动市场的充分论述，对劳动过程的论述显得薄弱；与之不同的是，戈登、鲍尔斯、韦斯考普夫在 1983 年《超越荒原——经济衰退的民主替代》，特别是 1990 年《荒原之后——2000 年的民主经济学》书稿中，主要是以"公司盈利能力"为中心线索来解释美国战后 SSA 具体特征。对比 SSA 学派在两个时期的不同研究，至少在美国战后 SSA 的解释上发生了重大修改，从"劳动市场"转向了"公司盈利能力"。当然，我们也可以认为，"新的三人组合"回到了戈登 1978 年、1980 年两篇经典文献的原点，资本主义积累过程或积累的引擎，需要结构稳定性或一套制度来提供保障。[②]

第三，对"盈利逻辑"的挑战（challenges to the logic of profitability）。美国战后 SSA 最初是遵循这样一种逻辑，经济生活中的重大决策（技术、产品设计、工业选址、职业安全健康、环境平衡）统统交由市场决定，即便是存在更多国家干预，其对经济生活的介入也不能影响私人部门的盈利逻辑；其间，甚至有人说"对通用汽车好的，就是对美国这个国家好的"。[③]

---

① Samuel Bowles, David M. Gordon, Thomas E.Weisskopf, *After the Waste Land: A Democratic Economics for the Year 2000*, Armonk, New York: M.E. Sharpe, Inc., 1990, p. 71.

② 戈登在 1978 年经典文章中谈道："资本主义积累主要依赖于结构稳定性（*structural stability*）。为利润而进行的生产所要求的一定制度条件必须得到满足，否则生产无法长期自我维持，恰如一幢大楼无法长期竖立在摇晃的基础之上。如果资本家看不到盈利的可能，他们将不会把自己的资本冒风险而进行最初的投资。"大卫·戈登：《长周期的上升与下降》，《教学与研究》2016 年第 1 期；大卫·戈登：《积累的阶段和长经济周期》，《当代经济研究》2019 年第 8 期。

③ Samuel Bowles, David M. Gordon, Thomas E.Weisskopf, *After the Waste Land: A Democratic Economics for the Year 2000*, Armonk, New York: M.E. Sharpe, Inc., 1990, pp. 72–73.

此后，美国出现了围绕石油、化工、核能、采矿等行业职业健康安全
方面的各种运动，以及围绕消费者安全、产品设计、环境保护等方面
的运动。例如，著名的拉夫运河（Love Canal）固体废物污染事件、凯
霍加河（Cuyahoga River）河面多次燃烧起火事件，等等。在戈登等人
看来，环境保护等广泛的各种运动，实际上体现了民众对于那种将"私
人贪欲"和"公共美德"二者视作"神圣同一"的质疑和抵制，这些
运动的综合效应在于挑战了资本主义盈利的根本逻辑，质疑了决定资
源分配和制定经济决策的那种"私人盈利优先性"（primacy of private
profitability）。① 上述种种运动和挑战带来的结果是，在 20 世纪 70 年
代初，一系列主要负责对公司进行监管（corporate regulation）的机构
应运而生，例如，国家公路安全委员会（1970）、职业安全与健康管理
局（1970）、美国国家环保局（1970）、消费者安全管理局（1972）等，
此类监管机构或调节机构（regulatory agencies）的成立，意味着更大
的监管调节费用支出。除了上述对资本盈利的各种"社会规制力量"，
SSA 学派认为，在 20 世纪 60 年代中期之后，能源或原材料各种自然
投入品价格的上涨也造成了对资本盈利能力的挑战，发电行业就是一
个明显的例证：1948—1966 年，电价下降显著，从 1.01 美分 / 千瓦时
降至 0.89 美分 / 千瓦时；与之相反，1973—1979 年，由 1.17 美分 / 千
瓦时升至 2.83 美分 / 千瓦时。② 除了 60 年代中期之后能源需求扩张以
外，戈登等人认为还有三种因素抬高了电价：（1）1973 年石油价格暴
涨，造成燃油电厂成本上升；（2）在环保限制等因素作用下，燃煤也
无法很好缓冲抵消燃油价格上升；（3）20 世纪 70 年代中期之后的"反

---

① Samuel Bowles, David M. Gordon, Thomas E.Weisskopf, *After the Waste Land: A Democratic Economics for the Year 2000*, Armonk, New York: M.E. Sharpe, Inc., 1990, p. 73.

② Samuel Bowles, David M. Gordon, Thomas E.Weisskopf, *After the Waste Land: A Democratic Economics for the Year 2000*, Armonk, New York: M.E. Sharpe, Inc., 1990, p. 74.

核运动",使得作为替代能源的核能发展也遭遇困境。① 由此可见,上述因素挑战了美国战后 SSA 中的"资本—市民协调",这些矛盾集中体现在美国公司盈利能力的下降方面。

第四,资本间竞争增强。第二次世界大战之后相当一段时间,很多美国公司充分利用这种相对温和有限度的竞争环境,将很多产品市场掌控在少数几家公司巨头手中,这些公司寡头为保持其势力和利润也会进行合作。戈登等人认为,20 世纪 60 年代中期之后,这种温和竞争局面被两股力量所打破。一是来自欧洲和日本公司的激烈竞争,很多美国公司对产品市场的控制能力遭到削弱。例如,1955 年,美国商品出口占据主要资本主义经济体商品出口总量的 32%,1971 年美国份额跌至 18%;60 年代中期之后,美国国内市场进口竞争加剧,1960—1970年,汽车进口占据美国国内市场比重由 4% 升至 17%,家用电器由 4% 升至 31%,计算和加法机(calculating and adding machines)由 5% 升至 36%,电子元器件由不到 1% 升至 5%。② 二是美国国内很多产业竞争加剧。国内竞争加剧,部分源自经济繁荣,以往封闭的市场机会被打开。与此同时,美国反垄断实践推动了公众对大企业日益增加的不信任。所以,20 世纪 60 年代中期之后,美国公司面临日益加剧的产品市场竞争以及资本间竞争,过去那种通过提高商品价格保护利润以及打压竞争对手挑战的能力,均遭到极大削弱。

在戈登、鲍尔斯、韦斯考普夫三人的分析框架中,尝试用具有四大制度性支柱的战后 SSA 兴衰来解释美国战后公司盈利能力变化,这种盈利能力直接体现为税后平均利润率,这是一种"制度解释"。也

---

① Samuel Bowles, David M. Gordon, Thomas E.Weisskopf, *After the Waste Land: A Democratic Economics for the Year 2000*, Armonk, New York: M.E. Sharpe, Inc., 1990, p. 75.

② Samuel Bowles, David M. Gordon, Thomas E.Weisskopf, *After the Waste Land: A Democratic Economics for the Year 2000*, Armonk, New York: M.E. Sharpe, Inc., 1990, p. 76.

就是说，把"制度环境"和"利润率"建立起联系①，用"制度"来解释"利润率"。这种分析框架，特别是要对美国战后公司盈利能力下降（利润率）给出不同于主流经济学的解释，他们构建了七个资本主义权力或力量指数（seven quantitative indexes of capitalist power）作为解释变量，从而将四大制度结构具体化或数量化表达：一是"资本—劳动协调"，具体表现为"失业成本"和"工人抵抗指数"（index of worker resistance）两个解释变量；二是美式和平，具体表现为"贸易权力或力量"（trade power）一个解释变量；三是"资本—市民协调"，具体表现为"政府监管指数"（index of government regulation）和"资本税收份额"（capital's tax share）两个解释变量；四是适度的资本间竞争，具体表现为"进口渗透"（import penetration）和"产品市场紧密度"（product market tightness）两个解释变量。②战后 SSA 具体表达为七个制度性解释变量，在他们看来具有极其优秀的解释能力。③这是一种用战后 SSA 衰退的制度分析框架，来对美国战后公司盈利能力衰减和利润率下降给出的新解释。

---

① Samuel Bowles, David M. Gordon, Thomas E. Weisskopf,"Power and Profits: The Social Structure of Accumulation and the Profitability of the Postwar U.S. Economy", *Review of Radical Political Economics*, Vol. 18, No.1&2（1986），pp. 132–167. 值得一提的是，在 1986 年这篇文章中，戈登等人使用的仍然是三种制度结构或制度性支柱来解释美国战后 SSA，到了前文提及的 1987 年文章《力量、积累和危机：战后积累的社会结构的兴衰》中增补了"有限的资本间竞争"作为第四个制度性支柱。

② Samuel Bowles, David M. Gordon, Thomas E.Weisskopf, *After the Waste Land: A Democratic Economics for the Year 2000*, Armonk, New York: M.E. Sharpe, Inc., 1990, p. 78. 以及参阅 Samuel Bowles, David M. Gordon, Thomas E. Weisskopf,"Business Ascendancy and Economic Impasse: A Structural Retrospective on Conservative Economics, 1979–1987", *Journal of Economic Perspectives*, Vol. 3, No. 1（Winter 1989），pp. 107–134。

③ Samuel Bowles, David M. Gordon, Thomas E.Weisskopf, *After the Waste Land: A Democratic Economics for the Year 2000*, Armonk, New York: M.E. Sharpe, Inc., 1990, p. 243.

第二节 鲍尔斯和爱德华兹的解释

爱德华兹曾撰写《竞争地带——20 世纪工作场所的转型》，并与戈登和里奇在 1970 年代进行大量合作，是《劳动分割》（1982）的共同作者。值得一提的是，爱德华兹和鲍尔斯在 1985 年合作编写了美国相当流行的政治经济学教科书《理解资本主义——竞争、统制与变革》（2005 年英文第 3 版已经译成中文）。[①] 在前文，我们已经谈及爱德华兹《竞争地带——20 世纪工作场所的转型》中的"三种控制形式"没有很好吸收进入《劳动分割》构建美国三种 SSA 过程中，戈登、爱德华兹、里奇三人在 1982 年《劳动分割》书稿中，主要是以"劳动市场"为中心线索来划分美国历史上的三个 SSA，相比对劳动市场的充分论述，对劳动过程的论述显得薄弱；与之不同的是，戈登、鲍尔斯、韦斯考普夫在 1983 年《超越荒原——经济衰退的民主替代》，特别是 1990 年《荒原之后——2000 年的民主经济学》书稿中，主要是以"公司盈利能力"为中心线索来解释美国战后 SSA 具体特征。对比 SSA 学派（两个不同的"三人组合"）在两个时期的不同研究，至少在美国战后 SSA 的解释上发生了重大修改，从"劳动市场"转向了"公司盈利能力"。针对美国战后 SSA 的解释，从最初《劳动分割》中以"劳动市场"为中心，到《荒原之后——2000 年的民主经济学》以"公司盈利能力"为中心，SSA 学派至少留下了以下几个理论问题没有解决：（1）如何清晰界定美国战后积累的社会结构，是"分割化 SSA"还是"战后 SSA"这种笼统说法；（2）把"四大制度性支柱"（美式和平、"资本—劳动协调"、"资

---

① 塞缪尔·鲍尔斯、理查德·爱德华兹、弗兰克·罗斯福：《理解资本主义：竞争、统制与变革》，孟捷、赵准、徐华主译，中国人民大学出版社 2010 年版。

本—市民协调"、有限的资本间竞争）视作美国战后 SSA 的主要内容，
这"四大制度性支柱"又该如何匹配最初的"两大制度性支柱"（把劳
动过程和劳动市场视作 SSA 的两大核心）；（3）对于美国第四个 SSA 的
界定，应该是以"两大制度性支柱"，还是以"四大制度性支柱"来解
释。值得注意的是，戈登、鲍尔斯、韦斯考普夫在 1987 年的文章中已
经意识到这些问题的存在，他们指出："为了把问题说明，我们还应强
调，我们所提出的四个特殊的制度性构成仅仅适用于战后的美国。我们
不想扩大为任何积累的社会结构在任何时间都具备这种具体的制度性构
成特征。"[1] 对于美国战后历史，到底是"分割化 SSA"，还是"四大制
度性支柱战后 SSA"？如何将"四大制度性支柱"和"两大制度性支柱"
相协调？实际上，戈登等人意识到了问题存在，却没有回答。

　　鲍尔斯和爱德华兹在《理解资本主义》教科书中，给出了一个颇具
"逻辑一以贯之"特色的分类框架，他们认为，从一般性角度出发，所
有积累的社会结构都由四组关系来描绘：一是雇主之间的关系；二是雇
主和工人之间的关系；三是工人之间的关系；四是政府和主要的私人经
济角色之间的关系。[2] 首先，这种解释是把 SSA 视作由"四大制度性支
柱"组合而成，其中的每一个制度结构具体内涵不同于前文解释；其次，
更加凸显了国家或政府的作用，而这在 SSA 学派最初创建过程中没有受
到足够关注。《理解资本主义》把美国历史上的四个 SSA 概括如下：[3]

　　第一，竞争资本主义（1860 年代—1898 年）。一是资本和资本之
间的关系，以小企业为主体，竞争局限于地方市场；二是资本和劳动之

---

　　① 戈登、韦斯考普夫、鲍尔斯：《力量、积累和危机：战后积累的社会结构的兴衰》，
张蕴岭译，载《现代国外经济学论文选》第 15 辑，商务印书馆 1992 年版，第 110 页。
　　② 塞缪尔·鲍尔斯、理查德·爱德华兹、弗兰克·罗斯福：《理解资本主义：竞争、
统制与变革》，孟捷、赵准、徐华主译，中国人民大学出版社 2010 年版，第 141 页。
　　③ 塞缪尔·鲍尔斯、理查德·爱德华兹、弗兰克·罗斯福：《理解资本主义：竞争、
统制与变革》，孟捷、赵准、徐华主译，中国人民大学出版社 2010 年版，第 143 页。

间的关系，某些行业中是以"熟练工人工会"（相当于我们前文所指的产业工会）存在为特色，熟练工人对工厂进行了广泛控制；三是劳动和劳动之间的关系，具体表现为熟练工人和非熟练工人之间的技能差异，此时期移民增加了劳动力供给；四是政府和经济之间的关系，有限的政府、军事和警察职能、土地政策、关税、运河建设，以及补贴铁路。上述四个方面构成美国"竞争资本主义 SSA"具体内容。

第二，公司资本主义（1898—1939 年）。一是资本和资本之间的关系，大公司或托拉斯在全国市场范围内的竞争；二是资本和劳动之间的关系，大公司或雇主占据主导地位，工会相对处于弱势；三是劳动和劳动之间的关系，劳动具有同质化特点，非工会的半熟练劳工占工人总体比重最大，移民潮结束；四是政府和经济之间的关系，建立联邦储备制度来调节货币供应和银行系统。上述四个方面构成美国"公司资本主义 SSA"具体内容。

第三，受调节的资本主义（1939—1991 年）。一是资本和资本之间的关系，美国的大公司向全球扩张并主导全球竞争，美国证券交易委员会调节金融市场；二是资本和劳动之间的关系，工会合法化、工会会员增加，国家劳资关系委员会成立来调节企业和工会之间的关系；三是劳动和劳动之间的关系，劳动市场分割为一级市场和二级市场，工会在一级市场和大规模生产行业中很强大；四是政府和经济之间的关系，通过增加赤字支出来扩大社会保障、医疗、社会保险等，以稳定宏观经济，美国军事力量保护美国公司在世界范围的利益。上述四个方面构成美国"受调节的资本主义 SSA"具体内容。

第四，跨国资本主义（1991 年至今）。一是资本和资本之间的关系，以美国和其他国家为基地的跨国公司在世界所有主要市场上竞争，全球性外包，信息经济中的"赢家通吃"式的竞争；二是资本和劳动之间的关系，资本的全球流动性提高了其对劳工的谈判能力，工会会员减少，雇主与工人之间的不平等增加，美国国内政治经济两极分化；三是劳动和劳动之间的关系，工人之间不平等增加，美国工人要和全世界的工人进行竞争；四是政府和经济之间的关系，环境管制的弱化，政府支出增长的放缓，知识产权的更大保护，通过国际货币基金组织和世界银行迈向全球管理。上述四个方面构成美国"跨国资本主义 SSA"的具体内容。

需要说明的是，鲍尔斯和爱德华兹对美国四个 SSA 的分类，具有如下特点：(1)《理解资本主义》中的这种分类，不同于《劳动分割》（1982）中的最初的无产阶级化 SSA、同质化 SSA、分割化 SSA 特点，《劳动分割》中的分类标准主要是以美国"劳动市场"演变为中心线索，同时兼顾劳动过程或资本对劳动的控制形式演变，《理解资本主义》实际上是以"资本或公司特征"为线索。(2)《理解资本主义》这种分类似乎能够解决上述戈登等人遗留的问题，给出一个颇具"逻辑一以贯之"特色的分类框架，但是其最大问题是偏离布雷弗曼劳动过程理论的"微观视角"越来越远，偏离爱德华兹本人《竞争地带——20 世纪工作场所的转型》中的"三种控制形式"也越来越远，已经很难把握资本对劳动的具体控制形式。对于美国历史上四个 SSA 的相关争论，远远没有结束。

第三节　工资挤压与官僚负担——戈登去世前的探索

在和鲍尔斯、韦斯考普夫 20 世纪 80 年代合作研究的基础上，90 年代，戈登努力在经济模型建构方面进行探索。80 年代以来，非正统宏观经济学（heterodox macroeconomics）呈现了一定的繁荣景象，所提供的多种观点对主流宏观经济理论构成了一定的挑战，戈登认为有必要对这些非正统宏观经济模型进行实证检验并进行优劣比较。由于这些模型具有很多共同之处，在他看来将它们进行一个新的综合并纳入社会结构主义框架之中是可行的，戈登将其命名为"社会结构主义宏观计量经济"（Social Structuralist Macroeconometric，SSM）模型。戈登此项研究计划分为两步，先把 SSM 模型与后凯恩斯主义、马克思主义乃至卡莱茨基主义派生模型（Kaleckian variant）进行比对，然后向主流宏观经济理论发起挑战。戈登对这项工作充满希望，但也无法预见什么时候能够真正完成。①SSM 模型的主要特点在于：（1）它试图综合凯恩斯主义对需求决定的重视和马克思主义对阶级冲突的强调，从一般意义上来讲，它兼有两者的基本特征；（2）该模型高度重视积累的社会结构（SSA）和调节主义者的研究方法，因为在不同的资本主义经济体中，积累和增长的逻辑和动态的不同，是由制度结构或体制来限定的。② 除了上述 SSM 模型构建，戈登学术生涯的最后几年针对美国工人实际工资的下降提出了全新的理论观点——是美国公司的"官僚负担"造成了工人的"工资挤压"。在他去世的那个月，出版了《臃肿与卑劣——对美国工人的公司压榨和管理"精简"的神话》（1996）。国内学者在评介积累的社会结构学派经济思想的过程中，没有足够重视戈登本人的著作，特别是他后期的理论研究。为此，余下内容将简要阐述戈登《臃肿与卑劣——对美国工人的公司压榨和管理"精简"的神话》主要观点。

自 20 世纪 70 年代中期以来，绝大多数美国民众并没有真正分享美国经济增长带来的好处，越来越多的美国工人及其家庭正在遭受工资挤压及其后果，戈登认为其根本原因在于众多美国公司延续了膨胀臃肿、头重脚轻的官僚结构，并以错误的方式对待工人。美国公司在劳动管理过程中所采用的"大棒策略"（stick strategy）是"公司膨胀"（corporate

---

① Samuel Bowles, Thomas Weisskopf（eds.），*Economics and Social Justice: Essays on Power, Labor and Institutional Change*. Cheltenham: Edward Elgar, 1998, p. 400.

② Samuel Bowles, Thomas Weisskopf（eds.），*Economics and Social Justice: Essays on Power, Labor and Institutional Change*. Cheltenham: Edward Elgar, 1998, p. 364.

bloat）和"工资下降"两个问题的共同基础，戈登把二者界定为"官僚负担"（bureaucratic burden）和"工资挤压"（wage squeeze），两者是一体两面的辩证关系。[1] 学术界对工资挤压研究相对较多，而对官僚负担的研究则是戈登的独特贡献。

第一，工资挤压。自大萧条以来，美国劳工统计局曾定期发布用以衡量美国工人平均生活标准的"可支配收入"（spendable earnings）数据——工人每周的税后净薪，通过这一数据可以考察工人的有效购买力。但是，里根时代的劳工统计局在 1981 年终止了这一工作，转而用服务公司利益的"就业成本指数"（employment cost indices）来替代，只要公司们打个电话就可查阅行业的用工成本及其变动情况。[2] 为化解没有官方数据支持的困境，戈登曾与鲍尔斯、韦斯考普夫提供了一种替代性指数——"实际可支配小时收入"（real spendable hourly earnings）——来分析工人收入的变动情况。[3] 该指数衡量了"生产和非监管"（production and nonsupervisory）工人的平均税后净薪的实际价值，这些人员构成了 1994 年美国总就业规模的 82%，这个群体主要依赖于薪资收入，其成员包括：体力劳动者、机工、书记员、程序员以及教师。由于自 20 世纪 80 年代以来高级管理人员（其规模约占总就业的 20%）报酬激增，为避免数据的扭曲，这个群体被排除在上述指数的测度之

---

① David M. Gordon, *Fat and Mean: The Corporate Squeeze of Working Americans and the Myth of Managerial "Downsizing"*, New York: The Free Press, 1996, p. 4.

② David M. Gordon, *Fat and Mean: The Corporate Squeeze of Working Americans and the Myth of Managerial "Downsizing"*, New York: The Free Press, 1996, pp. 17–18. 我们知道，剩余价值率 $m' = (m/v)$，而利润率 $p' = (m/C)$，分母的变化是有政治含义的，立场不同，结论当然不同。同样道理，戈登所讲的美国劳工统计局的数据变换亦如此。

③ David M. Gordon, *Fat and Mean: The Corporate Squeeze of Working Americans and the Myth of Managerial "Downsizing"*, New York: The Free Press, 1996, p. 18. 以及参阅 Samuel Bowles, David M. Gordon, Thomas E.Weisskopf, *Beyond the Waste Land: A Democratic Alternative to Economic Decline*, Garden City, New York: Anchor Press/Doubleday, 1983, pp. 24–25。

外，戈登借用劳工统计局"生产和非监管"类别的数据作为分析"生产工人"（production workers）的数据依据，其余的类别统称为"监管人员"（supervisory employees）。[①]

据此，戈登给出了在私人非农部门中，生产和非监管人员（即"生产工人"）的实际可支配小时收入的历史纵向变动情况（1948—1994 年，以 1994 年美元计算）：[②] 该数值从 1948 年（约 6.4 美元）至 1972 年（约 10.6 美元）总体显著上升并达到峰值，之后伴随短暂周期性波动，该数值显著加速下滑至 1994 年的约 9.4 美元。从年均变化率来看：1948—1966 年，年均增长 2.1％；1966—1973 年，年均增长下降为 1.4％；1973—1989 年，年均负增长接近 1％；1989—1994 年，年均负增长 0.6％。其中，1994 年的数值比 1972 年峰值降低了 10.4％，并低于 1967 年的水平。戈登认为，与其把从 20 世纪 70 年代初期开始的工资下降趋势称作"工资挤压"，不如称作"工资崩溃"更为贴切。[③]

从横向视角来讲，为了便于进行国际比较，戈登分析了 12 个发达经济体的制造业中所有就业人员的实际小时报酬（real hourly compensation）年均变化率（1973—1993 年）[④]：美国制造业所有员工的实际小时报

---

① 戈登对"工资挤压"和"官僚负担"进行定量分析时，把私人非农部门从业人员进行了"两分法"划分：把"生产和非监管人员"统称为"生产工人"，把"非生产和监管人员"统称为"监管人员"。David M. Gordon, *Fat and Mean: The Corporate Squeeze of Working Americans and the Myth of Managerial "Downsizing"*, New York: The Free Press, 1996, p. 19, p. 35.

② 实际可支配小时收入 =（生产工人的小时薪资收入 – 个人所得税 – 社会保险税费）的平均。David M. Gordon, *Fat and Mean: The Corporate Squeeze of Working Americans and the Myth of Managerial "Downsizing"*, New York: The Free Press, 1996, p. 19.

③ David M. Gordon, *Fat and Mean: The Corporate Squeeze of Working Americans and the Myth of Managerial "Downsizing"*, New York: The Free Press, 1996, pp. 19—20.

④ "实际小时报酬"包括薪资和福利两个部分，只扣除通胀因素，并不进行税费扣除；"实际小时收入"，只是进行通胀因素扣除；"实际可支配小时收入"，则不仅扣除通胀因素，而且进行税费扣除。

酬是 12 个发达经济体中增长最少的，年均增长 0.3%，由于该类员工包括了"非生产工人"（nonproduction workers），进而没有表现为负增长；其余 11 个国家作为整体年均增长 2.1%，其中，德国 3.1%，日本 2.2%。[①]

　　和大多数围绕工资挤压的研究略有不同，戈登强调了遭受工资挤压的人群是广泛的：不仅仅局限于低技能工人，而是包括了广大工人阶级；不仅仅局限于社会底层民众，而是包括了广大中产阶级。从美国社会总体来看工资挤压的波及幅度，它呈现出大众化的显著倾向。依据家庭调查数据，戈登给出了在私人非农部门中，根据种族、性别、受教育程度进行群组划分的劳动人口的实际小时收入（real hourly earnings）变动情况比较（1979—1993 年，以 1993 年美元计算）：总体来看，处于底层 80% 的劳动人口降低了 3.4% 至 1993 年的 8.59 美元，处于顶层 20% 的劳动人口提高了 10.04% 至 1993 年的 24.66 美元，后者为前者的 3 倍左右；处于底层 80% 的白人工人降低 2.9%，黑人工人降低 3.6%，西班牙裔工人降低 7.9%；处于底层 80% 的男性工人降低 9.0%，女性工人提高 2.8%；高中辍学的工人降低 20.6%，高中毕业的工人降低 9.5%，接受一定高等教育的工人降低 15.9%，大学毕业生提高 3.5%，研究生提高 8.8%。[②]

　　总之，工资挤压对美国工人的影响是深远而广泛的，不仅工人及其家庭生活质量直接遭受侵蚀，其影响终将会扩散到整个社会并影响其结构的稳定性，所谓"美国梦"正日渐消散。

　　第二，官僚负担。自 20 世纪 80 年代中后期以来，学术界开始关注

---

① David M. Gordon, *Fat and Mean: The Corporate Squeeze of Working Americans and the Myth of Managerial "Downsizing"*, New York: The Free Press, 1996, pp. 26–28.

② David M. Gordon, *Fat and Mean: The Corporate Squeeze of Working Americans and the Myth of Managerial "Downsizing"*, New York: The Free Press, 1996, pp. 23–25.

美国私人公司出现的种种管理问题，特别是公司高管的天价薪酬问题；但把症结明确归结为美国公司日益膨胀的、头重脚轻的管理和监督的官僚机构，并揭穿"管理精简"的神话①，却是戈登的学术贡献。戈登把美国公司管理和监督人员机构的巨大规模和费用界定为"官僚负担"，它是美国经济最为显著的特征之一。②

要对美国官僚负担进行量的考察，面临的首要难题仍然是对承担管理和监督职能人员规模的确定，戈登把美国官方两种数据（商业机构调查数据和劳工统计局的家庭调查数据）与埃里克·俄林·赖特（Eric Olin Wright）所提供的"阶级结构调查数据"（截止到 1991 年）进行了比对，进而提出把官方数据作为对美国官僚负担规模进行测算的最小估计是可靠的。③

从纵向视角来讲，戈登以监管人员就业规模占私人非农部门总就业规模的比重变动情况来衡量美国官僚负担的历史演变（1948—1994年）：1948 年，监管人员只有 470 万，占私人非农总就业比重 12%；1994 年，监管人员 1700 多万人，占比高于 18%；整个 20 世纪 80 年代，占比均值达到 19%。美国官僚负担的历史演变呈现出两个明显不同的发展阶段。第一阶段（1948—1973 年）：此阶段给现代美国公司管理结构提供了基础，可细分为官僚负担快速上升期（1948—1966 年）和放缓期（1966—1973 年）两个时期，官僚负担在前一时期年均增长 1.8%，

---

① 在 20 世纪 80 年代中后期，在美国开始流行"管理精简"的说法。戈登指出，"管理人员"占私人非农总就业比重，从 1989 年的 12.6%增加到 1995 年 2 季度的 13.6%，不存在真正意义上的管理精简。David M. Gordon, *Fat and Mean: The Corporate Squeeze of Working Americans and the Myth of Managerial "Downsizing"*, New York: The Free Press, 1996, pp. 52–53.

② David M. Gordon, *Fat and Mean: The Corporate Squeeze of Working Americans and the Myth of Managerial "Downsizing"*, New York: The Free Press, 1996, p. 33.

③ David M. Gordon, *Fat and Mean: The Corporate Squeeze of Working Americans and the Myth of Managerial "Downsizing"*, New York: The Free Press, 1996, pp. 37–39.

在后一时期年均增长 0.4%。① 与此同时，美国公司的新管理结构——自上而下的、头重脚轻的公司权力控制结构——在前一时期出现并迅速成长，在后一时期开始稳定发挥其职能；尽管工人被排除在投资和生产的决策过程之外，由于他们在一定程度上分享了经济繁荣的好处（此阶段工人的实际工资是上涨的），进而默认了这种新的控制结构。第二阶段（1973—1989 年）：此阶段亦可细分为较快增长期（1973—1979 年）和放缓期（1979—1989 年）两个时期，官僚负担在前一时期年均增长 1.0%，在后一时期年均增长 0.4%。第二阶段，恰恰是制造业中"非生产工人"规模快速扩张的时期，此类人员占制造业就业规模比重几乎增长了25%。② 从 20 世纪 70 年代中后期开始，"工资挤压"和"官僚负担"两个方面交相互动，美国公司对待工人日益采取强硬立场，雇佣更多"监管军团"来"挥舞大棒"。

为了进行横向国际比较，戈登借助国际劳工组织（International Labour Organization）所提供的"行政与管理"（administrative and managerial）职业类别的国际数据，并与美国劳工统计局家庭调查的"管理人员"数据进行比对③，以"行政与管理"类就业规模占非农部门总就业的比重，来刻画官僚负担的具体程度，9 个发达经济体的官僚负担情况如下（1989 年）④：美

---

①　David M. Gordon, *Fat and Mean: The Corporate Squeeze of Working Americans and the Myth of Managerial "Downsizing"*, New York: The Free Press, 1996, pp. 47–49.

②　David M. Gordon, *Fat and Mean: The Corporate Squeeze of Working Americans and the Myth of Managerial "Downsizing"*, New York: The Free Press, 1996, p. 49.

③　戈登所统称的"监管人员"是由"管理人员"（managers）和"监督人员"（supervisors）两个部分构成，这里的国际比较只是针对"管理人员"。David M. Gordon, *Fat and Mean: The Corporate Squeeze of Working Americans and the Myth of Managerial "Downsizing"*, New York: The Free Press, 1996, p. 43.

④　戈登打算测算 12 个发达国家的官僚负担，但英国、意大利和法国 1989 年相关数据欠缺。David M. Gordon, *Fat and Mean: The Corporate Squeeze of Working Americans and the Myth of Managerial "Downsizing"*, New York: The Free Press, 1996, p. 43.

国的官僚负担最为严重，达到 13.0%（是德国或日本的三倍），意味着美国非农总就业中有 13% 的人员（1500 万人）从事"行政与管理"类事务；加拿大官僚负担数值也高达 12.9%；德国为 3.9%，日本为 4.2%，瑞典为 2.6%；其余国家的数值在 4.3%—6.8% 之间。① 官僚负担数值越高的国家，其公司组织和劳动关系越具有对抗性；官僚负担数值越低的国家，其公司组织和劳动关系越具有合作性。

如果劳动管理系统依赖于等级原则，进而对车间或办公场所的一线员工进行管理和监督，没有人会被信任，所有人都需要"被盯着"，就会形成层层监管的金字塔结构，需要越来越多的监管人员，其规模和代价是巨大的：从规模来讲，美国非农就业的 15%—20% 是监管人员，在 1994 年已达 1700 多万人；从代价来讲，在 1994 年美国为监管人员支付了 1.3 万亿美元的薪资和福利，接近美国当年 GDP 的五分之一，恰好等于联邦政府的收入规模。② 如果美国把官僚负担水平降低到德国或日本的水平，完全可以释放巨大的"公司官僚红利"（corporate bureaucratic dividend），定会极大地促进社会性生产活动。③

第三，工资挤压与官僚负担的相互依赖。作为美国经济两大关键特征的工资挤压与官僚负担，源于美国公司在劳动管理和生产过程中所采取的"大棒策略"。一方面，20 世纪 70 年代中期开始的工资挤压诱发了对一线员工强化监管的需要，由于工人无法获得如以往稳定的工资增长和职业安全等好处，工人努力工作的动力就会不足，公司需要强化监管或惩罚来迫使工人努力工作，大规模的"监管军团"最终挥舞起

① David M. Gordon, *Fat and Mean: The Corporate Squeeze of Working Americans and the Myth of Managerial "Downsizing"*, New York: The Free Press, 1996, pp. 42–45.

② David M. Gordon, *Fat and Mean: The Corporate Squeeze of Working Americans and the Myth of Managerial "Downsizing"*, New York: The Free Press, 1996, pp. 4–5, 36.

③ David M. Gordon, *Fat and Mean: The Corporate Squeeze of Working Americans and the Myth of Managerial "Downsizing"*, New York: The Free Press, 1996, p. 46.

大棒来监督工人努力工作；另一方面，自上而下的公司官僚结构形成以后，存在自我膨胀和利益强化的内生动力，维持"监管军团"的巨额费用只能来自一线员工的报酬，进而强化工资挤压。①

这里需要指出，上述官僚负担历史演变的两个阶段伴随着不同的工人实际工资表现：第一阶段中（1948—1973 年），官僚负担快速上升，工人实际工资上涨；第二阶段中（1973—1989 年），官僚负担较快上升，工人实际工资遭受挤压。工资挤压与官僚负担的相互依赖关系只有在第二阶段才有显著表现，在第一阶段似乎并不存在。戈登意识到了这个问题，认为美国战后繁荣时期公司有稳定的利润、生产率上涨，实际工资上涨有充分的条件，工人分享了经济快速增长的红利，"监管军团"没有发挥实质性作用，挥舞起来的不是"大棒"（big stick），而只是"小木棍"（little stick）。② 相反，20 世纪 70 年代后公司利润下降，它们没有进行制度结构调整，而是充分利用了第二次世界大战后业已形成的自上而下的劳动管理控制系统，"监管军团"从"预备役"转向"正规军"，而且其规模不断壮大。

第四，劳动管理的两种类型及其后果。在发达资本主义经济体中，用于管理生产工人和提高工作绩效的"劳动管理系统"存在根本不同的两种类型：一种类型是更具"合作性"（cooperative）的劳动管理关系，包括相当程度的就业保障、正向的工资激励，通常伴随实质性的员工参与，以及强大的工会组织；另一种类型则是更具"冲突性"（conflictual）的劳动管理关系，包括程度较低的就业保障、把"解雇"作为驱使工人努力工作的手段、低工资激励，通常伴随软弱的工会

① David M. Gordon, *Fat and Mean: The Corporate Squeeze of Working Americans and the Myth of Managerial "Downsizing"*, New York: The Free Press, 1996, p. 5.

② David M. Gordon, *Fat and Mean: The Corporate Squeeze of Working Americans and the Myth of Managerial "Downsizing"*, New York: The Free Press, 1996, p.68、p.70.

组织。① 前一类型的经济体，依赖于"胡萝卜策略"，如德国、日本和瑞典是这种劳动管理系统的代表；后一类型的经济体，依赖于"大棒策略"，如美国、加拿大和英国是其典型代表。前一类型国家的经济发展道路，是一种"高端道路"（high road）；后一类型国家的经济发展道路，则是一种"低端道路"（low road）。②"合作型"劳动管理系统更有利于宏观经济表现，呈现出更为快速的生产率提高，更活跃的投资表现，以及在通货膨胀、失业和贸易竞争方面，均优于"冲突型"劳动管理系统的经济体。

劳动管理系统的不同类型具有不同程度的官僚负担。戈登通过美国的经验发现，如果工资增长和职业安全无法给工人提供足够的激励，"冲突型"劳动管理系统将呈现出头重脚轻的官僚控制结构，这意味着：劳动管理系统的不同类型和公司官僚负担之间是有紧密联系的。一方面，戈登构建了一个综合指数——合作指数（index of cooperation）——来衡量劳动管理系统在"冲突型"与"合作型"之间的具体表现；另一方面，他再次使用"行政与管理"类别的国际数据来衡量官僚负担情况。最后发现，"合作指数"与"官僚负担"之间呈现出负相关关系：官僚负担越小，合作程度越高；官僚负担越大，合作程度越低，冲突性越强。例如，美国合作指数为 –3.18；瑞典合作指数为 +1.85。③

在"合作型"劳动管理系统经济体中，工人抱有实际工资稳定增长的预期，他们和企业所有者共同分享生产率快速提高带来的红利，就业安全也得以保障，这些正向激励措施激发了工人的工作热情，进而降低

---

① David M. Gordon, *Fat and Mean: The Corporate Squeeze of Working Americans and the Myth of Managerial "Downsizing"*, New York: The Free Press, 1996, p. 63.

② David M. Gordon, *Fat and Mean: The Corporate Squeeze of Working Americans and the Myth of Managerial "Downsizing"*, New York: The Free Press, 1996, p. 144.

③ David M. Gordon, *Fat and Mean: The Corporate Squeeze of Working Americans and the Myth of Managerial "Downsizing"*, New York: The Free Press, 1996, pp. 73–75.

第七章　后续讨论以及空间化 SSA 的前景　｜　333

了公司监管的需要程度。与之相反，作为"冲突型"劳动管理系统典型的美国，随着战后经济繁荣期的结束，这种维持"监管大军"巨额费用的旧有条件也一并丧失，公司转而把监管人员报酬持续增长的来源锁定在生产工人身上，进而出现了从"生产工人"到"监管人员"之间巨大收入转移问题。为衡量这一再分配过程，戈登给出了美国私人非农部门中的"生产工人"和"监管人员"各自报酬占国民收入比重的变化（1973—1993 年）：1973 年，生产工人的报酬占国民收入比重为 40.4%，监管人员的报酬占国民收入比重为 16.2%；1993 年，前者为 34.5%，后者为 24.1%；私人非农部门总报酬（生产工人与监管人员报酬合计）占国民收入比重，1973 年为 56.6%，1993 年为 58.6%，几乎没有变化。[①] 这意味着，处于车间和办公场所一线员工的一部分报酬，转移到了监管人员手中。戈登强调，"收入转移"是美国经济鲜为人知的秘密之一，众多经济学家善于论证要素收入份额的稳定性，例如总员工报酬和利润各自占国民收入比重相对长期不变，却忽略了总员工报酬内部所发生的结构性变化。

第五，助推美国经济制度转型的五步改革建议。工资挤压与官僚负担反映了美国公司对"大棒策略"的严重依赖，美国公司陷入"低端道路"的泥潭，不仅工人及其家庭付出巨大代价，整个美国的宏观经济同样付出了沉重代价。为了助推美国经济走向"高端道路"，戈登提出了围绕美国公司管理和劳动关系转型的五步改革建议。一是，提高最低工资标准。1994 年美国联邦最低工资是 4.25 美元一小时，制造业生产工人平均工资是 12.06 美元一小时，占比为 35%；然而，这一比值在美国战后经济繁荣时期为 45%—50%。戈登建议，分若干步骤

---

①　David M. Gordon, *Fat and Mean: The Corporate Squeeze of Working Americans and the Myth of Managerial "Downsizing"*, New York: The Free Press, 1996, pp. 81–83.

把最低工资由 4.25 美元一小时，提高到 2000 年的 6.50 美元一小时（以 1994 年美元计算）。其基本原则是，联邦最低工资应该与消费者价格指数相绑定，进而保证最低工资的实际价值在未来不会遭受损失。[①] 二是，提高工人的话语权。通过立法改革，增强工人获得工作场所有效代表权的能力，进而提高工人的话语权。（1）清除工会发展道路上的障碍，建议授权工会代表权的自动认证，凭借 55% 以上工会成员签名即可自动获得工会代表权，这样可以提高选举工会代表的效率。（2）扩大美国《国家劳动关系法案》（*National Labor Relations Act*）的辐射范围，把处于中低职级水平的管理人员也纳入该法案的管辖之中，他们也可以参加工会组织，进而给美国公司头重脚轻的官僚结构施加压力。（3）授权那些 25 个员工以上的工作场所组建"员工参与委员会"（employee participation councils），这类委员会有权对那些影响工作场所生产组织和劳动关系的各项决策进行管理，目的在于扩大工人的参与权和话语权。[②] 在戈登看来，有效的"员工参与委员会"和强大的工会，会有利于推动美国公司迈向"高端道路"。三是要弹性就业，不要"一次性"就业。美国出现的各种弹性就业形式，有演变为"一次性"（disposable）就业的不良态势，从而丧失了弹性就业的固有好处。[③] 要扭转这种局面，可以通过改变医疗保险和工资税等制度，消除"正式就业"和"临时就业"之间的差别，让企业放心用工。建议修改《公平劳动标准法案》（*Fair Labor Standards Act*）：（1）禁止强制性加班；（2）把补休时间作为自愿加班的替代性补偿，扩大工人对工作时间安排的灵

① David M. Gordon, *Fat and Mean: The Corporate Squeeze of Working Americans and the Myth of Managerial "Downsizing"*, New York: The Free Press, 1996, p. 241.

② David M. Gordon, *Fat and Mean: The Corporate Squeeze of Working Americans and the Myth of Managerial "Downsizing"*, New York: The Free Press, 1996, p. 245.

③ David M. Gordon, *Fat and Mean: The Corporate Squeeze of Working Americans and the Myth of Managerial "Downsizing"*, New York: The Free Press, 1996, p. 246.

活性；（3）扩大该法案对薪资员工工作时间的调节范围；（4）经过一段过渡时间，把所有薪资员工的三周假期普遍提高到四周假期。① 四是激励企业向"合作型"转变。美国公司在由依赖"大棒策略"向"胡萝卜策略"的转型过程中，也需要激励和帮助，戈登建议组建"国家合作性投资银行"（National Cooperative Investment Bank），用于给那些更多采用合作化和民主化组织结构的企业提供投资信用以及补贴。② 五是"合作型"经济发展需要培训和辅助。美国公司的管理者和工人们，已经习惯了以往的劳动管理系统类型和结构，他们也需要被教会如何迈向"高端道路"，改掉这些旧有的习惯是需要代价的。戈登建议组建"国家合作性培训辅助机构"（National Cooperative Training and Assistance Agency），来帮助工人和管理人员获得适应合作型劳动关系的习惯和能力。

第四节　空间化学派的经济思想

空间化学派发端于 20 世纪 90 年代，是基于积累的社会结构理论的延伸学派。以华莱士（Michael Wallace）、格兰特（Don Sherman Grant）等人为代表的空间化学派继承并发展了戈登等人《劳动分割》的研究路数和理论主张，认可美国资本主义历史上出现过三个长期波动，以及与之相匹配的三个积累的社会结构——最初的无产阶级化 SSA、同质化 SSA、分割化 SSA，各自的劳动控制体系分别是"简单控制体系""技术控制体系"和"官僚控制体系"，进而提出美国资本主义自 20 世纪

---

① David M. Gordon, *Fat and Mean: The Corporate Squeeze of Working Americans and the Myth of Managerial "Downsizing"*, New York: The Free Press, 1996, p. 247.

② David M. Gordon, *Fat and Mean: The Corporate Squeeze of Working Americans and the Myth of Managerial "Downsizing"*, New York: The Free Press, 1996, p. 248.

70 年代起正在经历第四个长期波动，"空间化 SSA"占据支配地位，其主要特点是：雇主通过劳动过程的空间重构来重新获得对资本主义劳动过程的控制权，"技术官僚控制体系"成为占主导地位的劳动控制体系。空间化学派致力于恢复对资本主义劳动过程的重视，强调"控制体系或控制系统"概念搭建了理解资本积累过程中的宏观层面制度变迁和微观层面劳动组织特征之间联系的桥梁。这些内容，有别于 SSA 学派的其他后继者（例如以科茨为代表的"新自由主义 SSA"）的研究。唐·谢尔曼·格兰特和迈克尔·华莱士 1994 年《1970—1985 年美国各州制造业增长和衰退的政治经济学》一文，立足于美国"州一级"层面来分析资本的空间流动对劳动的新控制，首次明确提出"空间化 SSA"（spatialization SSA）概念。① 随后，迈克尔·华莱士和大卫·布雷迪在 2001 年《下一个长期波动——世纪之交的空间化、技术官僚控制和工作重构》一文中详细论述了空间化学派的核心理论内容。空间化学派将 20 世纪 70 年代以来美国资本主义的第四个 SSA 命名为"空间化 SSA"，其特点是：雇主通过劳动过程的空间重构（spatial restructuring）来重新获得对资本主义劳动过程的控制权，"技术官僚控制体系"（technocratic control system）成为占主导地位的劳动控制体系。② 值得一提的是，特伦斯·麦克唐纳在 2010 年《积累的社会结构理论的进展》一文中确认了空间化

---

① Don Sherman Grant and Michael Wallace, "The Political Economy of Manufacturing Growth and Decline across the American States, 1970–1985", *Social Forces*, Vol. 73, No. 1（1994），pp. 33–63. 在这篇文章中，格兰特和华莱士明确指出"空间化"是他们提出的学术范畴，但也表示"空间化"在他们提出之前已经隐含在 20 世纪 80 年代的相关研究中。

② Michael Wallace and David Brady, "The Next Long Swing: Spatialization, Technocratic Control and the Restructuring of work at the Turn of Century", in *Sourcebook of Labor Markets: Evolving Structures and Processes* Ivar Berg and Arne L. Kalleberg（eds.），New York: Plenum Press, 2001, p.102. 中文译稿参见迈克尔·华莱士，大卫·布雷迪：《下一个长期波动——世纪之交的空间化、技术官僚控制和工作重构》，顾梦佳译，张开校，《政治经济学季刊》2019 年第 2 期。

学派的创立："在社会学领域内，在围绕劳动控制新形式'空间化'的文献中，SSA 理论已获得第一个'学派'。"①

在空间化学派看来，20 世纪 70 年代初，美国资本主义经济增长速度整体放缓，陷入生产率和积累危机，标志着"分割化 SSA"的消亡。快速的技术变革打破了大规模生产时代的时间和空间壁垒，资本家为了保持其竞争优势，不得不向外扩张，从而进入了"空间化SSA"阶段。这一阶段的关键变化是：资本主义生产方式由"标准化大规模生产"（standardized mass production）转变为"弹性生产"（flexible production）②；资本主义劳动过程由"刚性劳动过程"（rigid labor process）转变为"弹性劳动过程"（flexible labor process）；劳动市场结构两极分化趋势更加明显。为了实现"弹性生产"的大规模定制和低成本化，资本家在工作场所借助于计算机化的控制体系来监控工人生产活动，运用计算机技术灵活调节劳动过程，形成了"技术官僚控制"。总体来讲，空间化学派从两个方面继承发扬戈登等人的理论主张：（1）空间化学派重申了爱德华兹 1979 年《竞争地带——20 世纪工作场所的转型》一书中"控制体系"概念的重要性，③恢复了戈登等人对资本主义劳动过程的重视，把"控制体系"视作占主导地位的 SSA 中处理"资本—劳动冲突"的关键机制，这一概念搭建了资本积累过程宏观层面的制度变迁和微观

---

① Terrence McDonough, "The State of the Art of Social Structure of Accumulation Theory", in *Contemporary Capitalism and Its Crises: Social Structure of Accumulation Theory for the 21st Century*, Terrence McDonough, Michael Reich, and David M. Kotz（eds.）, Cambridge, UK: Cambridge University Press, 2010, p.26. 中文译本参见特伦斯·麦克唐纳、迈克尔·里奇、大卫·科茨主编：《当代资本主义及其危机——21 世纪积累的社会结构理论》，童珊译，中国社会科学出版社 2014 年版，第 24 页。

② 也有学者将"flexible/flexibility"等词译为"灵活性"，如"灵活生产""灵活积累""灵活就业"等等。

③ Richard Edwards, *Contested Terrain: The Transformation of the Workplace in the Twentieth Century*, New York: Basic Books, 1979, p.18.

层面的工作组织特征之间联系的桥梁。而这一概念，在 SSA 后续研究中被忽略掉了。（2）自戈登等人提出美国资本主义 SSA 的三次历史转型之后，空间化学派是第一个对"分割化 SSA"之后出现的新 SSA 进行正式定义并命名的学派。在戈登等人理论基础上，空间化学派认为美国资本主义进入了"空间化 SSA"阶段，"技术官僚控制"成为占主导地位的劳动控制体系，资本家通过劳动过程的空间重构重新获得劳动过程控制权。

空间化学派立足资本主义生产和积累的空间维度，提出"空间化 SSA"和"技术官僚控制"两个核心概念，阐述了劳动过程和劳动市场结构从"分割化"向"空间化"的演变过程，并以"技术官僚控制"概念将宏观层面"空间化 SSA"和微观层面"劳动过程的空间重构"联系起来，揭示了资本控制劳动过程新特点。

第一，空间化 SSA。让人感觉奇怪的是，空间化学派没有注意到戈登、鲍尔斯、韦斯考普夫对美国战后 SSA 的内涵"修订过程"，从最初的"三大制度"到后续的"四大制度"；空间化学派仍然使用的是"三大制度"，认为 20 世纪 50—60 年代促进资本积累的"分割化 SSA"建立在三大社会变革的制度基石上：一是"资本—劳动协调"；二是"资本—市民协调"；三是"美式和平"。三大制度基石在进入 20 世纪 70 年代后都逐步瓦解，标志着"分割化 SSA"走向崩溃。首先，20 世纪 70 年代初期资本主义陷入利润率下降危机，雇主无法履行"资本—劳动协调"的三个条件：提高核心工人的实际工资、提供可靠的就业保障和安全的工作条件。[1] 工人因此开始要求对生产过程更多的控制权，作为回应，雇主发起反劳工运动，打破了"资本—劳动协调"。特别是，雇主试图

---

[1] Don Sherman Grant, "The Political Economy of New Business Formation across the American States, 1970–1985", *Social Science Quarterly*, Vol. 77, No.1（1996），p. 32.

通过将资本投资从劳工组织良好的地区转移到劳工组织混乱的地区，在空间上重构劳动过程。这种利用资本地理位置来规训劳工的策略，成为新的"空间化 SSA"的标志。[①] 其次，20 世纪 70 年代初期，由于追求低劳动成本而进行的资本迁移（capital relocation），加之经济陷入周期性衰退，导致国家陷入财政危机，无法负担原有的凯恩斯主义福利支出，瓦解了"资本—市民协调"。最后，国际上来自其他工业化资本主义国家的竞争打破了美国霸权主导的经济秩序，来自第三世界的挑战破坏了美国的军事控制和美国企业对原材料价格的控制，瓦解了"美式和平"。

随着"分割化 SSA"无法有效支持资本积累，反而成为积累的障碍，资本主义开始探索构建一个新的 SSA。空间化学派认为："标志着下一个 SSA 的根本动力是空间化进程，其核心内容是自 20 世纪 70 年代以来，雇主越来越多地使用空间迁移（spatial relocation）和搬迁威胁（threats of relocation）来控制工人。"[②] 这一考察直接把资本流动（mobility of capital）和劳动控制问题在资本主义重构中联系起来。空间化时代的资本主义向真正的全球规模过渡，资本家在新型全球经济下能够更广泛地获得廉价劳动力，从而满足了资本主义对产业后备军的追求，产业后备军随时准备以更低工资和更差的工作条件取代在岗工人。

新的"空间化 SSA"，以 20 世纪 70 年代以来美国国内劳动过程和劳动市场结构的多重转型为特征。首先，始于 20 世纪 70 年代美国经济的"去工业化"（deindustrialization），标志着美国经济向后工业化、服

[①]　Don Sherman Grant, "The Political Economy of New Business Formation across the American States, 1970–1985", *Social Science Quarterly*, Vol. 77, No.1（1996）, p. 33.

[②]　Don Sherman Grant and Michael Wallace, "The Political Economy of Manufacturing Growth and Decline across the American States, 1970–1985", *Social Forces*, Vol. 73, No.1（1994）, p. 37.

务型经济转型。美国经济的"去工业化"进程，标志着资本"高流动性"（hypermobility）的开始，资本可以迅速流向全球范围内低工资水平的劳动力蓄水池，使经济生产的重心发生转移，美国工人的工资和职业结构发生调整。其次，20世纪80年代美国企业实施的"去工会化"（deunionization）策略，充满了空间化的标记。这些削弱工会的策略主要包括四种形式：一是离间（whipsawing），即让两个地理距离甚远的企业相互竞争；二是两级工资结构（two-tiered wage structures），即对不同劳动市场的工人提供不同的工资和福利水平；三是外包（outsourcing），即以更低的报酬雇佣非工会工人从事工会工人的相同工作；四是家庭工业（industrial homework），即工人可以在家里完成工作。最后，20世纪90年代美国爆发的"临时工运动"（contingent labor movement），标志着劳动市场结构发生重大变革，临时工逐渐成为美国劳动市场的重要组成部分。裁员和临时工是雇主对劳动过程进行空间重构的具体表现，也是弹性公司"精益生产"（lean production）的重要体现。

第二，技术官僚控制。第二次世界大战以后，资本主义劳动过程和劳动市场发生了根本性重构，这一重构过程涉及技术、组织和意识形态的诸多变化，出现了一种新的组织控制结构——"技术官僚"（technocracy）。"技术官僚"提法源于沃尔夫·赫德布兰德1979年《司法行政的技术官僚》[1]一文，意指司法系统的技术官僚变革过程。随后，在1985年《技术统治与新社团主义——先进资本主义和早期国家社会主义下的组织变革理论》[2]一文中，赫德布兰德摒弃了"技术官僚"，改用

[1] Wolf Heydebrand, "The Technocratic Administration of Justice", *Research in Law and Society*, No.2（1979），pp. 29–64.

[2] Wolf Heydebrand, "Technarchy and Neo-Corporatism: Toward a Theory of Organizational Change under Advanced Capitalism and Early State Socialism", *Current Perspectives in Social Theory*, No. 6（1985），pp. 71–128.

"技术统治"（technarchy）特指司法系统的组织结构变革过程。后来，赫德布兰德的学生贝弗利·伯里斯在 1993 年《工作中的技术官僚》① 一书中沿用了"技术官僚"概念，对第二次世界大战后组织控制的新形式进行重新定义。与赫德布兰德不同的是，伯里斯使用"技术官僚"一词指代整个资本主义工作组织的特征而不仅仅局限于司法系统；伯里斯更加强调技术变量与政治、经济和社会变量之间互为因果，也即是说，政治、经济和社会变量决定了技术如何发展、如何设计、如何实现，而技术系统的形式也会反过来影响政治、经济和社会变量。②

　　伴随着资本主义劳动过程和劳动市场结构的空间化过程，旧有的劳动控制体系已经无法有效解决工作场所冲突的新形式。华莱士认为："空间化需要一个全新的控制体系，以便资本家在劳动过程变得更加去中心化和空间分散的情况下，仍能有效控制和协调劳动过程。"③ 随着"分割化 SSA"进入衰退期，与之相适应的"官僚控制"也出现了诸多弊端。（1）由于官僚控制下工会工人的工作保障提高，处于一级劳动市场的工人们更有精力集中于发泄对工作的不满。（2）官僚控制下资本家与工人签订长期劳动合同，加速了劳动成本从可变生产成本转变为固定生产成本的过程，从而挤压资本家的利润，经济处于衰退期的时候更是如此。（3）官僚控制导致了戈登所谓的"官僚负担"（bureaucratic

---

①　Beverly H. Burris, *Technocracy at Work*, Albany, NY: State University of New York Press,1993, p.1.

②　Beverly H. Burris, *Technocracy at Work*, Albany, NY: State University of New York Press,1993, p.3.

③　Michael Wallace and David Brady, "The Next Long Swing: Spatialization, Technocratic Control and the Restructuring of work at the Turn of Century", in *Sourcebook of Labor Markets: Evolving Structures and Processes*, Ivar Berg and Arne L. Kalleberg（eds.）, New York: Plenum Press, 2001, p.115. 中文译稿参见迈克尔·华莱士、大卫·布雷迪：《下一个长期波动——世纪之交的空间化、技术官僚控制和工作重构》，顾梦佳译，张开校，《政治经济学季刊》2019 年第 2 期。

burden)①，即美国公司日益膨胀的、头重脚轻的管理和监督机构的巨额费用支出。(4) 官僚控制多层级的、僵化的组织结构使得公司决策缓慢，无法适应灵活多变的消费者需求。(5) 官僚控制使阶级斗争政治化，因为官僚控制下的公司内部围绕规则和程序的斗争，演变为社会中围绕经济民主和公民权利斗争的一部分。

20 世纪 70 年代以来，计算机技术和先进信息系统的发展、跨国公司的出现及跨国公司之间的全球竞争、弹性生产方式的盛行、金融资本逐渐占据支配地位等一系列相互关联的社会经济变革推动了资本主义劳动控制体系由"官僚控制"向"技术官僚控制"的转变过程。"技术官僚控制"在以计算机技术为中心的工作场所最为明显：高度自动化的生产场所、高科技研发企业，以及高度依赖计算机系统的服务企业（如电信和金融）。由于计算机技术和先进信息系统的发展，核心产业与外围产业的关系几乎完全颠倒了：曾经是核心产业的制造业（如钢铁、汽车等）逐渐成为外围产业，而曾经是外围产业的服务业和高科技产业逐渐占据主导地位，这一转变弱化了等级制度和"官僚控制"，强化了"技术官僚控制"的核心地位。

具体来讲，"技术官僚控制"主要包含六个特征②：(1) 专家和非专家部门的两极分化，③这一基本特征遍及所有工作领域，是工作场所进行"核心—外围"重构的关键轴心；(2) 官僚层级的扁平化，随着工作组织围绕计算机技术进行系统重组，以技术复杂性取代"官僚控制"下的组织复

---

① 张开：《工资挤压与官僚负担——大卫·戈登经济思想研究系列》，《经济学家》2015 年第 11 期。

② Beverly H. Burris, *Technocracy at Work*, Albany, NY: State University of New York Press, 1993, pp.166–167.

③ "专家"和"非专家"部门的二分法类似于"概念"和"执行"的二分法，"专家"通常是分析、设计、解释和维护计算机系统的程序员，而"非专家"通常是收集、存储、录入计算机信息的操作员。

杂性，等级分工被简化和分解，组织结构也随之趋于扁平化；（3）内部
职位晋升阶梯退化，内部劳动市场和基于资历的晋升被淡化；（4）更加
强调专业文凭和资格证书壁垒，而不是官僚机构的等级权威，尤其是在
非专家部门；（5）技术专家越来越成为合法性权威，"技术官僚控制"产
生了一种"技术官僚意识形态"（technocratic ideology），这种意识形态把
专业知识和技术专长放在首要地位，使技术专家在组织权威结构中的核
心地位和权力安排合法化；（6）控制集中化、工作分散化相结合，"技术
官僚控制"往往是表面上分散化，但计算机系统加强了控制的集中化。

　　第三，空间化时代工作组织或劳动组织的特征。空间化时代美国
资本主义工作组织发生了深刻变革：（1）资本主义生产和积累向"弹性"
化转变。"弹性"是空间化时代资本主义生产和积累的关键特征，资本
家越来越依靠弹性的劳动过程和弹性的劳动市场实现资本积累。20 世
纪 70 年代初，资本主义经济陷入滞胀，为了降低生产成本，克服利润
率下降危机，资本主义生产方式由"大规模生产"转变为"弹性生产"，
促进了资本和劳动的全球流动，使资本主义生产和积累变得更加灵活。
查尔斯·萨贝尔等人较早研究了"弹性生产"问题，在 1983 年《弹性
专业化和区域经济的重新崛起》一文中，萨贝尔通过"弹性专业化"这
一术语来阐释后福特主义时代资本主义生产方式的特点。[1] 随后，在迈
克尔·皮埃尔和查尔斯·萨贝尔 1984 年的《第二次产业分化》一书中，
通过对美国资本主义的历史考察，详细阐述了计算机化代表的第二次
产业分化带来的社会经济变革促使美国产业转向弹性专业化生产以应
对利润率下降危机。[2] 萨姆·罗森博格在 1991 年《从分割化到弹性——

---

[1]　Charles Sabel, "Flexible Speciation and Re-emergence of Regional Economics", in *Post-Fordism: A Reader*, Ash Amin （ed.）, Blackwell Publishers, 1994, p.104.

[2]　Michael Piore and Charles Sabel, *The Second Industrial Divide*, New York: Basic Books,1984, pp.251–252.

一项选择性调查》一文中，详细阐述了资本主义劳动过程从"刚性"到"弹性"的转变：弹性劳动过程通过创造工资弹性、就业弹性、功能弹性这三种方式来克服官僚控制下僵化的劳动安排，一定程度上解决了"分割化 SSA"面临的危机。[①] 随后，班尼特·哈里森在 1994 年《组织瘦身——弹性时代企业权力格局的变迁》一书中，从企业角度对"弹性"一词进行了明确定义："学者们关于企业和产业重组的研究显示，弹性对于企业的策略制定而言，至少有三个不同的含义：一是功能弹性（functional flexibility），意指经理人努力重新安排工作任务，调动资源、重新调整与供应商的关系，例如采用及时生产系统，以将零件和再制品的存货量减至最低；二是工资弹性（wage flexibility），意指经理人采用各种方法使工人彼此之间的竞争更加激烈，特别是那些第二次世界大战后长期经济扩张期中受工会和政府保障工资的工作和产业；三是数字弹性（numerical flexibility），意指经理人重新设计工作，以兼职工作、合同工等其他临时工作取代福利健全的全职工作人员。"[②] 美国资本主义的"弹性"变革主要体现在四个方面：一是工作组织方面，激烈的市场竞争和快速变化的市场需求，促使大型垄断企业逐渐分解为灵活多变的中小企业；二是劳动市场方面，雇佣工作临时化表现为全日制劳动向非全日制的、临时劳动的显著转变；三是产业结构方面，"去工业化"浪潮催生的技术和组织创新，促使新兴产业部门（如服务业、金融业）逐渐代替旧的制造业部门；四是制度结

---

① Sam Rosenberg, "From Segmentation to Flexibility: A Selective Survey", *Review of Radical Political Economics*, Vol. 23, No. 1–2（1991），pp. 71–79.

② Bennett Harrison, *Lean and Mean: The Changing Landscape of Corporate Power in the Age of Flexibility*. New York: Basic Books,1994, pp.129–130. 中文译本参见，班尼特·哈里森：《组织瘦身——二十一世纪跨国企业生产形态的蜕变》，李昭瑢译，远流出版事业股份有限公司 1997 年版，第 184 页。在这里，哈里森所谓的"数字弹性"与罗森伯格所谓的"就业弹性"含义大体相同。

构方面，自由主义的放松管制政策逐渐取代凯恩斯主义的宏观管理政策，同时大幅削减福利预算，降低政府部门的财政赤字。弹性生产方式催生了资本主义生产、交换和流通的全球网络，形成了资本的弹性积累体系。与大规模生产方式需要依靠大量固定资本投资才能完成的资本积累相比，弹性生产方式通过加快资本周转速度、节约资本周转时间、消除资本空间扩张障碍来实现资本积累。资本主义弹性积累主要通过以下三个方面来完成：首先，资本主义通过劳动过程和劳动市场的空间化进程，形成了地理上流动灵活的生产组织，加快了产品周转速度，节约了生产和消费的周转时间。其次，计算机革命和信息网络技术的发展极大消除了信息、资本、劳动力流动的空间壁垒，使生产和设计的指令可以及时发送到全世界任何地方。最后，全球金融体系的空间重构加速了资金在全球地理上的流通，使资金得以瞬间穿梭于各经济体之间。要全面理解"弹性"变革的深刻影响，需从资本家和雇佣工人两个视角进行讨论：对于资本家来讲，"弹性"使"资本—劳动协调"的天平更加向资本家一方倾斜，资本家可以自由确定工作条件，灵活调整工人工资，裁员或将全日制工人转变为临时工，从而服务于资本的弹性积累；对于雇佣工人而言，"弹性"则意味着他们必须被迫接受资本家所提的任何条件。换句话说，空间化时代资本积累的"弹性"特征，使工人在空间维度上隶属于资本主义的全球生产网络。[①]（2）资本主义劳动市场结构两极分化，组织层级扁平化。劳动市场结构两极分化，即专家部门和非专家部门的两极分化，工作组织保留那些具有不可替代技能的核心专家作为永久员工，而那些具有可替代技能的非专家工人则成为临时工，只有在需要时才会被雇佣。

[①]　有学者论述了全球生产网络的空间化配置对工人产生的不利影响。参见谢富胜：《全球生产网络的政治经济学分析》，《教学与研究》2015 年第 8 期。

与之相应地，专家和非专家部门对工人采取了不同的控制形式：专家部门采用"规范控制"（normative control），通过给予专家工人较好的就业保障、正向的工资激励来激发专家工人的良好表现，专家工人自愿加班，承担更有挑战性的工作，与影响力大的内部人士进行社交，以证明他们对组织目标的认同和内化；反之，非专家部门工人受制于更加强制性、更实用的控制体系，通过对劳动过程的强制监督以及"解雇威胁"（threat of layoffs）来迫使非专家工人努力工作。这种两极分化促使工作组织发生相应转变：在专家一极，工作组织更具灵活性和合作性，更加强调"横向沟通"（horizontal communication）；而在非专家一极，基于内部劳动市场的晋升渠道逐渐消失，工人的"向上流动"（upward mobility）更多通过外部资格认证来实现，从而导致工作组织的层级结构趋于扁平化。（3）资本主义工作组织控制集中化，地理位置分散化。空间化时代信息技术的广泛发展，打破了商品交换、资本流动的时间和空间壁垒，产生了新的国际分工和生产过程的跨国化。单个工作组织成为全球资本主义生产网络的节点，以及资本和信息国际流动的管道。因此，空间化时代资本主义工作组织具有哈里森所谓的"没有集中的积聚"（concentration without centralization）① 特征，也就是说，生产的模块化允许不同的生产模块可以在不同的地理位置完成，但对资本主义劳动过程的计算机化控制权更加集中于管理者和技术专家手中，从而导致了工作组织地理上分散化、对劳动过程的控制集中化。工作场所中计算机系统的广泛运用，使资本主义的剥削形式更具隐蔽性，劳动和资本的对立冲突性越来越被生产网络中工人的

---

① Bennett Harrison, *Lean and Mean: The Changing Landscape of Corporate Power in the Age of Flexibility*, New York: Basic Books, 1994, pp. 8–34. 中文译本参见班尼特·哈里森：《组织瘦身——二十一世纪跨国企业生产形态的蜕变》，李昭璇译，远流出版事业股份有限公司1997年版，第13—48页。

参与权和自治权掩盖，对时间的微观管理和对劳动的技术监督实则创造了一种无处不在的劳动集中控制工具。

第四，空间化对工人的不利影响。随着空间化的出现、巩固并成为当代美国资本主义中占主导地位的 SSA，"技术官僚控制"成为占主导地位的劳动控制体系，其实质是资本家权力的增强和雇佣工人处境的恶化。正如马克思所言："资本主义积累的本性，决不允许劳动剥削程度的任何降低或劳动价格的任何提高有可能严重地危及资本关系的不断再生产和它的规模不断扩大的再生产。"[①]资本家通过"空间搬迁威胁"和"技术官僚控制"强化了劳动过程和雇佣工人的全面控制，雇佣工人面临着阶级能力弱化、永久性技能重构、性别和种族分化等不利局面。一是工人的阶级能力弱化。资本主义的空间化过程强化了资本家相对于工人的阶级能力，使权力的天平更加向资本家一方倾斜。"空间化 SSA"下专家部门和非专家部门的两极分化，表现为劳动市场上裁员精简和雇佣工作临时化，这意味着产业后备军不断扩大，处于产业后备军的工人通过竞争，迫使非专家部门的工人接受工资更低、工作保障更差、管理控制更加严格的工作条件；而由此产生的工作不安全感同样迫使专家部门的工人加强工作努力程度，不断更新工作技能以适应"弹性"的劳动市场。此外，伴随着资本的全球化和生产的国际化，"空间化 SSA"以劳动过程的空间重构作为巩固资本对劳动控制的主要手段，工人们因国家、文化、语言方面的障碍而分隔开来，这种分隔削弱了工人的阶级能力，阻碍了工人之间的交流沟通，模糊了阶级团结的基础，从而弱化工人权力。二是永久性技能重构。资本主义的空间化过程使工人面临永久性技能重构，工人必须不断地学习新技能以适应工作场所控制体系的不断演进。工作相对不稳定是"空

---

① 《马克思恩格斯全集》第 44 卷，人民出版社 2001 年版，第 716 页。

间化 SSA"的一个核心特征：工人不再拥有稳定有保障的职业前景，随时面临着由于资本的空间迁移和工人技能技术替代（technological displacement of workers' skills）产生的失业威胁，不得不进行再培训以适应劳动市场的新需求。与此同时，专家部门的"高端规范控制"和非专家部门的"低端技术监督控制"，使这两个部门的工人都努力强化自身技能，以求在激烈竞争环境中谋得生存。三是性别和种族分化。"空间化 SSA"和"技术官僚控制"带来的资本主义工作组织变革，将加剧现有工作场所基于性别和种族的不平等。首先，机会结构的两极分化、内部劳动市场式微，以及社会关系对进入劳动市场上层越来越重要，将使妇女和少数种族更难找到高质量的工作。其次，强调教育文凭作为进入专家部门和经济发展的门槛，尤其是能否使用计算机，很大程度上是按照性别和种族进行分割的，这将会扩大贫富差距。最后，即使是进入专家部门工作的女性和少数种族也往往处于管理部门的较低阶层，面临工作内容更加程式化、工资较低、没有内部晋升阶梯、工作自主权较弱的处境。

第五节　空间化 SSA 与新自由主义 SSA 的比较

20 世纪 70 年代以来，美国资本主义发生了重大结构性变革，已进入第四个 SSA 阶段。但是，对于这一新 SSA 的命名、时间起点、核心特征等问题，学界存在诸多分歧。作为 SSA 学派的后继者，空间化学派和大卫·科茨从不同视角出发，进行了颇具代表性的阐释。空间化学派从资本主义劳动过程和劳动市场结构的微观视角出发，聚焦工作场所的新变革，将 20 世纪 70 年代后的美国资本主义命名为"空间化 SSA"；而大卫·科茨基于全球经济、政府在经济中的作用、资本—劳动关系及公司部门四个方面，将 20 世纪 80 年代之后的美国资本主义称为"新自由主义资本主义"（neoliberal capitalism）[1]，并将占主导地位的新的 SSA 界定为"新自由主义 SSA"（neoliberal SSA）[2]。

第一，对美国 SSAs 历史阶段的划分不同。空间化学派继承了戈登等人 1982 年《劳动分割》中关于美国资本主义历史前三种 SSAs 的分析，将 20 世纪 70 年代以来的第四种 SSA 界定为"空间化 SSA"。每个 SSA 都会经历连续的探索期、巩固期和衰退期，前一个 SSA 衰退期也是下一个 SSA 探索期，如表 7–1 所示。

表 7–1 塑造美国劳动组织的历史力量——长期波动、积累的社会结构和占主导地位的控制体系

积累的社会结构	最初的无产阶级化	同质化	分割化	空间化
占主导地位的控制体系	简单控制：业主制、等级制	技术控制	官僚控制	技术官僚控制
大概时间				
1790—1820 年				
1820 年 ——19 世纪 40 年代中期	探索			
19 世纪 40 年代中期——1873 年	巩固			
1873 年 ——19 世纪 90 年代末期	衰退	探索		
19 世纪 90 年代末期——第一次世界大战		巩固		
第一次世界大战——第二次世界大战		衰退	探索	

① David M. Kotz, *The Rise and Fall of Neoliberal Capitalism*, Cambridge: Harvard University Press, 2015, p.2.

② David M. Kotz, *The Rise and Fall of Neoliberal Capitalism*, Cambridge: Harvard University Press, 2015, p.121.

续表

积累的社会结构	最初的无产阶级化	同质化	分割化	空间化
第二次世界大战——20世纪 70 年代初期			巩固	
20 世纪 70 年代初期——2000 年			衰退	探索
2000 年至今				巩固

注：Michael Wallace and David Brady, "The Next Long Swing: Spatialization, Technocratic Control and the Restructuring of Work at the Turn of Century", in *Sourcebook of Labor Markets: Evolving Structures and Processes*, Ivar Berg and Arne L. Kalleberg（eds.）, New York: Plenum Press, 2001, p.104.

　　与空间化学派不同的是，大卫·科茨对美国 SSAs 的理解发生了改变。首先，在 1987 年《长波和积累的社会结构：一个评论和再解释》[①]一文中，科茨对于美国 SSAs 的命名和历史阶段划分并未有过多自己的见解，而是参照了戈登等人的论述，对假定在美国历史上存在过的三个 SSAs 进行了时间划分，如表 7–2 所示。随后，科茨在 2003 年《新自由主义和长期资本积累的 SSA 理论》一文中指出："美国的第三个 SSA 已经过去了将近三十年，但是学界对是否建立了一个新的 SSA 尚未达成一致意见。"[②]在这篇文章中，科茨运用"制度结构"（institutional structures, IS）概念，来理解长期资本积累的历史模式。这些"制度结构"包含两种类型：一是"自由主义制度结构"（liberal institutional structure, LIS）；二是"调节主义制度结构"（regulationist institutional structure,

[①]　David M. Kotz, "Long Waves and Social Structures of Accumulation: A Critique and Reinterpretation", *Review of Radical Political Economics*, Vol. 19, No. 4 (1987), pp. 16–38. 中文译稿参见大卫·科茨：《长波和积累的社会结构：一个评论和再解释》，张开等译，《政治经济学评论》2018 年第 2 期。

[②]　David M. Kotz, "Neoliberalism and the Social Structure of Accumulation Theory of Long-run Capital Accumulation", *Review of Radical Political Economics*, Vol. 35, No.3（2003）, p. 263.

RIS），这两种"制度结构"在美国资本主义历史上交替出现。[1] 在 2019
年《经济停滞与制度结构》一文中，科茨进一步提出"自由主义 SSA"
（liberal SSA）和"调节型 SSA"（regulated SSA）概念：在"自由主义
SSA"中，其制度是以市场关系和市场力量在调节经济活动中的作用为
特征，非市场机构如国家和工会的作用有限；在"调节型 SSA"中，非
市场机构在调节经济活动方面发挥积极作用，市场关系和市场力量的作
用有限。[2] 在这篇文章中，科茨将每个 SSA 存在的时期分为两个阶段：
阶段一是 SSA 有效促进积累的阶段；阶段二是 SSA 成为积累障碍的阶
段；并将 20 世纪 70 年代末到 80 年代初建立的"自由主义 SSA"称为"新
自由主义 SSA"。科茨对美国 SSAs 历史阶段划分如表 7–3 所示。[3] 综上
所述，科茨没有沿袭戈登等人关于 SSA 依次经历探索期、巩固期和衰
退期的生命周期理论，而是将美国资本主义经历的 SSAs 划分为"调节
型 SSA"和"自由主义 SSA"，二者交替出现，每一个 SSA 的存在时期
又分为促进积累和阻碍积累两个阶段。

表 7–2　假定美国历史上存在过的 SSAs 历史阶段划分

积累的社会结构	大概时间	
19 世纪中叶的 SSA	占主导地位	19 世纪 40—70 年代
	崩溃	19 世纪 70—90 年代

① David M. Kotz, "Neoliberalism and the Social Structure of Accumulation Theory of Long-run Capital Accumulation", *Review of Radical Political Economics*, Vol. 35, No. 3（2003）, pp. 264–265.

② David M. Kotz and Deepankar Basu, "Stagnation and Institutional Structures" *Review of Radical Political Economics*, Vol. 51, No. 1（2019）, p. 9. 中文译稿参见，大卫·科茨、迪彭卡·巴苏：《经济停滞与制度结构》，朱安东、陈旸译，《政治经济学季刊》2018 年第 1 期。

③ David M. Kotz and Deepankar Basu, "Stagnation and Institutional Structures", *Review of Radical Political Economics*, Vol. 51, No. 1（2019）, p. 11. 中文译稿参见，大卫·科茨、迪彭卡·巴苏：《经济停滞与制度结构》，朱安东、陈旸译，《政治经济学季刊》2018 年第 1 期。

续表

积累的社会结构	大概时间	
20 世纪早期的 SSA	占主导地位	19 世纪 90 年代——20 世纪前 10 年
	崩溃	20 世纪 20—40 年代
20 世纪中叶的 SSA	占主导地位	20 世纪 40—60 年代
	崩溃	20 世纪 60 年代至今

注：David M. Kotz, "Long Waves and Social Structures of Accumulation: A Critique and Reinterpretation", *Review of Radical Political Economics*, Vol. 19, No. 4 (1987), pp. 34–35.

表 7–3   美国 SSAs 的历史阶段划分

积累的社会结构	大概时间	
调节型 SSA	阶段 1	1948—1973 年
	阶段 2	1973—1979 年
新自由主义 SSA	阶段 1	1979—2007 年
	阶段 2	2007—2015 年

注：David M. Kotz and Deepankar Basu, "Stagnation and Institutional Structures", *Review of Radical Political Economics*, Vol. 51, No.1 (2019), p. 11.

　　差别一，劳动过程是否在场。空间化学派聚焦资本主义劳动过程，认为最初的 SSA 理论是以资本主义劳动过程理论为基础，资本主义劳动过程的演变推动积累的社会结构的演变，这一理论前提应该被保留。华莱士和布雷迪在戈登、爱德华兹等人的理论基础上，梳理了资本主义劳动控制体系的历史演替——"最初的无产阶级化 SSA/ 简单控制""同质化 SSA/ 技术控制""分割化 SSA/ 官僚控制"，以及"空间化 SSA/ 技术官僚控制"，通过"控制体系或控制系统"概念将美国资本主义不同时期的宏观层面制度变迁和微观层面工作组织控制形式演变联系起来。空间化学派对资本主义历史阶段的划分依据，是以资本主义劳动过程（工作组织）和劳动市场结构演变的分析为核心。劳动过程和劳动市场结构作为 SSA 的"构成制度"，是每个 SSA 的核心内容，不应被忽视或弱化。

　　与之不同的是，科茨分析资本主义的历史演变，更加侧重宏观分析，不太关注微观层面的劳动过程及其控制体系，实际上偏离了 SSA 理论的最初构想。科茨从九个方面总结了美国"新自由主义资本主义"的核心特征：（1）放松国内和国际市场的商业和金融管制，以所谓的"自由市场"主导，允许资本的自由流动；（2）对部分国家直接提供的服务私有化；（3）国家不再积极干预宏观经济；（4）大幅削减国家社会福利支出；（5）对企业和富人减税；（6）大企业和国家联手对抗工会；（7）企业不再一味地依赖长期工，而是越来越多地雇佣临时工和兼职工；（8）大企业从战后调节型资本主义时期的"独立共存"转向不受限制的残酷竞争；（9）在大企业内部引入市场原则，包括从外部市场招聘CEO。[①] 可以看出，这九个方面大都是宏观层面制度变革，而较少涉及企业内部劳动控制体系如何演变等微观层面变革。受凯恩斯主义的影响，科茨尤为关注政府在经济中的作用。在科茨看来，凯恩斯主义及其经济政策从自由主义的结构性危机中兴起，但逐渐演变成经济稳定增长、资本积累的障碍，最终在自身导致的结构性危机——滞胀危机中进入衰退。而解决滞胀危机的制度变革主要发生在放松资本在全球范围内自由流动的管制、取消对基础设施部门和金融部门的政府管制、公共物品和公共服务的私有化、劳资关系调整、市场化原则占据主导地位等方面，而这些制度结构调整的最终结果就是产生了一套新的制度体系、新的积累的社会结构，即"新自由主义 SSA"。[②] 在这里，虽然

---

① David M. Kotz,"The Financial and Economic Crisis of 2008: A Systemic Crisis of Neoliberal Capitalism", *Review of Radical Political Economics*, Vol. 41, No. 3（2009），p. 307. 中文译稿参见大卫·科茨：《目前金融和经济危机：新自由主义的资本主义的体制危机》，丁晓钦译，黎贵才编校，《当代经济研究》2009 年第 8 期；另外参见张开、杨静：《危机后西方政治经济学新进展及其启示》，《教学与研究》2014 年第 10 期。

② David M. Kotz, *The Rise and Fall of Neoliberal Capitalism*, Cambridge: Harvard University Press, 2015, pp.67–89.

科茨涉及了劳资关系调整，但劳资关系并不是科茨分析当代美国资本主义 SSA 的主要方面，科茨并未聚焦微观层面的劳动过程，因而无法解释资本主义工作组织的方式——也即资本对劳动控制的具体形式的动态演变过程。

差别二，对美国当代 SSA 的不同界定。空间化学派基于 SSA 理论的最初构想，以"空间化"来刻画美国资本主义微观层面的工作组织变革和劳动市场结构演变，聚焦资本主义对劳动过程的新控制形式——"技术官僚控制"，将美国资本主义历史上第四个 SSA 命名为"空间化 SSA"。相较之下，科茨从宏观层面资本主义的制度结构变革出发，认为只有"新自由主义"才是最有效的分析框架，将这一新的 SSA 命名为"新自由主义 SSA"。[1] 这一理论分歧源于科茨和空间化学派不同的理论视角。随着资本主义形式从"调节型"转变为"新自由主义"，科茨聚焦全球经济、政府在经济中的作用、资本—劳动关系及公司部门四类制度结构的根本性变革。[2] 具体来讲：第一，新自由主义时代的资本主义逐渐消弭了商品、服务、资本以及货币全球流动的障碍，全球经济更加开放。第二，新自由主义时代的资本主义逐渐减少了政府对经济的干预，对经济放松管制，促进经济自由化。第三，新自由主义时代的资本主义劳资关系也发生了显著变化，表现在两个方面：一是资本家和工会之间和平的集体谈判关系遭到严重侵蚀，二是由此产生了雇佣工作临时化。第四，新自由主义时代的资本主义公司部门也发生重大变化，表现在四个方面：一是不受限制的竞争，二是公司 CEO 从公司以外雇佣，三是市场关系渗透到公司内部，四是金融机构转向高风险投机性活动，

[1] David M. Kotz, *The Rise and Fall of Neoliberal Capitalism*, Cambridge: Harvard University Press, 2015, p.4.

[2] David M. Kotz, *The Rise and Fall of Neoliberal Capitalism*, Cambridge: Harvard University Press, 2015, p.12.

并创造出复杂的金融工具。①

此外，相较于空间化学派并未明确表示"空间化 SSA"促进资本积累的能力何时耗尽，科茨却明确指出"新自由主义 SSA"已经走向崩溃。科茨认为，始于 2008 年的经济和金融危机，已经标志着"新自由主义 SSA"促进盈利和稳定资本积累能力的终结。② 科茨断言，如果"新自由主义 SSA"继续存在，它将带来经济停滞和不稳定的未来。③ 对于未来资本主义如何发展，科茨提出，只有重建新的 SSA，才可能找到解决危机的办法。新的 SSA 必须有效促进盈利和稳定的经济扩张，为此需要具备以下特征：一是必须确保经济产出的长期需求不断增长，并促进有利可图的生产过程；二是必须稳定资本主义的主要阶级关系，特别是资本—劳动关系；三是必须包括一套连贯一致的思想，使积累的社会结构具有长期稳定的盈利能力和经济扩张所必需的稳定性。④

综上所述，空间化学派聚焦美国资本主义劳动过程和劳动市场结构演变，分析了这一演变给工人阶级带来的不利影响，即"空间化 SSA"和"技术官僚控制"之下的雇佣工人如何被资本家全面控制的：空间化使得资本可以流向任何一处劳动力廉价之地，利用空间分工和空间迁移的威胁，来化解潜在的工人反抗、并将他们的利益按区域和国家

---

① David M. Kotz, *The Rise and Fall of Neoliberal Capitalism*, Cambridge: Harvard University Press, 2015, p.42. 另外参见张雪琴：《新自由主义与 2008 年的金融和经济危机——评大卫·科茨的〈新自由主义的兴衰〉》，《政治经济学评论》2015 年第 5 期。

② David M. Kotz, *The Rise and Fall of Neoliberal Capitalism*, Cambridge: Harvard University Press, 2015, p.123.

③ David M. Kotz, *The Rise and Fall of Neoliberal Capitalism*, Cambridge: Harvard University Press, 2015, pp.198–199.

④ David M. Kotz, *The Rise and Fall of Neoliberal Capitalism*, Cambridge: Harvard University Press, 2015, p.197.

范围来划分；而"技术官僚控制"运用计算机系统和技术专长，来组织和指导跨组织网络的资本主义劳动过程。空间化学派的贡献在于，对美国资本主义历史上第四个 SSA 进行了深入研究，通过探讨劳动过程的中心作用和主导劳动控制体系的演变来重申戈登等人 SSA 理论最初的核心焦点。遗憾的是，SSA 学派绝大多数后继学者偏离或丢掉了对资本主义劳动过程转型的历史分析。迈克尔·里奇在 1997 年《积累的社会结构理论：回顾与展望》一文中，对 SSA 学派的后继学者偏离 SSA 理论初衷提出了尖锐批评。里奇认为，SSA 最初的理论视角，受到马克思主义关于工作场所的生产和分配，以及政治领域阶级冲突的观点启发，也受到马克思主义和凯恩斯主义宏观经济学的影响。[①]

空间化学派的不足之处在于其对"弹性"的理解存在混乱，他们既将"弹性积累体系"视作"空间化 SSA"的原因，又将"弹性积累体系"视作资本主义追求空间化的最终目标。严格来说，空间化学派是尚处于发育过程中的思想流派，具有很多理论生长点。例如，资本主义劳动过程和劳动市场结构是如何在历史互动中共同演进的？"空间化 SSA"和"技术官僚控制"是如何相互适应的？"空间化 SSA"陷入积累危机、"技术官僚控制"陷入控制危机的种子将在何处孕育？要回答以上问题，需要牢牢抓住空间化学派的理论内核——劳动过程和劳动市场结构的动态演变，进而研究新的历史条件下资本主义变革的新形式。虽然"空间化 SSA"和"新自由主义 SSA"的理论阐述，都源自积累的社会结构学派，但是在各自演变过程中受到追随者思想的重构和再造，出现了理论分歧。厘清这种理论分歧是必要的，这有助于我们从不同理论视角透视当代资本主义变迁的本质，汲取二者有益要素，结合资本主义劳动过程

[①] Michael Reich, "Social Structure of Accumulation Theory: Retrospect and Prospect", *Review of Radical Political Economics*, Vol. 29, No. 3 (1997), p. 4.

理论的新发展"修复"和"重构"当代 SSA 理论。此外，空间化学派
对于长期经济波动解释不足或匮乏，其兴趣点恰恰和科茨形成"某种互
补"。戈登等人最初的理论分析框架涵盖三个方面：一是劳动过程和劳
动市场；二是积累的社会结构；三是长期经济波动。空间化学派关注前
两个层面，科茨关注后两个层面，将二者统一起来或许有所裨益。①

---

　　① David M. Gordon, *Fat and Mean: The Corporate Squeeze of Working Americans and the Myth of Managerial "Downsizing"*, New York: The Free Press, 1996, p. 249.

责任编辑：曹　春
封面设计：汪　莹

图书在版编目（CIP）数据

积累的社会结构学派经济思想研究纲要／张开 著．—北京：人民出版社，
　　2020.9
ISBN 978 – 7 – 01 – 022896 – 9

I. ①积… 　II. ①张… 　III. ①西方马克思主义－经济思想－研究
　　IV. ① F091.96

中国版本图书馆 CIP 数据核字（2020）第 258447 号

积累的社会结构学派经济思想研究纲要

JILEI DE SHEHUI JIEGOU XUEPAI JINGJI SIXIANG YANJIU GANGYAO

张　开　著

人 民 出 版 社 出版发行

（100706 北京市东城区隆福寺街 99 号）

中煤（北京）印务有限公司印刷　新华书店经销

2020 年 9 月第 1 版　2020 年 9 月北京第 1 次印刷
开本：710 毫米 × 1000 毫米 1/16　印张：22.75
字数：300 千字

ISBN 978 – 7 – 01 – 022896 – 9　定价：98.00 元

邮购地址 100706　北京市东城区隆福寺街 99 号
人民东方图书销售中心　电话：（010）65250042　65289539